河南信息化年鉴 2011-2012

河南省信息协会
河南省信息中心 编

河南人民出版社

图书在版编目(CIP)数据

河南信息化年鉴 2011-2012/ 河南省信息协会，河南省信息中心编.- 郑州:河南人民出版社，2012.12

ISBN　978-7-215-06736-3

Ⅰ.河…Ⅱ.①河….②河….Ⅲ.信息工作—河南省—2011-2012—年鉴 Ⅳ.G203-54

中国版本图书馆 CIP 数据核字(2012)第 041229 号

河南人民出版社出版发行

(地址:郑州市经五路 66 号　邮政编码:450002　电话:65506513)

新华书店经销　郑州市毛庄印刷厂印刷

开本　787 毫米 × 1092 毫米　1/16　印张　22.625

字数　379 千字　插页　15

2013 年 2 月第 1 版　2013 年 2 月第 1 次印刷

定价:300.00 元

河南省卫生厅

陈竺部长(右二)王铁副省长(左二)出席我省居民健康卡首发仪式

陈竺部长亲手发出第一张居民健康卡

曲杰副厅长(右五)带队进行信息化建设督导

乡村医生信息化师资培训

河南省通信管理局

河南省通信管理局是河南省电信业的行政管理机构，依法行使对河南省电信行业的监督和管理职能，实行工业和信息化部与河南省人民政府双重领导，以工业和信息产业化部为主的管理体制

2011年6月3日，在河南省与央企合作重点项目签约仪式上，国家三大通信集团公司与省政府签约

2011年6月20日，省人大常委会刘新民副主任率队视察全省通信业

2011年1月4日，吏济春副省长出席全省通信行业服务中原经济区建设座谈会并作重要讲话

2011年1月19日，刘满仓副省长到省通信管理局慰问

2011年3月22日，省人民政府新闻办公室召开全省电话用户突破6000万户新闻发布会，陈雪枫副省长出席并讲话

2011年11月17日，副省长陈雪枫出席全省党员干部现代远程教育“三屏合一”工程启动仪式

2011 年 6 月 14 日，工业和信息化部检查我省通信行业网络信息安全管理工作

2011 年 12 月 20 日，省政府新闻办召开新闻发布会，宣布自 2012 年 1 月 1 日起在全省范围内取消固定电话本地同营业区间通话费

2011 年 12 月 28 日，省通信管理局荣获 2011 年度全省政风行风建设先进单位

2011 年 12 月 29 日，全省电信基础设施共建共享资源管理系统平台通过初验

2011 年 5 月 17 日，省通信管理局与省农业厅联合启动“全省农村信息通信服务水平提升活动”

2011 年 10 月 24 日，省通信管理局召开全省通信行业学习贯彻《国务院关于支持河南省加快建设中原经济区的指导意见》电视电话会议

2011 年 12 月 9 日，局领导调研全省通信行业服务中原经济区建设工作

2011 年 3 月 8 日，省通信管理局党组中心组召开“用领导方式转变加快发展方式转变”学习研讨会

中国移动通信
CHINA MOBILE

移动改变生活 信息助力中原

中国移动通信集团河南有限公司在省委、省政府的正确领导下，在社会各界的帮助支持下，坚持以推进我省信息化发展为己任，开拓创新，扎实工作，着力加快发展，努力改善服务，积极推进改革，为推进我省国民经济发展和社会信息化建设作出了积极的贡献。未来 3 年，中国移动将在河南投资 200 多亿元，建设河南无线城市群，加大基础网络建设，开发无线城市群综合门户平台，推广物联网和无线城市群应用，全面推进河南省信息化及信息产业发展。河南移动已为包括政府、公安、教育、医疗、交通、农业等行业在内的全省数万家集团客户提供了信息化解决方案。

2012年1月11日，中共河南省委书记卢展工亲切会见来河南参加中国移动（洛阳）呼叫中心奠基及启动仪式的中国移动通信集团公司总裁李跃一行

2012年4月7日，河南省工业和信息化厅、中国移动通信集团河南有限公司与周口市人民政府战略合作框架协议签约

2012年4月20日，河南移动与中信重工机械股份有限公司战略合作协议签约

2011年3月14日，河南移动与河南省工商行政管理局就“消费与民生12315短信平台”合作签约

2011年11月24日，河南移动与河南广播电影电视局信息化战略合作协议签约

河南省移民局

2011 年 9 月 22 日至 23 日，中共中央政治局委员、北京市委书记刘淇率北京市党政代表团到河南省考察南水北调工程

2011 年 3 月 8 日，刘满仓副省长带领有关人员，深入郑州市中牟两地移民新村建设工地进行暗访

2011 年 7 月 15 日省委副书记、省政协主席叶冬松在平顶山市郏县马湾移民新村调研

2011 年 11 月 30 日，省委副书记、组织部长邓凯带领省委副秘书长安伟等，深入南阳市社旗县李店镇寇楼移民新村调研指导工作

2011 年 6 月 14 日，中共中央政治局常委、中央政法委书记周永康到新郑市薛店镇观沟移民新村观沟移民小学

2011 年 1 月 24—25 日，国务院南水北调办主任鄂竟平到河南看望慰问南水北调工程建设者和丹江口库区移民群众

2011 年 9 月 17--18 日，刘满仓副省长，省水利厅厅长、省政府移民办主任王树山带领有关人员，到南阳市和淅川县看望慰问基层移民干部，并调研丹江口库区淅川县后靠移民安置及库底清理工作

舞钢市姚营移民新村

2011 年 3 月 24 日，河南省委副书记、省长郭庚茂实地查看新郑市郭店镇岗时移民新村

2011 年 4 月 19 日，省移民安置指挥部在郑州召开丹江口库区第二批移民搬迁动员会

2011 年丹江口库区移民大搬迁

河南省公安厅

河南公安工作在秦玉海副省长和省厅党委的坚强领导下，一年一大步，三年一个大台阶，实现了跨越式发展，河南公安主要业务工作进入了全国第一方阵。在信息化时代和信息化条件下，公安信息化工作的立足点转移到依靠科技进步、用信息化引领公安工作现代化上来。建用并重作为公安信息化工作的主基调，全警应用作为信息化工作的主旋律，以建设完善三大高端应用平台、优化完善应用支撑体系、深入推进公安内/外部信息资源整合共享为主线，全面强化公安信息化深度应用和高端应用。坚持向科技要警力、向信息化要警力，用科技信息化为公安工作插上腾飞的翅膀，助推全省公安工作向更高的目标迈进。

会议图片

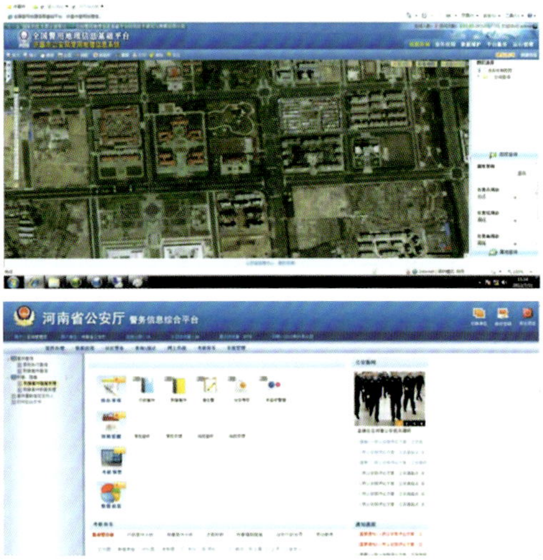

PGIS 系统建设

郑州等7个全国PGIS平台建设示范城市大力开展“三大库”地理数据整合，基于“三大库”建设，在指挥调度、视频监控、移动警务、案事件分析等方面形成了许多具有地方特色的业务应用。

在内部资源整合方面，我省基本完成了公安内部各警种、各部门信息资源的深度整合共享，数据总量达26.1亿条。外部信息资源整合方面，形成由省政府信息化办牵头、省直各主要单位共同参加信息资源整合共享工作的长效机制。

警综平台及数据共享

河南省广电厅

河南省委书记卢展工 2010 年视察河南有线

2011 年 6 月 22 日，国家广电总局局长蔡赴朝、副局长田进一行视察河南有线电视网络集团

2012 年 6 月 16 日，中共中央政治局常委李长春在中原福塔新闻发布厅观看河南有线工作汇报专题片和数字电视汇报演示

河南省有线营业厅

河南省地税局

2011 年 4 月 27 日，总局征管与科技发展司李林军司长来省局检查指导工作

2011 年 12 月 24 日，总局电子税务管理中心陈梦林副主任来我局视察工作

2011 年 7 月 21 日，总局电子税务管理中心曹存义处长来省局指导工作

2011 年 11 月 21 日，河南省工信厅朱新定处长来省局进行信息安全检查工作

2011 年 9 月 6 日，总局信息安全风险评估现场工作启动会

6 月 1 日，新征管系统在郑州市上线第一天，省局副局长楚新民深入金水区局实地检查指导新系统上线工作

郑州市教育局

郑州市教育局书记、局长　毛杰

创新实验室揭牌仪式

援疆项目

河南省中小学动漫教育理论研究课题开题会暨中原动漫教育联盟成立筹备会

副市长胡荃查看学生卡应用系统

中国平煤神马集团
CHINA PINGMEI SHENMA GROUP

中国平煤神马集团平顶山信息通信技术开发公司

公司精神：只有起点 没有终点
公司目标：推进两化深度融合，提升企业管控能力

公司的基本情况：

中国平煤神马集团平顶山信息通信技术开发公司是立足中国平煤神马集团、服务社会的信息技术服务企业，主营计算机信息系统集成、软件开发、ICP、ISP、专用综合通讯网络、有线电视运营等业务。公司现有计算机办公用户20000余户，电话装机总量50000门，宽带装机总量40000门，数字电视开通50000户，拥有12万电话号码资源，位居河南省第二大专用通信网络。2011年产值达1.3亿。

公司主要技术实力：

公司在煤炭行业信息集成方面有一定的技术积累和丰富的实践经验，主持制定了集团信息系统数据标准和技术规范，能够对不同厂家和异构系统进行信息集成，公司开发的软件在生产安全、经营管理、协同办公等方面得到实际应用。公司具有行业和通用软件开发能力，已经注册的软件产品有"矿用物资管理系统"、"煤炭综合生产管理信息系统"、"煤炭企业设备管理信息系统"，正在注册的软件产品有"劳务派遣管理系统"和"调度指挥系统"等。公司研发的KJJ188矿用网络交换机，技术先进，适用范围广，应用于井下各种组网建设，已申报实用新型专利。公司主导完成的国家发改委立项项目"煤炭采掘业信息化示范工程"，获得河南省科技进步一等奖和中国煤炭工业科技进步一等奖。公司不仅为中国平煤神马集团提供信息化服务，还为河南神火集团、山西阳煤集团、山西煤销集团临汾公司、平顶山教育系统、平顶山检察系统等省内外行业和企业提供信息技术支持与服务。

公司获得的主要荣誉：

作为河南省重点系统集成企业，公司连年获得河南省系统集成优秀企业荣誉称号。作为长期专注煤炭行业信息化领域的企业，公司于2010年获得首批中国煤炭工业信息化先进集体称号。集团公司是中国煤炭工业信息化示范企业。

公司获得的资质和通过的认证：

计算机信息系统集成企业二级资质；河南省计算机信息系统工程咨询设计单位；河南省软件企业认证；河南省安全技术防范工程二级资质；河南省通信管理局通讯管线施工资质；河南省ISP（互联网接入服务）ICP（互联网内容服务）经营许可证。2005年通过ISO9001体系认证，2012年2月通过ISO20000和ISO27001体系认证。

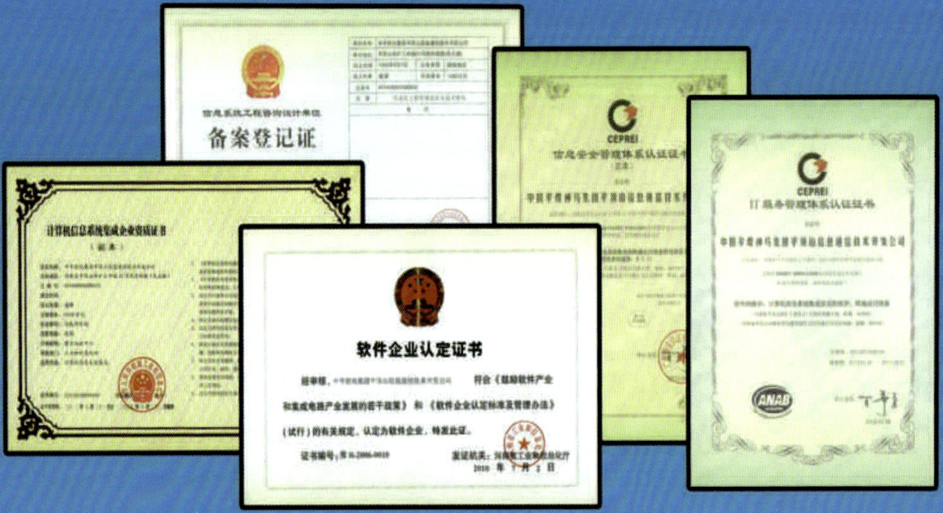

地址：河南省平顶山市矿工中路21号院中国平煤神马集团信息楼六楼 电话：0375-3567296 0375-2724677

业务范围

系统集成　以实现物联网为目标的技术导向

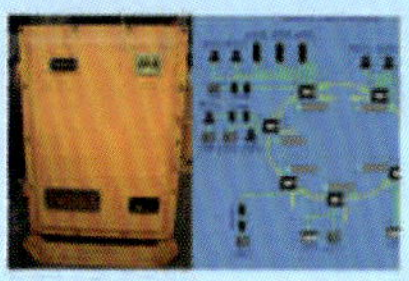

- 公司研发的KJJ188矿用网络交换机，技术先进，适用范围广
- 计算机信息系统集成
- 智能楼宇大厦（楼宇综合布线、安防监控、门禁等）
- 计算机网络机房整体设计及施工
- 安全防范视频监控工程、通讯工程、校园网建设工程
- 矿井综合自动化系统、多媒体会议系统、DLP大屏幕显示系统、LED显示系统、IC卡一卡通系统

软件研发　以实现移动互联网为目标的技术导向

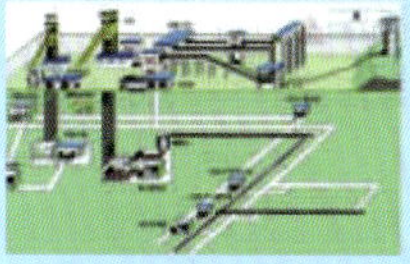
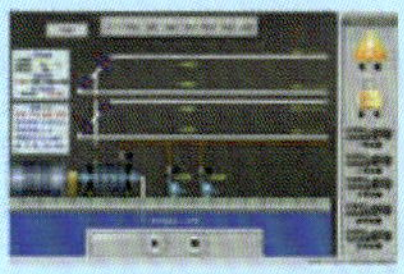
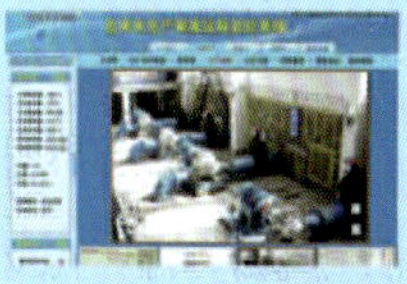

主要围绕能源化工集团企业的生产经营活动，已研发的产品有：

- 生产调度指挥系统
- 经营调度管理系统
- 煤矿安全监管系统
- 集团人员定位系统
- 集团开拓管理系统
- OA办公自动化系统

运维服务　以云计算为核心的创新服务模式

- 云计算方面可提供基于SaaS、PaaS、IaaS的多种服务模式
- 服务器托管、租用、企业邮局、虚拟服务器、虚拟空间等
- IT系统整体或部分外包服务（网络运维管理、数据中心运维管理，操作系统、数据库、办公系统、中间件等应用系统保障）
- 数据安全方面可提供数据备份、容灾等服务
- 网络规划、设计，数据中心规划、设计
- 信息安全审计、风险评估服务
- 网络接入（ISP）及其增值业务

三网运营　以“三网融合”为目标的集团网络运营模式

集团计算机网、电信网、有线电视三网融合不仅统一调剂使用资源，节约网络建设投资，还能够更好地为集团郑州总部和本、异地企业安全生产经营管理提供信息化平台，为宣传教育培训工作提供有效载体，为广大职工家属提供一体化综合网络服务

传真：0375-3567296　网址：http://www.pmcc.com.cn　E-mail:xtgslg@zgpmsm.cn

中国平安人寿保险股份有限公司河南分公司

“新农村　新希望”中国平安希望小学支教正式启动

中国平安 PINGAN

专业创造价值—中国平安长期专注于社会公益事业，凭借良好的社会责任担负，11度蝉联“中国最受尊敬企业”称号，成为此奖项创办11年来连续获奖的两家企业之一。

作为国内领先的综合金融服务集团，中国平安旗下保险、银行、投资三大业务稳健发展的同时，也以爱心和责

● 公益慈善捐款累计超亿元
● 援建超过100所“平安希望小学”
● 无偿献血量超过56万毫升
● “低碳100”活动节省纸张 511吨
博爱

主管单位:河南省发展和改革委员会
主办单位:河南省信息协会
河南省信息中心
协办单位:河南省卫生厅
河南省通信管理局
中国移动通信集团河南有限公司
郑州市教育局

《河南信息化年鉴 2011-2012》编辑委员会

顾　　问:赵　硕　河南省委咨询组经济组组长、河南省信息协会名誉会长
主　　任:张维宁　河南省发展和改革委员会主任
副 主 任:夏宗勇　河南省人大财经委原主任、河南省信息协会会长
张廷建　河南省发展和改革委员会副主任
曲　杰　河南省卫生厅副厅长
张五萍　河南省通信管理局副巡视员
蔡志强　中国移动通信集团河南有限公司副总经理
毛　杰　郑州市教育局局长

编委会委员(以姓氏笔画为序)
省直单位部分
卫乃良　河南省信息协会常务副会长
孔繁士　河南省教育厅科技处处长
王继新　河南省水利厅信息中心主任
刘天增　河南省财政厅信息化管理办公室主任
朱　弘　中共河南省委办公厅电子政务内网管理中心副主任
孙　鹏　河南省文化厅办公室主任
孙芳林　河南省人口和计划生育委员会信息中心主任
陈国斌　河南省信息中心主任
肖玉森　河南省信息协会秘书长
郑国际　河南省工商行政管理局信息中心主任
赵长江　河南省地方税务局电子税务管理中心主任

耿宏丽　河南省审计信息中心主任
常世彦　河南省公安厅信息通信处处长
谢　坚　河南省旅游局信息中心副主任
翟宏范　河南省国家税务局信息中心主任
魏光甫　河南省政府国资委信息中心主任

省辖市部分

冯世龙　平顶山市信息中心主任
成　铖　济源市电子政务办公室主任
李　刚　驻马店市信息中心主任
李学勤　南阳市信息中心主任
盛　铎　郑州市电子政务中心主任
崔书巍　洛阳市人民政府信息中心主任
梁　巍　焦作市人民政府信息中心主任
魏　东　鹤壁市信息中心主任

编辑出版人员

主　　编:陈国斌　河南省信息协会常务副会长、河南省信息中心主任
执行主编:肖玉森　河南省信息协会秘书长
责任编辑:代凝冰　张　衡　张学义　李志端　李　峰　杨　恺

编辑说明

一、《河南信息化年鉴》是全面反映河南省信息化建设的大型资料性工具书，旨在忠实记载河南省信息化事业建设的历程，全面反映全省信息化建设的基本情况，集中展示全省信息化建设的成就和经验，集史料性与指导性为一体，为各级政府、企事业单位及各个领域的信息化决策提供有效的信息支持。

二、本年鉴自2007年起，每两年编印一卷。重点记载上一年和当年全省信息化建设的新情况。2011–2012年卷各篇章收录了2011年全年和2012年的最新资料。

三、《河南信息化年鉴·2011–2012》共六部分：

(一)综述篇：河南省信息化发展概况。

(二)法规文献篇：收录国家和河南省最新信息化建设法规和文件。

(三)部门领域篇：重点记录省直部门和行业领域的信息化建设与发展的最新进展情况以及近期信息化工作重点和重大举措。

(四)地区发展篇：收录省辖市和县(市、区)的信息化发展情况。

(五)企业和事业单位篇：重点反映企业和事业单位信息化建设概况。

(六)基础数据篇：收录河南省信息化相关基础数据。

由于我们水平有限，经验不足，在框架设计、内容组织、编辑加工、排版印刷等方面肯定会有不少错误或需要改进的地方，恳请大家批评指正，以便在今后进一步完善、提高。

本年鉴在编撰过程中，得到了各省直单位、各省辖市信息化主管部门以及各参与单位领导和专家学者的大力支持，各资料提供单位和撰稿人都为此付出了艰辛的努力，在此一并表示诚挚的感谢。

《河南信息化年鉴》编辑部

二〇一二年十二月

目 录

四、地区发展篇

五、企业与事业单位篇

六、基础数据篇

一、综述篇

河南省信息化发展概况

【信息化总体发展水平】

全省信息化发展环境不断优化，对信息化的认识稳步提高，把信息化产业列为全省战略基础产业，并提升到与交通、能源、水利、环保同等重要的战略地位优先发展。组织机构基本建立，成立了省、省辖市、县（市、区）工业和信息化工作机构，内设了信息化工作办公室，明确了编制，调整了职能。成立了河南省密钥管理中心、河南省电子政务内网管理中心、河南省电子政务外网管理中心等工作机构。2012 年 4 月 6 日，《河南省国民经济和社会信息化发展“十二五”规划》经省政府颁布实施。政策措施不断完善，设立了省级信息化发展专项资金，建立了一支高素质的省信息化专家队伍，并把信息化纳入了省辖市政府目标考核体系。

【信息化基础环境】

（一）通信设施

2011 年，全省光缆线路长度达到 51.7 万公里，同比增长 31.0%。全年邮电业务总量 581.27 亿元，比上年增长 19.6%。其中，邮政业务 48.28 亿元，增长 20.9%；电信业务 532.99 亿元，增长 19.5%。年末局用电话交换机总容量 1860.10 万门，本地固定电话用户 1340.39 万户，移动电话用户 5061.69 万户。电话普及率为 68.10 部 / 百人，增长 9.8%。年末互联网用户 3879.84 万户，增长 27.5%。

截止 2012 年 6 月底，全省通信光缆线路长度达到 57.8 万公里，同比增长 35.6%；全省电信业务总量完成 300.4 亿元，同比增长 15.5%；电信业务收入完成 247.4 亿元，同比增长 13.2%；全省电话用户新增 325.3 万户，总数达到 6727.4 万户。其中，移动电话新增 339.1 万户，总数达到 5400.7 万户，占电话用户总数的 80.3%，同比增长 2.9%；全省互联网用户新增 401.7 万户，总数达到 4281.5 万户，其中，无线上网卡用户达到 35.7 万户，手机上网用户达到 3283.7 万户。

（二）广播电视

2011 年，全省广播电台 18 座。其中省级 1 座，省辖市 17 座，节目套数 151 套；全省电视台 18 座。其中省级 1 座，省辖市 17 座，节目套数 166 套；有线电视用户 787.23 万户，其中数字电视用户 100.80 万户；广播人口覆盖率 97.70%，电视人口覆盖率 97.80%。

【信息产业】

全省信息产业园区快速发展，形成了南阳光电产业、洛阳硅产业、安阳新型显示器件产业、濮阳电光源产业等一批特色产业，以及中部软件园、河南省软件园、河南科技市场软件园、洛阳软件园等多个软件产业园。2011 年，河南省电子信息产业受富士康项目拉动作用呈现爆发式增长，增加值增速高达 218.5%，高于全省工业增速 198.9 个百分点。电子信息产业利润增幅同比增长 112.8%。

【电子政务】

电子政务建设与应用取得明显成效。网络架构基本形成，统一的电子政务广域骨干网和省直城域网得到较好应用，建设了国库支付、税务监管、党员远程教育等各类纵向业务网 30 多个，90%的纵向业务网延伸至省辖市，80%的纵向业务网部分或全部延伸至县(市、区)。业务应用不断深化，高标准完成国家基于互联网电子政务信息安全保障试点工作，试点经验和成果在全国推广。以“金”字工程为代表的电子政务应用不断深化，累计开发各类业务应用系统 100 多个，发展用户 100 多万户。省政府综合门户网站功能日趋完善，100%的省辖市政府、99%的省直部门和 87%的县(市、区)政府建设了门户网站。信息资源开发与利用成效显著，科学、教育、医疗、卫生、文化等各类社会领域信息资源开发与利用稳步推进。人口、法人单位、自然资源和空间地理、宏观经济四大基础数据库建设与应用取得重大进展。

河南省电子政务内网组织进行了全省维稳专网建设、政法专网延伸到县(区、市)的工作，构建了全省纪检监察高清视频会议系统。开发了电子公文传输系统，完成了 8 个单位的试点工作。实施了省级平台全文检索系统，电子期刊系统、接待管理系统、知识管理系统投入使用。对会议通知系统进行了升级和完善。

【信息安全】

网络与信息安全水平稳步提升。建立了河南省网络与信息安全协调工作联席会议制度，成立了信息安全测评中心。密钥管理系统和电子政务内网省级认证结点建设稳步推进，信息安全等级保护工作取得阶段性成果。电子证书(CA)发放范围进一步扩大，累计发放企业和个人证书 100 多万张。

【经济与社会领域信息化】

社会领域信息化应用逐步普及。农业、交通、教育、科技、社保、测绘、卫生等领域信息化建设稳步推进。农业农村信息化高标准完成了国家“三电合一”(电话、电视、电脑有机结合)项目农业农村信息化试点工作，建设了 12316“三农”热线省级综合服务平台，热线服务覆盖全省。累计建设乡镇和行政村信息服务站点 50875 个，实现了全省行政村以上全覆盖，发展农村信息员 2.1 万人。累计建设乡镇信息库 1300 个、村信息栏目 13000 个，行政村覆盖率达到 100%。交通信息网络平台覆盖了全省 18 个省辖市、6 个扩权县(市)，高速公路实现了“一卡通”。教育科研网覆盖了 18 个省辖市和 104 个教育单位，入网用户超过 140 万户，并开展了基于 IPV6(下一代互联网协议)的下一代互联网应用工作。河南省高等学校数字化校园示范工程建设取得明显成效。省本级、15 个省辖市和 112 个县(市)社保核心业务实现了全程信息化管理，“12333”电话咨询服务系统覆盖全省 14 个省辖市。新农保系统应用落到实处，18 个省辖市和 79 个县(市、区)纳入了“省市县乡”四级业务专网。全省通过信息系统实现参保登记 2586.9 万人，复核 1595.1 万人，缴费入库 1090.3 万人，发放待遇 337.4 万人。"数字城市"和社区信息化建设取得阶段性成果，2012 年 3 月，数字郑州通过验收。全省 18 个地级城市，已启动 13 个。2010 年 7 月全省卫生系统实现了省市两级医院跨区即时结报工作，目前已有 213 家省市级医疗机构通过与省级信息平台对接，开通了对 162 个县（区）的直补工作。

【信息化建设中的重大举措或事件】

2012 年 1 月 12 日，中国移动（洛阳）呼叫中心在洛阳经济技术开发区破土奠基。洛阳呼叫中心项目建成投用后，将成为全球最大的单体呼叫中心。省委副书记、省长郭庚茂致信祝贺。中国移动通信集团公司总裁李跃，副总裁鲁向东、刘爱力，省委常委、洛阳市委书记毛万春，副省长陈雪枫出席奠基仪式。中国移动（洛阳）呼叫中心是中国移动通信集团公司呼叫中心集中化的重要战略规划，是集客服、管理、交流、公共服务等为一体的综合性基地。项目总投资约 40 亿元，规划 2 万个呼叫座席。

2012 年 4 月 6 日，河南省政府办公厅下发《关于印发河南省国民经济和社会信息化发展"十二五"规划的通知》，就全省信息化建设的发展现状和面临形势、六方面主要发展目标、八大主要任务、八个重点工程、六项保障机制等做出了具体的规划。

2012 年 5 月 6 日，"数字薛店"地理空间框架及应用示范项目通过专家组验收，郑州市薛店镇成为河南省首个建成的"数字乡镇"。"数字薛店"项目是用现代遥感测绘技术完成全镇地理空间信息的测绘，建立"数字薛店"数据库和地理信息平台，并开发出两大专题应用系统，从而形成全镇统一、权威的基础地理信息平台。综合信息应用系统和招商信息管理系统是"数字薛店"的主要特点。综合信息应用系统主要满足政府和公众的信息需求，具有地图查询、土地利用查询统计、农副业统计等功能。招商信息管理系统具有企业统计、招商占地分析、房屋拆迁分析、镇域总体规划等六大功能，主要满足工商管理部门招商引资、经济统筹及资源分配等要求。

2012 年 6 月 2 日，河南省与中国联通战略合作的重点项目、"智慧中原"核心的基础设施——中原数据基地项目奠基仪式在郑州举行。省委副书记、省长郭庚茂宣布项目开工。中国联通集团公司总经理陆益民，省委常委、郑州市委书记吴天君，副省长陈雪枫等出席奠基仪式。中原数据基地是中国联通集团在全国规划建设的七大基地之一，是建设"智慧中原"的基础性工程，基地定位于 IDC 数据中心、EDC 数据中心和云计算中心，是中部地区核心信息产业基地。项目总投资 72 亿元，分三期进行建设。其中，一期工程今年年底投入运营，计划安装服务器机架 5950 架，提供 4.42 万 T 存储能力，满足中原地区 2013 年至 2015 年信息产业发展需要。项目全部建成后，预计安装服务器机架 2.15 万架，提供 26.93 万 T 存储能力，满足中原地区 2025 年之前的信息产业发展需要。

【信息化建设中存在的问题】

一是信息化推进协调机制不健全，尚未形成主管部门统筹、有关部门协同的工作格局。部门信息化队伍管理体制不顺。二是信息化发展环境仍不完善，法规、政策、标准规范不能满足新时期信息化建设和应用需要。高、中、低梯次配置的人才队伍架构尚未形成。信息安全意识有待进一步增强，密码技术在涉密、重要网络和信息系统的应用还不够深入。三是信息化建设和运维资金投入不足，市场化运作机制不成熟，企业、社会等领域信息化政府引导力度不足。四是系统建设与应用纵强横弱，缺乏横向互联互通平台支撑，条块分割，业务协同困难。五是信息资源开发利用不足,资源整合、信息共享推进缓慢,“信息孤岛”现象比较普遍。

【2012 年工作重点及政策取向】

(一)信息网络设施建设。

(二)电子政务网络资源整合和应用开发。

(三)现代农业信息化应用工程。

(四)中原文化信息化建设工程。

(五)人才建设和宣传。

(六)建立信息化绩效考核机制。

(河南省信息协会　卫乃良)

二、法规文献篇

国务院关于大力推进信息化发展和切实保障信息安全的若干意见

国发〔2012〕23号

各省、自治区、直辖市人民政府，国务院各部委、各直属机构：

大力推进信息化发展和切实保障信息安全，对调整经济结构、转变发展方式、保障和改善民生、维护国家安全具有重大意义。近年来，各地区、各部门认真贯彻落实党中央、国务院决策部署，加快推进信息化建设，建立健全信息安全保障体系，有力地促进了经济社会发展。当前，世界各国信息化快速发展，信息技术的应用促进了全球资源的优化配置和发展模式创新，互联网对政治、经济、社会和文化的影响更加深刻，围绕信息获取、利用和控制的国际竞争日趋激烈，保障信息安全成为各国重要议题。但是，我国信息化建设和信息安全保障仍存在一些亟待解决的问题，宽带信息基础设施发展水平与发达国家的差距有所拉大，政务信息共享和业务协同水平不高，核心技术受制于人；信息安全工作的战略统筹和综合协调不够，重要信息系统和基础信息网络防护能力不强，移动互联网等技术应用给信息安全带来严峻挑战。必须进一步增强紧迫感，采取更加有力的政策措施，大力推进信息化发展，切实保障信息安全。为此，提出以下意见。

一、指导思想和主要目标

（一）指导思想。

以邓小平理论和“三个代表”重要思想为指导，深入贯彻落实科学发展观，以促进资源优化配置为着力点，加快建设下一代信息基础设施，推动信息化和工业化深度融合，构建现代信息技术产业体系，全面提高经济社会信息化发展水平。坚持积极利用、科学发展、依法管理、确保安全，加强统筹协调和顶层设计，健全信息安全保障体系，切实增强信息安全保障能力，维护国家信息安全，促进经济平稳较快发展和社会和谐稳定。

（二）主要目标。

重点领域信息化水平明显提高。信息化和工业化融合不断深入，农业农村信息化有力支撑现代农业发展，文化、教育、医疗卫生、社会保障等重点领域信息化水平明显提高；电子政务和电子商务快速发展，到“十二五”末，国家电子政务网络基本建成，信息共享和业务协同框架基本建立；全国电子商务交易额超过 18 万亿元，网络零售额占社会消费品零售总额的比重超过 9%。

下一代信息基础设施初步建成。到“十二五”末，全国固定宽带接入用户超过 2.5 亿户，互联网国际出口带宽达到每秒 6500 吉比特(Gbit)，第三代移动通信技术(3G)网络覆盖城乡，国际互联网协议第 6 版(IPv6)实现规模商用。

信息产业转型升级取得突破。集成电路、系统软件、关键元器件等领域取得一批重大创新成果，软件业占信息产业收入比重进一步提高。

国家信息安全保障体系基本形成。重要信息系统和基础信息网络安全防护能力明显增强，信息化装备的安全可控水平明显提高，信息安全等级保护等基础性工作明显加强。

二、实施“宽带中国”工程，构建下一代信息基础设施

(一)加快发展宽带网络。实施“宽带中国”工程，以光纤宽带和宽带无线移动通信为重点，加快信息网络宽带化升级。推进城镇光纤到户和行政村宽带普遍服务，提高接入带宽、网络速率和宽带普及率。加强 3G 网络纵深覆盖，支持具有自主知识产权的 3G 技术 TD—SCDMA 及其后续演进技术 TD—LTE 产业链发展，科学统筹 3G 及其长期演进技术协调发展。加快下一代广播电视网络建设，推进广播电视网络数字化、双向化和互联互通改造。

(二) 推进下一代互联网规模商用和前沿性布局。加快部署下一代互联网，抓紧开展 IPv6 商用试点，适时推动 IPv6 大规模部署和商用，推进国际互联网协议第 4 版 (IPv4)向 IPv6 的网络演进、业务迁移与商业运营。完善互联网国家顶层网络架构，升级骨干网络，实现高速度高质量互联互通。重点研发下一代互联网关键芯片、设备、软件和系统，推动产业化步伐。加快未来网络体系架构关键理论和核心技术的研发，加强战略布局，建设面向未来互联网创新发展的示范平台。

(三)加快推进三网融合。总结试点经验，在确保信息和文化安全的前提下，大力推进三网融合，推动广电、电信业务双向进入，加快网络升级改造和资源共享，加强资源开发、信息技术和业务创新，大力发展融合型业务，培育壮大三网融合相关产业和市场。加快相关法律法规和标准体系建设，健全适应三网融合的体制机制，完善可管、可控的网络信息和文化安全保障体系。

三、推动信息化和工业化深度融合，提高经济发展信息化水平

(一)全面提高企业信息化水平。推广使用数字化研发设计工具，加快重点行业生产装备数字化和生产过程智能化进程，全面普及企业资源计划、供应链、客户关系等管理信息系统。实施重大信息化示范项目，引导企业业务应用向综合集成和产业链协同创新转变。继续实施中小企业信息化推进工程和制造业信息化科技工程，提高中小企业和制造业企业信息化水平。完善企业信息化和工业化融合水平评估认定体系，支持面向具体行业的信息化公共服务平台发展。

(二)推广节能减排信息技术。推动工业、建筑、交通运输等领域节能减排信息技术的普及和深入应用，加大主要耗能、耗材设备和工艺流程的信息化改造。建立健全资源能源综合利用效率监测和评价体系，提升资源能源供需双向调节水平。建立健全主要污染物排放监测和固体废弃物综合利用信息管理系统，完善污染治理监督管理体系。

(三)增强信息产业核心竞争力。加大国家科技重大专项对信息产业核心基础产品、网络共性关键技术开发的支持力度，加快推动新一代移动通信、基础软件、嵌入式软件以及制造执行系统、工业控制系统、大型管理软件等技术的研发和应用。加强统筹规划，积极有序促进物联网、云计算的研发和应用。实施工业电子产品提升工程，推进信息技术与工业技术融合创新，提高汽车、船舶、机械等产品智能化水平。推动电子信息产品制造企业由单纯提供产品向提供综合解决方案和信息服务转变。

（四）引导电子商务健康发展。健全安全、信用、金融、物流和标准等支撑体系，探索有效监管模式，建立规范有序的电子商务市场秩序。引导电子商务平台向提供涵盖信息流、物流、资金流的全流程服务发展。鼓励大中型企业开展网络采购和销售，加强供应链协同运作，重点推动小型微型企业普及电子商务应用。实施移动电子商务试点示范工程，创建电子商务试点示范城市，创新电子商务发展模式，改善电子商务发展环境。

（五）推进服务业信息化进程。推动银行业、证券业和保险业信息共享，支持金融产品和服务创新，促进消费金融发展，提高面向小型微型企业和农业农村的金融服务水平。加快推进交通、旅游、休闲娱乐等服务业信息化。培育和发展地理信息产业，大力发展信息系统集成、互联网增值业务和信息安全服务。提高工业设计信息化水平。

四、加快社会领域信息化，推进先进网络文化建设

（一）提升电子政务服务能力。围绕提升服务和监管能力，促进政府管理创新，加强电子政务顶层设计。以互联互通为重点，形成统一的国家电子政务网络，完善项目建设管理、绩效评估和运行维护机制。扎实推进药品、食品、住房、能源、金融、价格等重要监管信息系统建设。推动重点领域信息共享和业务协同，加快电子政务服务向街道、社区和农村延伸，支持基层政府和社区开展管理和服务模式创新试点示范。加强地理空间和自然资源、人口、法人、金融、税收、统计等基础信息资源的开发利用，促进共享。全面提升电子政务技术服务能力，鼓励业务应用向云计算模式迁移。加强电子文件管理与应用。

（二）提高社会管理和城市运行信息化水平。建立全面覆盖的社会管理综合信息系统。完善人口信息共享机制，实现实有人口动态管理，提高人口信息动态监测和分析预测能力。建设公众诉求信息管理平台，改进信访工作方式。加强网络舆情分析，健全网上舆论动态引导管理机制。推动城市管理信息共享，推广网格化管理模式，加快实施智能电网、智能交通等试点示范，引导智慧城市建设健康发展。

（三）加快推进民生领域信息化。加快学校宽带网络建设，推动优质数字教育资源开发和共享，完善教育管理信息系统，构建面向全民的终身学习网络和服务平台，大力发展远程教育，形成教育综合信息服务体系。完善医疗服务与管理信息系统，加快建立居民电子健康档案和电子病历，加强国家和区域医药卫生信息共享，夯实远程医疗发展的基础。构建覆盖城乡居民的劳动就业和社会保障信息服务体系，全面推行社会保障卡应用，推动就业信息共享。推进减灾救灾、社会救助、社会福利和慈善事业等社会服务信息化。提高面向残疾人等特殊人群的信息服务能力。

（四）发展先进网络文化。鼓励开发具有中国特色和自主知识产权的数字文化产品，加强知识产权保护，壮大数字内容产业，培育数字内容与网络文化产业骨干企业，扩展数字内容产业链。加强重点新闻网站建设，规范管理综合性商业网站，构建积极健康的网络传播新秩序和网络氛围。积极推进数字图书馆等公益性文化信息基础设施建设，开发精品网络科普资源,完善公共文化信息服务体系。

五、推进农业农村信息化,实现信息强农惠农

(一)提高农业生产经营信息化水平。推动农业适用信息技术的研发应用,加快推进农业生产基础设施、装备与信息技术的融合。提高种植业、养殖业生产信息化和农村专业合作社、农产品批发市场经营信息化水平。加强农业生产环境监控、生产过程监测、行业发展监管,建立和完善农产品质量安全追溯体系。积极培育、示范、推广适用的农业信息化应用模式。

(二)完善农业农村综合信息服务体系。规范各类农业信息服务系统,建立全国农业综合信息服务平台,鼓励发展专业信息服务,加快推进涉农信息资源开发、整合和综合利用。继续推进农村基层信息服务站和信息员队伍建设,形成村为节点、县为基础、省为平台、全国统筹的农村综合信息服务体系。

六、健全安全防护和管理,保障重点领域信息安全

(一)确保重要信息系统和基础信息网络安全。能源、交通、金融等领域涉及国计民生的重要信息系统和电信网、广播电视网、互联网等基础信息网络,要同步规划、同步建设、同步运行安全防护设施,强化技术防范,严格安全管理,切实提高防攻击、防篡改、防病毒、防瘫痪、防窃密能力。加大无线电安全管理和重要信息系统无线电频率保障力度。加强互联网网站、地址、域名和接入服务单位的管理,完善信息共享机制,规范互联网服务市场秩序。

(二)加强政府和涉密信息系统安全管理。严格政府信息技术服务外包的安全管理,为政府机关提供服务的数据中心、云计算服务平台等要设在境内,禁止办公用计算机安装使用与工作无关的软件。建立政府网站开办审核、统一标识、监测和举报制度。减少政府机关的互联网连接点数量,加强安全和保密防护监测。落实涉密信息系统分级保护制度,强化涉密信息系统审查机制。

(三)保障工业控制系统安全。加强核设施、航空航天、先进制造、石油石化、油气管网、电力系统、交通运输、水利枢纽、城市设施等重要领域工业控制系统,以及物联网应用、数字城市建设中的安全防护和管理,定期开展安全检查和风险评估。重点对可能危及生命和公共财产安全的工业控制系统加强监管。对重点领域使用的关键产品开展安全测评,实行安全风险和漏洞通报制度。

(四)强化信息资源和个人信息保护。加强地理、人口、法人、统计等基础信息资源的保护和管理,保障信息系统互联互通和部门间信息资源共享安全。明确敏感信息保护要求,强化企业、机构在网络经济活动中保护用户数据和国家基础数据的责任,严格规范企业、机构在我国境内收集数据的行为。在软件服务外包、信息技术服务和电子商务等领域开展个人信息保护试点,加强个人信息保护工作。

七、加快能力建设,提升网络与信息安全保障水平

(一)夯实网络与信息安全基础。研究制定国家信息安全战略和规划,强化顶层设计。落实信息安全等级保护制度,开展相应等级的安全建设和管理,做好信息系统定级备案、整改和监督检查。强化网络与信息安全应急处置工作,完善应急预案,加强对网络与信息安全灾备设施建设的指导和协调。完善信息安全认证认可体系,加强信息安全产品认证工作,减少重复检测和重复收费。

(二)加强网络信任体系建设和密码保障。健全电子认证服务体系,推动电子签名在金融等重点领域和电子商务中的应用。制定电子商务信用评价规范，建立互联网网站、电子商务交易平台诚信评价机制，支持符合条件的第三方机构开展信用评价服务。大力推动密码技术在涉密信息系统和重要信息系统保护中的应用，强化密码在保障电子政务、电子商务安全和保护公民个人信息等方面的支撑作用。

（三）提升网络与信息安全监管能力。完善国家网络与信息安全基础设施，加强网络与信息安全专业骨干队伍和应急技术支撑队伍建设，提高风险隐患发现、监测预警和突发事件处置能力。加强信息共享和交流平台建设，健全网络与信息安全信息通报机制。加大对网络违法犯罪活动的打击力度。进一步完善监管体制，充实监管力量，加强对基础信息网络安全工作的指导和监督管理。倡导行业自律，发挥社会组织和广大网民的监督作用。

（四）加快技术攻关和产业发展。统筹规划，整合力量，进一步加大网络与信息安全技术研发力度，加强对云计算、物联网、移动互联网、下一代互联网等方面的信息安全技术研究。继续组织实施信息安全产业化专项，完善有关信息安全政府采购政策措施和管理制度，支持信息安全产业发展。

八、完善政策措施

（一）加强组织领导。在国家信息化领导小组和国家网络与信息安全协调小组的领导下，各有关部门要按照职责分工，认真落实各项工作任务，加强协调配合，形成合力，共同推进信息化发展和网络信息安全保障工作。各地区要将保障网络与信息安全列入重要议事日程，逐级建立并认真落实网络与信息安全责任制，明确主管领导，确定工作机构，负责督促落实网络与信息安全规章制度，组织制定应急预案，处理重大网络与信息安全事件等，并根据本地实际情况，建立省（区、市）、地（市）两级网络与信息安全协调机制。

（二）加强财税政策扶持。发挥财税政策的杠杆作用，加大对信息化和工业化深度融合关键共性技术研发与推广、公共服务平台、重大示范工程建设等的支持力度。完善农村通信普遍服务补偿机制，优先支持农村、欠发达地区综合信息基础设施建设和改造。整合利用现有资金渠道，中央财政加大投入，重点支持信息安全重要基础性工作。各地区、各部门要将基础性公益性网络与信息安全设施运行维护、安全服务和检查等费用纳入财政预算。

（三）加快法规制度和标准建设。完善信息化发展和网络与信息安全法律法规，研究制定政府信息安全管理、个人信息保护等管理办法。健全相关法规制度，明确并落实企事业单位和社会组织维护信息安全的责任。制定完善新一代信息技术在重点领域的应用标准，注重发挥标准对产业发展的技术支撑作用。培育国家信息安全标准化专业力量，加快制定三网融合、云计算、物联网等领域安全标准。积极参与制定信息安全国际行为准则、互联网治理等国际规则和标准。

（四）加强宣传教育和人才培养。开展面向全社会的信息化应用和信息安全宣传教育培训。支持信息安全与保密学科师资队伍、专业院系、学科体系、重点实验室建设。加强大中小学信息技术、信息安全和网络道德教育，在政府机关和涉密单位定期开展信息安全教育培训。各级财政要加大对信息安全宣传教育和培训等公益性活动的支持。加快培养创新型、应用型信息化人才。

国务院

二〇一二年六月二十八日

国务院关于推进物联网有序健康发展的指导意见

国发〔2013〕7号

各省、自治区、直辖市人民政府，国务院各部委、各直属机构：

物联网是新一代信息技术的高度集成和综合运用，具有渗透性强、带动作用大、综合效益好的特点，推进物联网的应用和发展，有利于促进生产生活和社会管理方式向智能化、精细化、网络化方向转变，对于提高国民经济和社会生活信息化水平，提升社会管理和公共服务水平，带动相关学科发展和技术创新能力增强，推动产业结构调整和发展方式转变具有重要意义，我国已将物联网作为战略性新兴产业的一项重要组成内容。目前，在全球范围内物联网正处于起步发展阶段，物联网技术发展和产业应用具有广阔的前景和难得的机遇。经过多年发展，我国在物联网技术研发、标准研制、产业培育和行业应用等方面已初步具备一定基础，但也存在关键核心技术有待突破、产业基础薄弱、网络信息安全存在潜在隐患、一些地方出现盲目建设现象等问题，急需加强引导加快解决。为推进我国物联网有序健康发展，现提出以下指导意见：

一、指导思想、基本原则和发展目标

（一）指导思想。

以邓小平理论、“三个代表”重要思想、科学发展观为指导，加强统筹规划，围绕经济社会发展的实际需求，以市场为导向，以企业为主体，以突破关键技术为核心，以推动需求应用为抓手，以培育产业为重点，以保障安全为前提，营造发展环境，创新服务模式，强化标准规范，合理规划布局，加强资源共享，深化军民融合，打造具有国际竞争力的物联网产业体系，有序推进物联网持续健康发展，为促进经济社会可持续发展作出积极贡献。

（二）基本原则。

统筹协调。准确把握物联网发展的全局性和战略性问题，加强科学规划，统筹推进物联网应用、技术、产业、标准的协调发展。加强部门、行业、地方间的协作协同。统筹好经济发展与国防建设。

创新发展。强化创新基础，提高创新层次，加快推进关键技术研发及产业化，实现产业集聚发展，培育壮大骨干企业。拓宽发展思路，创新商业模式，发展新兴服务业。强化创新能力建设，完善公共服务平台，建立以企业为主体、产学研用相结合的技术创新体系。

需求牵引。从促进经济社会发展和维护国家安全的重大需求出发，统筹部署、循序渐进，以重大示范应用为先导，带动物联网关键技术突破和产业规模化发展。在竞争性领域，坚持应用推广的市场化。在社会管理和公共服务领域，积极引入市场机制，增强物联网发展的内生性动力。

有序推进。根据实际需求、产业基础和信息化条件，突出区域特色，有重点、有步骤地推进物联网持续健康发展。加强资源整合协同，提高资源利用效率，避免重复建设。

安全可控。强化安全意识，注重信息系统安全管理和数据保护。加强物联网重大应用和系统的安全测评、风险评估和安全防护工作，保障物联网重大基础设施、重要业务系统和重点领域应用的安全可控。

（三）发展目标。

总体目标。实现物联网在经济社会各领域的广泛应用，掌握物联网关键核心技术，基本形成安全可控、具有国际竞争力的物联网产业体系，成为推动经济社会智能化和可持续发展的重要力量。

近期目标。到2015年，实现物联网在经济社会重要领域的规模示范应用，突破一批核心技术，初步形成物联网产业体系，安全保障能力明显提高。

——协同创新。物联网技术研发水平和创新能力显著提高，感知领域突破核心技术瓶颈，明显缩小与发达国家的差距，网络通信领域与国际先进水平保持同步，信息处理领域的关键技术初步达到国际先进水平。实现技术创新、管理创新和商业模式创新的协同发展。创新资源和要素得到有效汇聚和深度合作。

——示范应用。在工业、农业、节能环保、商贸流通、交通能源、公共安全、社会事业、城市管理、安全生产、国防建设等领域实现物联网试点示范应用，部分领域的规模化应用水平显著提升，培育一批物联网应用服务优势企业。

——产业体系。发展壮大一批骨干企业，培育一批“专、精、特、新”的创新型中小企业，形成一批各具特色的产业集群，打造较完善的物联网产业链，物联网产业体系初步形成。

——标准体系。制定一批物联网发展所急需的基础共性标准、关键技术标准和重点应用标准，初步形成满足物联网规模应用和产业化需求的标准体系。

——安全保障。完善安全等级保护制度，建立健全物联网安全测评、风险评估、安全防范、应急处置等机制，增强物联网基础设施、重大系统、重要信息等的安全保障能力，形成系统安全可用、数据安全可信的物联网应用系统。

二、主要任务

（一）加快技术研发，突破产业瓶颈。以掌握原理实现突破性技术创新为目标，把握技术发展方向，围绕应用和产业急需，明确发展重点，加强低成本、低功耗、高精度、高可靠、智能化传感器的研发与产业化，着力突破物联网核心芯片、软件、仪器仪表等基础共性技术，加快传感器网络、智能终端、大数据处理、智能分析、服务集成等关键技术研发创新，推进物联网与新一代移动通信、云计算、下一代互联网、卫星通信等技术的融合发展。充分利用和整合现有创新资源，形成一批物联网技术研发实验室、工程中心、企业技术中心，促进应用单位与相关技术、产品和服务提供商的合作，加强协同攻关，突破产业发展瓶颈。

（二）推动应用示范，促进经济发展。对工业、农业、商贸流通、节能环保、安全生产等重要领域和交通、能源、水利等重要基础设施，围绕生产制造、商贸流通、物流配送和经营管理流程，推动物联网技术的集成应用，抓好一批效果突出、带动性强、关联度高的典型应用示范工程。积极利用物联网技术改造传统产业，推进精细化管理和科学决策，提升生产和运行效率，推进节能减排，保障安全生产，创新发展模式，促进产业升级。

（三）改善社会管理，提升公共服务。在公共安全、社会保障、医疗卫生、城市管理、民生服务等领域，围绕管理模式和服务模式创新，实施物联网典型应用示范工程，构建更加便捷高效和安全可靠的智能化社会管理和公共服务体系。发挥物联网技术优势，促进社会管理和公共服务信息化，扩展和延伸服务范围，提升管理和服务水平，提高人民生活质量。

（四）突出区域特色，科学有序发展。引导和督促地方根据自身条件合理确定物联网发展定位，结合科研能力、应用基础、产业园区等特点和优势，科学谋划，因地制宜，有序推进物联网发展，信息化和信息产业基础较好的地区要强化物联网技术研发、产业化及示范应用，信息化和信息产业基础较弱的地区侧重推广成熟的物联网应用。加快推进无锡国家传感网创新示范区建设。应用物联网等新一代信息技术建设智慧城市，要加强统筹、注重效果、突出特色。

（五）加强总体设计，完善标准体系。强化统筹协作，依托跨部门、跨行业的标准化协作机制，协调推进物联网标准体系建设。按照急用先立、共性先立原则，加快编码标识、接口、数据、信息安全等基础共性标准、关键技术标准和重点应用标准的研究制定。推动军民融合标准化工作，开展军民通用标准研制。鼓励和支持国内机构积极参与国际标准化工作，提升自主技术标准的国际话语权。

（六）壮大核心产业，提高支撑能力。加快物联网关键核心产业发展，提升感知识别制造产业发展水平，构建完善的物联网通信网络制造及服务产业链，发展物联网应用及软件等相关产业。大力培育具有国际竞争力的物联网骨干企业，积极发展创新型中小企业，建设特色产业基地和产业园区，不断完善产业公共服务体系，形成具有较强竞争力的物联网产业集群。强化产业培育与应用示范的结合，鼓励和支持设备制造、软件开发、服务集成等企业及科研单位参与应用示范工程建设。

（七）创新商业模式，培育新兴业态。积极探索物联网产业链上下游协作共赢的新型商业模式。大力支持企业发展有利于扩大市场需求的物联网专业服务和增值服务，推进应用服务的市场化，带动服务外包产业发展，培育新兴服务产业。鼓励和支持电信运营、信息服务、系统集成等企业参与物联网应用示范工程的运营和推广。

（八）加强防护管理，保障信息安全。提高物联网信息安全管理与数据保护水平，加强信息安全技术的研发，推进信息安全保障体系建设，建立健全监督、检查和安全评估机制，有效保障物联网信息采集、传输、处理、应用等各环节的安全可控。涉及国家公共安全和基础设施的重要物联网应用，其系统解决方案、核心设备以及运营服务必须立足于安全可控。

（九）强化资源整合，促进协同共享。充分利用现有公共通信和网络基础设施开展物联网应用。促进信息系统间的互联互通、资源共享和业务协同，避免形成新的信息孤岛。重视信息资源的智能分析和综合利用，避免重数据采集、轻数据处理和综合应用。加强对物联网建设项目的投资效益分析和风险评估，避免重复建设和不合理投资。

三、保障措施

（一）加强统筹协调形成发展合力。建立健全部门、行业、区域、军地之间的物联网发展统筹协调机制，充分发挥物联网发展部际联席会议制度的作用，研究重大问题，协调制定政策措施和行动计划，加强应用推广、技术研发、标准制定、产业链构建、基础设施建设、信息安全保障、无线频谱资源分配利用等的统筹，形成资源共享、协同推进的工作格局和各环节相互支撑、相互促进的协同发展效应。加强物联网相关规划、科技重大专项、产业化专项等的衔接协调，合理布局物联网重大应用示范和产业化项目，强化产业链配套和区域分工合作。

（二）营造良好发展环境。建立健全有利于物联网应用推广、创新激励、有序竞争的政策体系，抓紧推动制定完善信息安全与隐私保护等方面的法律法规。建立鼓励多元资本公平进入的市场准入机制。加快物联网相关标准、检测、认证等公共服务平台建设，完善支撑服务体系。加强知识产权保护，积极开展物联网相关技术的知识产权分析评议，加快推进物联网相关专利布局。

（三）加强财税政策扶持。加大中央财政支持力度，充分发挥国家科技计划、科技重大专项的作用，统筹利用好战略性新兴产业发展专项资金、物联网发展专项资金等支持政策，集中力量推进物联网关键核心技术研发和产业化，大力支持标准体系、创新能力平台、重大应用示范工程等建设。支持符合现行软件和集成电路税收优惠政策条件的物联网企业按规定享受相关税收优惠政策，经认定为高新技术企业的物联网企业按规定享受相关所得税优惠政策。

（四）完善投融资政策。鼓励金融资本、风险投资及民间资本投向物联网应用和产业发展。加快建立包括财政出资和社会资金投入在内的多层次担保体系，加大对物联网企业的融资担保支持力度。对技术先进、优势明显、带动和支撑作用强的重大物联网项目优先给予信贷支持。积极支持符合条件的物联网企业在海内外资本市场直接融资。鼓励设立物联网股权投资基金，通过国家新兴产业创投计划设立一批物联网创业投资基金。

（五）提升国际合作水平。积极推进物联网技术交流与合作，充分利用国际创新资源。鼓励国外企业在我国设立物联网研发机构，引导外资投向物联网产业。立足于提升我国物联网应用水平和产业核心竞争力，引导国内企业与国际优势企业加强物联网关键技术和产品的研发合作。支持国内企业参与物联网全球市场竞争，推动我国自主技术和标准走出去，鼓励企业和科研单位参与国际标准制定。

（六）加强人才队伍建设。建立多层次多类型的物联网人才培养和服务体系。支持相关高校和科研院所加强多学科交叉整合，加快培养物联网相关专业人才。依托国家重大专项、科技计划、示范工程和重点企业，培养物联网高层次人才和领军人才。加快引进物联网高层次人才，完善配套服务，鼓励海外专业人才回国或来华创业。

各地区、各部门要按照本意见的要求，进一步深化对发展物联网重要意义的认识，结合实际，扎实做好相关工作。各部门要按照职责分工，尽快制定具体实施方案、行动计划和配套政策措施，加强沟通协调，抓好任务措施落实，确保取得实效。

国务院

2013 年 2 月 5 日

国家发展改革委关于印发“十二五”国家政务信息化工程建设规划的通知

发改高技[2012]1202 号

党中央各部门，各省、自治区、直辖市及计划单列市人民政府，国务院各部委、各直属机构，中央军委办公厅、各总部、各军兵种、各大军区，全国人大常委会办公厅，全国政协办公厅，高法院，高检院，各民主党派中央：

根据《国务院关于“十二五”国家政务信息化工程建设规划的批复》（国函[2012]36 号），现将《“十二五”国家政务信息化工程建设规划》（以下简称《规划》）印发你们，请按照执行，并就有关事项通知如下：

一、“十二五”时期是全面建设小康社会的关键时期，是深化改革开放、加快转变经济发展方式的攻坚时期，也是我国政务信息化深入发展的重要阶段。各单位要认真领会国务院批复精神，深入贯彻科学发展观，围绕“十二五”期间国民经济和社会发展的主要任务，以促进转变经济发展方式、提升治国理政能力为宗旨，以推动经济社会各领域信息化、保障和改善民生、维护经济社会安全为目标，加快推进国家政务信息化工程建设。要加强顶层设计，坚持需求主导，强化信息共享、业务协同和互联互通，突出建设效能，有效提高公共服务水平，强化国家网络与信息安全保障，推进国家信息化建设步伐，促进经济平稳较快发展和社会和谐稳定。

二、请各地区、各部门及有关单位按照国务院批复精神，进一步统一思想，增强大局意识、责任意识，切实加强《规划》实施的组织领导，保障《规划》有效实施，大力推进国家政务信息化工程建设。到“十二五”期末，要形成统一完整的国家电子政务网络，基本满足政务应用需要；初步建成共享开放的国家基础信息资源体系，支撑面向国计民生的决策管理和公共服务，显著提高政务信息的公开程度；基本建成国家网络与信息安全基础设施，网络与信息安全保障作用明显增强；基本建成覆盖经济社会发展主要领域的重要政务信息系统，治国理政能力和依法行政水平得到进一步提升。

三、我委将按照国务院的批复精神，进一步做好统筹协调工作。各有关部门要科学组织工程建设，推进管理创新，强化信息安全保密，确保完成工程建设任务，要进一步明确工程项目完工投用后的共用共享机制，增强部门间的业务协同能力，确保取得实际效果，切实提高投资效益。我委将会同有关部门做好对《规划》实施情况的监督检查和评估工作，对《规划》实施中存在的问题、评估结果和总体实施情况向国务院报告。

附件：“十二五”国家政务信息化工程建设规划

国家发展改革委

二○一二年五月五日

附件：

“十二五”国家政务信息化工程建设规划

一、现状和形势

加快国家信息化建设是党中央、国务院顺应世界信息化发展趋势作出的重大战略决策，政务信息化建设是国家信息化建设的重要组成部分。“十一五”时期，我国政务信息化建设快速推进，信息化水平不断提高。经过多年努力，围绕各级党委、人大及其常委会有关政务机构、政府部门以及政协、法院、检察院有关政务机构（以下统称政务部门）的办公自动化、重要领域和重点业务信息化、网络与信息安全基础设施保障开展的一系列信息化工程建设取得了实质性进展，金盾、金关、金财、金税、金审、金农等近百个重大信息化工程项目陆续建成，相关业务信息系统顺利投入运行，各级政务网站成为信息公开、网上办事、便民服务的重要渠道，对于强化科学民主决策，保障政务部门高效运转，推动信息化和工业化深度融合，保障信息安全，促进经济社会发展发挥了重要作用。但同时必须清醒地看到，当前我国政务信息化建设中依然存在一些突出矛盾和问题，需要尽快加以研究解决。主要是：一批面向公共服务和改善民生的重要信息化系统尚需加快建设，信息共享、业务协同和服务应用程度需进一步提高，网络和信息安全形势不容乐观。

“十二五”时期是全面建设小康社会的关键时期，是深化改革开放、加快转变经济发展方式的攻坚时期，也是我国政务信息化深入发展的重要阶段。编制和实施《“十二五”国家政务信息化工程建设规划》是强化顶层设计，加强规划指导，大力推进国家政务信息化工程建设的基本要求和重要举措，是落实《中华人民共和国国民经济和社会发展第十二个五年规划纲要》和《2006—2020 年国家信息化发展战略》的具体部署。《“十二五”国家政务信息化工程建设规划》是“十二五”期间安排国家投资建设重大政务信息化工程的重要依据。

二、总体要求

（一）指导思想。

以邓小平理论和“三个代表”重要思想为指导，深入贯彻落实科学发展观，围绕“十二五”期间国民经济和社会发展的主要任务，以促进转变经济发展方式、提升治国理政能力为宗旨，以推动经济社会各领域信息化、保障和改善民生、维护经济社会安全为目标，加快推进国家政务信息化工程建设。要加强顶层设计，坚持需求主导，强化信息共享、业务协同和互联互通，突出建设效能，有效提高公共服务水平，强化国家网络与信息安全保障，推进国家信息化建设步伐，促进经济平稳较快发展和社会和谐稳定。

（二）基本原则。

——坚持统筹协调。统筹规划和综合协调政务信息化工程建设，结合各政务部门核心职能，深入开展需求分析，合理设定建设任务，科学量化效能目标。加强顶层设计、统筹规划，分步实施，试点先行，成熟一项，建设一项，确保工程应用实效。

——坚持协同共享。科学规划工程项目，统筹部署应用系统，支持跨部门、跨区域的业务协同和信息资源共享，共用基础网络，有效控制投资规模，切实发挥投资效益，坚决避免重复投资、重复建设。

——坚持创新发展。结合公共服务模式改革和政务运行机制创新，优化业务流程，顺应新技术发展趋势，探索政务信息化工程建设运行管理的新模式，提高投资管理水平。

——坚持安全保障。强化与新一代信息技术发展相适应、满足信息化发展实际需要的信息安全基础设施。坚持自主可控，强化安全保密措施，确保重要信息系统安全可靠，着力提升国家网络与信息安全保障能力。

（三）主要目标。

通过实施国家政务信息化工程，到"十二五"期末，形成统一完整的国家电子政务网络，基本满足政务应用需要；初步建成共享开放的国家基础信息资源体系，支撑面向国计民生的决策管理和公共服务，显著提高政务信息的公开程度；基本建成国家网络与信息安全基础设施，网络与信息安全保障作用明显增强；基本建成覆盖经济社会发展主要领域的重要政务信息系统，治国理政能力和依法行政水平得到进一步提升。

三、重点任务

"十二五"国家政务信息化工程以《国民经济和社会发展第十二个五年规划纲要》、相关法律法规和政策文件为依据，重点明确以下建设任务：

（一）构建国家电子政务网络。

基于国家电子政务传输骨干网，建好内网，扩展外网，整合优化已有业务专网，构建完整统一的国家电子政务网络。加快推进专网业务向国家电子政务网络迁移，确需保留的部门专网根据业务需要实现与国家电子政务网络互联互通。

1.国家电子政务内网平台。

建设目标：形成统一的国家电子政务内网平台，主要用于承载各级政务部门的内部办公、管理、协调、监督和决策等业务信息系统，并实现安全互联互通、资源共享和业务协同。

建设内容：加快建设统一的电子政务内网平台。规范网络连接，整合网络资源，确保安全接入。重点建设中央级平台，尽快实现顶层互联互通。各部门按照业务系统部署和安全管理要求，依托统一的国家电子政务内网平台，开展跨地区跨部门业务应用，实现网络资源的共享共用。

2.国家电子政务外网平台。

建设目标：实现国家电子政务外网平台的互联互通，为各级政务部门履行职能提供服务，为面向公众、服务民生的业务应用系统以及国家基础信息资源的开放共享提供信息支持。

建设内容：完善国家电子政务外网中央级平台，整合地方网络资源，加大地方各级电子政务外网建设，推进中央级电子政务外网平台与地方各级电子政务外网的有效联通。

（二）深化国家基础信息资源开发利用。

基础信息资源库包括基础信息库和业务信息库，并依法向政务部门和社会开放。基础信息库要按照一数一源、多元采集,共享校核、及时更新、权威发布的原则建设。业务信息库要按照物理分散、逻辑集中、共享校核的原则建设。

1. 人口信息资源库。

建设目标:初步实现相关部门人口信息资源的实时共享,为区域资源承载能力、实有人口统筹管理、人口全生命周期管理、社会治安状况、人力资源能力素质、社会就业形势、市场消费能力和公益事业发展水平、城镇化水平等的监测分析和评价决策提供信息支持,提高管理、服务和决策水平。

建设内容:建设和完善覆盖全国人口、以公民身份号码为标识、以居民身份证信息为主要内容的国家人口基础信息库。以人口基础信息为基准,建立信息共享和校核机制,充分利用全国人口普查信息,逐步建设人口总量和静态动态分布、户口登记、健康素质、残疾人口、年龄和性别结构、教育程度、就业状态、居住状况、收入水平、纳税情况、参保缴费、社保待遇、婚姻状况、优抚救助、扶贫开发、党员、公务员、专业技术人才等方面的业务信息库。

2. 法人单位信息资源库。

建设目标:初步实现相关部门法人单位信息资源的实时共享,为企业技术创新、产品质量保障、中小企业发展、劳动就业需求、行政资源配置、产业经济安全、社会事业发展、市场开放竞争、社会信用体系等的监测分析和评价决策提供信息支持,提高管理、服务和决策水平。

建设内容:建设和完善以法人组织机构代码为标识的机关法人、事业法人、企业法人、社团法人及其他依法成立的各类机构单位基础信息库。以法人单位基础信息为基准,建立信息共享和校核机制,充分利用经济普查信息,逐步建设法人信用、固定资产投资、产业结构、就业规模、生产经营、税源税收、法人业务范围等方面的业务信息库。

3. 空间地理信息资源库。

建设目标:初步实现相关部门空间地理信息资源的实时共享,为自然资源储备和开发利用状况、人居环境、生态环境、自然灾害、交通资源配置和物流配送效率的监测分析和评价决策提供信息支持,提高国土空间资源配置效率。

建设内容:在国家自然资源和地理空间基础信息库一期工程的基础上,进一步扩充和整合相关数据资源,完善信息共享机制。建设和完善以测绘基础地理信息为主要内容的国家空间地理基础信息库。以国家空间地理基础信息为基准,建立信息共享和校核机制,逐步建设土地矿产资源、海洋环境状态、地质地震构造、耕地草原状况、森林湿地荒漠、水源水系分布、城乡建设规划、综合交通布局、水域空域航线、网络资源分布、重点水利工程分布、行政区划和地名、邮政编码和地址、地理数据资源等业务信息库和国土资源监管信息系统。

4.宏观经济信息资源库。

建设目标:依据业务需要实现宏观经济信息的共享,为有关部门和地方开展经济运行动态监测、产业安全预测预警等分析决策提供信息支持,确保金融、税收、统计等宏观经济基础数据真实准确、完整及时,提高政府统计公信力,提高宏观调控的科学性、预见性和有效性。

建设内容:强化金融、税收、统计等基础信息资源开发利用,逐步完善消费、投资、进出口以及经济运行、节能减排、知识产权等方面的业务信息资源。建立完整、统一、高效、适用的国家统计信息系统，完善国家统计数据库，建成安全畅通、便捷高效的联网直报系统。

5.文化信息资源库。

建设目标：推动文化信息资源共享和开发利用，促进中华文化的传承和传播，提升国家文化软实力。

建设内容：完善文化信息资源共享工程，逐步建设以国家物质和非物质文化遗产信息、少数民族传统文化、国家重要文物、国家档案信息等为主要内容的信息库。完善文化市场信息监管平台，加强重点新闻网站建设，推动新闻信息搜索引擎发展，完善国家级网络视频内容传播和共享平台。

（三）完善国家网络与信息安全基础设施坚持以促发展、保安全为主线，按照规制为主、疏堵兼顾、科学管控、共建共享、政企结合的方针，加快网络与信息安全基础设施建设，完善国家信息安全保障体系，提高我国基础信息网络和重要信息系统的安全保障能力。

1. 网络与信息安全基础设施。

在已有设施和资源的基础上，重点围绕提高网络舆情监测能力、网络失窃密监测预警能力、网络有害信息监测和管控能力、网络违法犯罪防范和打击能力等，逐步建立科学高效的信息安全管控机制，建设统一的网络与信息安全基础设施，健全重点信息安全管理业务系统，构建密码保障、身份认证、保密监管、检测评估和监测预警等技术支撑体系，切实保障我国信息网络空间的安全可控。

2.重要信息系统安全保障设施。

减少各部门互联网出入口数量，推进党政机关互联网统一接入。加强涉密信息系统与信息资源的安全保密设施建设，统筹应急响应与灾难备份能力建设，增强电子政务网络、基础信息库和重要业务信息系统的安全防护能力建设，为重要信息系统的安全可控运行提供支撑。完善密钥管理基础设施，推进电子政务网络信任体系建设，充分利用已依法设立的电子认证服务机构，实现面向电子政务内外网与各级各类业务应用的身份认证、访问授权和责任认定等安全管理，为跨部门、跨地区的政务业务应用提供安全保障。

（四）推进国家重要信息系统建设

在继续加快推进金盾、金关、金财、金税、金审、金农等重要信息系统建设的基础上，重点建设保障和改善民生、维护经济社会安全、提升治国理政能力等方面的重要信息系统。根据各部门的职能分工，整合部门工程项目功能，实现重要信息系统的跨部门协同互动和资源共享，形成相关部门项目关联组合的信息化一体工程。

1.全民健康保障信息化工程。

建设目标：实现相关政务部门的信息共享和业务协同，提高突发公共卫生事件应对能力、重大疾病防控能力、卫生监督和公众健康保障能力，以及基层医疗卫生服务能力。提升医疗卫生事业行政监督管理水平。提高远程医疗服务能力，促进医疗卫生公共服务均等化，满足人民群众多层次多样化医疗卫生需求。

建设内容：按照深化医药卫生体制改革的要求，完善以疾病控制网络为主体的中西医协同的公共卫生管理信息系统。建立涵盖基本药物采购供应和使用管理、居民健康管理、诊疗导航与管理、综合业务管理和绩效考核等功能的基层医疗卫生管理系统。以建立城乡居民电子健康档案和中西医电子病历、推广医保“一卡通”为重点，建设支持各级医院上下联动、医保医药医疗业务协同、居民健康监测咨询等的医疗健康公共服务信息系统，支持医疗机构分级协作和医保支付即时结算。建设基本药物制度运行监测评价信息系统和基本医疗卫生服务质量与绩效评价信息系统。推动远程医疗试点。

2.全民住房保障信息化工程。

建设目标：实现相关政务部门的信息共享和业务协同，为加强住房保障工作提供信息支持，增强国家房地产市场宏观调控能力，提高科学决策水平。

建设内容：以人口分布、建设用地供给信息监测为基础，整合房屋权属信息和房地产市场交易信息，重点建设住房信息系统，加强对保障性住房资源配置的监管、互助性住房建设资金的监控以及投资性住房需求的监测。

3. 全民社会保障信息化工程。

建设目标：实现社会保险经办服务的多险种跨省区可接续，规范业务办理流程，控制资金风险，实现精细化管理，为完善社会保障制度提供信息支持，不断提升国家社会保障的能力和水平。

建设内容：在金保一期工程基础上，加快社会保障信息化工程建设。推进社会保障卡应用，建设覆盖乡村社区、实现多险种和跨省区接续的社会保险经办服务信息系统。在低保一期工程基础上，建设由城市延伸到农村的统一社会救助、社会福利和慈善事业管理信息系统。建设社会保障监管信息系统。

4.药品安全监管信息化工程。

建设目标：实现相关政务部门的信息共享和业务协同，进一步加强对药品和医疗器械研制、生产、流通和使用全过程监督，实现药品流通过程的透明监管，有效提高对药品全生命周期安全监管的水平，强化药品（含医疗器械）安全监管，满足国家基本药物制度和深化医药卫生体制改革的需求。

建设内容：建设药品监管信息化工程。建成国家药品监管信息系统一期工程，支持药品真伪鉴别、来源追溯、过程追踪、快速召回和紧急调配。在此基础上，加快建设药品安全监管信息系统。

5.食品安全监管信息化工程。

建设目标：逐步实现食品生产、流通、消费全程监管业务的紧密协同和数据共享，支持食品安全事件的预防预警和应急处置，满足预防为主、科学管理、明确责任、综合治理的食品安全监管工作要求,切实提高食品安全的保障水平。

建设内容：加快建设食品（含农产品）生产、加工、流通（含进出口）、消费等环节的安全监管信息化工程。利用物联网技术、溯源技术、防伪技术、条码技术、云计算技术等，建设支持食品及食品添加剂生产达标的生产监管信息系统，建设支持食品及食品添加剂品牌真伪认证、来源追溯、过程追踪、责任追查及召回销毁的流通监管信息系统，建设支持对食品生产商、经营商和餐饮服务商进行信用评价、守信激励、失信惩戒的食品经营者信用监管信息系统。建设食品安全风险监测和评估信息系统，建设相应的食品安全信息共享平台。

6.安全生产监管信息化工程。

建设目标：推进各级安全生产监管部门对安全生产信息的共享共用，提升重大危险源管理和生产安全事故的预防预警、监管监察和应急处置能力。

建设内容：按照加强安全生产监管监察能力建设的要求，在煤矿、非煤矿山、危险化学品、病险设施、特种设备、工业生产、工程建设、交通运输等领域，充分利用企业安全生产的实时监测信息，完善和建设安全生产监管信息系统。

7.市场价格监管信息化工程。

建设目标：实现相关政务部门的信息共享和业务协同，切实加强价格调控监管，防范市场投机炒作和价格异常波动，提升重要商品的市场价格监测预警、价格调控、监督检查，以及公共服务的能力和效率。

建设内容：充分利用已有的信息化设施，优化整合现有信息化资源，加快建设和完善价格监管、价格监测预警、成本调查、价格鉴证、药品和医疗器械价格评审、价格监督检查等信息系统，形成统一协调的价格管理和数据共享平台，加强对生产、流通、消费各环节的价格监测分析。

8.金融监管信息化工程。

建设目标：实现相关政务部门的信息共享和业务协同，为金融市场平稳运行和国民财富安全等方面的有效监管提供信息支持，逐步增强金融信息服务能力，规范金融机构行为，提高对金融风险的防范预警能力和应急处置水平。

建设内容：按照深化金融体制改革和加强金融监管的要求，加快建设金融监管信息系统，完善针对金融业系统性风险、信用风险、市场风险的风险管控和信息共享系统，重点加强对外汇业务、资本市场交易和跨境资金流动等的动态监测和信息共享。建设和完善金融信息平台。

9.能源安全保障信息化工程。

建设目标：实现相关政务部门的信息共享和业务协同，提高对油、气、电、煤等能源供需、价格走势、国际能源市场发展变化，以及重点能源企业财务状况的监测预测和预警能力，为提高国家能源安全保障能力提供信息支持。

建设内容：按照构建安全、稳定、经济和清洁的现代能源产业体系的要求，建设能源安全保障信息化工程。建设覆盖能源资源、能源生产、运输、储备、库存、价格、进出口、消费等各个环节，能源上下游相关产业的监测预警与监督管理信息系统。重点建设支持国内能源生产结构调整、合理布局、确定能源定价策略、制定重大能源战略规划的宏观决策信息系统。

10.信用体系建设信息化工程。

建设目标：依法实现信用信息的跨部门共享，有效支撑对失信行为的惩戒和守信行为的激励，提升信用监管水平，推进社会信用体系的建设。

建设内容：按照加快推进社会信用体系建设的要求，利用人口和法人基础信息库，依托部门和地方建设的业务信息系统，进一步完善公民和法人的信贷、纳税、履约、生产、交易、服务、工程建设、参保缴费，以及违法违纪等信用信息记录。根据客观需求，结合实际条件，建设公民和法人信用信息征信信息系统。

11.生态环境保护信息化工程。

建设目标：逐步实现污染源、污染物、生态环境质量等方面的信息共享，不断提高对重点流域、区域的环境治理水平，有效增强对环境生态和生物多样性保护的监测、评估、服务能力,有效遏制工业污染,促进环境友好型社会建设。

建设内容:针对危害群众生命健康的突出环境问题,按照从源头上扭转生态环境恶化趋势的要求,充分利用物联网、遥感等先进技术,进一步完善土壤、森林、湿地、荒漠、海洋、地表水、地下水、大气等方面的生态环境保护信息系统。运用新一代信息网络技术,动态汇集工业企业污染监测信息,加强工业污染和温室气体排放的评估和监测能力建设。

12.应急维稳保障信息化工程。

建设目标:实现相关政务部门的信息共享和业务协同,有效提高对自然灾害和突发公共事件的综合防范和应对能力,提升应急维稳信息预测预警通报、综合分析研判和决策指挥支持能力,切实维护社会和谐稳定,保障国家安全。

建设内容:进一步建设和完善应急管理信息系统,加强对自然灾害、公共卫生事件和突发群体性事件的信息报送、预测预警、分析评估、舆论引导、应急预案智能化联动、预警信息发布、应急通信、应急指挥、防灾减灾、应急队伍和物资调配、应急处置责任认定等信息能力建设。充分利用、整合和完善各类社会管理动态综合信息,拓宽民意反映渠道,建设维护社会稳定信息系统,面向重点地区、特殊群体、敌对势力和矛盾多发领域,加强舆情搜集和信息监测。

13.行政执法监督信息化工程。

建设目标:为有效防控廉政风险,促进行政权力规范运行,深入推行行政执法责任制,加大行政复议指导监督力度,提高面向公共财政资源配置的制度监督水平等提供信息支持,规范行政自由裁量行为,促进依法行政。

建设内容:加快建设行政监察信息系统,以落实违法违纪责任追究为重点,加强行政权力运行监察监管机制,完善电子监察系统。以行政许可和行政处罚等执法行为为重点,建设行政执法监督信息系统。以公共财政运行安全和绩效评价为主要内容,在金审工程的基础上,进一步完善政府预算执行监督的审计信息系统。

14.民主法制建设信息化工程。

建设目标:有效满足立法和监督等工作需求,为人大及其常委会履职提供信息支持。进一步提高政协政治协商、民主监督和参政议政能力。有效增强司法能力、提高司法效率、确保司法公正、推进司法公开。实现检察信息资源的整合与共享,促进公正廉洁执法。

建设内容:围绕国家基本法律制度的建设,加强人大信息系统建设,完善法律信息库。整合共享有关信息资源,完善政协业务网络系统。加快推进法院系统信息化,建设完善法院案件管理及决策支持系统。加快推进检察系统信息化,建设以控告举报与刑事申诉、职务犯罪侦查与预防、侦查监督、刑事审判监督、民事审判与行政诉讼监督、刑罚执行监督为主要内容的检察院法律监督信息系统。

15.执政能力建设信息化工程。

建设目标:充分运用信息化手段,加强党的建设,优化配置党的执政资源。为不断巩固党的执政基础,提高执政能力提供信息支持。

建设内容:整合利用各级党委、政府和其他相关机构的信息资源,建设完善党的决策指挥管理系统、执政资源配置和运行监测系统、惩治和预防腐败系统、社会管理和群众工作服务系统。

四、保障措施

（一）科学组织工程建设。

国家政务信息化工程建设任务涵盖的具体工程项目，均应严格按照基本建设程序审批。要加强工程建设的跨部门统筹协调，确定牵头建设部门，建立健全“一把手”负责制，确保完成规划提出的目标任务。牵头建设部门要会同有关部门严格依照规划要求，对具体工程项目开展专题研究，逐项细化工程体系架构和具体项目的建设范围，落实实施步骤和部门职责分工。各项目建设单位必须充分利用统一的国家电子政务网络开展本部门信息化工程建设，避免重复投资、重复建设。对各自为政、不支持信息共享和业务协同、不能满足国家政务信息化工程整体建设要求、论证不充分的项目不予审批。有关部门要抓紧研究制定部门现有业务专网迁移规划，促进部门业务网络尽快向国家电子政务网络迁移。原则上不再审批新建部门信息化专网。要进一步明确工程项目完工投用后的共用共享机制，增强部门间的业务协同能力，确保工程项目取得实际效果，切实提高国家投资效益。鼓励采用物联网、云计算、下一代互联网、绿色节能、模拟仿真等新技术，以促进信息基础设施和信息资源共享，培育多元化公共服务为重点，在相关领域开展政务信息化试点示范工程建设。

（二）落实工程建设资金。

充分保障国家政务信息化工程的建设资金和运维经费。中央地方共建项目按照统一规划，根据中央地方事权划分确定相应的建设内容和建设资金。建设资金列入同级政府固定资产投资，运维经费列入同级财政预算。国家对西部地区和中部欠发达地区的中央和地方共建项目予以适当补助，通过中央基建投资安排解决。中央和地方的建设资金、运维经费必须及时到位，确保项目顺利实施。

（三）加强工程全过程管理。

项目建设单位应按照国家电子政务工程建设项目管理的相关规定加强项目的全过程管理。严格项目概算调整管理，严格工程项目信息通报制度和档案管理制度，同步推进电子化档案管理，进一步强化工程监理。有关部门要抓紧研究制定国家政务信息化工程效能评价指标体系，在项目验收阶段和投入运行后对工程项目进行效能评价，评价结果作为项目验收和后续项目建设立项的重要参考。要深入开展项目需求分析，科学确定项目建设内容和投资规模，确保政务信息化工程取得实效。

（四）推进工程建设管理创新。

鼓励项目建设单位积极采用服务外包、项目代建等专业化和市场化方式，探索政务信息化工程建设运行的新机制新模式。有关部门应抓紧研究编制国家数据中心和灾备中心的整体规划，制定促进部门信息化建设采用共建、代建、服务外包等方式的具体措施，以及与之配套的信息安全保密管理制度，有效促进部门信息化建设的改革发展，合理控制、切实降低建设与运维成本，提高专业化水平和服务质量，确保重要信息系统安全可靠运行。工程建设中应按照优先采购安全可控、绿色节能软硬件产品的原则进行设备选型和招标，并将采购情况作为项目验收和效能评价的重要内容。继续组织实施信息安全产品和服务产业化专项，推进自主创新产品发展，为政务信息化工程提供技术支持。

（五）加强信息安全保密。

工程建设必须与安全保密措施有机结合，做到安全保密措施先行。项目建设单位要严格依据国家关于涉密信息系统分级保护和非涉密信息系统信息安全等级保护的有关规定，在政务信息化工程项目的需求分析报告和建设方案中同步落实分级保护和等级保护要求，制定实施与业务应用紧密结合、技术上自主可控的信息安全和保密解决方案。项目建成后的试运行期间，项目建设单位应按有关规定组织开展信息安全风险评估，确保信息化工程项目安全保密。

（六）强化规划监测评估。

建立动态评估机制，强化对规划实施情况的跟踪分析和督促检查。发展改革委要对规划实施的年度进展情况进行总结，并适时开展中期评估，不断优化规划实施方案和保障措施，促进规划工程建设目标和任务的顺利实现。

全国人民代表大会常务委员会关于加强网络信息保护的决定

（2012年12月28日第十一届全国人民代表大会常务委员会第三十次会议通过）

为了保护网络信息安全，保障公民、法人和其他组织的合法权益，维护国家安全和社会公共利益，特作如下决定：

一、国家保护能够识别公民个人身份和涉及公民个人隐私的电子信息。

任何组织和个人不得窃取或者以其他非法方式获取公民个人电子信息，不得出售或者非法向他人提供公民个人电子信息。

二、网络服务提供者和其他企业事业单位在业务活动中收集、使用公民个人电子信息，应当遵循合法、正当、必要的原则，明示收集、使用信息的目的、方式和范围，并经被收集者同意，不得违反法律、法规的规定和双方的约定收集、使用信息。

网络服务提供者和其他企业事业单位收集、使用公民个人电子信息，应当公开其收集、使用规则。

三、网络服务提供者和其他企业事业单位及其工作人员对在业务活动中收集的公民个人电子信息必须严格保密，不得泄露、篡改、毁损，不得出售或者非法向他人提供。

四、网络服务提供者和其他企业事业单位应当采取技术措施和其他必要措施，确保信息安全，防止在业务活动中收集的公民个人电子信息泄露、毁损、丢失。在发生或者可能发生信息泄露、毁损、丢失的情况时，应当立即采取补救措施。

五、网络服务提供者应当加强对其用户发布的信息的管理，发现法律、法规禁止发布或者传输的信息的，应当立即停止传输该信息，采取消除等处置措施，保存有关记录，并向有关主管部门报告。

六、网络服务提供者为用户办理网站接入服务，办理固定电话、移动电话等入网手续，或者为用户提供信息发布服务，应当在与用户签订协议或者确认提供服务时，要求用户提供真实身份信息。

七、任何组织和个人未经电子信息接收者同意或者请求，或者电子信息接收者明确表示拒绝的，不得向其固定电话、移动电话或者个人电子邮箱发送商业性电子信息。

八、公民发现泄露个人身份、散布个人隐私等侵害其合法权益的网络信息，或者受到商业性电子信息侵扰的，有权要求网络服务提供者删除有关信息或者采取其他必要措施予以制止。

九、任何组织和个人对窃取或者以其他非法方式获取、出售或者非法向他人提供公民个人电子信息的违法犯罪行为以及其他网络信息违法犯罪行为，有权向有关主管部门举报、控告；接到举报、控告的部门应当依法及时处理。被侵权人可以依法提起诉讼。

十、有关主管部门应当在各自职权范围内依法履行职责，采取技术措施和其他必要措施，防范、制止和查处窃取或者以其他非法方式获取、出售或者非法向他人提供公民个人电子信息的违法犯罪行为以及其他网络信息违法犯罪行为。有关主管部门依法履行职责时，网络服务提供者应当予以配合，提供技术支持。

国家机关及其工作人员对在履行职责中知悉的公民个人电子信息应当予以保密，不得泄露、篡改、毁损，不得出售或者非法向他人提供。

十一、对有违反本决定行为的，依法给予警告、罚款、没收违法所得、吊销许可证或者取消备案、关闭网站、禁止有关责任人员从事网络服务业务等处罚，记入社会信用档案并予以公布；构成违反治安管理行为的，依法给予治安管理处罚。构成犯罪的，依法追究刑事责任。侵害他人民事权益的，依法承担民事责任。

十二、本决定自公布之日起施行。

电子商务"十二五"发展规划

前 言

加快发展电子商务，是企业降低成本、提高效率、拓展市场和创新经营模式的有效手段，是提升产业和资源的组织化程度、转变经济发展方式、提高经济运行质量和增强国际竞争力的重要途径，对于优化产业结构、支撑战略性新兴产业发展和形成新的经济增长点具有非常重要的作用，对于满足和提升消费需求、改善民生和带动就业具有十分重要的意义，对于经济和社会可持续发展具有愈加深远的影响。

本规划是落实《2006—2020 年国家信息化发展战略》、《国民经济和社会发展第十二个五年规划纲要》和《国务院办公厅关于加快电子商务发展的若干意见》的重要举措，是"十二五"时期进一步推动电子商务发展的指导性文件。

一、发展现状与面临的形势

"十一五"期间，我国电子商务保持了持续快速发展的良好态势，交易总额增长近 2.5 倍，2010 年达到约 4.5 万亿元。电子商务发展的内生动力和创新能力日益增强，正在进入密集创新和快速扩张的新阶段。

(一)发展现状

电子商务不断普及和深化。电子商务在我国工业、农业、商贸流通、交通运输、金融、旅游和城乡消费等各个领域的应用不断得到拓展，应用水平不断提高，正在形成与实体经济深入融合的发展态势。跨境电子商务活动日益频繁，移动电子商务成为发展亮点。大型企业网上采购和销售的比重逐年上升，部分企业的电子商务正在向与研发设计、生产制造和经营管理等业务集成协同的方向发展。电子商务在中小企业中的应用普及率迅速提高，2010 年中小企业网上交易和网络营销的利用率达到 42.1%。网络零售交易额迅速增长，"十一五"期间年均增速达 100.8%，占社会消费品零售总额比重逐年上升，成为拉动需求、优化消费结构的重要途径。2010 年我国网络零售用户规模达 1.61 亿，交易额达到 5131 亿元，占社会消费品零售总额比重达到 3.3%。

电子商务支撑水平快速提高。"十一五"期间，电子商务平台服务、信用服务、电子支付、现代物流和电子认证等支撑体系加快完善。围绕电子商务信息、交易和技术等的服务企业不断涌现，2010 年已达到 2.5 万家。电子商务信息和交易平台正在向专业化和集成化的方向发展。社会信用环境不断改善，为电子商务的诚信交易创造了有利的条件。网上支付、移动支付、电话支付等新兴支付服务发展迅猛，第三方电子支付的规模增长近 60 倍，2010 年达到 1.01 万亿元。现代物流业快速发展，对电子商务的支撑能力不断增强，特别是网络零售带动了快递服务的迅速发展，2010年全国规模以上快递服务企业业务量达23.4亿件，业务收入达574.6亿元，其中网络零售带动的业务量占快递总量的一半左右。2010年底有效电子签名认证证书持有量超过1530万张，电子证书正在电子商务中得到广泛应用。通信运营商、软硬件及服务提供商等纷纷涉足电子商务，为用户提供相关服务。

电子商务发展环境不断改善。“十一五”期间，我国网络基础设施不断改善，用户规模快速增长，2010年互联网普及率达34.3%，网民规模达到4.57亿，移动电话用户数达到8.59亿，其中3G用户数达到4705万。网络服务能力不断提升，资费水平不断降低。全社会电子商务应用意识不断增强，应用技能得到有效提高。电子商务国际交流与合作日益广泛。相关部门协同推进电子商务发展的工作机制初步建立，围绕促进发展、电子认证、网络购物、网上交易和支付服务等主题，出台了一系列政策、规章和标准规范，为构建适合国情和发展规律的电子商务制度环境进行了积极探索。

电子商务的发展仍然存在着一些比较突出的问题。一是电子商务对促进传统生产经营模式创新发展的作用尚未充分发挥，对经济转型和价值创造的贡献潜力尚未充分显现。二是电子商务的商业模式尚不成熟，服务能力尚待增强，服务水平尚待提高，服务范围尚待拓展。三是电子商务发展的制度环境还不完善，相关法律法规建设滞后，公共服务和市场监管有待增强，信用体系发展亟待加强，网上侵犯知识产权和制售假冒伪劣商品、恶意欺诈、违法犯罪等问题不断发生，网络交易纠纷处理难度较大，在一定程度上影响了人们对电子商务发展的信心。四是推进电子商务发展的体制机制有待健全，投融资环境有待改善，统计与监测评价工作亟待加强，全社会对电子商务的认识有待进一步提高，对网络空间的经济活动规律有待进一步探索。

（二）面临的形势

随着我国工业化、信息化、城镇化、市场化和国际化的深化发展，电子商务将迎来加速发展的战略机遇期。

经济转型升级给电子商务发展提出新需求。“十二五”时期，我国经济发展面临资源环境约束增强、产业结构不合理、投资和消费关系失衡等重大问题，亟待通过信息化与工业化深度融合转变经济发展方式。迫切需要进一步发挥电子商务在创新企业生产经营模式、提高产业组织效率、激发市场活力、优化资源配置、促进节能减排、带动新兴服务业发展中的积极作用，推动产业结构调整，拉动国内市场需求，创造新的经济增长点。

社会结构和消费观念的变革给电子商务发展带来新空间。“十二五”时期，我国社会主义新农村建设和城镇化发展步伐将进一步加快，城乡居民的生产生活方式将发生巨大变化，人均收入不断增长，消费结构升级加快，年轻一代逐步成为新的消费群体，同时，就业总量压力和结构性矛盾进一步凸显。亟需通过加快发展电子商务，促进城乡一体化的便民服务体系发展，更好地满足居民多样化、个性化的消费需求和对美好生活的新期待，带动工作方式的转变和相关服务业的发展，优化就业结构、缓解就业压力、促进社会和谐。

信息技术持续发展给电子商务发展带来新条件。宽带、融合、安全和泛在的下一代国家信息基础设施加快建设，新一代移动通信网、下一代互联网和数字广播电视网加快布局，三网融合全面推进。以云计算和物联网为代表的新一轮信息技术变革正在兴起，重点领域酝酿着新的突破。智能搜索和社区网络等应用形式不断涌现。新技术的发展为电子商务创新发展提供更好的技术条件。

全球竞争与合作深化给电子商务发展提出新挑战。电子商务已成为全球一体化生产和组织方式的重要工具,各国在通过电子商务争夺资源配置主动权、提高经济竞争力的同时,也在密切关注电子商务发展中的不确定性,加强市场风险防范。为赢得国际经济竞争与合作的新优势,我国亟需加快和务实发展电子商务,结合“引进来”和“走出去”战略,利用好“两个市场、两种资源”,提高我国产业和资源的组织能力,优化在全球产业分工中的定位布局,提高国际竞争力。

二、指导思想、基本原则与发展目标

(一)指导思想

以邓小平理论和“三个代表”重要思想为指导,深入贯彻落实科学发展观,立足全面建设小康社会的战略目标,以科学发展为主题,以服务于加快转变经济发展方式为主线,以创新发展为动力,以普及和深化电子商务应用为重点,以营造良好的制度环境和社会环境为保障,不断提高产业组织化程度和资源配置能力,进一步发挥电子商务在经济和社会发展中的战略性作用。

(二)基本原则

企业主体,政府推动。充分发挥企业在电子商务发展中的主体作用,坚持市场导向,运用市场机制优化资源配置。处理好政府与市场的关系,创建更加有利于电子商务发展的制度环境,综合运用政策、服务、资金等多种手段推进电子商务发展。

统筹兼顾,虚实结合。坚持网络经济与实体经济紧密结合发展的主流方向,全面拓展电子商务在各领域的应用,提高电子商务及相关服务水平,努力营造全方位的电子商务发展环境,推动区域间电子商务协调发展。

着力创新,注重实效。推动电子商务应用、服务、技术和集成创新,着重提高电子商务创新发展能力。立足需求导向,坚持务实创新,选准切入点,注重应用性和实效性,避免盲目跟风和炒作。

规范发展,保障安全。正确处理电子商务发展与规范的关系,在发展中求规范,以规范促发展。以网络运行环境安全可靠为基础,促进网络交易主体与客体的真实有效、交易过程的可鉴证,加强对失信行为的惩戒力度,形成电子商务可信环境。

(三)发展目标

总体目标是:到2015年,电子商务进一步普及深化,对国民经济和社会发展的贡献显著提高。电子商务在现代服务业中的比重明显上升。电子商务制度体系基本健全,初步形成安全可信、规范有序的网络商务环境。

具体目标是:电子商务交易额翻两番,突破18万亿元。其中,企业间电子商务交易规模超过15万亿元。企业网上采购和网上销售占采购和销售总额的比重分别超过50%和20%。大型企业的网络化供应链协同能力基本建立,部分行业龙头企业的全球化商务协同能力初步形成。经常性应用电子商务的中小企业达到中小企业总数的60%以上。网络零售交易额突破3万亿元,占社会消费品零售总额的比例超过9%。移动电子商务交易额和用户数达到全球领先水平。电子商务的服务水平显著提升,涌现出一批具有国际影响力的电子商务企业和服务品牌。

三、重点任务

(一)提高大型企业电子商务水平

发挥大型企业电子商务主力军的作用，进一步促进企业电子商务应用系统的规模发展和品牌建设，提高网络集中采购水平和透明化程度，提升企业营销能力。深化大型工业企业电子商务应用，促进实体购销渠道和网络购销渠道互动发展，提高供应链和商务协同水平。推动大型商贸流通企业通过电子商务提高流通效率，扩展流通渠道和市场空间。鼓励有条件的大型企业电子商务平台向行业电子商务平台转化。

专栏1:大型工业企业电子商务协同

在原材料、装备制造、消费品、电子信息、国防科技等重点工业领域，深化电子商务应用，提高大型工业企业的供应链管理水平。引导大型工业企业提高网上集中采购水平，建立具有行业知名度和影响力的采购平台，增强企业采购行动的协调性和竞争力。支持有条件的电子商务企业为行业用户提供网上联合采购服务，提高行业采购行动的协调性。推动电子商务与企业内部业务和管理信息系统的集成，推进企业间网上协同研发、设计和制造，增强产业链商务协同能力。支持大型工业企业利用电子商务增强与产业链下游企业的协同能力，促进产品分销和售后服务水平提升。

(二)推动中小企业普及电子商务

鼓励中小企业应用第三方电子商务平台，开展在线销售、采购等活动，提高生产经营和流通效率。引导中小企业积极融入龙头企业的电子商务购销体系，发挥中小企业在产业链中的专业化生产、协作配套作用。鼓励有条件的中小企业自主发展电子商务，创新经营模式，扩展发展空间，提高市场反应能力。鼓励面向产业集群和区域特色产业的第三方电子商务平台发展，帮助中小企业通过电子商务提高竞争力。稳健推进各类专业市场发展电子商务，促进网上市场与实体市场的互动发展，为中小企业应用电子商务提供良好条件。

专栏2:发展中小企业电子商务

支持第三方电子商务平台品牌化发展，为中小企业提供信息发布、商务代理、网络支付、融资担保、仓储物流和技术支持等服务。推动有条件的专业市场建设网络交易平台，为中小企业提供网络联合购销服务。支持中小型生产制造企业利用电子商务创新生产经营模式，开展在线购销和客户关系管理等活动，拓展国内外市场，提高经营效率和效益。引导中小型商贸流通企业通过电子商务创新服务模式，提高专业化服务能力。支持社区商业、物业和家政服务等中小企业利用电子商务服务社区，便利居民生活。加快中小企业电子商务服务体系建设，多渠道开展电子商务应用技能和信用意识培训。

(三)促进重点行业电子商务发展

积极发展农业电子商务，促进农资和农产品流通体系的发展，拓宽农民致富渠道。着力推进工业电子商务，促进工业从生产型制造向服务型制造转变。深化商贸流通领域电子商务应用，促进传统商贸流通业转型升级。鼓励综合性和行业性信息服务平台深度挖掘产业信息资源，拓展服务功能，创新服务产品，提高信息服务水平。促进大宗商品电子交易平台规范发展，创新商业模式，形成与实体交易互动发展的服务形式。推动交通运输、铁路、邮政、文化、旅游、教育、医疗和金融等行业应用电子商务，促进行业服务方式的转变。

专栏 3:重点行业电子商务创新发展

深化现代农业生产组织与连锁超市挂钩的电子商务,推动涉农电子商务平台建设。支持大型商场、批发市场和连锁超市发展电子商务,创新商业模式。推进食品和药品行业的电子商务发展,降低流通成本,提高精细化管理和安全责任可追溯水平。进一步推动民航、铁路、公路和水运等行业加快拓展电子客票、电子货单等服务。鼓励邮政、快递、物流配送企业依托实体网络发展电子商务。大力发展旅游电子商务,创新旅游业发展模式,培育现代旅游服务品牌。

(四)推动网络零售规模化发展

鼓励生产、流通和服务企业发展网络零售,积极开发适宜的商品和服务。培育一批信誉好、运作规范的网络零售骨干企业。发展交易安全、服务完善、管理规范和竞争有序的网络零售商城。整合社区商业服务资源,发展社区电子商务。促进网络购物群体快速成长。拓展网络零售商品和服务种类,拓宽网络零售渠道,满足不同层次消费需求。发展个人间的电子商务,为开展二手物品交易、获取日常生活服务等提供便利。

专栏 4:网络零售发展重点

支持生产企业利用品牌优势,面向消费者个性化需求,积极探索网络直销的发展模式。支持流通企业拓展网络零售渠道,结合实体店面和物流配送体系,促进网上网下互动,满足不同层次消费需求。促进网络零售企业和平台完善服务、规范运作,推动高效便捷、安全可靠的新型网络消费模式健康发展,支持网络零售企业创造国际品牌。提升具有自主知识产权的数字内容产品和服务的网络零售比重。引导相关企业扩展流通服务体系,面向社区、农村、非网络用户提供网络零售和物流配送等服务,拉动消费,便捷生活。鼓励利用微博、团购、社交网络等创新网络零售发展模式。

(五)提高政府采购电子商务水平

积极推进政府采购信息化建设,加快建设全国统一的电子化政府采购管理交易平台,探索利用政府采购交易平台实现政府采购管理和操作执行各个环节的协调联动,逐步实现政府采购业务交易信息共享和全流程电子化操作,进一步规范政府采购行为,提高政府采购资金的使用效率。

专栏 5:政府采购电子商务

坚持"公开、公平、公正"的原则,完善政府采购电子商务标准规范,积极推动政府采购管理与电子交易一体化系统建设,做好采购管理与部门预算、资金支付及资产管理的衔接等工作,实现中央地方供应商库、商品信息库、评审专家库和代理机构库间的信息共享,规范操作执行程序,完善运行机制,提高采购的效率和质量,促进网上"阳光采购"工程建设。

(六)促进跨境电子商务协同发展

鼓励有条件的大型企业"走出去",面向全球资源市场,积极开展跨境电子商务,参与全球市场竞争,促进产品、服务质量提升和品牌建设,更紧密地融入全球产业体系。鼓励国内企业加强区域间电子商务合作,推动区域经济合作向纵深方向发展。鼓励商贸服务企业通过电子商务拓展进出口代理业务,创新服务功能,帮助中小企业提高国际竞争能力。

专栏 6:跨境电子商务发展重点

推进面向跨境贸易的多语种电子商务平台建设。支持电子商务企业面向两岸三地、东盟、上合组织和东北亚等周边区域开展跨境合作,支持在边贸地区、产业集中度高的区域建设跨境电子商务平台。加快推进电子商务国际标准和国家标准的推广应用。引导电子商务企业为中小企业提供电子单证处理、报关、退税、结汇、保险和融资等“一站式”服务，提高中小企业对国际市场的响应能力。继续推广电子通关和无纸贸易，提高跨境电子商务效率。

（七）持续推进移动电子商务发展

鼓励各类主体加强合作，拓展基于新一代移动通信、物联网等新技术的移动电子商务应用。推动移动电子商务应用从生活服务和公共服务领域向工农业生产和生产性服务业领域延伸，积极推动移动电子商务在“三农”等重点领域的示范和推广。加强移动电子商务技术与装备的研发力度，完善移动电子商务技术体系。加快制定和完善移动电子商务相关技术标准和业务规范。

专栏7:移动电子商务试点示范

加快推动移动支付、公交购票、公共事业缴费和超市购物等移动电子商务应用的示范和普及推广。重点推进移动电子商务在农业生产流通、企业管理、安全生产、环保监控、物流和旅游服务等方面的试点应用。加强移动智能终端、智能卡和芯片、读卡机具和安全管理等关键共性技术的自主研发。支持运营企业建立安全可信的多应用管理平台。推动近距离通信（NFC）、机器到机器（M2M）等技术标准的制定和应用。面向不同的行业应用，协调制定行业技术标准和业务规范。推动移动支付国家标准的制定和普及。推动移动电子商务产业链和各应用领域的相关主体加强合作，加快商业模式创新和社会化协作机制创新。

（八）促进电子商务支撑体系协调发展

探索建立网上和网下交易活动的合同履约信用记录，促进在线信用服务的发展。加快建设适应电子商务发展需要的社会化物流体系，优化物流公共配送中心、中转分拨场站、社区集散网点等物流设施的规划布局，积极探索区域性、行业性物流信息平台的发展模式。鼓励支付机构创新支付服务，丰富支付产品，推动移动支付、电话支付、预付卡支付等新兴电子支付业务健康有序发展，满足电子商务活动中多元化、个性化的支付需求。推动完善电子支付业务规则、技术标准，引导和督促支付机构规范运营。鼓励发展国际结算服务，提高对跨境电子商务发展的支撑能力。鼓励电子商务企业与相关支撑企业加强合作，促进物流、支付、信用、融资、保险、检测和认证等服务协同发展。

专栏8:电子商务支撑体系集成创新

提高物流企业信息化水平，促进物流服务和电子商务集成创新。推进煤炭、钢铁、塑料和粮食等大宗商品电子交易与物流服务集成健康发展。推动快递、零担、城市配送企业依托信息化提高社会化服务水平，增强对网络零售的支撑能力。适时启动物联网在物流领域的应用示范。加强支付服务创新，促进电子商务与电子支付集成发展，为用户提供方便快捷的服务。引导电子商务企业与物流企业、金融机构加强合作，探索供应链金融等服务创新。

（九）提高电子商务的安全保障和技术支撑能力

认真贯彻《电子签名法》，进一步发展可靠的电子签名与认证服务体系，提高认证服务质量，创新服务模式，推动可靠电子签名、电子认证和电子合同在电子商务中的实际应用，在统一的证书策略体系框架下推进电子签名认证证书的互认互操作，发挥电子签名的保障作用，提高电子交易的安全性和效率。鼓励软硬件及系统集成企业通过云服务等模式，为电子商务用户提供硬件、软件、应用和安全服务。鼓励通信运营商加强宽带信息基础设施建设，提高新一代通信网络的覆盖范围和服务水平，为电子商务用户提供接入、服务托管及商务应用解决方案等服务。发挥国家科技计划的引领和支撑作用，加大对电子商务基础性研究、关键共性技术的支持力度，积极开展成果转化、咨询培训等工作。

专栏 9：电子商务技术研发和产业化

面向电子商务创新发展重点方向和共性工程技术问题，支持建设国家重点实验室、国家工程技术研究中心和企业技术中心。加强电子商务基础理论研究，推动射频识别、智能终端、系统集成、网络与信息安全等核心技术与关键技术的自主研发和产业化。加强电子认证、电子单证、在线支付、信用管理等电子商务安全交易技术的自主创新。研究制定针对电子商务创新的知识产权保护办法，加强对电子商务创新的保护力度。研究探索电子商务创新和科研成果产业化的财政政策，落实支持电子商务创新和科研成果转化的税收政策。

四、政策措施

（一）加强组织保障

发挥电子商务部际联席会议协调工作机制作用，加强电子商务推进工作的部门协同，落实和强化政府对电子商务发展的宏观指导。坚持统筹兼顾、动态协调的原则，创新电子商务管理机制，加强相关部门在政策制定、重大项目审理、标准规范制定等方面的协调配合，形成管理和服务合力。各地方政府要相应建立协调推进工作机制，将电子商务纳入区域的发展规划。要充分发挥相关行业协会、龙头企业、中介组织、高等院校和专家队伍等在推进电子商务中的积极作用。

（二）建立健全电子商务诚信发展环境

积极营造诚信为本、守信激励和失信惩戒的社会信用环境。推动开展部门指导、行业组织、企业和消费者参与的电子商务自律规范制定工作，大力推进企业和行业自律。鼓励符合条件的第三方信用服务机构、电子商务平台企业，按照独立、公正、客观的原则，开发利用合同履约等信用信息资源，对电子商务经营主体开展商务信用评估，为交易当事人提供信用服务。充分发挥人口、法人和地理空间等国家基础数据库以及银行征信等数据库的基础与协同作用，促进电子商务信用信息与社会其他领域相关信息的有序交换和共享，支撑社会信用体系建设。积极推进电子商务企业信用分类监管，引导企业诚信守法经营。

（三）提高电子商务的公共服务和市场监管水平

推动电子政务与电子商务的衔接，为企业提供更加有效的服务。依法有序推动政府信息资源的开放服务，提高社会化、市场化开发利用水平，改善电子商务发展环境。提高电子口岸发展水平，促进相关机构间的信息交换、业务协同，优化税费电子支付系统，提高电子商务的通关效率。建立部门间电子商务监管协调配合机制。督促网络经营主体特别是网络交易平台切实履行责任，守法经营，加强自律，维护电子商务市场秩序。依法对网上涉及行政许可的商品和服务加强监管，加强对网络信息服务、网络交易行为、产品及服务质量等的监管。加强监管方式方法的创新，加快电子商务监管信息系统与平台建设，实现监管技术手段的现代化，实施对网络商务主体、客体和过程的经常性监管，实现网上巡查的常态化。

（四）加大对电子商务违法行为的打击力度

依法组织开展网络违法交易专项整治，探索建立长效治理机制，杜绝违禁品网上销售。创新社会管理，建立投诉举报与主动发现相结合的机制，加大对利用网络进行的商业欺诈、传销、侵犯知识产权、侵犯个人隐私、侵犯商业机密、销售假冒伪劣商品、发布虚假违法广告和不正当竞争等活动的打击力度。充分利用管理和技术手段,增强电子商务网站的真实可信度。

（五）完善权益保护机制

积极研究和探索网络环境下有效维护消费者权益的制度和措施,推进12315等相关消费维权体系向电子商务领域延伸。畅通网络消费权益保护渠道,及时受理消费投诉举报并查处侵害消费者合法权益的行为。及时发布网络交易风险警示信息,提高网络消费者和经营者的风险防范意识。指导监督网站经营者建立健全消费者权益保护制度、在网站设置消费投诉举报及电子标识链接等多种形式。加强电子商务纠纷调处机制建设。坚持预防与调解相结合,建立分类处理的调处办法。鼓励当事人结合实际情况自行协商解决网上交易纠纷。督促交易平台建立数据保全机制,履行在电子商务纠纷处理中应尽的责任,协助交易双方解决纠纷。积极探索通过仲裁制度,解决电子商务交易纠纷,维护当事人的合法权益。充分发挥司法保护的作用,通过法律诉讼等途径,妥善处置各种复杂疑难电子商务纠纷。依据《侵权责任法》的相关规定,处理网络侵权行为。

（六）加强电子商务法律法规和标准规范建设

在贯彻执行现行法律法规的基础上,继续推动电子商务相关法律法规建设,研究确定电子商务立法的整体思路、调整范围和规范方式。根据需求开展相关法律法规的制修订工作。加强法律解释工作,增强现行法律法规在电子商务领域的适用性和操作性。针对网络促销、电子合同和代收货款等问题,加快研究相应的行政规章和法律法规。面向电子商务不同业务形态发展的实际需求,加快电子商务服务规范和技术标准的制修订和推广应用。着力提高电子商务服务的规范性,促进电子商务服务企业切实履行法定义务和责任,完善交易主体身份认定机制,提高电子商务信息发布、信用服务、网上交易、电子支付、物流配送、售后服务、纠纷处理等服务的规范水平。

（七）完善多元化的电子商务投融资机制

进一步拓宽电子商务投融资渠道,加强对电子商务创新创业的资本支持。培育和发展创业风险投资,促进风险资本对电子商务自主创新和创业的支持。鼓励实体企业在信息化建设中加大对电子商务的投资力度。鼓励金融机构加强对电子商务的信贷扶持。加强政府财政支持对社会投入的引导和带动作用,形成政府引导性投入与社会资本投入互补的投融资机制。加强对投融资效果的评估。

（八）加强电子商务统计监测工作

加强相关部委、地方及有关机构的联合,研究和改进电子商务发展统计指标体系与统计分析方法,逐步建立全国性电子商务调查统计制度,加强对电子商务热点问题及其与实体经济相互关系的研究。充分利用有关部门现有的电子商务企业联系机制,鼓励行业协会和社会性服务机构积极参与电子商务动态发展监测等工作,鼓励各地加强对区域电子商务发展的动态监测,拓展信息获取渠道。做好电子商务统计信息发布工作,加强政策引导。

（九）加快电子商务人才培养

积极引导有条件的高等院校,加强电子商务学科专业建设和人才培养,为电子商务发展提供更多的高素质专门人才。鼓励职业教育和社会培训机构发展多层次教育和培训体系，加快培养既懂商务、又具备信息化技能的电子商务应用人才。积极开展面向企业高级管理人员的电子商务培训。鼓励有条件的地区营造良好的创业环境，吸引并帮助具有国际视野的创新创业型人才成长。

（十）加强国际合作

积极参与国际组织中电子商务相关活动，认真开展国际电子商务法规、标准制定与实施的调查研究，主动参与相关标准规范的制修订，积极参与国际双边、多边涉及电子商务的条约和协议起草工作，推动国内电子商务发展与国际对接。

工业和信息化部牵头，联合相关部门做好规划宣贯工作，增强社会各方面实施规划的主动性和积极性。建立动态评估机制，对规划实施的阶段成果实行动态监测，及时发现规划实施过程中存在的问题，适时对规划内容进行调整。加强跨部门、跨行业、跨区域的规划实施工作经验交流，不断提高工作水平。

关于《河南省建设中原经济区纲要》的决议

（2012年1月14日河南省第十一届人民代表大会第五次会议通过）

河南省第十一届人民代表大会第五次会议认真审议了《河南省建设中原经济区纲要（草案）》（以下简称《纲要》），决定批准这个《纲要》。

会议认为，《纲要》全面贯彻党中央、国务院和省委关于建设中原经济区的战略部署和总体要求，充分体现了科学发展的主题和加快转变经济发展方式的主线，提出的目标明确，重点突出，措施有力，符合全省经济社会发展的阶段性特征，经过努力是完全可以实现的。

会议强调，当前，中原经济区建设正站在一个新的起点上，处于全面实施的关键时期。面对新机遇、新任务和新挑战，要充分认识中原经济区在全国发展大局中的重要地位，充分认识中原经济区建设的长期性、艰巨性，以邓小平理论、“三个代表”重要思想为指导，深入贯彻落实科学发展观，紧紧围绕富民强省目标，充分发挥新型城镇化引领作用、新型工业化主导作用、新型农业现代化基础作用，持续探索不以牺牲农业和粮食、生态和环境为代价的“三化”协调科学发展的路子。以领导方式转变加快发展方式转变，推动务实发展、建设务实河南，强化“五个着力”，全面推进“十大支撑体系”建设，把中原经济区建设成为城乡经济繁荣、人民生活富裕、生态环境优良、社会和谐文明，在全国具有重要影响的经济区，在支撑中部地区崛起和服务全国大局中发挥更大作用。

会议要求，全省各级人民代表大会及其常务委员会要认真履行法定职责，坚持围绕大局、服务发展，督促和支持政府落实《纲要》提出的各项目标任务，为中原经济区建设提供有力的保障。全省各级人民政府要不断创新体制机制，切实转变政府职能，通过制定国民经济和社会发展五年规划、专项规划、区域规划和年度计划，综合运用经济、法律和行政等手段，动员和组织全社会力量组织实施纲要。

会议号召，全省各级国家机关、人民团体和全省各族人民，要在中共河南省委的领导下，坚持“四个重在”的实践要领，立足全局、融入全局、服务全局、凝心聚力，以更加振奋的精神、更加开阔的视野、更加务实的作风，全面推进中原经济区建设，为加快中原崛起河南振兴而努力奋斗！

河南省建设中原经济区纲要

（2012年1月14日河南省第十一届人民代表大会第五次会议批准）

为贯彻国务院《关于支持河南省加快建设中原经济区的指导意见》（以下简称《意见》）精神，落实河南省第九次党代会部署，特制定《河南省建设中原经济区纲要》。本纲要是河南省在新的起点上全面推进中原经济区建设、加快中原崛起河南振兴的纲领性文件。建设中原经济区,国之大事,省之大计,民之大业,必须以更加振奋的精神、更加开阔的视野、更加务实的作风,推动中原经济区宏伟蓝图成为美好现实。

一、新形势下加快建设中原经济区的重大意义

2009年底以来,我省认真贯彻落实科学发展观,系统梳理历届省委、省政府确立的发展思路,持续、延伸、拓展、深化中原崛起战略,集中全省干部群众智慧,提出了建设中原经济区的战略构想,制定了《中原经济区建设纲要(试行)》;中原经济区先后列入全国主体功能区规划、国家"十二五"规划纲要。2011年9月,国务院颁布《关于支持河南省加快建设中原经济区的指导意见》,标志着中原经济区正式上升为国家战略,充分体现了党中央、国务院对河南发展的殷切希望,对河南亿万人民的关心关爱。省九次党代会深入贯彻落实国务院《意见》精神,对推进中原经济区建设进行了全面部署。建设中原经济区的气势正在形成、效应逐步显现。

中原经济区是以全国主体功能区规划明确的重点开发区域为基础、中原城市群为支撑、涵盖河南全省、延及周边地区的经济区域。中原经济区客观存在,这一区域山水相连,民风民俗相近,历史文化同脉,经济联系密切,随着经济社会的快速发展,特别是现代综合交通网络的逐步形成,区域内经济联系、人员交往等日益紧密,已经成为地域毗邻、主体突出、经济互补、联系紧密的经济区域。中原经济区优势独特,地理位置重要,粮食优势突出,市场潜力巨大,文化底蕴深厚,发展基础显著增强,发展活力和后劲不断提升,在全国改革发展大局中具有重要战略地位。

加快建设中原经济区,有利于国家区域经济布局的进一步完善;有利于国家统筹协调梯次推进发展重大战略的实施;有利于国家形成新的经济增长板块;有利于河南在全国发展大局中明晰发展定位、发挥自身优势;有利于河南坚持走一条不以牺牲农业和粮食、生态和环境为代价的"三化"协调科学发展的路子;有利于遵循经济发展规律特别是区域经济发展规律,更好地深入贯彻落实科学发展观、加快转变经济发展方式,具有重大战略意义。

加快建设中原经济区,是巩固提升农业基础地位,保障国家粮食安全的需要。河南作为全国重要的农业和粮食生产大省,在保障国家粮食安全中肩负着极其重要的责任。加快建设中原经济区,集中力量建设粮食生产核心区,大力发展特色高效农业,建立粮食和农业稳定增产长效机制,有利于强化新型农业现代化基础作用,为保障国家粮食安全作出更大贡献。

加快建设中原经济区,是破除城乡二元结构,加快新型城镇化、新型工业化进程的需要。中原经济区作为农业大区,农村人口比重大,工业化、城镇化发展相对滞后,城乡二元矛盾突出。加快建设中原经济区,统筹城乡发展,有利于促进城乡一体化发展,改善农村生产生活条件,逐步解决城乡差距大、二元结构矛盾突出的问题;有利于推动土地节约集约利用,为工业发展、城镇建设用地提供保障。

加快建设中原经济区,是促进新型城镇化新型工业化新型农业现代化"三化"协调科学发展,为全国同类地区创造经验的需要。河南作为人口大省、农业大省和新兴工业大省,解决好"三化"协调发展问题具有典型性和代表性。加快建设中原经济区,建立以工促农、以城带乡、产城互动长效机制,探索走出一条不以牺牲农业和粮食、生态和环境为代价的"三化"

协调科学发展的路子，不仅是实现这一地区又好又快发展的内在要求，而且可以为全国同类地区推进现代化探索路子、积累经验。

加快建设中原经济区，是加快河南发展，与全国同步实现全面建设小康社会目标的需要。河南作为中国的缩影，人口多、底子薄、基础弱、发展不平衡的基本省情没有根本改变，特别是人均水平与全国存在着明显差距。加快建设中原经济区，有利于实施扩大内需战略，全面激发发展潜能，加快"三化"进程，促进经济持续发展、社会繁荣稳定、民生持续改善，与全国同步实现全面建设小康社会目标。

加快建设中原经济区，是带动中部地区崛起，促进区域协调发展的需要。中原地区在全国区域格局中具有难以替代的枢纽地位，无论是经济总量、人口数量，还是农业基础、产业发展，在国家发展大局中都举足轻重。加快建设中原经济区，能够凸显这一地区承东启西、连南贯北的腹地效应，提升战略性枢纽、粮食生产、中原文化、新经济增长板块等核心竞争力，支撑和带动中部地区崛起，促进全国区域协调发展。

二、建设中原经济区的总体要求

建设中原经济区，主题是科学发展，主线是加快转变经济发展方式，目标是富民强省，核心是"三化"协调，活力是解放思想，动力是改革开放，方法是统筹兼顾，关键是实干实效。

（一）指导思想

高举中国特色社会主义伟大旗帜，以邓小平理论和"三个代表"重要思想为指导，深入贯彻落实科学发展观，全面实施促进中部地区崛起战略，全面落实国务院《意见》，坚持以科学发展为主题，以加快转变经济发展方式为主线，紧紧围绕富民强省目标，充分发挥新型城镇化引领作用、新型工业化主导作用、新型农业现代化基础作用，持续探索不以牺牲农业和粮食、生态和环境为代价的新型城镇化新型工业化新型农业现代化"三化"协调科学发展的路子，切实用领导方式转变加快发展方式转变，推动务实发展、建设务实河南，进一步解放思想、抢抓机遇，进一步创新体制、扩大开放，着力稳定提高粮食综合生产能力，着力推进产业结构和城乡结构调整，着力建设资源节约型和环境友好型社会，着力保障和改善民生，着力促进文化发展繁荣，推动中原经济区实现跨越式发展，在支撑中部地区崛起和服务全国大局中发挥更大作用。

（二）基本原则

——坚持稳粮强农，把解决好"三农"问题作为重中之重。毫不放松地抓好粮食生产，切实保障国家粮食安全，促进农业稳定发展、农民持续增收、农村全面繁荣。

——坚持统筹协调，把促进"三化"协调发展作为推动科学发展、转变发展方式的具体体现。坚定不移地走新型城镇化、新型工业化道路，建立健全以工促农、以城带乡长效机制，在协调中促发展，在发展中促协调。

——坚持节约集约，把实现内涵式发展作为基本要求。实行最严格的耕地保护制度和节约用地制度，着力提高资源利用效率，加强生态建设和环境保护，全面增强可持续发展能力。

——坚持以人为本，把保障和改善民生作为根本目的。大力发展教育、卫生、文化、体育等各项社会事业，切实解决就业、住房、社会保障等民生问题，加快推进基本公共服务均等化，确保广大城乡居民共享改革发展成果。

——坚持改革开放，把改革创新和开放合作作为强大动力。大胆探索，勇于创新，在重点领域和关键环节的改革上先行先试，全方位扩大对内对外开放，加快形成有利于“三化”协调发展的体制机制。

（三）战略定位

——国家重要的粮食生产和现代农业基地。集中力量建设粮食生产核心区，巩固提升在保障国家粮食安全中的重要地位；大力发展畜牧业生产，建设全国重要的畜产品生产和加工基地；加快转变农业发展方式，发展高产、优质、高效、生态、安全农业，培育现代农业产业体系，不断提高农业专业化、规模化、标准化、集约化水平，建成全国新型农业现代化先行区。

——全国新型城镇化、新型工业化和新型农业现代化协调发展示范区。在加快新型城镇化、新型工业化进程中同步推进新型农业现代化，探索建立工农城乡利益协调机制、土地节约集约利用机制和农村人口有序转移机制，加快形成城乡经济社会发展一体化新格局，为全国同类地区发展起到典型示范作用。

——全国重要的经济增长板块。提升中原城市群整体竞争力，建设先进制造业和现代服务业基地，打造内陆开放高地、人力资源高地，成为与长江中游地区南北呼应、带动中部崛起的核心地带之一，引领中西部地区经济发展的重要引擎，支撑全国发展的重要区域。

——全国区域协调发展的战略支点和重要的现代综合交通枢纽。充分发挥承东启西、连南贯北的区位优势，加速生产要素集聚，强化东部地区产业转移、西部地区资源输出和南北区域交流合作的战略通道功能；加快现代综合交通体系建设，促进现代物流业发展，形成全国重要的现代综合交通枢纽和物流中心。

——华夏历史文明传承创新区。传承弘扬中原文化，充分保护和科学利用全球华人根亲文化资源；培育具有中原风貌、中国特色、时代特征和国际影响力的文化品牌，提升文化软实力，增强中华民族凝聚力，打造文化创新发展区。

（四）发展目标

具体分两步走：

第一步：五年彰显优势。到 2015 年，初步形成发展活力彰显、崛起态势强劲的经济区域。

——综合经济实力明显提升。在优化结构、提高效益和降低消耗的基础上，主要经济指标年均增速高于全国平均水平、力争高于中部地区平均水平，人口自然增长率低于全国平均水平。人均生产总值达到 38000 元，财政总收入增速高于生产总值增速，城镇化率达到 48%。有利于科学发展的体制机制不断完善，内陆开放高地基本建成。

——“三化”发展协调性明显提升。以新型城镇化为引领的新型城镇化、新型工业化、新型农业现代化协调推进，以工促农、以城带乡、产城互动的长效机制基本建立，破解“三农”问题取得重大进展，“三化”协调发展格局初步形成。

——文化教育科技发展水平明显提升。文化强省建设取得新进展，公共文化服务体系基本建立，文化产品更加丰富，良好思想道德风尚进一步弘扬。教育质量整体提高，优质教育资源总量不断扩大，教育的基础性、先导性、全局性作用充分发挥。人力资源高地建设取得重大进展。自主创新能力增强，科技创新成果大量涌现，科技进步贡献率不断上升。

——人民生活质量明显提升。努力实现居民收入增长和经济发展同步、劳动报酬增长和劳动生产率提高同步。基本公共服务水平切实提高，就学、就业、就医、养老、住房等问题得到更好解决。主要污染物排放量持续减少，生态环境质量进一步改善。民主法制更加健全，社会管理更加完善，人民权益得到更好保障，社会大局更加和谐稳定。

——促进中部地区崛起支撑作用明显提升。粮食生产基地、能源原材料基地、现代装备制造及高技术产业基地、综合交通运输枢纽建设取得重大进展，主要经济总量指标领先地位进一步巩固，成为带动中部地区崛起的核心地带，走在中部地区崛起前列。

第二步：十年实现崛起。到2020年，粮食生产优势地位更加稳固，工业化、城镇化达到或接近全国平均水平，综合经济实力明显增强，城乡基本公共服务趋于均等化，基本形成城乡经济社会发展一体化新格局，建设成为城乡经济繁荣、人民生活富裕、生态环境优良、社会和谐文明，在全国具有重要影响的经济区。

实现中原经济区建设的目标任务，必须牢牢把握“四个重在”实践要领：

——重在持续。坚持把持续作为推动科学发展的基本要求，持续科学发展意识，持续科学发展思路，持续科学发展举措，持续科学发展进程。

——重在提升。坚持解放思想、实事求是、与时俱进，不断探索规律，提升发展理念；推进体制机制创新和科技创新，拓展开放领域和空间，提升发展层次和质量。

——重在统筹。统筹改革发展稳定，统筹经济社会发展、城乡发展、区域发展、人与自然和谐发展，统筹各项事业发展，形成共同支撑中原经济区建设的良好局面。

——重在为民。坚持发展为了人民，始终站在人民的立场上谋划发展、推动发展；坚持发展依靠人民，充分尊重人民主体地位，动员和组织人民群众为中原经济区建设共同奋斗；坚持发展成果由人民共享，解决好人民最关心最直接最现实的利益问题，实现好维护好发展好最广大人民的根本利益。

三、建设中原经济区的战略布局

按照区域自然条件、资源环境承载能力、经济社会发展基础，与国家区域发展总体战略和主体功能区战略相衔接，优化中原经济区区域经济发展布局。

（一）中原经济区总体发展布局

按照核心带动、轴带发展、节点提升、对接周边的原则，努力构建放射状、网络化、板块式发展格局。

推动区域互动联动发展，形成板块优势。增强郑州龙头作用和重心作用，推进郑汴一体化发展，建设郑洛三工业走廊，促进郑州、开封、洛阳、平顶山、新乡、焦作、许昌、漯河、济源融合发展，努力打造中原经济区核心增长板块，提高区域发展的整体带动能力。强化洛阳、三门峡、济源、焦作协同发展，巩固在陕晋豫毗邻地区的领先地位，发挥在与关中－天水经济区、太原城市群对接互动中的中坚作用。促进安阳、鹤壁、濮阳联动发展，凸显在晋冀鲁豫毗邻地区的优势，成为与环渤海经济圈衔接联系的前沿。推动商丘、周口、驻马店、信阳、南阳合作发展，增强在豫皖鄂陕毗邻地区和淮海经济协作区中的影响力，发挥承接东部产业转移的前锋作用和对接沿长江中游经济带的骨干作用。各地要准确定位、主动融入，互动联动、协力推进，形成各自优势充分发挥、板块优势充分彰显的良好局面。

依托重要交通通道，优化空间开发格局。提升郑州交通枢纽、商务、物流、金融等服务功能，推进郑州与周边城市融合发展，增强引领区域发展的核心带动能力。依托亚欧大陆桥通道，壮大沿陇海发展轴；依托京广通道，拓展纵向发展轴；依托东北西南向、东南西北向运输通道，培育新的发展轴，形成重点开发地带。逐步扩大轴带节点城市规模，完善城市功能，推进错位发展，提升辐射能力，形成大中小城市合理布局、城乡一体化发展的新格局。加强对外联系通道建设，促进与毗邻地区融合发展，密切与周边经济区的合作，实现优势互补、联动发展。

（二）中原经济区主体功能格局

推进主体功能区建设，形成以中原城市群为重点的城市化战略格局，以粮食生产核心区为重点的农业战略格局，以“四区两带”为重点的生态安全战略格局。

1、中原城市群。按照向心布局、集群发展的要求，提升郑州中心城市的辐射带动能力，巩固提高洛阳副中心城市地位，联动周边城市，增强地区性中心城市综合承载带动能力，推进城际轨道交通体系和高速铁路建设，加强城市功能互补和产业分工，加快产业集聚，实现交通一体、产业链接、服务共享、生态共建，促进大中小城市协调发展，建设辐射带动能力强、经济联系紧密、城市层级分明、体系结构合理、具有国际竞争力的开放型城市群。

2、粮食生产核心区。从保障国家粮食安全的大局出发，依托黄淮海平原、南阳盆地和豫北豫西山前平原产粮大县（市、区），实施农业综合开发，推进高标准农田建设，加快农业科技进步，提高粮食综合生产能力，形成规模效益明显的粮食主要生产区，发展现代农业，引导农产品加工、流通、储运企业向主产区集聚，建设集中连片、高产稳产的国家优质商品粮生产基地。

3、生态功能区。以山脉、丘陵、水系为骨干，以山、林、河、田为要素，推进建设桐柏大别山地生态区、伏牛山地生态区、太行生态区、平原生态涵养区，构建横跨东西的黄河滩区生态涵养带和纵贯南北的南水北调中线生态走廊，形成“四区两带”的区域生态格局。

四、建设中原经济区的战略支撑

（一）构建统筹城乡的新型城镇化支撑体系

加快新型城镇化、统筹城乡发展推进城乡一体是建设中原经济区的必然要求。充分发挥中原城市群辐射带动作用，加快构建符合河南实际、具有河南特色的现代城镇体系，走以城乡统筹、城乡一体、产城互动、节约集约、生态宜居、和谐发展为基本特征，大中小城市、小城镇、新型农村社区协调发展、互促共进的新型城镇化道路，引领“三化”协调发展。

1、提升中原城市群支撑能力。完善中原城市群联动发展机制，推进交通一体、产业链接、服务共享、生态共建，形成具有较强竞争力的开放型城市群，建成沿陇海经济带的核心区域和全国重要的城镇密集区。加快郑州都市区建设，提升交通枢纽、商务、物流、金融等服务功能，提升全国重要的区域性中心城市地位。高水平规划建设郑汴新区，大力发展先进制造业、电子信息产业和现代服务业，建设内陆开发开放高地，打造“三化”协调发展先导区，形成中原经济区最具活力的发展区域。推进教育、医疗、信息资源共享，实现电信、金融同城，加快郑汴一体化进程。推动郑州至开封、洛阳、新乡、许昌、焦作之间多层次快速交通网建设，促进城际功能对接，实现郑州与周边城市融合发展。

2、增强中心城市辐射带动作用。发挥中心城市依城促产、以城带乡的主导作用，提升城市功能，推进城市组团、城市新区、中心城区协同发展。优化中心城市布局和形态，促进中心城区与周边县城、功能区组团式发展，培育整体竞争优势。加强城市新区建设，强化产业复合和经济、生态、人居功能复合，成为具有强大集聚力带动力和发展活力的区域。发展城区经济，重点发展高端制造业、战略性新兴产业和现代服务业，推动地区性中心城市规划建设商务中心区、市辖区规划建设特色商务区。提高城市建设和管理现代化水平，建设宜居宜业城市。

3、增强县域城镇承载承接作用。发挥县级市、县城和中心镇统筹城乡发展的重要节点作用，用现代城市的理念和标准规划建设城镇，注重内涵式发展，突出特色、提高品位，强化产业支撑，完善公共服务，把有条件的县（市）发展成为中等城市，把基础较好的中心镇发展成为小城市，提高承接中心城市辐射能力和带动农村发展能力。提升县城发展水平，加强基础设施和公共服务设施建设，增强承载能力，形成产业集聚区、老城区、新城区联动发展格局。加快重点中心镇发展，推动具有资源和产业基础条件的特色镇，发展特色明显的矿产资源、农产品加工和文化旅游服务业，逐步做大城镇规模。引导其他小城镇重点强化区域服务功能，为周边农村提供生产生活服务。

4、增强新型农村社区战略基点作用。把新型农村社区建设作为城乡统筹发展的结合点、推进城乡一体化的切入点、促进农村发展的增长点，按照分类指导、科学规划、群众自愿、就业为本、量力而行、尽力而为原则，积极稳妥开展新型农村社区建设，促进土地集约利用、农业规模经营、农民多元就业、生活环境改善、公共服务健全，加快农村生产方式和农民生活方式转变。率先推进城市新区、产业集聚区、城市近郊区的新型农村社区建设，加快地质灾害威胁区、煤矿塌陷区等不宜居住的村庄以及弱小村、偏远村的整村搬迁，统一组织建设新型农村社区。探索建立新型农村社区管理体制，提高管理水平。

5、构建城乡一体化发展新格局。坚持新型城镇化与社会主义新农村建设相结合，统筹城乡规划、产业发展、基础设施建设、公共服务、劳动就业、社会管理，促进城乡经济协调发展和基本公共服务均等化。切实解决农民进城的就业、户籍、住房、社会保障、子女入学等问题，逐步使符合条件进城落户的农民真正转为城镇居民，享有平等权益。加强农村基础设施建设，完善农村现代流通网络，实施农村清洁工程，积极发展农村文化、科技、教育、卫生、体育事业。积极推动城市新区、产业集聚区、城市近郊区和其他有条件的地方率先实现城乡一体化。深入开展城乡一体化试点，鼓励信阳农村改革发展综合试验区、新乡统筹城乡发展试验区先行先试。

（二）构建竞争力强的新型工业化支撑体系

推进新型工业化、加快转型升级提升支撑能力是建设中原经济区的重要依托。坚持做大总量和优化结构并重，推动工业化与信息化融合、制造业与服务业融合、新兴科技与新兴产业融合，构建结构合理、特色鲜明、节能环保、竞争力强的现代产业体系，走以科技含量高、信息化涵盖广、经济效益好、资源消耗低、环境污染少、人力资源优势得到充分发挥为主要内涵的新型工业化道路，增强主导作用，有力支撑“三化”协调发展。

1、发展壮大优势主导产业。以做大做强为方向争创产业新优势，大力发展汽车、电子信息、装备制造、食品、轻工、新型建材等高成长性产业，改造提升化工、有色、钢铁、纺织等传统优势产业，推动生产规模由小到大、产业链条由短到长、产业层次由低到高、企业关联由散到聚，形成带动力强的主导产业群。重点发展轿车、轻型商用车、中高端客车和中重卡车等四大系列优势产品，建设郑州汽车制造基地，壮大整车及零部件产业集群规模。推进郑州、漯河、鹤壁、信阳、南阳等电子信息产业基地建设，培育壮大信息家电、半导体照明、新型显示、新一代信息通信等产业。提升输变电装备、大型成套设备、现代农机、轨道交通装备等产业竞争力，推动基础部件和配套产品集群化发展，打造全国重要的现代装备制造业基地。扩大面制品、肉制品、乳品果蔬饮料产业优势，提升主食工业化水平，建设食品工业强省。推进产品升级，提升黄金叶卷烟品牌影响力。加快培育一批家用电器、家具厨卫等特色轻工产业集群，大力发展节能、环保和绿色建筑材料。发挥煤盐资源综合优势，大力推进煤化工、盐化工、石油化工融合发展，积极发展高端石化和精细化工产品。加快骨干企业实施煤电铝及加工一体化发展，延伸铅锌镁钼钨钛铜等产业链条，建设以精深加工为主导的有色工业基地。加快重点钢铁企业产品结构升级，推进战略重组。提升服装、面料、家用纺织品规模和水平，形成产业链和集群发展优势。推动洛阳、开封、安阳、鹤壁、新乡、平顶山、南阳等老工业基地加快调整改造。

2、优先发展战略性新兴产业。以核心关键技术研发、自主技术产业化为着力点，坚持自主创新与开放引进并举，培育壮大生物、新能源、新材料、新能源汽车等先导产业，大力发展高端装备和节能环保产业，培育一批战略性新兴产业示范基地。推进生物医药、生物育种等优势产业发展，建设郑州国家生物产业基地。发展壮大太阳能光伏、生物质能源、新能源装备等新能源产业，推进南阳国家生物质能示范区建设。发挥资源和原材料优势，重点发展超硬材料、高强轻型合金等新型材料，推进洛阳新材料产业基地建设。加快发展电动汽车，提高动力电池及关键零部件配套水平。

3、大力发展现代服务业。拓宽领域、提升层次、优化环境，推动服务业加快发展。实施大交通大物流战略，建设以郑州为中心、地区性中心城市为节点、专业物流企业为支撑的现代物流体系。强化国际物流、区域分拨、本地配送功能，建设郑州内陆无水港，成为覆盖中西部、辐射全国、连通世界的内陆型现代物流中心。推进洛阳、安阳、商丘、濮阳、信阳、南阳、漯河、三门峡等区域物流枢纽建设。挖掘整合旅游资源，推动文化旅游融合发展，重点培育文化体验游、休闲度假游、保健康复游等特色产品，实施乡村旅游富民工程，建设中原历史文化旅游区、黄河文化旅游带和南水北调中线生态文化旅游带等重点景区和精品线路，建成世界知名、全国一流的旅游目的地。提升郑州区域性金融中心功能，吸引国内外金融机构设立分支机构，推动符合条件的企业上市和发行债券，规范发展各类投融资平台，建设金融后台服务中心、票据市场中心，积极争取建设期货期权交易中心和股权产权交易中心，形成多层次资本市场体系。推动郑州商品交易所增加期货品种，建成全国农产品期货交易中心、价格中心和信息中心。大力发展电子商务、信息服务、科技服务、会展服务、服务外包、法律服务等生产性服务业，拓展生活性服务业领域，提升商贸、餐饮等传统服务业规模和水平，发展壮大健康产业、社区服务、养老服务等新型业态，加快培育和扶持家庭服务业。加强市场指导和调控，促进房地产业平稳健康发展。

4、促进产业集聚发展。按照产业集聚区规划与城市总体规划、土地利用总体规划“三规合一”的原则，科学规划建设产业集聚区，促进企业集中布局、产业集群发展、资源集约利用、功能集合构建、人口有序转移，充分发挥在构建现代产业体系、现代城镇体系和自主创新体系中的承载作用。培育和引进龙头型、基地型企业，促进同类企业、关联企业和配套企业集聚，形成一批特色鲜明的产业集群。统筹现有城区与集聚区功能布局，深入推进基础设施和公共服务设施建设，促进产城互动发展。创新发展机制，破解资金、土地等要素瓶颈制约。

5、积极承接产业转移。发挥区位优越、劳动力资源丰富等优势，完善产业配套条件，打造承接平台，健全产业转移推进机制，全方位、多层次承接沿海地区和国际产业转移。推动中心城市重点承接发展高端制造业、战略性新兴产业和现代服务业，县城重点发展各具特色、吸纳就业能力强的产业，形成有序承接、集中布局、错位发展、良性竞争的格局。依托城市新区和产业集聚区，与东部沿海地区合作共建产业园区。在区位优势明显、产业配套能力强的地区，规划建设国家级承接产业转移示范区。

（三）构建优质高效的新型农业现代化支撑体系

加快新型农业现代化、维护粮食安全促进城乡繁荣是建设中原经济区的前提。坚定不移地把“三农”工作摆在重中之重的位置，走以粮食优质高产为前提，以绿色生态安全、集约化标准化组织化产业化程度高为主要标志，基础设施、机械装备、服务体系、科学技术和农民素质支撑有力的新型农业现代化道路，夯实“三化”协调发展、城乡共同繁荣的基础。

1、建设粮食生产核心区。组织实施全国新增千亿斤粮食生产能力规划和河南省粮食生产核心区建设规划，稳定播种面积，着力提高单产，增产秋粮，到 2020 年粮食生产能力稳定达到 1300 亿斤。加强兴利除害大型水利工程建设，建设一批新灌区和引黄水源工程，推进淮河流域重点平原洼地治理。推进以农田水利设施为基础的田间工程建设，强力推进中低产田改造，规模化建设现代化高标准粮田，大幅提高吨粮田、吨粮县比重。加快推进农业机械化，提升秋粮生产机械化水平。发展现代种业，建设全国小麦、玉米育种创新基地。

2、建设全国优质安全畜产品生产基地。调整畜禽生产结构，提高生猪生产竞争力，扩大奶牛、肉牛生产，进一步壮大禽类养殖规模。重点推进黄河滩区和豫东、豫西南“一带两片”奶牛、肉牛，沿京广生猪、肉羊，豫南淮河流域家禽等优势区域开发，突出龙头带动，加快现代畜牧业规模化、标准化发展。推进畜禽标准化规模养殖场（小区）建设，完善动物疫病防控和良种繁育体系。加快发展现代水产业。

3、建设特色高效农产品生产基地。积极推进农业结构调整，壮大优质油料、蔬菜瓜果、花卉苗木生产规模，建设全国重要的油料和果蔬花卉生产基地。突出特色、科技提升、品种带动，加快特色优势花卉品种区域化布局和基地化生产，发展高档花卉和鲜切花生产，壮大观赏苗木产业。加强城市郊区和交通沿线标准化蔬菜种植基地建设。积极发展棉花、油料、烟叶等大宗经济作物，因地制宜发展茶叶、林果业、中药材等特色产业。积极发展休闲观光农业。

4、提升农业产业化经营水平。发展壮大龙头企业和知名品牌，推进农产品精深加工，拉长产业链、提高附加值，创建农业产业化示范基地。建立健全“公司 + 专业合作组织 + 农户”等多种模式的利益联结机制，大力提高农业经营组织化程度。推进驻马店、周口、商丘、濮阳等地建设国家级现代农业示范园区，许昌、南阳等地建设国家级现代农业科技园区。探索多种土地承包经营权流转方式，促进适度规模经营。

5、建立农业社会化服务体系。推动农民专业合作组织、农民经纪人等提供多种形式的生产经营服务，形成多元化的农业社会化服务格局。健全农业科技推广、气象等服务体系。

加强农产品质量安全监督管理，建立健全农产品和食品质量安全检验检测体系及产品可追溯制度。建设郑州、商丘、驻马店等大型农产品批发交易市场，推进周口、南阳等农业大市培育和发展农产品综合交易市场。发展具有地方特色的农产品保险品种，建立健全政策性农业保险体系。加强供销、邮政等涉农物流服务体系建设。

（四）构建功能完善的现代化基础设施支撑体系

现代化基础设施是建设中原经济区的重要保障。按照统筹规划、合理布局、适度超前的原则，加强交通、能源、水利和信息等基础设施建设，构建功能完善、协调配套、高效便捷、支撑有力的现代化基础设施体系。

1、交通基础设施。推进枢纽型、功能性、网络化交通设施建设，建成完善的高速公路网、铁路网络和航空枢纽基本框架，构建全国重要的现代化综合交通枢纽。

巩固提升郑州综合交通枢纽地位。推进郑州东站、郑州机场站、郑州火车站三大客运枢纽建设改造，统筹航空、铁路、公路各种运输方式高效衔接，促进客运零距离换乘、货运无缝对接，加强与沿海港口和各大枢纽的高效连接。改造提升洛阳、安阳、商丘、南阳、信阳、三门峡、漯河、新乡、濮阳等地区性交通枢纽，形成与郑州联动发展的现代综合交通枢纽格局。

加快铁路运输网络建设。开工建设郑州至万州铁路，研究规划郑州至济南、郑州至太原、郑州至合肥等快速铁路通道，形成促进大区域间高效连接的"米"字型铁路通道网络。推进中原城市群城际铁路网建设，实现省辖市均通快速铁路（客运专线或城际铁路），形成以郑州为中心、高速铁路和城际铁路为纽带，通达开封、洛阳、许昌、新乡、焦作、漯河、平顶山、济源等市的半小时通勤圈，通达其他中心城市的一小时交通圈，连接周边省会城市的高效便捷的交通格局。加快内蒙古西部至华中地区铁路煤运通道建设，完成宁（南京）西（安）等铁路复线电气化改造工程，推进兰考至菏泽、商丘至周口至驻马店至南阳、禹州至江苏洋口港、晋豫鲁铁路河南段等铁路建设，构建"四纵五横"大能力运输通道。

推进航空体系建设。推进郑州国内大型航空枢纽建设，实施郑州机场二期工程，积极引进和培育大型网络型航空公司及基地航空公司，增开连接国际大型枢纽机场的客货运航线，扩大航权开放范围，把郑州机场建成重要的国内航线中转换乘和货运集散区域性中心。改造提升洛阳、南阳机场，加快建设商丘、明港、豫东北、鲁山机场。大力发展通用航空。

完善公路网络。重点推进豫西地区高速公路建设，全面打通出省通道，推进境内没有高速公路或县城距高速公路较远的县（市）建设快速通道，实现所有县城 20 分钟以内上高速，构建内联外通的高速公路网络。改造提升国省干线公路，有序推进城际快速通道建设。提高农村公路建设标准，加快县乡公路和配套大中桥、危桥改造，实施农村连通工程，实现"乡乡联、县县畅"。建设国家级区域公路交通应急救援和路网协调中心。推进淮河、沙颍河、涡河、沱浍河等跨省航道建设，形成四条直达华东地区的水上通道。提高管道运输能力和邮政服务水平。

2、能源基础设施。优化能源结构和布局，提高开发利用效率，建立安全、高效、清洁的现代能源保障体系，建设全国重要的综合能源基地。加强煤炭资源勘查和大中型矿井建设，推进煤炭资源整合和兼并重组，培育大型煤炭企业集团，建设全国重要的煤炭生产基地。结合工业园区和城市发展规划，重点建设热电联产项目，根据煤炭生产供应情况，规划建设大型坑口、路口等骨干电源。加快完善主网架，规划建设外电入豫通道，加强城市电网建设和农村电网改造升级，建设坚强电网。实施“气化河南”工程，依托西气东输等国家骨干天然气管道，完善支线管网，推进濮阳、平顶山等地建设天然气储备基地，提高燃气覆盖率。加强油气资源勘探，稳定产量，完善油品输配网络。建设中原成品油和煤炭物流储配中心。保护好核电厂址，适时推进南阳、信阳等地核电项目建设。加快生物质能、太阳能开发利用，有序推进地热能开发。

3、水利基础设施。坚持兴利除害并举、防灾减灾并重，统筹区域水利基础设施建设，构建江河、水库、灌溉渠系和城市水网连接体系，形成以南水北调总干渠和淮河、黄河、沙颍河“一纵三横”为基本格局的水系网络。推进黄河、淮河治理，建设河口村、出山店、前坪和北湾等大中型洪水控制性工程。加快淮河、海河流域蓄滞洪区建设，推进骨干河道及中小河流治理。建设赵口引黄灌区二期和小浪底南、北岸灌区。加快引黄调蓄工程建设，提高黄河水资源利用水平。推进南水北调中线工程河南段及沿线城市受水配套工程建设，实施南水北调中线总干渠防洪影响工程。加强城市供水设施及应急备用水源建设。加快推进黄河西霞院水利枢纽至南水北调中线工程干渠贯通工程建设。建设黄河中下游沿线综合开发示范区，打造集生态涵养、水资源综合利用、文化旅游、滩区土地开发于一体的复合功能带。

4、信息基础设施。加强信息网络设施建设，加快经济社会各领域信息化。实施智慧中原、无线城市、中原数据基地和光网城市等重大工程，推进电信网、广电网、互联网三网融合，加快光纤接入网建设和普及延伸，建设“宽带中原”，打造“数字河南”。提升郑州信息集散中心和通信网络交换枢纽地位。加快物联网发展，实施重点领域物联网应用示范工程。加强电子政务网络、应急系统、行政服务平台和区域性电子商务综合平台建设。完善容灾备份和信息安全应急体系，提高信息安全水平。

（五）构建高素质的人力资源开发支撑体系

高素质的人力资源是建设中原经济区的根本保证。坚持人才优先发展，教育优先发展，促进教育公平，提高教育质量，统筹解决人口数量、素质和结构问题，显著提升人口综合素质，把人口压力转化为人力资源优势，努力建设全国人力资源高地。

1、促进基础教育均衡发展。巩固提高义务教育质量和水平，提高中小学生均公用经费标准，优化配置义务教育资源，基本实现县域内义务教育均衡发展。结合新型城镇化发展需要，优化城乡中小学布局，推进农村地区中小学校适度集中、规模办学。加强农村义务教育薄弱学校改造，实施农村义务教育学校教师特设岗位及教师全员培训计划。落实好农村义务教育阶段家庭困难寄宿生生活费补助政策。推动教育基础薄弱县改扩建一批普通高中，办好现有乡镇中心幼儿园，加快普及学前教育和高中阶段教育，推动多种形式办学。

2、提高高等教育质量和水平。提升完善高校发展规划，优化高等教育结构和布局，不断加大高等教育投入，提升高校人才驱动、学科驱动、创新驱动、品牌驱动水平，打造育人高地、集聚高地、创新高地、服务高地。加强学科建设，突出特色、整合资源、优化结构，推动建设一批高校优势学科创新平台和特色重点学科项目，促进有条件的学科进入国内先进行列，形成一批高水平、有特色的学科群。推进郑州大学“211工程”建设，实施河南大学百年名校振兴计划，加大省部共建高校建设力度，推动符合条件的高校进入“中西部高等教育振兴计划”，提升省内其他高校整体水平。推进与国内外知名高校、科研机构合作，开展学科基地和国家重点实验室、工程实验室、工程（技术）研究中心等科研基地建设，建设一批特色鲜明的高水平大学。

3、构建现代职业教育体系。推进国家职业教育改革试验区建设，调整高、中等职业院校布局及学科专业结构，促进职业教育多层次、多形式、多领域发展。鼓励各类社会资本参股职业教育，探索多元化办学模式。引导职业教育资源向优势学校、重点学校集中，推动职业教育集团化发展。全面推行以校企合作为核心的人才培养模式，促进校企之间资源共享、优势互补。实施职业教育攻坚计划，鼓励鹤壁、驻马店等有条件的地方建设职业教育园区，打造全国重要的职业教育基地和职业培训实训基地。加强县级职教中心建设，健全县域职业教育网络。逐步实行中等职业教育免费制度。大力发展继续教育，优化民办教育发展环境，提升特殊教育办学水平。

4、推进人才大省建设。统筹推进各类人才队伍建设，突出培养创新型科技人才和高技能人才，抓紧开发重点领域急需紧缺专门人才，着力造就高层次文化领军人物和高素质文化人才，大力培养青年英才，积极引进高层次人才。建立人才、项目、技术、资本高效对接机制。加大对国家“千人计划”、省“百人计划”人才和特聘教授人才、优秀高层次人才的扶持奖励力度。推进市县党校、行政学院体制改革。完善各类人才薪酬制度，加强人才市场体系建设，畅通人才流动渠道。

（六）构建充满活力的创新支撑体系

创新是建设中原经济区的强大动力。深化改革增添内生动力，推进科技创新培育核心竞争力，促进创业激发发展潜力，以改革促创新、促发展，推动农业大区向现代经济强区转变。

1、推进“三化”协调发展先行先试。采取更加灵活的政策措施，在城乡资源要素配置、土地节约集约利用、农村人口有序转移、行政管理体制改革等方面先行先试，促进生产要素在农业和非农产业之间、城市和农村之间合理优化配置。加快农村土地管理制度改革试点，建立城乡统一的土地市场，改革和完善土地征用制度，确保农民在土地增值中的收益权。在严格执行土地利用总体规划和土地整治规划的基础上，建立统一交易平台，实施城乡之间、地区之间人地挂钩政策，实行城镇建设用地增加规模与吸纳农村人口进入城市定居规模挂钩、城市化地区建设用地增加规模与吸纳外来人口进入城市定居规模挂钩，有效破解“三化”协调发展用地矛盾。探索高度城市化地区土地资源、资产、资本综合管理模式。创新农民进城落户的社会保障、住房、技能培训、就业创业、子女就学等制度安排，探索建立农村人口向城镇就地就近有序转移机制。吸引国内外知名医疗机构设立分支机构，推动国内外知名大学设立合作办学机构，满足高层次医疗、教育服务需求。创新行政管理体制，探索跨行政区域发展的体制机制，优化政府结构和行政层级，加快推行省直管县（市）改革。

2、深化经济体制改革。深化农村综合改革，加快集体林权制度、供销社体制等改革，建设全国农村金融改革试验区，开展农村金融综合改革创新试点。深化国有企业改革，创新国有资产运营和监管模式，打造一批大型企业集团。深化财税金融体制改革，逐步建立规范透明的省以下转移支付制度，建立完善科学完整、结构优化、有机衔接、公开透明的财政预算体系，建立县级基本财力保障机制，推进地方税收与经济协调增长；加快农村信用社、城市商业银行改革。加快发展资本、产权、技术、土地和劳动力等要素市场，推进水电油气等资源性产品价格改革，开展大用户直供电试点。

3、深化行政管理体制改革。合理界定政府职责范围,继续深化行政审批制度改革,积极稳妥推进事业单位分类改革和岗位管理制度改革。强化政府社会管理和公共服务职能,探索公共服务经营权转让和民间投资公共服务的财政资助机制,鼓励公民和社会组织依法参与公共事务管理。提高行政效能,健全政务公开和政务服务体系,建设服务型政府。全面推进依法行政,提高立法质量和行政执法水平,严格执行行政问责制度,建设法制政府。

4、提升民营经济发展水平。积极培育创业主体,完善支持创业的政策和体制机制,实施创业人才提升工程和增量计划,加强企业家队伍建设,鼓励全民创业,壮大民营经济规模。放宽市场准入,消除非公经济发展的制度性障碍,鼓励和引导民营企业参与国有企业改制重组,投资基础设施、公用事业、社会事业等公共服务领域。优化发展环境,落实完善促进民营经济发展的政策措施,拓宽民营企业融资渠道,鼓励民营企业通过上市、发债直接融资,建立健全民营经济社会服务体系。

5、增强自主创新能力。深入实施科教兴豫战略,加快构建自主创新体系,不断提升科技研发能力、科研成果转化能力、科技创新运用能力和科技人才集聚能力。培育壮大创新主体,引导创新要素向企业集聚,培育一批创新型企业。丰富发展创新载体,加强企业研发中心、重点实验室等创新平台建设,吸引国家级科研院所、高校来豫设立分支机构或建立成果转移中心,建立产业技术创新联盟。实施一批重大科技专项,努力在产业转型升级核心关键技术和共性技术研发上取得突破,推动郑州、洛阳成为具有重要影响力的产业创新中心。优化自主创新环境,不断加大科技投入,大力发展各类科技中介服务机构,加强专利、商标、版权等知识产权保护,加速科技成果转化和推广应用。加强与沿海发达地区及国内外创新要素的对接和合作。

(七)构建内外互动的开放型经济支撑体系

对外开放是建设中原经济区的重要途径。把开放作为带动全局的战略性举措,更加积极主动地扩大开放,加快形成全方位、多层次、宽领域的开放格局,建设内陆开放高地。

1、构建对外开放重要通道。发挥现有干线交通的作用,加强出海大通道能力建设,东向连接长三角、山东半岛,北向连接京津冀,西向经亚欧大陆桥至大西洋,改善对外开放的区位条件,降低物流成本,扩大国际贸易规模。大力开展与沿海港口及边境口岸的战略合作,推动公、铁、空、海等多式联运发展。完善口岸功能,创新监管模式,推进“一站式”通关和电子口岸建设。

2、构建对外开放重要平台。提升郑州综合保税区功能,实现区港联动、区区联动,建设郑州内陆开放型经济示范区。推动具备条件的地区申报建设海关特殊监管区域,建设一批出口加工区和保税物流中心。争取符合条件的省级开发区、产业集聚区升级为国家级开发区,鼓励与东部地区合作承接沿海加工贸易梯度转移,推动郑州、洛阳等市建设服务外包示范城市。统筹规划,在有条件的地方布局海关、出入境检验检疫机构。

3、提高对外开放质量和水平。大力承接产业转移,吸引境内外投资者进入现代服务业、现代农业、基础设施、社会事业等领域。加强与港澳台、东南亚、沿海地区经济技术和贸易投资领域的合作。扩大与世界500强、央企等大型企业的战略合作,推动建设区域总部、研发中心、营销中心和生产基地。引进和培育出口型企业,促进对外贸易加快发展。鼓励具备条件的企业采取直接投资、合资、并购等方式开展跨国经营,建立资源供应基地、生产基地和营销网络。优化内陆开放政策环境,完善服务体系,切实保障投资者合法权益。

4、促进区域联动发展。推进与毗邻地区在基础设施、信息平台、旅游开发、生态保护等重点领域的合作,加强在科技要素、人力资源、信用体系、市场准入、质量互认和政府服务等方面的对接。加强与周边省份合作,推动三门峡与晋陕豫黄河金三角地区开展区域协调发展试验,鼓励焦作、济源、安阳、濮阳、鹤壁与晋冀鲁地区,信阳、南阳与鄂皖地区,商丘、周口、驻马店与苏鲁皖地区加强区域合作。密切与长三角、长江中游地区、山东半岛、江苏沿海、京津冀、关中—天水等区域的合作,发挥腹地效应。

(八)构建繁荣发展的中原文化支撑体系

文化是建设中原经济区的强大推动力量。坚持社会主义先进文化前进方向,做好传承和创新两篇文章,培养高度的文化自觉和文化自信,加快建设文化强省,塑造中原人文精神,打造华夏历史文明传承创新区,推动社会主义文化大发展大繁荣。

1、提升中原文化影响力。加强对优秀传统文化思想价值的挖掘和阐发,抓好文化遗产保护、利用和传承,建设中原文化传承创新体系。挖掘中华姓氏、文字沿革、功夫文化、轩辕故里等根亲祖地文化资源,凝炼一批具有中原风貌的文化符号,增强对海内外华人的吸引力和凝聚力。统筹做好洛阳、安阳、郑州、开封等地的遗址保护和利用,探索大遗址保护机制。依托洛阳龙门石窟、安阳殷墟、登封"天地之中"历史建筑群,建设世界遗产保护研究基地。加大历史文化名城、名镇、名村保护力度。开展对外宣传和文化交流,创新中原文化走出去模式。

2、创新文化繁荣发展体制机制。深化国有文化单位改革,稳步推进公益性文化事业单位改革,创新公共文化服务运营机制,推动经营性文化单位转企改制,支持社会力量兴办各类文化经营实体,实现文化市场主体多元化。鼓励文化企业跨地区、跨行业经营和重组,培育一批骨干文化企业和企业集团。推进文化改革发展试验区建设。

3、全面繁荣文化事业。加快省辖市级图书馆、文化馆、博物馆、档案馆等文化惠民工程建设,广泛开展群众性文化活动,构建公共文化服务体系和现代传播体系。繁荣发展哲学社会科学,振兴豫剧、曲剧、越调等传统剧种,抢救和保护地方特色剧种,保持文学、书法、戏剧、武术、杂技、民间文艺等在全国的领先地位。完善文化产品评价体系和激励制度,引导创作更多文化精品。加强互联网、手机等新兴媒体的建设、运用和管理,发展健康向上的网络文化、青年时尚文化。坚持正确舆论导向,积极发展新闻出版、广播影视、文学艺术事业。抵制庸俗低俗媚俗之风,加大"扫黄打非"力度,净化文化市场。坚持以政府为主导发展公益性文化事业,鼓励社会参与提供公共文化服务。

4、大力发展文化产业。加快文化产业基地、示范园区建设和特色文化发展,扶持具有中原特色和国家水准的重大文化项目,培育一批具有中原风貌、时代特征和国际影响的知名文化品牌,打造全国重要的文化产业基地。创新文化生产方式和表现形式,促进文化与旅游、体育等产业融合,加快发展文化创意、数字出版、动漫游戏等新兴文化产业。加快文化产业投融资平台和公共服务平台建设,建立文化产业投资基金,促进社会资本、金融资本和文化资源对接。

5、塑造中原人文精神。弘扬兼容并蓄、刚柔相济、革故鼎新、生生不息的中原文化,塑造具有中原特质、体现时代特征的人文精神。树立和践行社会主义荣辱观,深入推进社会公德、职业道德、家庭美德、个人品德建设。深化拓展道德实践活动和群众性精神文明创建活动,塑造高尚人格,培育和谐人际关系。大力弘扬愚公移山精神、焦裕禄精神、红旗渠精神和新时期"三平"精神,树立普普通通、踏踏实实、不畏艰险、侠肝义胆、包容宽厚、忍辱负重、自尊自强、能拼会赢的河南人形象。全面增强开放意识、市场意识、机遇意识和创新意识,倡导敬业诚信、劳动致富、团结互助的社会风尚,营造扶正祛邪、惩恶扬善的社会风气,树立中原发展新形象。

(九)构建可持续发展的资源环境支撑体系

生态文明是建设中原经济区的重要标志。树立绿色、低碳、可持续发展理念,努力构建资源节约、环境友好的生产方式和消费模式,建设绿色中原、生态中原,提高可持续发展能力。

1、加强生态建设。实施退耕还林、生态移民、天然林保护、防护林建设、水土保持,构建"四区两带"区域生态网络,建设黄河中下游、淮河中上游生态安全保障区。加强水源地保护,开展小流域综合治理。建设南水北调中线工程渠首水源地高效生态经济示范区,建立渠首、沿线地区与受水地区经济协作机制。加强林业生态建设,提高森林覆盖率和固碳能力。推进矿区生态恢复治理、煤矿塌陷区治理。加强城市环城防护林和生态水系建设,构建城市外围地区森林生态带。推进国家级自然保护区、森林公园、风景名胜区建设,加强生物多样性保护和外来物种防控。加强气象灾害、山洪暴雨灾害、地质灾害等防灾减灾体系建设,提高抗御自然灾害的能力。

2、加强污染防治。加大重点流域水污染防治力度,建立健全跨流域、跨区域的污染联防联控、跨界防治机制。加强工业污染全防全治,推进重点行业污染治理和工业污水集中处理,严格控制工业污染物排放量。加大重点城市大气污染防治力度,推进重点企业二氧化硫、氮氧化物、烟尘、粉尘协同防治。加强农村环境综合整治和面源污染治理,积极推进重金属、危险废物、固体废物污染治理。实施环境容量预算和主要污染物总量预算指标管理。探索建立排污权有偿使用和排污权、碳排放交易机制。

3、加强资源节约集约利用。全面推进节能降耗,突出抓好工业重点耗能行业和企业的节能,加大建筑、交通、公共机构等领域节能力度。实行最严格的水资源管理制度,推广高效工业节水和循环利用技术,提高农业灌溉用水利用效率,加强生活节水,严格地下水管理,推进许昌、济源等创建节水型城市,建立和完善水权制度。实行最严格的耕地保护和节约集约用地制度,严守耕地红线,建立耕地保护补偿激励机制;实施农村土地综合整治,严格规范城乡建设用地增减挂钩工作;加快旧城区和城中村改造,积极盘活闲置和空闲土地。加快循环经济试点省建设,推动工农业复合型循环经济发展,重点发展有色、煤炭、非金属矿、农业和再生资源等领域循环产业链,创建一批国家和省循环经济示范城市、园区和企业。

4、提高矿产资源保障能力。深入推进资源整合,加大深部找矿力度,重点开展危机矿山接替资源找矿。积极推进矿产勘查开发"走出去"战略,在省外、境外建立一批勘查和开发基地。推动平顶山、焦作、濮阳、三门峡等市探索资源型城市转型,积累经验,提供示范,促进可持续发展。

(十)构建以人为本的和谐社会支撑体系

促进社会和谐是建设中原经济区的基本任务。坚持发展为了人民,发展依靠人民,发展成果由人民共享，统筹推进经济建设、政治建设、文化建设、社会建设，更好地改善民生，更好地凝聚民心，更好地维护社会公平公义，保护调动各方面的积极性，形成中原经济区共建共享的良好局面。

1、千方百计扩大就业。实施更加积极的就业政策，完善就业服务体系，以培训促进就业，以援助扶持就业，以维权保护就业。坚持促进产业发展和扩大就业相结合，大力发展服务业、劳动密集型产业和小型微型企业，多渠道开发就业岗位。做好高校毕业生、农村转移劳动力、城镇就业困难人员的就业工作。完善覆盖城乡的公共就业服务体系，建设人力资源开发交流服务平台。实施全民技能振兴工程，对高校毕业生、下岗失业人员、农民工等重点群体开展职业技能培训。

2、促进居民收入普遍较快增加。深化收入分配制度改革，提高居民收入在国民收入分配中的比重、劳动报酬在初次分配中的比重。创造条件增加居民财产性收入。逐步提高最低工资标准，保障职工工资正常增长和支付。推行工资集体协商制度。规范收入分配秩序，稳步扩大中等收入比重，增加低收入群体收入，有效调节过高收入，保护劳动者合法收入。

3、完善社会保障体系。加快实现新型农村和城镇居民社会养老保险制度全覆盖，稳步扩大农村低保覆盖面，做好城镇职工基本养老保险关系转移接续工作，逐步推进城乡养老保障制度有效衔接。建立完善覆盖城乡的社会救助体系。大力发展慈善事业，建立健全城乡困难群体、残疾人和优抚对象等特殊群体的社会保障机制。创新关怀、帮扶困难离退休干部机制。完善失业、生育保险制度，加快建立预防、补偿、康复三位一体的工伤保险制度。加强以公共租赁住房为重点的保障性安居工程建设。

4、加快医疗卫生事业改革发展。建立健全覆盖城乡的公共卫生服务体系、基本医疗保障体系、药品供应保障体系、医疗卫生服务体系，积极稳妥推进公立医院改革，促进新增医疗卫生资源重点向农村和城市社区倾斜。逐步提高医疗保障标准，鼓励有条件的地方实行统一的城乡居民基本医疗保障制度。加强县医院、中医院、乡镇卫生院等基层医疗卫生机构和妇幼保健、养老康复医疗机构建设，鼓励和引导社会资本举办各类医疗机构。加强以全科医生为重点的基层医疗卫生队伍建设。完善医疗急救网络。建设郑州区域性医疗中心，推动省部共建医学科研院所。大力发展中医药事业，建设国家中医临床基地。

5、全面做好人口工作。坚持计划生育基本国策，稳定低生育水平，构建人口均衡型社会。积极推行优生优育，改善出生人口素质，遏制出生人口性别比偏高趋势。促进妇女儿童事业发展，切实保障妇女合法权益，加强未成年人保护。积极应对人口老龄化，优先发展社会养老服务。支持残疾人事业发展，健全残疾人服务体系。大力发展体育事业和体育产业，开展全民健身运动。

6、加强和创新社会管理。构建社会管理动态监控和应急处置有效机制，建设平安河南。加快城乡社区服务设施建设，完善基层社会管理和服务体系。发展各类社会组织。加快社会工作人才队伍建设，积极开展社会工作专业服务。广泛开展志愿服务行动，构建志愿服务长效机制。加强民族宗教工作，促进民族团结、宗教和谐。加强和改进群众工作和信访工作，完善人民调解、司法调解、行政调解联动的大调解工作格局。落实和完善安全生产制度，严格食品药品安全监管，提高对自然灾害、事故灾难和公共卫生、社会安全等事件的应急处置能力，创建安全河南。强化社会治安综合治理，扎实推进警务机制改革创新，健全社会治安防控体系，严密防范、依法打击各种违法犯罪活动。创新流动人口、特殊人群、非公有制经济组织、网络虚拟社会的管理和服务。

7、加大扶贫开发力度。坚持开发式扶贫方针，提高扶贫标准，改善贫困地区基础设施，发展特色优势产业，增强自我发展能力。因地制宜开展整村推进扶贫开发，对偏远山区、生态脆弱区和自然条件恶劣地区的贫困村，加大易地扶贫搬迁力度。实行扶贫开发和农村最低生活保障制度有效衔接。加大对革命老区、贫困地区、少数民族聚居区、移民安置区、丹江口库区的扶持力度。建设濮（阳县）范（县）台（前县）扶贫开发综合试验区。

8、加强民主法治建设。坚持依法治省，促进公平司法、公正司法，完善行政复议和行政调解制度，建立健全科学的利益协调机制、诉求表达机制、矛盾调处机制和权益保障机制。建设法治政府，严格依照法定权限和程序行使权力、履行职责。发展基层民主，保证人民依法行使民主权力。巩固和壮大最广泛的爱国统一战线，鼓励社会团体参与社会管理和公共服务。深入开展双拥共建，促进军民融合式发展。扎实推进惩治和预防腐败体系建设，从源头上预防和治理腐败。

五、建设中原经济区的保障措施

建设中原经济区，是全省人民合力推进的事业，是造福全省人民的事业。全省上下要立足全局、融入全局、服务全局，凝心聚力，务实重干，努力实现中原经济区建设的各项目标任务。要紧紧抓住重大历史机遇，充分利用国家赋予的先行先试政策，在法律法规框架下，努力破解"三化"协调发展难题。要充分发挥好人民群众的积极性、主动性、创造性，凝聚各方面力量，发挥各自作用，做出应有贡献。要坚持"三具两基一抓手"，强化项目带动、品牌带动、创新带动、服务带动，着力推动务实发展、建设务实河南，以务实发展树立起务实河南的形象。要加强组织协调，全面落实国务院《意见》明确的任务和政策措施，抓紧编制中原经济区发展规划，对《纲要》提出的各项目标任务进行细化，确保落到实处。政府应通过制定国民经济和社会发展五年规划、专项规划、区域规划和年度计划，综合运用经济、法律和行政等手段，动员组织全社会力量贯彻实施。

河南省发展和改革委员会关于印发《河南省电子政务工程建设项目管理暂行办法》的通知

各省辖市和扩权县发展改革委，省直有关部门：

为进一步规范河南省电子政务工程建设项目管理，保证工程建设质量，提高投资效益，现印发《河南省电子政务工程建设项目管理暂行办法》，请遵照执行。

附件：《河南省电子政务工程建设项目管理暂行办法》

二〇一一年一月十五日

附件

河南省电子政务工程建设项目管理暂行办法

第一章 总 则

第一条 为进一步加强河南省电子政务工程建设项目的管理，根据《河南省人民政府贯彻落实国务院关于投资体制改革决定的通知》（豫政[2004]59 号）和《国家电子政务工程建设项目管理暂行办法》（国家发展改革委第 55 号令）精神及相关规定，结合我省实际，制定本办法。

第二条 本办法适用于利用省财政性资金的河南省电子政务工程建设项目。

第三条 本办法所称河南省电子政务工程建设项目主要是指河南省统一的电子政务网络、河南省重点业务信息系统、河南省基础信息库、河南省电子政务网络与信息安全保障体系相关基础设施、河南省电子政务标准化体系和电子政务相关支撑体系等建设项目。

第四条 本办法所称项目建设单位是指参与河南省电子政务工程建设项目建设的省、市、县（市、区）等各级政务部门。项目建设单位负责提出电子政务工程建设项目的申请，组织或参与电子政务工程建设项目的设计、建设和运行维护。

第五条 本办法所称项目审批部门是指河南省发展改革委。项目审批部门负责河南省电子政务工程建设项目的审批，会同有关部门对河南省电子政务工程建设项目实施监督管理。

第二章 项目申报和审批管理

第六条 河南省电子政务工程建设项目必须履行以下审批环节：项目建议书、可行性研究报告、初步设计方案、投资概算。总投资 1000 万元以下的项目及其他特殊情况的项目，可简化为审批项目可行性研究报告、初步设计方案和投资概算。

第七条 项目建设单位参照《河南省电子政务工程建设项目建议书编制提纲》(见附件一),组织专业力量编制项目建议书。项目审批部门邀请有关方面专家组成专家委员会对项目建议书提出评议意见,项目申请单位根据专家评议意见对项目建议书进行完善后,由项目审批部门根据评议意见审核批复项目建议书。

第八条 项目建设单位依据项目建议书审批意见以及相关文件,参照《河南省电子政务工程建设项目可行性研究报告编制提纲》(见附件二),委托具有相应资质的工程咨询单位编制可行性研究报告,报送项目审批部门。项目审批部门委托有资格的咨询机构评估或组织专家评议后审核批复。

由国家统一部署建设的电子政务重点业务系统,在国家发展改革委统一批复项目建议书之后,由项目建设单位直接委托具有相应资质的工程咨询单位编制项目可行性研究报告,报项目审批部门审核批复。

第九条 项目建设单位依据项目审批部门对可行性研究报告的批复,依法选择有相应资质的设计单位,参照《河南省电子政务工程建设项目初步设计方案和投资概算编制提纲》(见附件三)编制初步设计,报项目审批部门审核批复。

第十条 项目审批部门对河南省电子政务工程建设项目的项目建议书、可行性研究报告、初步设计方案和投资概算的批复文件,是项目建设的主要依据。批复中核定的建设内容、规模、标准、总投资概算和其他控制性指标原则上应严格遵守。

项目可行性研究报告的编制内容与项目建议书批复内容有重大变更的,应重新报批项目建议书。项目初步设计方案和投资概算报告的编制内容与项目可行性研究报告批复内容有重大变更或变更投资超出已批复总投资额度百分之十的,应重新报批可行性研究报告;有少量调整且其调整内容未超出已批复总投资额度百分之十的,需在项目初步设计方案和投资概算报告中以独立章节对调整部分进行定量补充说明。

第三章 建设管理

第十一条 项目建设单位应建立健全责任制,并严格执行招标投标、政府采购、工程监理、合同管理等制度。

第十二条 项目建设单位应确定项目实施机构和项目责任人,并建立健全项目管理制度。项目责任人应向项目审批部门报告项目建设过程中的设计变更、建设进度、概算控制等情况。项目建设单位主管领导应对项目建设进度、质量、资金管理及运行管理等负总责。

第十三条 项目建设单位依法并依据项目审批部门核准的招标方案组织招标采购,并遵从优先采购国产货物、工程和服务的原则,确定具有相应资质和能力的中标单位。项目建设单位与中标单位订立合同,并严格履行合同。

第十四条 河南省电子政务工程建设项目实行工程监理制。项目建设单位应委托具有信息系统工程相应监理资质的工程监理单位,对项目建设进行工程监理。

第十五条 项目建设单位应于每年七月底和次年一月底前,向项目审批部门报告项目上半年和全年建设进度和概预算执行情况。

第十六条 项目建设单位必须严格按照项目审批部门批复的内容实施项目建设,如有特殊情况,主要建设内容或投资概算确需调整的,必须事先向项目审批部门提交调整报告,履行报批手续。对未经批准擅自进行重大设计变更而导致超概算的,项目审批部门不再受理事后调概申请。

第十七条 河南省电子政务工程建设项目建设过程中出现工程严重逾期、投资重大损失等问题,项目建设单位应及时向项目审批部门报告,项目审批部门依照有关规定可要求项目建设单位进行整改和暂停项目建设。

第四章 资金管理

第十八条 项目建设单位在可行性研究报告批复后,可申请项目前期工作经费。项目审批部门根据项目实际情况批准下达前期工作经费,前期工作经费计入项目总投资。

第十九条 项目建设单位应在初步设计方案和投资概算获得批复及具备开工建设条件后,根据项目实施进度向项目审批部门提出年度资金使用计划申请,项目审批部门根据项目实际情况下达省级投资计划。

初步设计方案和投资概算未获批复前,原则上不予下达项目建设资金。对确需提前安排资金的河南省电子政务工程建设项目(如用于购地、购房、拆迁等),项目建设单位说明要提前安排资金的原因及理由,项目审批部门根据项目实际情况下达项目建设资金。

第二十条 项目建设单位应严格按照财政管理的有关规定使用财政资金,专账管理、专款专用。

第五章 监督管理

第二十一条 项目建设单位应接受项目审批部门及有关部门的监督管理。

第二十二条 项目审批部门负责对河南省电子政务工程建设项目进行稽察,主要监督检查在项目建设过程中,项目建设单位执行有关法律、法规和政策的情况以及项目的招标投标、工程质量、进度、资金使用和概算控制等情况。对稽察过程中发现有违反国家和省有关规定及批复要求的,项目审批部门可要求项目建设单位限期整改或遵照有关规定进行处理。对拒不整改或整改后仍不符合要求的,项目审批部门可对其进行通报批评、暂缓拨付建设资金、暂停项目建设、直至终止项目。

第二十三条 有关部门依法对河南省电子政务工程建设项目建设中的采购情况、资金使用情况,以及是否符合国家和省有关规定等实施监督管理。

第二十四条 项目建设单位及相关部门应当协助稽察、审计等监督管理工作,如实提供河南省电子政务工程建设项目有关的资料和情况。

第六章 验收评价

第二十五条 河南省电子政务工程建设项目实行验收和后评价制度。

第二十六条 河南省电子政务工程建设项目按照《河南省电子政务工程建设项目竣工验收暂行办法》(豫发改高技[2008]1439 号)的规定开展验收工作。

第二十七条 项目审批部门根据项目验收后的运行情况,可适时组织专家或委托相关机构对河南省电子政务工程建设项目的系统运行效率、使用效果等情况进行后评价。后评价认为河南省电子政务工程建设项目未实现批复的建设目标或未达到预期效果的,项目建设单位要限期整改;对拒不整改或整改后仍不符合要求的,项目审批部门可对其进行通报批评。

第七章 运行管理

第二十八条　河南省电子政务工程建设项目建成后的运行管理实行项目建设单位负责制。项目建设单位应确立项目运行机构，制定和完善相应的管理制度，加强日常运行和维护管理，落实运行维护费用。鼓励专业服务机构参与河南省电子政务工程建设项目的运行和维护。

第二十九条　项目建设单位应委托专业机构应按照风险评估的相关规定，对建成项目进行信息安全风险评估，检验其网络和信息系统对安全环境变化的适应性及安全措施的有效性，保障信息安全目标的实现。

第八章　其　它

第三十条　挪用或截留河南省电子政务工程建设项目资金的，由有关部门按照有关规定予以处罚；构成犯罪的，由有关部门依法追究刑事责任。

第三十一条　对违反本办法其他规定的或因管理不善、弄虚作假，造成严重超概算、质量低劣、损失浪费、安全事故或者其他责任事故的，项目审批单位可以予以通报批评，并提请有关主管部门对负有直接责任的主管人员和其他责任人给予行政处分；构成犯罪的，由有关部门依法追究刑事责任。

第九章　附　则

第三十二条　本办法自公布之日起施行，2006 年 12 月 8 日公布的《河南省电子政务工程建设项目管理办法(试行)》（豫发改高技[2006]1753 号）同时废止。

河南省人民政府办公厅
关于加快通信信息网络基础设施建设的意见

豫政办〔2012〕111号

各省辖市人民政府,省人民政府各部门:

为认真贯彻落实《国务院关于支持河南省加快建设中原经济区的指导意见》(国发〔2011〕32号),加快构建功能配套、安全高效的通信信息网络基础设施体系,提升经济社会各领域信息化水平,促进发展方式转变和经济转型升级,现提出以下意见,请认真贯彻落实。

一、重要意义

通信信息网络基础设施是国家重要的公共基础设施,是信息化发展的载体和战略支撑。加快通信信息网络基础设施建设,有利于构建宽带、融合、泛在、安全的下一代通信信息网络体系,为中原经济区建设提供重要保障;有利于推动产业结构调整和工业转型升级,促进工业化和信息化深度融合;有利于推进中原经济区城乡一体化建设,实现基本公共信息服务均等化;有利于带动新一代信息技术推广应用,培育战略性新兴产业;有利于发挥信息通信业在经济社会发展中的基础性、先导性和战略性作用,加快中原经济区建设,促进"三化"协调发展。

二、总体要求、基本原则和发展目标

(一)总体要求。以科学发展为主题,以加快转变发展方式为主线,以服务中原经济区建设为总目标,着力加强区域空间通信信息网络基础设施建设;着力实施"数字河南"、"智慧中原"、"无线城市"、中原数据基地和"光网城市"等重大工程;着力促进工业化与信息化、制造业与服务业、新兴科技与新兴产业融合;着力提升农业农村信息化服务水平;着力加快下一代互联网、物联网、云计算等新一代信息技术产业发展;着力完善通信网络信息安全和应急通信保障体系,以信息化带动新型工业化、新型城镇化和新型农业现代化,全力推进中原经济区建设。

(二)基本原则。

1.坚持政府引导,发挥企业主体作用。加大政策、资金扶持力度,强化建设管理和服务,充分发挥电信运营企业主体作用,实现政企联动,统筹推进通信信息网络设施建设。

2.坚持科学发展,提高保障水平。突出科学发展主题,加快3G(第三代移动通信技术)网络、光纤宽带网络发展,建设技术先进、功能强大、服务完善的通信信息网络和信息安全基础设施,全面提高发展保障水平。

3.坚持统筹发展,缩小数字鸿沟。统筹城乡一体化发展,突出农村地区,加快农村通信基础设施建设,扩大网络覆盖广度和深度,提升服务水平,创建公平的信息社会。

4.坚持跨越发展,推进信息化进程。突出重点领域和重点行业,适度超前建设社会急需、受益面广、带动性强的通信信息网络基础设施重大工程和应用平台,推进经济社会各领域信息化进程。

5.坚持创新发展,培育新兴业态。加快创新转型步伐,积极开展IPv6(国际互联网协议第6版)、TD—SCDMA(时分同步的码分多址技术)后续演进技术TD—LTE(分时长期演进)等试点示范,实施重点领域物联网应用示范工程,推动新一代信息技术等战略性新兴产业发展,加快培育信息网络经济等新业态。

(三)发展目标。到2015年,全省无线城市群基本建成,3G网络覆盖城乡,4G(第四代移动通信技术)网络实现商用,光纤宽带网络全面部署,无线局域网基本覆盖城区公共场所,县级以上城市城区基本实现光纤到楼,农村基本实现行政村通光纤和自然村通宽带,城市用户接入能力平均达到20Mb/s(兆比特每秒),商住楼用户接入能力基本达到100Mb/s,农村用户接入能力平均达到4Mb/s,城乡数字鸿沟进一步缩小。“数字河南”和“宽带中原”建设取得进展,电子政务、电子商务和社会各领域信息化建设取得显著成效,“两化”(工业化、信息化)融合深入推进,“三网”(电信网、广播电视网、互联网)融合取得实质性进展,网络信息安全保障体系更加健全,信息化水平大幅提升,适应全省经济社会发展要求的通信信息网络基础设施体系基本建成。

到2020年,基本建成宽带、融合、泛在、安全的下一代通信信息网络体系,实现家家通宽带的目标,城乡基本公共信息服务趋于均等化,社会信息化程度显著提高,信息化水平达到或超过全国平均水平。“数字河南”、“智慧中原”和“宽带中原”全面建成,以物联网、云计算为基础的下一代新兴业态基本形成,郑州市成为在全国具有重要影响的信息集散中心和通信网络交换枢纽。

三、主要任务

(一)加强通信信息网络基础设施规划指导。各级政府和有关部门要高度重视通信信息网络基础设施建设。通信信息网络发展规划要符合城乡规划要求,并纳入城乡规划。同时,要与土地利用总体规划相衔接,通信信息网络基础设施用地尚未纳入土地利用总体规划的,通信管理部门和国土资源部门要加强沟通协调,抓紧做好规划衔接工作。在地铁、机场、车站、铁路、公路等公共设施项目审批中,要统筹考虑通信信息网络基础设施需求。严格落实《信息产业部建设部关于进一步规范住宅小区及商住楼通信管线及通信设施建设的通知》(信部联规〔2007〕24号)要求,保证工程建设项目中电信运营企业平等接入。按照《住宅区和住宅建筑内通信设施工程设计规范(GB/T50605—2010)》、《住宅区和住宅建筑内通信设施工程验收规范(GB/T50624—2010)》和我省《住宅小区及商住楼通信配套设施建设标准(DBJ41/T090—2008)》规定,规划建设相关通信配套设施。

(二)加快建设“宽带中原”。大力推进“数字河南”、“智慧中原”、“无线城市”和“光网城市”等重大工程,积极实施宽带普及提速工程,加快光纤宽带接入网建设和普及延伸,实现光纤到楼入户,提升全省宽带家庭普及率和光纤接入能力,构筑覆盖全省的高速光纤宽带网,建设

"宽带中原"。按照国家和省关于推进3G网络建设的总体要求,加快移动通信网络升级工程建设,扩大网络覆盖范围,推动无线宽带网络平滑升级,实现无线局域网对主要公共场所全覆盖,建成覆盖全省的3G网络,形成"中原无线城市群"。统筹推动互联网由IPv4(国际互联网协议第4版)向IPv6平滑演进过渡,构建设施先进、节能泛在、安全可信、具有良好可扩展性和成熟商业模式的下一代互联网。

(三)提升郑州市信息集散中心和通信网络交换枢纽地位。加快建设中国联通中原数据基地、中国移动呼叫中心和数据中心,吸引国际、国内知名的互联网、物联网、云计算企业在我省建设总部或区域基地,打造中部地区核心信息产业基地。建设郑州市连接国际通信出入口局的专用高速通道,提高信息流的转接疏通能力,促进政府、金融、物流、制造等社会各领域信息化应用和资源共享。发挥郑州市国家电子商务示范城市优势,辐射、带动全省电子商务快速发展,使其成为带动全省、覆盖中西部、辐射全国的综合信息服务中心,提升其信息集散中心和通信网络交换枢纽地位。

(四)积极培育战略性新兴产业。推动新一代移动通信网、下一代互联网、物联网、云计算等在我省的应用示范,支持物联网在基础设施、交通运输、环境监测与监控、公共安全、工业控制、医疗卫生等领域试点,带动研发、设计、制造、软件、系统集成等相关产业创新发展,促进信息服务、软件服务等新兴业态发展,形成基于基础设施、应用平台和智能终端的价值链生态体系。加快增值电信业务发展,发展信息服务、电子商务、宽带应用、移动互联网、手机支付等新兴服务业,加快培育新一代信息技术等战略性新兴产业。大力支持河南通信产业园、洛阳信息通信产业园、洛阳云计算和互联网数据中心等产业园建设,促进信息通信产业集聚发展。

(五)扎实推进"三网"融合。按照国家统筹部署,有序开展"三网"融合业务试点,加快电信网、广播电视网、互联网升级改造,尽快实现有线电视数字化,提高业务承载和支撑能力。支持电信运营企业、广电企业加强合作,优势互补,推动电信、广电业务双向进入。引导软件研发企业、设备制造企业、信息服务提供商等积极参与,为企业创造有分工、有协作、有监管、公平合理、适度竞争的市场环境,加快业务应用平台建设,创新产业形态,大力推动IPTV(交互式网络电视)、互联网电视、手机电视、视频等融合业务发展,促进资源共享,加快形成完整的产业链。在郑州市先行试点的基础上,逐步扩大试点范围,全面推进"三网"融合。

(六)加快推进经济社会各领域信息化。加强统筹协调,加快推进电子政务服务向街道、社区和农村延伸,推动重点领域信息共享和业务协同,全面推进公共信息服务平台建设。建设和完善网络行政审批、信息公开、网上信访、电子监察和审计体系,加强市场监管、社会保障、医疗卫生等重要信息系统建设,完善地理、人口、法人、金融、税收、统计等基础信息资源体系,开放交通、医疗、教育、医保社保、旅游、质监、水电气等涉及民生的信息资源,支持电信运营企业开展信息化推广应用,实现资源共享和业务协同。推动省辖市政府与电信运营企业合作建设"无线城市"、"智慧城市"服务平台,统筹推进基于无线宽带网络的"智能工业"、"智能农业"、"智能交通"、"智能物流"、"智能环保"、"智能家庭"等项目建设,促进社会信息综合开发利用,加快中原经济区信息化进程。

(七)提升农村信息化服务水平。持续完善农村通信基础设施,推动光纤向行政村、宽带向自然村延伸,扩大3G网络、光纤宽带网在农村的覆盖范围,实现全省农村信息网络全覆盖,建设农村信息服务高速通道。支持电信运营企业整合涉农信息资源,加快农村信息服务综合平台和数据资源中心、惠农呼叫中心和远程教育中心建设,完善农村信息服务系统,全力保障我省国家农村信息化示范省建设。鼓励和支持电信运营企业为农村用户提供实用、价优的信息终端。积极推动物联网等信息技术在“三农”领域示范应用,提高农业集约化和产业化程度,全面提升农村信息化服务水平,以农村信息化推动农村社会进步、农业结构升级和农民素质提高。

(八)加强网络与信息安全保障。通信信息网络基础设施要与网络信息安全设施同步规划、同步建设、同步运行,加快网络信息安全保障体系建设,完善网络信息安全技术手段,加强重要通信和重要信息系统安全防护,积极推进网络信息安全社会管理创新。支持网络信息安全事件应急指挥协同处置、政务信息系统容灾备份、数字认证系统和监测预警平台建设,完善通信信息网络定级、测评、安全防护等信息安全等级保护措施,提升网络信息安全保障能力和水平。

四、保障措施

(一)加强组织领导。成立由省政府分管领导任组长的省通信信息网络基础设施建设领导小组,负责协调解决通信信息网络基础设施建设中的突出问题,推动通信信息网络基础设施重大工程建设。领导小组成员单位包括省发展改革委、科技厅、工业和信息化厅、公安厅、财政厅、国土资源厅、环保厅、住房城乡建设厅、交通运输厅、农业厅、地税局、通信管理局、郑州铁路局、省电力公司、移动公司、联通公司、电信公司、铁通公司等。领导小组下设办公室,办公室设在省通信管理局。

(二)加大资金政策支持力度。各级有关部门在组织实施国家科技重大项目、技术改造、科技成果转化、现代服务业发展、新兴产业创业投资等专项中,应对新一代信息技术及“两化”融合、“三网”融合、物联网、云计算技术研发和应用等项目在资金安排方面予以倾斜。省有关部门要抓紧研究通信信息基础网络管线穿越公路、铁路、桥梁、河道等收费减免标准和铁路、地铁沿线移动通信网络覆盖接入费减收标准。对通信枢纽、数据中心、呼叫中心、物联网示范应用中心、云计算中心等通信信息网络基础设施建设工程,原则上减半收取人防易地建设费。电力部门要落实用电价格政策,对中原数据基地、中国移动呼叫中心、中国移动数据中心、云计算中心等项目执行大工业用电电价政策。创新支持方式模式,采取贷款贴息等方式对国家级高新技术产业开发区和经济技术开发区内通信信息网络基础设施项目银行贷款利息实行先付后贴,吸引金融机构和其他社会资本进入通信信息网络基础设施建设领域,鼓励民间资本参与基站机房、通信塔等基础设施的建设和运营维护。统筹运用各类资金,充分发挥财政资金带动作用,加快通信信息网络发展。

(三)强化建设管理。各级政府和有关部门要开辟绿色通道,对通信信息网络基础设施项目简化审批流程,依法优先为电信运营企业办理规划建设许可、建设用地、环境影响评价与项目竣工验收、电力配套、进口设备免税等手续,用好用足税收优惠政策,加快通信信息网络基础设施项目建设。开放政府机关、住宅区、商业(办公)楼宇、高校、机场、车站、地铁、展馆、旅游景点等所属建筑物以及路灯、道路指示牌等公共设施,支持通信信息网络基础设施建设。推进城乡通信信息网络与电力、交通、水利、教育等专用通信网基础管线和各类基站的共建共享,提高资源利用效率。

(四)加大保护力度。各级政府要将通信信息网络基础设施保护工作纳入当地社会治安综合治理考核范围。公安部门要加大对盗窃、破坏通信信息网络基础设施行为的打击力度。工商部门要严把废旧金属收购站点的市场准入关,宣传、环保、无线电管理部门要加强保护通信信息网络基础设施安全相关法律、法规宣传,强化舆论引导,积极消除公众对基站铁塔电磁辐射的片面认识。各级政府有关部门和单位不得擅自改动或迁移通信管道、杆路、基站、铁塔、机房等通信信息网络基础设施,遇有城区改造等特殊情况必须改动或迁移的,要征得通信信息网络基础设施产权人同意, 所产生的迁改费用由提出改动或迁移要求的单位承担,依照建设成本给予合理补偿。

(五)强化督查考核。建立全省通信信息基础设施建设发展情况统计监测体系,制定目标责任考核办法,明确年度建设目标任务。每年年初由省通信信息网络基础设施建设领导小组与各省辖市、相关单位签订目标责任书,年终对通信信息网络基础设施建设工作机制、规划、重点工程等目标任务完成情况进行考核。省通信管理局要加强对本意见实施情况的跟踪分析,做好指导与督促检查工作,会同有关部门定期组织开展实施情况评估。

河南省人民政府办公厅

二○一二年八月二十三日

河南省人民政府办公厅
关于确定河南省50个工业和信息化重大产业升级示范项目的通知

豫政办〔2012〕25号

各省辖市人民政府,省人民政府各部门:

为了加快推动河南工业转型升级,促进产业产品结构调整,突出重大项目的带动示范和引领作用,省政府决定确定中国黄金集团公司黄金产业园项目、中国移动(洛阳)呼叫中心项目等50个项目为河南省工业和信息化重大产业升级示范项目,现将有关事项通知如下:

一、充分认识实施重大产业升级示范项目的意义

加强重大项目建设是推动全省工业生产规模由小变大、产业链条由短到长、产业层次由低到高、企业关联由散到聚的重要举措。特别是在当前经济形势比较复杂的情况下,抓好重点项目建设是扩内需、保增长,保持经济平稳较快发展的迫切需要;是调结构、促转型,保持跨越式发展势头的重要途径;是保民生、促稳定,建设和谐中原的关键举措。全省上下一定要清醒认识形势,始终坚持科学发展观,进一步增强加快重点项目建设的主动性、责任感和使命感,牢牢抓住项目建设这个火车头,为实现河南工业的转型升级目标提供坚实保障。

二、重大产业升级示范项目实施原则

重大产业升级示范项目的确定与我省工业转型升级"十二五"规划相衔接,与我省2012年重点工业产业年度行动计划相衔接,保持项目的连续性,体现建设的递进性,主要坚持以下原则:

———重大性:项目对全省经济社会发展具有重大战略意义。

———科学性:项目符合建设中原经济区的总要求,符合特色主导、错位发展的总战略,符合相关规划。

———可行性:项目应在五年内建成,并充分考虑土地资源、建设资金、环境容量等要素供给的条件。

———滚动性:项目根据实施进展情况适当增补或调整。

三、重大产业升级示范项目的主要内容

2012年确定的50个重大产业升级示范项目,计划总投资1622亿元。主要从延伸链条、提升品级、扩大产能、节能降耗、装备改善等方面,筛选出来的投资规模大、带动能力强的项

目,涵盖了汽车、电子信息、装备制造等 14 个工业行业。

汽车产业:计划总投资 83.58 亿元。围绕促进整车上规模、整车与零部件协调配套,重点抓好东风日产汽车有限公司年产 45 万台整车产能扩建项目、新乡航空工业(集团)有限公司年产 20 万台汽车齿轮齿条转向器生产线项目、焦作奇瑞公司年产 44 万台发动机项目、好友轮胎有限公司年产 120 万套全钢载重子午线轮胎扩建项目建设。

电子信息产业:计划总投资 206 亿元。围绕富士康垂直整合,完善 LED(发光二极管)照明及显示产业链,推进河南榕基信息技术有限公司软件研发基地建设,重点抓好鸿富锦精密电子(郑州)有限公司富士康 IT(信息技术)产业园及基础设施配套工程项目、中国移动(洛阳)呼叫中心项目、郑州旭飞光电科技有限公司 TFT-LCD(薄膜晶体管液晶显示器)液晶玻璃基板二期项目、河南榕基信息技术有限公司信息技术产业研发及生产基地项目建设。

装备制造产业:计划总投资 251.7 亿元。围绕打造输变电装备、大型成套装备等特色产业链, 重点抓好河南森源电气股份有限公司年产 100 套铁路用综合补偿装置和 40.5KV (千伏)智能型交流铠装金属封闭开关设备产业化项目、南阳二机防爆消防装备有限公司防爆消防车辆、特种车辆的研发和部件生产加工项目、中信重工机械股份有限公司年产 500 套重型矿山装备液压润滑成套系统和 545 套重型矿山装备电气自动控制成套系统项目建设。

食品工业:计划总投资 28 亿元。围绕加快肉制品、茶饮料产业升级,重点抓好漯河双汇万中禽业发展有限公司年产 5000 万只肉鸡养殖及加工系列项目和河南信阳五云茶叶 (集团)有限公司年产 100 万吨茶饮料新建项目建设。

轻工业:计划总投资 32 亿元。围绕壮大家电、家具等特色产业,重点抓好广东万宝电器有限公司年产 300 万台冷柜冰箱、600 万压缩机和平舆瑞□家□有限公司平舆启轩家具工业园项目建设。

建材工业:计划总投资 6 亿元。围绕建设北方陶瓷重要生产基地,重点抓好河南瑞兴堡新型建材公司 2760 万平方米高档装饰砖生产线项目建设。

化工产业:计划总投资 139 亿元。围绕发展甲醇深加工和以煤为原料的精细化工,重点抓好开封龙宇化工有限公司年产 6 万吨聚甲醛项目、中国平煤神马集团氯碱化工股份有限公司年产 30 万吨聚氯乙烯、配套 25 万吨烧碱项目建设。

有色工业:计划总投资 468 亿元。围绕建设洛阳、巩义铝加工基地、鹤壁"中国镁谷"和三门峡黄金产业基地建设,重点抓好中国黄金集团公司黄金产业园一期项目、万基控股集团有限公司年产 45 万吨高精度铝板带箔项目、鹤壁地恩地新材料科技有限公司年产 5 万吨金属镁冶炼及精深加工项目建设。

钢铁工业:计划总投资 21 亿元。围绕提高质量,扩大高性能钢材品种,重点抓好安阳龙腾特钢制造有限公司高强度高性能棒线材研发及产业化项目和中原特钢股份有限公司高品质特殊钢冶炼生产线项目建设。

纺织工业:计划总投资 10 亿元。围绕培育知名品牌、完善上下游产业链,重点抓好河南赛琪集团有限公司年产 2000 万件服装加工项目建设。

新能源汽车产业:计划总投资 160 亿元。围绕突破锂离子电池储能、隔膜以及系统控制、电源管理、整车设计等关键技术,重点抓好河南科隆集团有限公司电源动力系统总成和新能源专用车产业化基地项目、河南速达交通节能科技有限公司年产 10 万辆纯电动汽车和 50

万套纯电动汽车核心零部件项目、中航锂电(洛阳)有限公司20亿安大容量锂离子动力电池生产基地建设项目建设。

生物产业:计划总投资85.35亿元。围绕提高生物技术药物产业规划,延伸发酵原料药产业链,重点抓好华兰生物工程股份有限公司中原经济区生物医药产业园项目、河南金丹乳酸科技股份有限公司年产3万吨高品质乳酸钠及年产10万吨材料级L—乳酸项目建设。

新能源产业:计划总投资121.02亿元。围绕实施多晶硅解困行动计划,做强太阳能光伏产业链,重点抓好洛阳中硅高科技有限公司年产20000吨高纯多晶硅生产线技术改造项目、南阳迅天宇硅品有限公司年产2400吨太阳能级多晶硅生产线项目、天能集团(濮阳)再生资源有限公司年产1000万KVAh(千伏安时)新型密封动力储能铅蓄电池项目建设。

新材料产业:计划总投资9.6亿元。围绕提高品级、增加品种为目标,重点抓好河南天冠新型生物材料有限公司年产10万吨二氧化碳全降解塑料项目建设。

四、创新机制,确保重大产业升级示范项目顺利实施

(一)加强组织领导。强化省优化产业结构提升重点产业领导小组的职能和作用,全面统筹重大产业升级示范项目的实施,及时研究解决实施过程中的重大问题。省优化产业结构提升重点产业领导小组办公室(以下简称省优提办)设在省工业和信息化厅,主要职责是牵头编制年度实施计划;及时了解、总结推进情况;提出实施推进的措施和责任单位考核等次等建议。省财政厅、省国土资源厅、省环保厅、省金融办、人行郑州中心支行、河南银监局等有关部门为主要参与部门。省财政厅负责会同有关部门统筹省级财政专项加大支持力度,按规定及时下达资金,充分发挥财政资金的效益。省国土资源厅负责统筹、协调、落实示范工程项目所需的计划指标,研究提出深入挖潜、创造条件保证项目所需用地的对策措施,及时做好项目建设用地的预审、农转用、土地征收等工作。省环保局负责做好重大产业升级示范工程项目的环评工作,统筹安排项目所需环境容量,及时办理项目环评报告书的审批手续。省金融办、人行郑州中心支行、河南银监局负责根据项目推进计划和前期工作进展,引导金融机构采取多种贷款模式,提高金融服务水平,加大支持力度。涉及项目管理职能的其他省直有关部门,按各自职责做好有关工作。

项目所在地政府为重大示范项目的责任单位,主要职责是按季报送项目推进实施情况,确保完成年度和五年计划。

(二)强化要素保障。资金保障方面。把重大示范项目年度实施计划作为财政性建设资金和信贷计划安排的重要依据。涉企财政性资金,优先支持重大示范项目技术创新和产品升级。省、市县、财政性预算资金和纳入财政管理的各种政府性专项资金,以及退出竞争性领域后的国有资产等,要向重大示范项目倾斜,确保项目建设需要。进一步拓宽重大项目投融资渠道,积极通过公开发行股票、可转换债券等方式筹措资金;积极争取信贷资金对重大示范项目的支持。

土地保障方面。把重大示范项目纳入省重点建设项目计划,优先安排土地指标,按有关规定努力保障土地供给。对分期规划建设的项目,要坚持土地节约集约利用,严格按投资强度、用好标准、实施进度分期报批用地。项目所在地要负责做好项目建设用地涉及的占补平衡、拆迁安置补偿等工作,确保数量和质量,切实维护群众合法权益,维护社会和谐稳定。

环境保障方面。优先支持和重点保证实施重大示范项目所需的环境容量,并在环境影响

评价审批等方面强化服务、提高效率。同时,把促进环境保护和节能降耗放在项目建设的重要位置,在项目的可研论证、规划设计、立项审批、建设施工等各个环节,严格把关,尽最大限度减少项目建设对环境的负面影响。

(三)健全信息通报。要建立健全信息通报机制,做到信息畅通。一是重点建设情况分析通报制度。由省优提办在汇总重点项目月度信息的基础上,召开月度或者季度会议,检查工作情况,交流工作经验,分析存在问题,提出对策建议,形成分析通报材料。二是重大问题专报制度。对重点项目前期工作和实施过程中遇到的重大问题,省优提办及时向省政府专题报告。各地也要加强重点项目建设信息采集和通报工作,畅通信息渠道,及时反映和处理建设中的重要信息。

(四)完善督查考核。重大示范项目是省重点建设项目的主体,是重中之重的项目。针对项目进度、项目质量、项目安全、项目廉洁四方面的内容,建立督查考核机制,加强对重点项目建设的监督监管,确保各项工作任务落到实处。一是督办制度。省优提办根据领导小组的要求,及时下达重点项目建设督办单,明确办理单位、办理事项、办理要求及办结时限,并进行跟踪落实。二是重点项目检查制度。在项目建设实施过程中,建立项目自查和有关部门抽查、专项检查、项目稽察等相结合的检查制度。三是舆论监督制度。组织新闻媒体对重点建设开展宣传报道和舆论监督,鼓励先进,鞭策后进,动员全社会关注、支持和参与实施重点项目建设。四是年度考评制度。把重大示范项目实施工作列入省政府部门年度工作目标考核,对每年实施情况进行量化考评,考评结果作为省直单位考核的重要内容。

河南省人民政府办公厅

二〇一二年二月二十五日

河南省人民政府办公厅
关于进一步做好政府机关使用正版软件工作的通知

豫政办〔2011〕1号

各市、县人民政府,省人民政府各部门:

为巩固政府机关使用正版软件的工作成果,建立长效机制,根据《国务院办公厅关于进一步做好政府机关使用正版软件工作的通知》(国办发〔2010〕47号)要求,结合我省实际,经省政府同意,现就进一步做好我省政府机关使用正版软件工作通知如下:

一、进一步提高认识。按照国家统一部署,我省从2001年起在政府机关全面推广使用正版软件,基本实现了各级政府及其部门使用正版软件的工作目标。但个别单位对使用正版软件的重要性认识不足,有的计算机办公设备没有按照国家要求安装使用正版软件。保护和使用正版软件,清理和抵制盗版软件,是贯彻落实科学发展观、实施知识产权战略的必然要求,是促进软件产业发展的重要保证。各级政府机关要切实增强保护知识产权意识,带头使用正版软件,坚决抵制盗版软件,为促进软件产业发展营造良好环境。

二、认真开展专项检查。各级政府机关要对本单位使用正版软件情况进行一次专项检查,重点检查办公软件、杀毒软件使用情况。新闻出版(版权)部门要会同有关部门对部分地区、单位进行重点抽查。使用非正版软件的,要及时进行整改。各省辖市、县(市、区)政府机关和省政府各部门软件正版化专项检查和整改工作要于2011年8月底前完成。各省辖市政府、省政府各部门要于2011年9月底前将专项检查和整改情况报送省新闻出版局(省版权局)。省新闻出版局(省版权局)要会同省工业和信息化厅、财政厅等部门对各地、各部门进行抽查,并将有关情况报省政府。其他国家机关软件正版化专项检查和整改工作,参照上述要求执行。

三、切实落实相关规定。各级政府机关购买的计算机办公设备必须符合预装正版操作系统软件的要求,严禁采购未安装正版操作系统软件的计算机。各单位购置、更换计算机办公设备必须同时安排必要的软件购置资金,更新计算机操作系统软件必须使用正版产品,并按照政府采购相关规定购买。各单位采购正版软件所需资金纳入本单位部门预算,要将软件作为资产纳入部门资产管理体系,加强软件资产管理。工业和信息化部门要加强对计算机预装操作系统软件的监督管理工作。

四、强化管理监督责任。各级政府、各部门主要负责同志作为第一责任人,要保证本单位软件使用正版化。各有关部门要密切合作,根据职责分工,切实做好使用正版软件工作。工业和信息化部门要加强软件产品质量管理,督促企业做好售后服务。新闻出版(版权)、工商、商务部门要根据各自职责维护软件市场秩序,促进公平竞争。财政部门负责采购正版软件的资金保障,加强对软件资产管理的指导。新闻出版(版权)部门要会同工业和信息化、财政等部门做好使用正版软件的日常监管和督促检查工作,建立长效工作机制,巩固政府机关使用正版软件的工作成果。

河南省人民政府办公厅

二○一一年一月七日

河南省人民政府办公厅
关于印发2012年河南省信息化建设专项方案的通知

豫政办〔2012〕23号

各省辖市人民政府,省人民政府各部门:

《2012年河南省信息化建设专项方案》已经省政府同意,现印发给你们,请认真贯彻执行。

河南省人民政府办公厅
二〇一二年二月二十五日

2012年河南省信息化建设专项方案

2011年我省信息化工作坚持全面贯彻落实科学发展观,着力推进信息化顶层规划,积极开展区域两化融合试点,扎实推进网络与信息安全工作,有效提升了全省信息化建设水平,实现了"十二五"时期信息化工作的良好开局。为深入贯彻落实国务院《关于支持河南省加快建设中原经济区的指导意见》(以下简称《指导意见》),推动2012年我省信息化提速发展,依据省长办公会议精神,结合信息化工作实际,制定本方案。

一、面临的形势

信息化是推动经济发展和社会变革的重要手段,是人类文明进步的重要标志,是新型工业化最本质的特征,加速信息化建设是加快实现工业化、城镇化,乃至现代化的重要途径。历史经验证明,一个国家(地区)如果能在信息化发展方面取得优势,就能在发展中赢得主动。国务院《指导意见》要求"促进工业化和信息化融合"和"加快信息网络设施建设",明确了当前和今后一个时期我省信息化的工作方向和重点。省委、省政府高度重视信息化工作,把信息化工作放在了事关全局的重要位置,并作为核心发展手段,纳入基础设施和基础产业优先发展。

2012年是实施"十二五"规划承上启下的重要一年,也是深入贯彻落实国务院《指导意见》、全面推进中原经济区建设的重要一年,特别是随着国家级两化融合试验区(郑州市)、郑汴电信同城、"三网融合"等重大项目的逐步实施,信息技术必将快速普及,信息化渗透全局、影响全局、服务全局的作用必将进一步彰显。另一方面,物联网、云计算、数字电视、创意产业等新兴业态的发展,赋予了信息化全新的任务和挑战,也进一步拓展了信息化应用空间,全省信息化迎来了又一个快速发展的战略机遇期。

二、总体思路

深入贯彻落实科学发展观,认真贯彻落实国务院《指导意见》和省第九次党代会精神,紧紧围绕"扩需求、创优势、解瓶颈、惠民生"工作大局,坚持"整合、应用、共享、安全",以促进"三化"协调发展为核心,以推进信息化与工业化深度融合、提升电子政务和社会事业公共服务水平为主线,加快资源整合和互通共享,催生以新一代信息技术为代表的新兴业态,深入推进"数字河南"建设,进一步提升信息化对中原经济区建设的支撑能力。

三、基本原则

(一)顶层设计,资源共享。加强信息化的顶层设计,统筹制定整体解决方案,统一标准规范。推进资源整合,建立和完善应用与共享机制,促进互联互通和资源共享。

(二)需求主导,突出重点。立足中原经济区建设需求,紧紧围绕工业化、城镇化和农业现代化"三化"协调发展核心任务,优先推进两化融合、信息网络设施建设。

(三)政府引导,协同合作。充分发挥政府导向作用,加强对信息化建设的指导、引导和扶持,规范信息化管理,推进目标考核,建立健全协同工作机制,形成工作合力。

(四)以点带面,分步实施。开展试点示范,总结成功经验。根据实际需求,区分轻重缓急,急用先行,重点突破,分步实施。

(五)综合防范,安全可控。坚持管理与技术并重,加强保障能力和支撑体系建设,增强对重要信息网络的掌控能力和重点信息系统的防护能力,确保网络与信息安全。

四、重点工作

2012 年重点做好以下几项工作。

(一)围绕新型城镇化,抓好信息网络基础设施建设

一是推进郑汴电信同城。积极争取国家对郑汴电信同城的政策支持,协调郑州、开封两省辖市政府及全省各基础电信运营企业,研究制定郑汴电信同城总体方案,明确工作责任,做好相关技术准备,全力推进郑汴电信同城并取得实质性进展。

二是推进智慧城市、无线城市和光网城市建设。加快推进智慧中原建设,力争完成投资 39.5 亿元,重点打造智慧通信基础设施覆盖和通信枢纽中心建设工程,开展强政、兴业和惠民智慧应用试点示范。促进传统电信网向综合信息服务网络发展,构建功能配套、安全高效的信息基础设施体系。建设无线宽带城市,整合各种信息资源和业务模式,普及无线城市应用,使无线城市成为创新社会管理和服务、移动电子商务应用、物联网应用等互动聚合的平台。实施光网城市工程,加快光纤宽带网络建设,提高城乡宽带接入能力和宽带普及率。实施 3G(第三代移动通信技术)网络提升工程,推进 3G 网络向乡镇延伸,实现 3G 网络覆盖到所有乡镇。

三是推进三网融合。推进郑州市国家级三网融合试点建设,加快广电、电信业务双向进入。扶持三网融合业务发展,加快 IPTV(交互式网络电视)系统建设和宽带网络升级改造,不断探索业务合作模式、商业模式。建设三网融合省级集成播控平台并初步具备接入能力,加快有线电视网络设施改造,提升数字电视平台服务功能,促进数字电视在家庭生活中的应用。

四是推进中国联通中原数据基地建设。积极推进中国联通在豫建设数据处理中心,提升

郑州信息集散中心和通信网络交换枢纽地位。在此基础上,推进郑州信息服务云平台建设。

五是开展物联网应用示范。建设物联网技术应用试验室,实施现代工业、精准农业、交通物联网应用示范工程。推进工业生产管理、节能减排物联网应用,形成一批物联网应用示范工业企业。围绕粮食核心区生产安全,开发动植物生长和生态环境自动监测系统,实现重点农区风、光、水、肥、病、虫、害等数据的采集和农业生产环境的自动监测。普及智能交通综合管理和控制系统应用,扩大不停车收费系统(ETC)覆盖范围,提升交通运输和管理水平。

(二)围绕构建现代产业体系,推进信息服务业提速发展

一是建设中国移动(洛阳)呼叫中心。加快推进中国移动(洛阳)呼叫中心建设,完成年度计划建设任务。在此基础上,推动洛阳形成全国呼叫服务业基地。

二是发展物联网产业。鼓励和扶持物联网技术研发和服务业发展,重点支持气体传感、轨道监控、电力电网传感和无线射频技术产品产业化,力争 2012 年全省物联网产业销售收入突破 100 亿元。

三是推进物流信息化。指导推进河南现代物流公共信息服务平台建设,整合我省已有物流企业资源,提供物流信息查询、会员服务、智能配送、货物跟踪、位置服务等,为构建中原现代大物流产业体系提供条件。

四是发展电子商务。推进郑州市国家电子商务示范城市建设,普及郑州市民卡、数字证书推广应用,推进网上商都电子商务、农产品市场信息等重大服务平台建设。扶持商贸流通、医药产品和移动支付等电子商务发展。

五是扶持新一代信息技术发展。鼓励无线通信技术、下一代网络技术、三网融合技术研发,以应用创新和催生新技术,形成技术与应用相互推进的良性发展格局。扶持网络增值业务发展,不断提升基础网络对信息化的支撑能力。

(三)围绕"两转两提"和改善民生,抓好电子政务和社会事业信息化建设与应用

一是推进统一的电子政务网络建设。各市、县(市、区)要大力推进统一的电子政务网络建设,并和省级网络连接,形成全省统一的电子政务网络,统筹规划网络资源,合理利用,避免重复建设和投资浪费。依托电子政务网络资源,建设国家政务公开试点和省信息资源共享试点,提升社会管理和公共服务水平。

二是建设和完善 2 个平台和 6 个重要信息系统。建立省级信息资源管理中心,推进省级政务信息交换与共享。建设企业基础信息共享平台,实现工商、质监、国税、地税等部门的信息交换与共享。推进人口管理公共信息共享平台建设,逐步实现公安、人力资源和社会保障、计划生育、卫生等部门的信息交换与共享。建设水资源管理系统(一期),初步建成省级和部分市级信息采集与传输系统。建设金农工程一期,完成两个数据中心、六个应用子系统和一个应急平台建设任务。进一步完善行政效能电子监察、应急指挥、环境自动监测和工程建设领域项目信息公开 4 个系统,不断深化应用。

三是抓好 4 个惠民信息工程建设。实施"居民健康卡"工程建设,建成省级卫生综合业务信息监管系统。在全省二级以上医院普及医院综合信息平台,逐步实现预约挂号、智能分诊、远程会诊、远程探视等功能。完善医保和新农合信息系统,实现省内异地就医、异地报销。实施社会保障"一卡通"工程。搭载金融应用,融合各项人力资源和社会保障业务功能,扩展社会保障卡应用范围。建设全省社会保障"一卡通",年底覆盖人群 2000 万人。加快住房保障管

理信息化建设,建立住房、公安、人力资源和社会保障、金融、工商、税务、住房公积金等管理部门及房屋登记机构的信息共享机制,实现省、市、县三级信息联网,提高住房保障管理水平。实施农业农村综合信息服务提升工程。贯彻落实工业和信息化部、农业部、科技部等五部委农业农村信息化行动计划,依托现有资源,建立完善省市两级综合信息服务平台,普及推广 12316“三农”服务热线。

四是抓好融资担保、土地监管和教育信息化建设。建成中小企业融资担保信息化系统,建立担保机构业务实时直报制度,加强对融资性担保机构的非现场监管。完成“金土”一期建设任务,启动“金土”二期工程,建立耕地保护监控系统,建设土地、矿产和地质环境等基础数据库。加快教育信息化公共基础设施建设,加强优质教育资源建设,整合全省各类职业教育机构资源,形成覆盖面广、结构合理、内容丰富的教育资源体系,推进教育资源开放共享。

(四)围绕产业升级,抓好信息化与工业化深度融合

一是强化工作指导。制定出台“两化融合”指导意见,编制“两化融合”指标体系,实施对规模以上企业信息化水平测评定级。增加《产业集聚区发展考核指标体系》中信息化建设与应用指标比重,加强产业集聚区软实力建设。

二是抓好试点示范。抓好国家级(郑州)信息化与工业化融合试验区和 14 个省级试验区建设。筛选确定 10 个产业集聚区作为示范,规范综合服务平台建设,发挥建设引领作用。实施“中小企业信息化助推工程”,抓好 100 家“中小企业两化融合”试点。

三是抓好招商引资和承接产业转移信息平台建设。依托“河南招商网”,完善具有河南特色的招商引资信息平台。依托现有网络资源,建设产业转移信息平台,开展咨询、联络、审批、洽谈等网上业务。在此基础上,加强资源整合,实现招商引资和产业转移信息平台的业务协同与信息共享。

(五)围绕信息安全,抓好管理和支撑体系建设

一是落实三项制度。落实信息安全等级保护制度、涉密信息系统分级保护制度,严格政务信息公开保密审查,开展涉密信息资产普查。落实信息安全检查制度,依据《河南省政府信息系统安全检查指导方案(试行)》,扎实开展信息安全检查与测评。落实国务院有关文件要求,加强工业控制系统信息安全管理。

二是建设两个中心。完善省信息安全测评中心,建设产品测评实验室、网络攻防实验室和信息安全通报平台。建设省政务信息数据容灾备份中心,开发数据库和业务管理系统,初步具备容灾备份功能。

三是加快建设两个支撑体系。制定网络信任体系建设指导意见,加快推进网络信任体系建设。依据国家网络与信息安全应急预案,建设省、市、县三级信息安全应急预案体系,初步形成突发事故应急处置能力。

五、保障措施

(一)加强组织领导

充分发挥省信息化工作领导小组的决策协调作用,实行统一领导、统一规划、统一政策、统一标准。加强、充实信息化组织领导机构的力量,强化其统筹规划、调配资源、制定政策、督促检查等职能。成立省信息化专家委员会,健全工作机制,为省政府信息化决策提供咨询和技术服务。

(二)推进顶层设计

依据信息化顶层设计要求,制定《河南省电子政务2013—2015年建设规划》,按照“统一传输、三级中心、多个终端”的要求,科学设计全省统一的电子政务网络体系、支撑体系和安全保障体系,尽快形成规范、统一、集约化的信息化建设模式和管理机制。

(三)完善政策措施

积极开展信息化政策研究,尽快形成有利于信息化发展的政策环境。省信息化办要加大工作力度,切实发挥统筹协调作用,省发展改革委、财政厅、科技厅等有关部门在审批涉及信息化方面的项目和资金时,应征求省信息化办意见,做到专业和综合的统一。省工业和信息化、发展改革、财政、审计等部门要加强工作监督,适时对使用财政性资金建设的信息化工程项目落实情况以及资金使用情况进行检查。完善信息化责任目标考核,开展电子政务绩效评估,推动信息化健康、有序发展。

(四)强化资金保障

要进一步强化对电子政务和社会事业公共服务信息化的资金保障,确保专案内容落到实处。各省辖市、县(市、区)政府应根据实际情况安排信息化发展专项资金,引导和扶持两化融合、电子政务、社会领域信息化和电子信息产业发展。鼓励建设以政府投入为导向、企业投入为主体、其他投入为补充的多渠道投融资机制,吸引各类社会资金投入我省信息化建设,保障信息化发展。

(五)强化培训宣传

进一步拓展培训渠道,加强与重点高校的交流与合作,抓好信息化能力提升培训工作。各级党校和行政学院在组织领导干部和公务员培训时,要把信息化作为公务员初任培训和知识更新培训的重要内容。及时总结和宣传推广信息化建设的先进经验,多层次、多领域宣传信息化工作,提高全民信息化意识和素质,形成全社会普遍认同和积极参与信息化建设的良好氛围。

河南省财政信息化“十二五”规划

随着信息技术与工业化、城镇化、农业现代化等新兴产业和传统产业的有机融合，信息化正在成为推进国民经济和社会发展的重要力量，信息化水平也成为一个国家或地区现代化水平和综合实力的重要标志。近年来，我省各级财政部门高度重视信息技术在财政管理工作中的应用，预算管理、预算执行、非税收入、会计管理、政府采购等业务管理信息化相继实现。为进一步支撑财政管理改革，提升财政管理水平，按照河南省财政“十二五”工作要求，结合全省财政信息化工作实际，制定了《河南省财政信息化“十二五”规划》。

一、“十一五”时期财政信息化工作基本情况

“十一五”时期，在一体化建设指导思想的引领下，按照财政科学化精细化管理的要求，各级财政部门在总结“十五”时期金财工程建设经验的基础上，紧紧围绕财政工作大局，积极推进金财（一期）工程建设与财政信息化工作，管理制度与标准规范体系、基础设施条件、业务应用系统、技术人才队伍等方面都取得重要进展，有力支持了各项财政工作的顺利开展。

（一）全面贯彻落实财政信息化一体化建设指导思想

2007 年 11 月，财政部提出了财政信息化一体化建设指导思想，建立了一体化建设管理机制，实现了财政信息化建设管理理念和方式的重大突破。我省各级财政部门统一思想，提高认识，积极采取措施，全面贯彻落实一体化建设指导思想。一是在管理上，强化组织领导。各级财政部门成立了信息化工作领导小组及办公室，确立了信息化建设“一把手”工程的重要地位，对财政信息化工作统一组织、统一规划、统一管理和统一协调，既理顺了工作关系，又提供了组织保障。二是在业务上，进一步整合规范业务流程。我省结合自身实际，补充完善了财政部《财政业务基础数据规范》，统一了财政信息对象的定义与内涵，消除了不同业务管理环节和信息系统间“一个对象，各自表述，各自编码”的现象，保证了财政整体业务管理循环的连续性和有效性，满足了财政业务数据交换与信息共享的要求，为信息系统底层数据的统一与规范奠定了可靠的信息分类基础。该《规范》已在我省三级财政推广应用，初步实现了财政内部各业务之间、财政与外部单位之间的贯通。三是在技术上，实现了省市县三级平台贯通。根据财政部《基于应用支撑平台的技术开发规范》、《基于应用支撑平台的数据交换规范》等技术标准，构建了我省业务应用系统整合机制。应用支撑平台在省市县三级财政得到初步应用，有效促进了信息系统由单项开发、独立运行逐步向统一整合、互连互通的转变。

（二）进一步增强财政业务管理的技术支撑能力

紧紧围绕财政管理改革与发展大局，大力推进信息系统建设，着力深化应用层次，扩展应

用范围，进一步增强财政业务管理的信息化支撑能力。预算编制、预算执行业务管理系统应用横向逐步向预算单位拓展，纵向逐步向基层延伸，基本覆盖了预算管理的各业务处理环节；汇总统计与决策支持系统应用逐步由专项业务向综合管理过渡，基本实现了财政收支数据采集汇总和统计分析的信息化；资金运行、监督业务管理系统得到强化，资金运行监督范围逐步扩大，监管及时性逐步提高，监管能力进一步增强；资产、债务、决算、报表等其他业务系统也取得较好应用效果。业务管理系统的广泛应用，对加强财政管理、强化财政监督、提升理财能力和管理水平、促进财政科学化精细化管理发挥了重要作用。

（三）着力提高行政管理信息化程度

通过建设行政管理系统，初步实现了公文运转、信息处理等工作的网络化管理，提升了公文传输和信息处理质量和效率。通过加强财政门户网站和财政内部信息网建设管理，扩大了政务信息公开范围，向社会、公众提供了财政信息和网上服务的综合平台，既提高了财政信息资源的社会共享程度，又为财政部门及时获取外部信息创造了有利条件。初步实现了财政机关行政事务、党群建设、人事教育等事务管理信息化。通过建立完善大集中、广覆盖的财政内部文件传输系统，为各级财政部门干部职工搭建了信息交流平台，在各级财政部门之间建立起了沟通协作渠道。

（四）大幅提升信息化基础保障能力

计算机机房、网络系统、安全系统、计算与存储备份系统等信息化基础设施建设不断加强，为财政业务管理的顺利开展和信息系统的安全、稳定运行提供了基础保障。省市县三级财政部门基本建成机关局域网，省市两级城域网规模不断扩大，省市县乡四级广域网基本升级改造基本完成，上下级财政、财政与外部单位之间的数据传输、信息交换基本实现网络化。省级完成了异地容灾备份系统建设，部署了安全基础设施和身份认证与授权管理系统，有效防止了来自外部的恶意攻击。省市财政初步完成了 IT 服务管理体系建设并投入运行，初步实现了对网络及信息系统的实时监控和动态管理，逐步改变了传统的“救火式”运行维护管理状态，提高了服务响应的及时性和服务质量。

（五）逐步完善信息化管理制度体系

切实加强财政信息化规范与管理制度建设，并在执行中不断修订补充，逐步形成了较为完善的管理制度体系。在信息化建设管理上，制定了《河南省财政信息化建设管理办法》及其配套管理办法，明确了财政信息化建设的职责分工，规范了项目建设与管理程序，建立了业务与技术部门的协调机制。在信息化建设配套保障上，制定了《身份认证与授权管理系统建设项目验收管理办法》、《IT 服务管理系统实施项目验收管理办法》等管理制度，进一步健全了财政信息化管理制度体系，为财政信息化建设的科学、健康、有序发展提供了制度保障。

（六）进一步加强信息化专职机构和队伍建设

“十一五”期间，各级财政部门对信息化队伍建设十分重视，采取各种有效措施，创造有利条件，加强培训，引进人才，财政信息化队伍不断壮大，目前省辖市财政部门已成了信息管理机构 16 个，县（市、区）财政部门已成立了信息管理机构 92 个，全省从事财政信息化工作的人员 360 人，为财政信息化建设提供了人才保障。

二、“十二五”时期财政信息化工作面临的形势

“十二五”是推进国家信息战略的重要时期，财政改革深化也对财政信息化提出新的要求，财政信息化工作既有良好的基础,也面临着不少挑战。

(一)中原经济区建设要求加快推进财政信息化

2011 年 9 月,国务院发布了《国务院关于支持河南省加快建设中原经济区的指导意见》,明确提出了要加快信息网络基础设施建设,实施数字河南、智能中原等重大信息化工程。财政是国民经济宏观管理部门,加快推进财政信息化,是国家信息化发展战略关于围绕财政、金融、税收等关键业务,统筹规划,建立和完善信息系统,提高业务监管能力和经济预测、预警和监测水平,增强宏观调控和决策的有效性和科学性的重要技术支撑,是数字河南建设的重要组成部分,也是改善公共服务、加强财政管理、强化综合监控、完善宏观调控的主要手段。"十二五"时期是推进中原经济区建设的重要时期,财政信息化的建设力度和发展水平将直接关系到数字河南的推进进程。

(二)财政改革不断深化对财政信息化提出了新的要求

"十二五"期间,财政改革总体要求是:财政宏观调控能力将进一步增强,财政管理体制改革将进一步深化,以人为本的公共支出体系将进一步完善,财政改革的范围不断扩大、广度与深度不断拓展,财政工作的繁重性、复杂性、艰巨性将显著增加,社会各方面对财政工作公开、透明、监督、服务的要求将越来越高。推进财政科学化精细化管理,加强财政管理基础和基层建设,强化财政资金监管,做好财政收支及时汇总统计分析,对财政信息化工作提出了新的更高要求,为财政信息化的全面推进注入了强大的推动力,引领财政信息化工作走向全方位、深层次发展阶段。

(三)信息化成果为财政信息化发展奠定了良好发展基础

"十一五"时期,各行业和部门都积极推进信息化建设,利用信息技术,扩大政务信息公开范围,促进信息资源共享,推进政务协同,提高了行政效率,改善了公共服务,有效推动了政府职能转变,取得了较好的成效。各级财政部门紧紧围绕财政业务发展要求,不断研究和调整信息化建设与管理思路,强化信息化对财政业务管理的支撑和保障能力,信息化组织管理与协调机制逐步建立,信息化建设与管理机构不断健全,信息化人才队伍建设力度不断加大,信息化基础设施不断完善,信息技术应用逐步深化,信息化建设走上了良性循环的发展道路。信息化建设、管理与应用实践为"十二五"时期加快财政信息化发展创造了有利条件。

(四)新形势下财政信息化仍然面临多方面挑战

虽然财政信息化工作取得一定成效,但与国家信息化发展战略和财政改革发展要求相比仍有差距,还存在一些制约发展的因素。从服务宏观调控、完善公共服务来看,财政收支信息查询、数据汇总和统计分析工作的信息化管理仍是星星点点,财政资金运行监测和预警尚未形成完整体系,信息化服务财政管理决策的能力还有待增强。从财政业务管理支撑能力来看,各级财政、财政与预算单位和银行等单位之间信息交换方式有待改进,信息化建设与应用的广度深度仍然不够,"纵向到底"、"横向到边"还没有完全实现,覆盖所有财政业务、所有财政资金、所有预算单位的目标尚有欠缺,预算自动汇编、收支及时汇总、决算即时生成的建设任务还很艰巨,县乡等基层财政信息化建设相对薄弱。从信息化建设基础管理来看,一体化建设要求尚未完全落实到位,系统分散建设、信息化标准规范不够统一的问题还没有从根本上解决。从信息安全保障来看,木马程序和网络黑客攻击时有发生,外部形势仍然严峻,财政信息化安全基础设施、防护能力和管理水平都面临考验,财政信息安全保障和运行维护工作仍需进一步增强,等等。这些因素制约着信息化支撑财政管理工作效用的发挥，亟待“十二五”期间着力加以解决。

三、“十二五”时期财政信息化工作的目标与任务

（一）财政信息化工作的总体目标

以标准和规范体系建设为基础，以网络、安全及运维体系建设为保障，基于应用支撑平台建成一体化财政管理信息系统，促进财政信息化由任务驱动向统筹规划转变，由分散建设向一体化整合转变，由主要业务应用向全业务覆盖转变，由支撑业务管理向业务管理和决策支持并重转变，由辅助办公向自动化办公转变，实现各级财政内部、财政与同级单位、上下级财政之间信息共享、业务协同、互联互通，财政资金运行有效监控，资金安全内控机制进一步完善，各级预算自动汇编，收支数据及时汇总，财政决算即时生成，项目管理更加规范，绩效评价有序推进，分析决策支持有力，全方位支撑和促进财政科学化精细化管理。

（二）主要工作任务

1、优化完善全省财政信息网络基础设施建设。建设完善全省财政信息网络高速通道，纵向延伸到乡镇、街道办事处财政所，实现“纵向到底”。横向联接到各级财政全部预算单位、非税执收单位、财政业务代理金融机构，实现“横向到边”。

2、强化核心业务系统应用。充分发挥信息技术在财政改革发展中的“助推器”和“支撑点”作用，适应财政改革进一步深入推进和财政科学化精细化管理的需要，大力推进财政核心业务系统建设，不断提高系统建设的灵活性和可扩展性，及时优化完善包括预算管理、预算执行、非税收入、会计管理、政府采购等业务系统的功能和性能，满足业务管理深度、广度的扩展需求。加大财政业务系统的整合力度，以工作流贯通业务流、信息流和资金流，基本建立起覆盖所有财政性资金、纵向贯通各级财政部门、横向联通相关单位，核心业务管理高度集成的技术支撑体系。

3、强化应用支撑平台应用和标准规范体系建设。一是建立健全标准化体系，加强《财政业务基础数据规范》、《基于金财工程应用支撑平台开发规范》和《基于金财工程应用支撑平台数据交换规范》的执行力度，在信息化建设过程中，不断充实、完善管理制度和标准规范，实现信息化建设的规范管理和全省财政系统标准的统一。二是充分发挥应用支撑平台作为标准的载体作用，按照财政部确定的平台推广实施目标，完善平台功能，丰富平台内容，强化平台应用。扩大基于平台整合、开发应用系统的范围，开展基于平台的全省范围内纵向贯通应用，实现财政内部各业务间、财政与同级预算单位间、上下级财政部门间的平台贯通。

4、全方位构建财政资金动态监控体系。强化信息系统内部监控机制，清晰反映资金运行各节点的真实情况，对财政专项资金从预算安排、指标下达、集中支付到最终用款人实行动态监控，全面记录财政资金运行情况，掌握每笔资金生命周期全过程。构建预算单位会计核算业务集中管理平台，实时掌握预算单位项目资金和授权支付资金使用情况，确保财政资金安全、规范和有效使用。

5、建设完善财政监督检查信息系统。在平台三级贯通和指标上下贯通的基础上，针对监督检查内容和范围，系统按规则提取被检信息，业务部门按要求对比检查，实现监督检查业务信息化，减少“全面撒网”的劳动强度，强调“重点摸鱼”的检查效果，更好的支持“财政大监督”业务开展。

6、加快全省财政数据中心建设。利用平台功能和数据仓库技术，归集全省财政从收入到支出，从预算编制到预算执行的完整、准确数据进入数据中心。各省辖市要充分利用人力技术资源,负责包括辖区内系统环境配置、业务系统部署、网络集中接入、安全运维保障等内容在内的数据分中心建设,同步上传各类业务系统即时发生的数据到省厅数据中心,在2到3年内使全省财政数据中心形成规模,以支撑财政经济运行分析、预测分析、决策支持和财政政策实施。

7、着力开展财政收支统计分析工作。着力开展财政收支统计分析系统建设,以全省财政数据中心为基础,综合运用财政、经济、统计学方法和数据仓库技术,实现财政有关数据的分类统计、汇总和分析,为财政管理决策提供辅助支持。

8、强力推进基层财政信息化建设。充分认识财政科学化精细化管理以及加强财政管理基础和基层建设对信息化工作提出的新要求,推动财政信息化建设向管理基础工作拓展,向基层财政部门延伸。大力推进财政基础信息库、项目库、定员定额标准体系、资产信息库的建设与完善。强化县、乡镇财政信息化支撑,建设包括乡镇(街道办事处)财政收支预算编制、集中支付、惠民补贴、一事一议、债务化解、村财乡理、财政决算的一体化信息系统,提升基层财政管理水平,支持新农村建设和城乡保障体系建设。

9、深化行政管理系统应用。整合和优化现有行政管理信息系统,充分发挥现有资源优势,以加快推进公文处理信息化为突破口,切实抓好综合办公信息系统的建设与应用,在省、市、县、乡财政部门建立自动化办公平台,促进和完善党政、人事、教育、法规、后勤等财政机关事务的信息化管理,逐步实现内部办公的自动化、网络化,提高行政管理工作质量和办公效率,节约行政成本,提升"两转两提"水平。加强财政网站建设,更好地适应政务公开的需要。

10、深化财政惠民补贴资金管理"一卡通"改革。创新管理模式,简化发放程序,减少发放环节,规范发放流程,将全部惠民补贴资金纳入"一卡通"管理,跟踪监控每笔财政补贴资金的最终流向,把党和政府的惠民政策落到实处。

11 支持构建政府宏观经济运行分析和监管平台。支持政府各部门利用现有电子政务网络基础设施,通过整合政府宏观经济部门已建立的组织机构用户库、企业名录库、经济指标库、各类产业库、重点企业名录库、人才库、宏观经济数据库、知识库、空间地理信息库等,构建宏观经济数据仓库体系以及运行分析和监管平台,全面提升相关部门在经济发展、结构调整、环境治理、节能减排、城乡建设、文化教育、科技创新、强农惠农、土地监测、质量监管、投资融资、医疗、住房及社会保障等方面的信息化水平,增强政府调控全省经济、驾驭市场变化、应对突发事件、总揽经济全局的能力,为政府及时、准确、全面地掌握区域各项经济数据运行态势并进行科学决策提供信息服务。

12、启动财政资金绩效评价信息系统建设。根据业务部门提出的财政资金绩效评价指标体系、评价标准和计量方法,研究建立数学模型,开发建设信息系统,逐步建立一套可操作性较强的绩效评价体系,将评价结果有效运用的预算管理改革中。

13、强化安全保障体系和运行维护体系建设。加快信息安全保障体系建设。在进一步巩固基本防护措施的基础上,开展信息安全整体部署工作,提升信息安全保障能力和整体防护水平。全面推进财政身份认证及授权管理系统建设,强化身份认证、授权管理和责任认定系统的应用。规划建设全省财政异地灾备中心。采取切实措施,保障信息网络安全、信息系统安全和业务数据安全。优化完善IT服务管理系统,实现IT服务集中管理、自动监控、提前预警。加大核心设备、数据库、中间件、应用系统、客户端的运维管理力度,纵向运维到乡镇,横向运维到桌面。

14、启动全省"大集中"管理模式规划设计。认真分析现有机房空间、设备性能、软件架构等制约因素，积极谋划，精心设计，制定切实可行的全省“大集中”建设方案，为未来全面推进省管县改革做好技术准备。

15、着手实施信息化财政战略。财政信息化是过程，信息化财政是目标。信息化财政就是以一体化大平台为基础，以数据集约化管理为特征，以工作流为引擎，以业务流、资金流和数据流为驱动的现代财政管理模式。信息化财政以高速信息智能网络为支撑，以构建全省财政私有云为手段，各种硬件资源虚拟化管理为基础，对财政的各项业务、流程所用到的资源进行科学规划，建立强大的基础明细数据和主题数据库支撑平台，数据来源归一化，数据更加准确可靠，交换更加方便快捷，信息互相支撑利用，使财政的各种业务管理完全信息化、透明化，实现从事务型、管理型到分析决策型的转变。

四、“十二五”时期财政信息化工作的保障措施

（一）加强组织领导。要切实把财政信息化建设作为一项战略性、基础性工作摆上重要日程，加强组织领导和工作协调，增强工作主动性和自觉性。建立健全与财政信息化建设相适应的统一领导和分工协作机制，及时协调解决信息化建设中的重大问题，确保一体化建设落到实处。

（二）抓好规划落实。各级财政部门要按照统一规划，组织开展信息化建设。工作中要加强调查研究，提高开展工作的针对性和实效性。及时总结推广各地好的经验做法，促进整体工作水平提高。要加强工作考核，抓好工作落实，确保规划任务有效落实。

（三）加强队伍建设。适应财政改革和信息化发展的新形势，建立健全信息机构，充实信息化建设干部队伍。有计划、有步骤地组织好财政干部信息化教育培训，培养创新型、复合型人才，确保与信息化建设、维护运行规模相适应的人才队伍。

（四）加强经费保障。要建立健全经费投入长效机制，将建设经费列入年度财政预算，并随着财政信息化建设的不断深入及逐步提高，做好信息系统及设备运行维护的经费保障工作。规范信息化建设经费管理，加强政府采购工作，确保信息化建设资金的合理使用和使用效益。

（五）加强监督检查。各级财政部门要加强对财政信息化工作的监督检查，特别要加强对财政信息化“十二五”规划的落实情况、标准规范和管理制度的执行情况以及财政信息化建设关键环节的管理情况的专项检查，及时发现问题，及时加以改进，确保财政信息化建设工作质量。

（六）加强宣传工作。采取各种形式，利用各种渠道和载体，大力宣传财政信息化工作，充分利用《金财工程简报》、《财政信息》，重点宣传财政信息化建设的成果和好的经验、做法，实现全省财政信息化建设成果与经验共享。要深入、及时宣传财政信息化建设中涌现出来的先进单位、先进个人，营造积极向上的工作氛围。（撰稿人：刘天增）

商丘市人民政府关于加快信息化建设的若干意见

各县(市、区)人民政府,市人民政府各部门:

为贯彻落实《河南省人民政府关于进一步加快信息化建设的若干意见》(豫政〔2009〕41号)精神,切实加快商丘市信息化建设,全面提升信息化水平,进一步推进商丘市国民经济和社会信息化建设,实现全市经济社会的跨越式发展,现就我市信息化建设工作提出如下意见:

一、充分认识加快信息化建设的重要意义

(一)加快信息化建设的重要性。

随着现代通讯、信息技术的突破和应用,信息资源日益成为主要生产要素、无形资产和社会财富。信息资源已成为与物资资源、人力资源同等重要的三大战略资源之一。信息化覆盖面广、渗透力强、带动作用明显,是推动经济社会发展和变革的重要力量,已成为衡量一个地区经济发展和社会文明进步的重要标志。信息化程度已经成为区域经济社会发展综合实力、竞争力和投资环境的重要衡量标准。加快信息化建设是转变经济发展方式、构建现代产业体系的客观需求。当前,商丘市信息化建设正处于从被动应对向有序发展的关键时期,跨越的可能与落伍的风险并存。因此,必须加快信息化建设,抢占未来发展制高点,提升核心竞争力。

(二)加快信息化建设的必要性。

商丘市信息化建设与先进地区相比,还有较大差距。信息化的社会环境有待改善;信息化建设、管理、运行体制不完善;统一的电子政务网络尚未形成,共享机制尚未建立,信息共享程度低;业务应用水平不高,协同能力较弱;安全监管乏力,保障能力不强;信息化推动经济社会发展的作用尚未充分发挥。加快信息化建设既是我市实施工业强市战略、培育新的增长点的需要,也是提高政府综合管理水平、促进机关效能建设、深入推进反腐倡廉、改善人民群众生活质量、构建和谐商丘的重要举措。因此,各县(市、区)人民政府、市政府各部门必须增强加快信息化建设的紧迫感,把信息化建设作为一项重要的基础工程优先发展,为促进商丘市经济社会发展提供重要的战略支撑。

二、指导思想、基本原则和发展目标

(一)指导思想。

以党的十七大精神为指导,深入贯彻落实科学发展观,紧紧围绕市委、市政府的重大战略部署，把握“两化融合”（信息化与工业化）的战略机遇，以需求为导向，以电子政务为突破口，以信息资源开发利用为核心，着力推进信息化在构建现代产业体系、打造服务型政府和建设社会主义新农村等方面的应用，促进我市的社会进步和经济发展。

（二）基本原则。

统一规划、分步实施、突出应用、体现特色、整合资源、确保安全。要在市信息化工作领导小组领导下，统一规划全市信息化建设的中长期战略目标和分阶段工作任务，以应用促发展，率先在电子政务、企业信息化、农村信息化等方面实施突破。选择社会公众急需、受益面广、信息密集的项目优先实施。要坚持“条块结合、纳条入块、以块为主”的原则，建立资源共享机制，打破条块分割、部门垄断，避免信息孤岛和重复建设。建立有效的网络与信息安全保障体系，确保网络与信息的安全。

（三）发展目标。

信息化对推动经济社会发展的支撑作用显著增强。至2015年，信息化基础设施较为完备，信息资源交换与共享体系初步建立，网络与信息安全保障体系基本形成，重点业务应用系统实现互联互通，商丘市信息化水平进入全省先进行列。

信息化对建设服务型政府的推动作用日益显现。至2015年，建成较为完善统一的电子政务网络，门户网站成为政务信息公开和为社会公众服务的重要渠道，实现行政许可在线办理，政府信息化管理和应用水平大幅提高。

信息化对构建现代产业体系的带动作用充分显现。全市大型企业实现信息化与企业管理、商业模式、生产经营的深度融合，全市经常性应用信息化手段开展业务的中小企业数量达80%以上，信息化对经济发展的贡献率大幅提高。

信息化对构建和谐社会的促进作用不断增强。至2015年，国民信息化素质明显提高，重点业务系统得到广泛应用，实现每个行政村和城市社区建设一个综合性信息服务站目标，信息化建设成果惠及广大民众。

按照国务院推进“三网融合”（互联网、广电网、通信网）总体方案确定的目标任务，制定我市三网融合工作方案，切实抓好组织实施，确保推进三网融合工作顺利进行。实现网络资源的共享，避免低水平的重复建设，普及应用融合业务，基本形成适度竞争的网络产业格局。

三、商丘市信息化建设的主要任务

（一）突出抓好政务信息化建设。

1. 提升电子政务网络平台的应用水平。商丘市委办公室牵头，将市委、市人大、市政府、市政协和市直各单位内部办公网整合，建立统一的电子政务内网平台，将其与办公业务流程紧密结合，逐步实现公文处理流程化、业务智能化、信息管理网络化及公文交换电子化。县级党政机关内网建设抓紧整合，建立统一平台，建成覆盖全市、统一便捷的骨干传输网，逐步建成市——县（市、区）——乡（镇）三级网络体系。

2. 构建集中统一的政府综合门户网站群。商丘市政府办公室牵头，整合政府综合网站群，形成政府网站公众服务体系，完善政府门户网站，提升政府网站服务功能，提供基于门户网站的信息发布、政务公开、政务监督、在线交流、市民信箱等便民利民服务，使之成为我市对外宣传的窗口、政务公开的渠道、为民办事的平台、沟通群众的桥梁。同时逐步开展网上受理、联网审批、公众投诉咨询等业务，为社会提供方便快捷的“一站式”服务，打造高效、透明、服务型政府。

3. 加快电子政务应用系统建设。整合公安、气象、安全生产监管、卫生等部门资源，实现应急信息的交换和共享，建立应急联动和指挥系统；整合金融、质量技术监督、工商、公安、税务、人力资源和社会保障等部门资源，建立信用信息服务系统；完善三级环境自动监控平台，建立环境自动监控系统；完善“平安商丘”信息服务系统、行政效能电子监察系统。

（二）完善综合信息基础设施。

加强信息化基础设施建设，优化网络结构，提高网络性能，从业务、网络和终端等层面推进“三网融合”。大力发展多种形式的宽带接入，加快发展下一代互联网，积极发展第三代移动通信网络，着力建设有线、地面、卫星传输相结合的覆盖全市的数字电视网络；积极推进电信基础设施共建共享，全面提高网络技术水平和覆盖能力，建成覆盖全市的高速宽带公众信息传输网络；建成商丘市基础网络平台、应用支撑体系、信息安全保障体系，推进城乡信息一体化发展。

（三）大力推进“两化融合”。

坚持以信息化带动工业化，以提高企业整体素质、综合竞争力和推进先进制造业基地建设为目标，加快推进企业信息化进程，加快企业信息资源的开发和利用，实现产品设计、采购、生产、管理、市场营销等工作的数字化、网络化、智能化，提高生产效率和竞争能力。充分利用信息技术改造提升传统产业，推动高能耗、高物耗和高污染行业的改造，促进信息技术在煤及煤化工、铝及铝的深加工、农副产品加工、机械制造等四大工业主导产业的普及应用，提升我市企业信息化水平。从商丘市中小企业的实际出发，坚持“政府引导，市场驱动”原则，整合资源，大力推进面向中小企业、面向区域、面向行业的信息技术公共服务平台建设，提供产品协同设计、质量检测、工艺指导、行业数据库共享、客户关系管理、供应链管理、人才培训等不同种类的公共信息服务与技术支持。至 2015 年，全市经常性应用信息化手段开展业务的大型企业达到 100%、中小企业达到 80%以上。

（四）扎实推进农业和农村信息化。

完善农村通信基础设施建设，整合涉农信息资源，推广公益性信息中介服务，建设城乡统筹的信息服务体系，为“三农”发展提供市场、科技、教育、卫生等信息服务。结合家电下乡深入推进信息下乡工作，实现信息内容、信息服务和信息终端进乡入村。引导农民掌握应用信息技术，开发利用信息资源。发挥农业龙头企业和专家协会的带动作用，加快信息技术在农业生产经营中的应用。至 2015 年在农村信息化工作中完成“八个一工程”，即建立一个农村综合信息数据库，建设一个涉农综合门户网站群，建成一个涉农综合信息服务平台（五个子系统：农村市场服务系统、农村科技服务系统、农村人力资源培训系统、农业减灾防灾预警系统、村务管理信息系统），每县（市、区）建一个农民信息培训基地，每乡（镇）建一个信息站和一个信息库，每村建一个信息点和一个农副特产品信息栏目。

（五）稳步推进社会信息化。

推动信息技术在社会各个领域的渗透应用，稳步推进各项社会事业信息化。建立全市教育、医疗、人力资源和社会保障等社会信息服务体系。加快推进“校校通”工程，加快构建教育城域网，实现所有中、小学宽带接入互联网并加快校园网建设；加快商丘市公共卫生信息系统建设，实现商丘市、县、乡、村四级卫生单位联网，全面提高商丘市突发公共卫生事件应急反应处置能力；加快人力资源和社会保障信息系统建设，完善人口和计划生育信息服务体系。启动建设社会公共信用系统和“一卡通”平台，建设社会公共信用信息数据库。

（六）积极推进服务业信息化。

以信息技术为支撑，加快传统服务业向现代服务业转变，加快发展电子金融、现代物流、连锁经营、咨询中介、专业信息服务等新型服务业。鼓励商贸流通企业开展网络营销，实现虚拟市场与实体市场有机结合。整合物流信息资源，完善物流信息化体系。大力发展电子商务，降低交易成本。以建设数字社区、数字住宅小区为目标，建设包括计算机网络、综合保安管理、家庭智能化、电子物业、一卡通等便民服务项目，完善社区管理和服务功能，提高社区信息化水平。

（七）努力建设先进网络文化。

加快文化信息资源整合，加强公益性文化信息基础设施建设，构建公共文化信息服务体系，提升文化产业水平。促进信息技术在保护民间文化、打造文化精品等方面广泛应用。将文化产品送到千家万户，丰富基层群众文化生活。整合分散于政府各部门和社会的有价值的文献、图片、音像资料等信息资源，促进信息与文化两大产业融合发展，实现优秀文化信息资源的共建共享。规范网络文化传播秩序，强化信息内容管理，建设积极健康的网络文化。

（八）整合资源，信息共享。

对全市信息资源、网络资源、软硬件资源进行整合，根据应用领域不同，建立统一的电子政务、农村信息化、电子商务、社会服务等信息化平台，以达到信息共享的目的。逐步建立人口、法人单位、自然资源和空间地理、宏观经济等4大基础数据库，拓展相关应用服务功能。加强政府信息资源管理，建立信息资源目录体系和交换体系，规范政府基础信息的采集和应用。

（九）建设网络与信息安全保障体系。

全面落实信息安全等级保护、涉密信息系统分级保护和风险评估制度，建立统一的安全支撑平台，集中提供安全防御、安全支撑、应用支撑等服务，建立以密码技术为基础，以身份认证、授权管理、责任认定为主要内容的网络信任体系。依托安全支撑平台，加快灾难备份体系建设，集中实现各级业务应用系统和信息资源的灾难恢复。建立全市计算机病毒防治、应急处置、安全通报中心，提供入侵防御、漏洞扫描、病毒防护、内容过滤等信息安全服务，采取分级分域的安全防护策略，提高网络和信息安全综合防护能力。电子政务内网与外网实行物理隔离。建立电子政务内网、外网各自统一的信息加密保护、电子认证、密钥管理基础设施和应用支撑等密码保障体系。涉及国家秘密的信息资源开发利用和信息系统使用管理应当按照国家有关法律、法规和要求进行。

四、保障措施

（一）强化组织领导和推进机制。

商丘市政府成立信息化工作领导小组，领导小组下设信息化工作办公室，信息化工作办公室设在商丘市工业和信息化局，承担统筹规划、调配资源、制定政策、督促落实等职责，及时协调解决信息化建设中的突出问题。各级各部门要把加快推进信息化建设作为一项事关全局的重要工作来抓，逐步形成"一个领导小组决策协调，一个职能部门归口管理，各部门各司其职，全社会共同参与"的管理模式和工作格局。要加强信息化机构建设，市工业和信息化局作为信息化主管部门，承担全市信息化工作的管理职能和日常工作。各县(市、区)要根据工作需要，明确信息化管理部门，进一步强化信息化工作的指导、协调、管理与监督。成立信息化专家咨询委员会，为推广应用信息技术提供智力支持，并参与信息化发展规划和政策制定、重点工程项目方案评审和建设成果鉴定等工作。商丘市信息化工作领导小组办公室负责制定关于信息化建设绩效评估制度，制定综合评估的指标体系和具体实施方案，组织、指导信息化建设绩效评估工作。

(二)加强规划和政策制度建设。

根据国家和省信息化建设战略规划，制定商丘市信息化建设中长期规划。依据信息化有关法规和政策，逐步健全我市促进信息化建设制度，制定完善政务信息公开、信息安全、电子交易、信息资源开发利用、信息服务业、信息化项目管理等方面的政策措施。严格执行国家信息化标准，规范信息化建设。加大对信息产业技术创新的扶持力度，引导和鼓励产学研相结合，推进信息服务创新，完善信息服务机制，保障信息化建设健康有序发展。

(三)规范信息化项目建设与管理。

充分发挥政府宏观管理、指导和调控作用，强化统筹规划意识，避免重复建设。信息化项目建设统一归口信息化工作主管部门管理，所有市财政投资的信息化专项资金项目须经商丘市政府信息化工作办公室初审并提出意见，商丘市工业和信息化局、财政局综合平衡后按程序审批下达。使用上级财政性资金建设的信息化项目和政府部门自筹资金建设的信息化项目，须报同级信息化主管部门备案。

(四)拓宽信息化建设投融资渠道。

进一步加大政府对信息化建设的投入，商丘市级财政在年度预算中设立1000万元信息化建设专项资金，并以每年20%的速度递增。重点支持基础性、公益性、战略性的重大信息化工程项目建设，大力支持电子政务内、外网建设及公益性信息资源开发和维护。县(市、区)财政要安排一定数量的信息化建设专项资金，用以引导、扶持信息化发展。各通信运营商要发挥主力军作用，进一步加大投入，建设完善各类骨干传输网络和基础信息网络，满足全市信息化建设的需要。信息化主管部门要认真落实国家和省信息化建设的优惠政策，积极争取重点项目扶持资金。要努力提高资金使用效益，做到统筹规划、合理使用，避免盲目投资和重复建设。放宽市场准入门槛，发展多元投资主体，在确保安全的前提下，按照"谁投资、谁受益"的原则，广泛吸收社会资金投向信息资源公益性开发以及公共信息服务平台建设。要充分发挥企业的主体作用，加大信息技术科研投入，进一步提高自主创新能力。扩大信息产业对外开放，鼓励和吸引国内外企业在我市投资，重点扶持发展集成电路和软件产业。

(五)加强信息化人才队伍建设。

加强信息化培训机构建设，鼓励社会力量开展各类信息化知识与技能培训。抓好各级干部的信息化知识技能培训，推进国家公务员信息技术应用的培训和考核。选拔德才兼备、有信息化专业知识的干部充实到信息化工作部门。在通信运营商的配合下，我市要在不同区域建立若干个信息化培训基地，对各单位及农村的信息采集员、网络管理员进行培训，同时要加快引进一批信息化专业人才,培养一批技术与业务紧密结合的复合型人才,使之成为信息化建设的中坚力量。

(六)健全监督考核机制。

商丘市信息化主管部门要制定科学的考核办法,做到信息化工作年初有安排,年终有考核。市信息化主管部门要做好全市信息化工作的日常安排,加强对全市信息化工作的指导和督促,组织开展对各级、各单位信息化工作的考核。

(七)营造加快信息化发展的良好氛围。

加强对信息化建设的舆论引导。加大对信息化工作的宣传力度,有计划、有步骤、多渠道地宣传信息化政策,普及信息化知识。充分发挥信息化示范企业、示范点的带动作用,努力营造全社会关心支持信息化建设的良好氛围。

二□一□年五月二十八日

三、部门领域篇

河南省财政信息化建设概况

随着信息化与工业化、城镇化、农业现代化等新兴产业和信息技术的有机融合，信息化正在成为推进国民经济和社会发展的重要力量，信息化水平也成为一个国家或地区现代化水平和综合实力的重要标志。近年来，我省各级财政部门紧紧围绕财政工作大局，积极推进金财工程建设和财政信息化工作，全省财政信息化建设得到了长足的发展，信息技术在财政管理工作中得到广泛的应用，预算管理、预算执行、非税收入、会计管理、政府采购、财政监督检查、财政惠民补贴支付改革等业务管理信息化日益融入财政管理工作的方方面面，为财政科学化精细化管理发挥了强有力的"助推器"作用。

一、全省财政信息化建设基本情况

（一）全省财政信息化标准规范体系初步确立

金财工程是一项系统工程，按照财政部"五统一"的指导原则，我省牢固树立"全省一盘棋"指导思想，一体化建设，一体化推进，以制度和标准来规范全省金财工程和财政信息化建设。近年来，先后制定了《河南省财政厅信息化建设管理办法》及7个配套管理办法，《河南省金财工程应用支撑平台建设工作方案》，《财政业务基础数据规范》、《基于金财工程应用支撑平台开发规范》和《基于金财工程应用支撑平台数据交换规范》，《全省市县金财工程应用支撑平台建设指导意见》，《全省市县金财工程应用支撑平台建设实施方案》，《财政身份认证与授权管理系统河南省实施方案》，《财政惠民资金管理和支付方式改革的指导意见》，《河南省财政惠民资金管理和支付方式改革实施方案》，《河南省财政惠民资金管理和支付方式改革实施细则》，《河南省财政系统广域网改造方案》，《河南省金财工程财政身份认证与授权管理系统省辖市建设项目验收管理办法》，《河南省金财工程IT服务管理系统省辖市建设项目验收管理办法》等，对金财工程和财政信息化建设中的各类项目建设和项目管理提出了明确要求和具体方案，推动了全省一体化信息网络、业务应用、运维管理和安全体系的建设。

（二）省市县乡四级财政信息网络基本实现互联互通

全省财政信息网络省-市广域骨干网于1999年建设运行，采用SDH技术实现省市两级财政业务办公数据、视频会议数据的省与省辖市之间网络互联；市－县广域网于2004年逐步开始建设，普遍采用VPN技术实现市县级财政业务办公数据的省辖市与县区之间的网络联接；县－乡广域网于2005年陆续开始建设，基本采用VPDN技术实现县乡级财政业务办公数据的县区与所属乡镇之间的传输。

2011年，按照《河南省电子政务建设领导小组关于推进我省电子政务网络建设的实施意见》、《河南省电子政务发展规划（2009-2012年）》要求，我们把省市两级财政广域骨干网向省电子政务网平台迁移（带宽为：省厅中心点接入带宽1000M，各省辖市财政局接入带宽100M），同时，增加一条备份线路，作为省电子政务平台主线路的备份，在技术上实现双链路负载组网，大大地提高广域网高可靠性。制定《河南省财政系统广域网改造方案》，改造优化省辖市分中心广域网络和市县乡纵向广域网，并纳入到省财政厅运维体系中，增强省财政厅对全省财政信息网络的统一监控、管理和维护。

（三）全省财政管理信息系统应用效果初步显现

2000年以来，紧紧围绕财政工作大局和财政改革，先后开发部署了预算管理、预算执行、应用支撑平台、非税收入、工资统发等业务应用系统，在支撑财政管理工作方面发挥着重要作用。

1、预算管理系统得到较好应用。部门预算管理系统包括预算编审系统、基础信息管理系统、项目信息管理系统。2002年在省本级部署，2010年全省各市县区统一更新部署了新版的《预算管理系统》。

2、预算执行系统大面积上线运行。预算执行系统以预算管理为源头，以国库收支为主线，涵盖财政指标管理、计划支付管理、总账管理、单位账务核算、综合查询、公务卡管理、资金监控与督办等，并通过应用支撑平台与预算编制、财税库银横向联网、非税收入收缴、工资统发等对接，动态反映和监控财政资金流动状态，实现了各类财政收支报表的即时生成和全省财政预算执行数据的统计分析和综合利用。2006年省本级在2003年国库支付系统的基础上，开发了预算执行系统，截止2011年底，预算执行系统在全省所有市县部署工作全部完成，196个市县（区）上线运行。

3、新版非税收入管理系统开始部署。非税收入管理系统通过财政、银行和执收单位三方联网，提供非税收入征管中的政策文件管理、票据管理、项目管理、执收监管、资金分类划转及记账等，实现"以票控费、银行代收、财政监管、综合预算、信息共享"的管理目标。2004年，老版非税收入管理系统在全省推广实施。为进一步加强非税收入管理，2011年1月省本级正式启用新版非税收入管理系统，并在8个省辖市部署实施，截止2011年底，开封、许昌等市正式运行。

4、财政工资统发系统应用范围进一步扩大。工资统发系统用于行政事业单位工资的统一发放，实现单位人事信息的收集、工资的录入、汇总、上报，人事部门负责对人事信息的审核以及工资测算功能，财政部门进行工资的发放管理。目前，系统已在全省各级财政部署完成，有124个市县（区）使用该系统发放工资。

5、应用支撑平台实现"三级贯通"。为进一步推进财政科学化精细化管理，提升我省财政的整体管理水平，2009年启动了应用支撑平台系统建设，系统建设以信息系统整合为突破口，基于统一业务及技术规范，将核心业务应用纳入一体化管理，建成各级财政内部、财政与本级预算单位、下级财政互通的一体化财政管理信息系统，全面支撑各级财政部门本级财政支出及对下转移支付资金的规范管理。2010年省本级平台上线运行，2010年底完成所有的18个省辖市及所辖县区的平台建设，实现省市县三级数据贯通。

6、财政资金动态监控体系初步形成。动态监控包括集中支付动态监控和专项、专户资金动态监控。2003年国库支付改革初期，着手财政资金监控系统建设，逐步形成了财政资金以国库单一帐户体系为基础的动态监控系统，初步实现了财政资金支付的事前、事中和事后的监督控制。2010年，开发部署了国库动态监控系统，通过覆盖全省各地区的银行系统，及时采集专项资金从逐级拨付到最终支付给收款人过程中各层次的支付信息，从纵向对资金使用情况进行监管，实现对省、市、县各级对专项资金使用情况的监管分析。

7、其他信息系统相继投入使用。近年来投入使用的其他财政业务应用还有财税库银横向联网、视频会议、趋势防病毒、门户网站、会计管理、财企信息、电子化政府采购、行政事业单位资产管理、土地出让金管理、新增建设用地有偿使用收费、财政扶贫资金监测、债务核算、经建信息管理、普九化债、农村一事一议、人事管理、乡镇决算、一卡通、国家农业综合开发等。

（四）安全保障和运行维护体系逐步完善

1、安全保障体系进一步加强。省、市、县、乡四级财政网络均按照财政部要求为与因特网物理隔离的网络。安全保护等级依照二级（指导保护级）要求建设，省本级和省辖市网络具备有：防火墙、入侵检测、漏洞扫描、认证网关等安全设备及人员配置和相关制度。身份认证与授权管理系统建设按照财政部要求，完成了河南省RA、省辖市LRA的部署，县级和乡级的CA证书在省辖市LRA点颁发与验证。省本级、部分省辖市财政用户已使用UsbKey实现了单点登录。省级异地容灾备份中心建设完成，全省财政网络、系统、数据安全保障工作得到加强。

2、运行维护体系进一步完善。省级和所有省辖市节点的运维系统已建设完成。省辖市节点能对省辖市本级及县级网络（局域网、广域网）可网管设备和资产（路由器、交换机、服务器、数据库和中间件）进行拓扑管理、故障管理、性能检测管理、知识库和服务台支持等。省级运维管理系统除具备以上功能外，还能实现了多层网络监控，实时查看省辖市运维节点，了解广域网运行状况。目前，开封、郑州等省辖市已将市县乡核心设备、数据库、中间件等纳入运维系统进行统一管理。

二、全省财政信息化建设存在问题分析

从服务宏观调控、完善公共服务来看，财政资金运行监测和预警尚未形成完整体系，信息化服务财政管理决策的能力还有待增强。从财政业务管理支撑能力来看，信息化建设与应用的广度深度仍需加强，县乡等基层财政信息化建设相对薄弱。从信息化建设基础管理来看，一体化建设要求尚未完全落实到位，系统分散建设、标准规范不统一的问题没有从根本上解决。从信息安全保障来看，财政信息化安全基础设施、防护能力和管理水平都面临考验，安全保障和运行维护工作仍需进一步增强，等等。这些问题并不是单纯的、也不是轻而易举可以解决的，有着根深蒂固的顽固性，主要表现在以下几个方面：

（一）认识不足，重项目建设轻系统应用

2010年，全省平台建设时，市县财政部门都按照要求部署了全省统一的预算管理、预算执行、工资统发等系统，但存在部分市县只部署未上线的情况。上线运行的个别市县不按规范的业务流程操作，导致数据统计口径不统一。分析原因，一是认识不到位，理财观念和方式比较落后；二是重建设轻应用；三是重习惯轻创新。

(二)应用粗放，业务和资金没有完全纳入系统管理

2003年开始国库管理制度改革以来，逐步统一完善了业务系统软件，规范了业务流程，并通过应用支撑平台实现了省市县三级网络贯通，数据共享，但是仍然存在系统应用粗放，部分业务和资金未纳入系统管理的情况。通过全省各市县区国库月报数据和应用支撑平台数据对比，各市县系统数据和月报数据均有一定差距。考虑到各级政府月报数据会根据实际情况对系统数据进行适当调整，少量差距是正常的。但有些市县占比只有40%左右，说明业务流程不规范，系统应用情况不好，有大量资金没有纳入系统管理。

(三)系统应用停留在支撑层面，没有向管理服务层面扩展

通过全省财政业务应用系统的推广运用，对推进财政改革和管理创新起到了很大的技术支撑作用。金财工程应用支撑平台的三级贯通，实现了全省财政收支数据的集中管理和综合分析利用。但是，在实际的工作中，各项系统应用仍停留在业务支撑层面，对数据的分析利用和深度挖掘水平还很低，不能满足各级管理人员的管理需求，也很难为各级财政领导提供量化决策依据，系统应用亟待向深度的综合分析和管理服务层面扩展。

(四)县乡网络难以支撑乡镇财政信息化工作

全省财政网络建设最大难点和问题在于县－乡广域网，主要表现为：一是网络架构很不规范，线路协议繁多，接口各式各样；二是覆盖范围不广，据统计，截止目前仍然有多达22个县(区)未实现县乡联网；三是财政业务应用不规范，很多县市未使用数据网络，仍停留在单机上操作层面，仅能完成向上报磁盘；四是现代网络技术观念单薄，对数据网络依赖性不强，使用效率不高；五是网络设备档次普遍偏低，老化现象严重，运维跟不上等。

(五)财政信息化专业人才缺乏，技术力量薄弱

截止2011年底，省辖市财政部门中有16个成立了专门的信息化机构，2个没有机构，共有编制110人，实有计算机专业技术人员77人；县(市、区)财政部门中有92个成立了专门的信息化机构，25个挂靠机构，41个没有机构，共有编制227人，实有计算机专业技术人员173人。就全省而言，基层财政信息化机构不健全，管理人员缺乏，技术力量严重不足。

三、进一步提升技术支撑能力的工作建议

(一)各级财政部门要充分认识财政信息化在提高财政科学化、精细化管理的重要作用

财政信息化不仅仅是信息手段和工具，而是财政管理的组成部分，是财政管理改革中的一项重要内容。其总体目标是以标准和规范体系建设为基础，以网络、安全及运维体系建设为保障，基于应用支撑平台建成一体化财政管理信息系统，促进财政信息化由任务驱动向统筹规划转变，由分散建设向一体化整合转变，由主要业务应用向全业务覆盖转变，由支撑业务管理向管理和决策并重转变，实现各级财政内部、财政与同级单位、上下级财政之间信息共享、业务协同、互联互通，财政资金运行有效监控，资金安全内控机制进一步完善，各级预算自动汇编，收支数据及时汇总，财政决算即时生成，项目管理更加规范，绩效评价有序推进，分析决策支持有力，全方位支撑和促进财政科学化精细化管理。

1、优化完善全省财政信息网络基础设施建设。建设完善全省财政信息网络高速通道，

纵向延伸到乡镇、街道办事处财政所，实现“纵向到底”。横向联接到各级财政全部预算单位、非税执收单位、财政业务代理金融机构，实现“横向到边”。

2、强力推进核心业务系统应用。推进财政核心业务系统建设，不断提高系统建设的灵活性和可扩展性，及时优化完善包括预算管理、预算执行、非税收入、会计管理、政府采购等业务系统，满足业务管理向深度、广度扩展的需求。加大财政业务系统的整合力度，以工作流贯通业务流、信息流和资金流，基本建立起覆盖所有财政性资金、纵向贯通各级财政部门、横向联通相关单位，核心业务管理高度集成的技术支撑体系。

3、强化应用支撑平台应用和标准规范体系建设。一是建立健全标准化体系，加强《财政业务基础数据规范》、《基于金财工程应用支撑平台开发规范》和《基于金财工程应用支撑平台数据交换规范》的执行力度，在信息化建设过程中，不断充实、完善管理制度和标准规范。二是充分发挥应用支撑平台作为标准的载体作用，完善平台功能，强化平台应用。

4、全方位构建财政资金动态监控体系。强化信息系统内部监控机制，全面记录财政资金运行情况，掌握每笔资金生命周期全过程。构建预算单位会计核算业务集中管理平台，实时掌握预算单位项目资金和授权支付资金使用情况；部署中央财政转移支付项目管理监控系统，实现从中央到省市县转移支付项目的全面贯通。

5、建设完善财政监督检查信息系统。树立“大监督”理念，将财政监督贯穿于财政管理全过程之中。在平台三级贯通和指标上下贯通的基础上，针对监督检查内容和范围，系统按规则提取被检信息，业务部门按要求对比检查，实现对财政资金运行的事前、事中、事后全过程监督，降低“全面撒网”的劳动强度，强调“重点摸鱼”的检查效果。

6、加快全省财政数据中心建设。利用平台功能和数据仓库技术，归集全省全省各级财政从收入到支出，从预算编制到预算执行的完整、准确数据进入数据中心，在2到3年内使全省财政数据中心形成规模，开展财政收支统计分析工作，以支撑财政经济运行分析、预测分析、决策支持和财政政策实施。

7、强力推进乡镇财政信息化建设。按照财政部加强“两基”建设要求，加强财政管理基础和基层建设，推动财政信息化建设向管理基础工作拓展，向基层财政部门延伸。大力推进财政基础信息库、项目库、定员定额标准体系、资产信息库的建设与完善，强化县、乡镇财政信息化支撑，建设包括财政收支预算编制、集中支付、惠民补贴、一事一议、债务化解、村财乡理、财政决算的一体化信息系统，提升基层财政管理水平，支持新农村建设和城乡保障体系建设。

8、构建政府宏观经济运行分析和监管平台。利用政府各部门现有电子政务网络基础设施，通过整合政府宏观经济部门已建立的组织机构用户库、企业名录库、经济指标库、各类产业库、重点企业名录库、人才库、宏观经济数据库、知识库、空间地理信息库等，构建宏观经济数据仓库体系以及运行分析和监管平台，增强政府调控全省经济、驾驭市场变化、应对突发事件、总揽经济全局的能力，为政府掌握区域经济运行态势并科学决策提供技术支持。

9、启动全省“大集中”管理模式规划设计。2009年金财(一期)工程启动以来，按照“业务系统全省统一，省辖市级集中部署，业务数据两级存储”的建设模式，以18个省辖市的小型机集群、数据库集群、应用服务集群为依托，全面部署了市县核心业务系统和应用支撑平台，并实现省市县三级平台贯通和省市两级数据同步存储，构建全省财政数据中心和18个省辖市数据分中心。随着省直管县改革的逐步推进，要认真分析现有机房空间、设备性能、软件架构等制约因素，研究制定切实可行的全省业务系统“大集中”建设方案，为未来全面推进省管县改革做好技术准备。

（二）强化财政信息化建设工作的统一管理，构建全省一盘棋、一体化大格局

全面贯彻落实一体化建设指导思想。一是在管理上强化组织领导。各级财政部门成立信息化工作领导小组及办公室，对财政信息化工作统一组织、统一规划、统一管理和统一协调，既理顺了工作关系，又提供了组织保障；二是在业务上进一步整合规范业务流程，补充完善《财政业务基础数据规范》，统一财政信息对象的定义与内涵，消除不同业务管理环节和信息系统间“一个对象，各自表述，各自编码”的现象；三是在技术上实现省市县三级平台贯通，构建各项财政业务应用系统整合机制。

（三）立足平台强化业务系统应用，增强财政业务管理的技术支撑能力

应用支撑平台已实现三级贯通，如何充分发挥其应有的管理效益是当务之急的大事，要推进财政核心业务系统建设向广度和深度拓展，不断强化平台应用，丰富平台内容。

1、推进预算管理系统应用。2010年我省统一部署了新版的《预算管理系统》，下一步要建立考评机制，督导仍未使用系统编制部门预算的县区尽早使用系统，并将全部资金纳入系统管理，提高预算编制的完整性。

2、提升预算执行系统应用水平。一是将省、市、县财政所有专项转移支付资金纳入系统监管，实现全省转移支付资金的实时对账与监督；二是动态掌握下级预算配套资金到位与使用情况，通过数据的关联分析，提前发现资金安排、使用过程中出现的问题，及时整改处理。三是加大对县区资金监控、公务卡改革推广力度，强化对财政资金的规范和监督。

3、加快非税收入管理系统部署。一是在全省范围内推广实施政府非税收入征收管理系统，规范项目管理、票据管理、收入管理；二是扩展多种执收模式，如行政服务大厅执收模式、适应现场执收的移动POS执收等；三是扩展特殊行业执收专业版模式，为特殊行业、特殊项目研发专用执收单位端，以方便执收单位执收，规范非税收入管理；四是扩展多种缴款模式，如POS机刷卡方式、ATM机方式、批量代扣方式、移动POS方式等。

4、逐步扩大“一卡通”系统应用范围。要进一步加强对基层财政部门的业务和技术培训，指导各地加快补贴基础信息数据库建设，逐步将各类财政惠民补贴项目纳入“一卡通”系统管理。

5、加快推进市县OA系统建设和应用。一是上下级OA系统贯通，实现省厅与市县之间公文流转电子化；二是充分利用OA办公系统的及时性和开放性，将其建设成为全省财政系统内部信息交流和共享的平台；三是将更多的行政管理工作纳入OA系统，如会议管理、资产管理、知识管理等；四是完善安全机制，实现电子印章、数字签名等。

6、进一步推进平台应用。不断深化各级财政业务应用，逐步将各级财政部门的预算编制、人员、项目库、资产等数据纳入平台，研究建立财政综合分析指标体系，实现对数据分主题、分层次、多角度的统计、汇总、综合分析和深度利用，不断提升财政管理水平。

（四）强化安全保障体系和运行维护体系建设

一是加快信息安全保障体系建设，在进一步巩固基本防护措施的基础上，开展信息安

全整体部署工作，提升信息安全保障能力和整体防护水平。二是全面推进财政身份认证及授权管理系统建设，强化身份认证、授权管理和责任认定系统的应用。三是规划建设全省财政异地灾备中心，保障信息网络安全、信息系统安全和业务数据安全。四是优化 IT 服务管理系统，实现 IT 服务集中管理、自动监控、提前预警，加大核心设备、数据库、中间件、应用系统、客户端的运维管理力度，纵向运维到乡镇，横向运维到桌面。

（五）加强财政信息化队伍建设

信息化建设关键在人，没有专业素质的信息化队伍作保证，搞财政信息化建设就是纸上谈兵。“十二五”规划和中原经济区发展计划对我省财政信息化建设提出新的更高的要求。要进一步建立健全信息化工作机构，充实信息化建设干部队伍，有计划、有步骤地组织好财政干部信息化教育培训，培养创新型、复合型人才，确保与信息化建设、维护运行规模相适应的人才队伍。

1、提高责任感和使命感。要引导全省财政信息化管理人员转变观念、转变思想，充分认识财政信息化的重要性和必要性，全身心地投入到财政信息化和为社会服务当中去。

2、加大业务和技术培训。一是要加强信息管理人员的技术培训，重点就网络技术、信息管理、数据库开发应用、网络安全及业务系统软件使用的技术培训；二是加强与业务部门沟通，做好信息化人员的财政业务培训，实现技术和业务的有效融合。

3、创新信息化队伍管理模式。加强对全省财政信息工作人员的统一管理，实现人力资源共享，由分散到集中，发挥出人力资源的最大效益。一是为全省财政信息工作人员搭建了发挥聪明才智和互动交流的平台；二是便于有针对性的研究有关课题；三是便于形成合力，加快业务系统的统一推广应用；四是便于统一运行维护和管理，确保信息网络和业务系统稳定运行。

（撰稿人：刘天增　张建超）

河南省教育信息化发展概况

2011年，河南省教育厅积极贯彻落实《国家中长期教育改革和发展规划纲要(2010–2020年)》对教育信息化建设的整体部署，鼓励和推动全省教育系统把信息化建设与人才培养、学科建设和学校管理等工作结合起来，努力进取、开拓创新。一年来，全省教育信息化基础设施建设稳步推进，优质数字教育资源不断丰富，信息化教学的应用不断拓展和深入；教育管理信息化成效明显，电子政务(校务)逐步推广，对促进教育公平、提高教育质量、创新教育模式的支撑和带动作用不断增强。

一、2011年度教育信息化建设情况

一是完成了河南省教育科研网(简称教科网)升级改造。为适应网络新技术的发展要求，解决网络存在的设备老化、运行效率降低等问题，提升网络对教育科研的支撑和服务能力。2010年，省教育厅启动实施了河南省教育科研网升级改造工程，2011年5月份，河南省教育科研网高速主干网全面完成升级改造，成为全国唯一全网支持IPV6的省级教育网络，为全省各级各类学校的教育信息化建设和各种应用提供了有力了网络支撑。目前，省教育科研网高速主干网已连接全省18个省辖市，接入104所院校及教育机构，入网用户150余万，网络带宽2.5Gbps,在服务教学、科研和管理，支撑网上招生、远程教育、数字化图书馆资源共享等方面，发挥了重要作用。

河南省教育科研网网络拓补图

二是举办了河南省教育信息化高端论坛。为系统总结全省教育科研网10年来的建设经验，展示教育信息化建设成果，加快教育科研网下一代互联网建设步伐，推动我省教育信息化建设向更高层次发展。今年5月份，省教育厅举办了河南省教育科研网建设总结表彰大会暨教育信息化高端论坛。会议不仅系统总结并集中展示了我省教育信息化建设取得的巨大成就，扩大了我省教育信息化建设在全国的影响力，更为推进全省教育信息化向更高层次发展统一了思想、明确了标准、指明了方向；同时也为省内各级各类教育机构和学校提供了良好的学习交流平台。

河南省教育信息化高端论坛主会场

三是开展了教育信息化建设情况调研。为摸清全省教育信息化建设底数，2011 年 4 月至 10 月，省教育厅分批实施了教育信息化建设情况调研，通过分类统计、座谈了解等方式，对各级各类学校网络接入情况，数字教育资源共建共享情况，信息化经费投入使用情况、教育信息化建设中存在的重难点问题等进行了全面深入的调研，为编制教育信息化发展规划，确立教育信息化建设机制，掌握了第一手资料。

四是开展了教育信息化重大项目的论证工作。为加快我省教育信息化基础设施和应用平台建设步伐，提高建设水平，今年下半年，省教育厅组织有关专家，对《河南省教育科研计算机网智能光网络建设方案》和《河南省科技管理云服务平台建设方案》进行了认真研讨和论证，为《方案》的顺利实施奠定了基础。根据建设方案，河南省将率先在国内构建省级教育光网络和省校两级架构、基于云服务模式的科研管理平台。

五是加强了全省教育类网站和网校的跟踪管理。为加强教育类网站（网校）的规范化管理，提高网站管理的信息化水平，教育厅组织开发了 " 教育类网站前置审批及年度审核系统 "，并于 2011 年 7 月 18 日至 19 日，在焦作召开 " 教育类网站网校前置审批系统培训工作会议 "，对各教育局相关人员进行了技术培训。2011 年，全省共有 279 个教育类网站通过前置审批。

六是高质量推进现代远程教育。作为全国 67 所开展现代远程教育的试点院校之一，郑州大学积极探索远程教育的教学规律，不断总结办学经验，逐步探索出一套适合成人自主学习的远程教育教学模式。截至目前，郑州大学校外学习中心已达 67 个，开设课程 610 余门次，多媒体网络课件 1.7 万多学时，受益学生近 10 万人。

七是健全了省教育信息化组织领导机构。参照教育部组织机构模式，结合河南省实际情况，省教育厅对教育信息化领导小组成员进行了调整充实，并成立了河南省教育信息化推进办公室，具体负责全省教育信息化推进工作。

二、教育信息化建设存在问题

教育信息化发展的政策环境和体制机制尚未形成；基础设施有待普及和提高；建设和运维资金不足，缺乏长效投入保障机制；地区间发展不均衡，农村中小学和职业类学校信息化整体水平不高；优质教育资源共建共享机制不完善。

三、2012 年工作基本思路和工作重点

2012年教育信息化工作的指导思想是：以科学发展观为统领，全面落实国家和省《教育规划纲要》及教育部《教育信息化十年发展规划（2011-2020年）》对信息化建设的总体部署，以教育宽带网络等建设为基础，以优质教育资源共建共享为重点，以推动数据标准统一和应用系统的整合为关键，充分发挥信息技术在促进优质教育资源集成共享,提高教育管理效率与决策水平,提升公共服务能力等方面作用,推动教育体制、思想、观念、模式等方面深刻变革。

2012 年主要工作任务是:

(一)实施教育信息化基础能力建设行动,提高支撑保障能力。

一是启动"智能光网络建设工程"。着眼于未来教育宽带网络的带宽需求,通过运用先进的 OTN 光通讯技术,逐步构建覆盖全省,可智能化调度及管理的光通讯网络系统,大幅度提高省教育科研主干网可利用带宽,以满足全省教育用户高质量的网络需求。

二是推进教育宽带网络建设工程。采取多种措施,大力提高全省中小学、中等职业教育类学校宽带网络入网率和硬件设施建设水平,不断缩小城乡之间、区域之间和学校之间数字化差距。

三是启动河南省教育云基础平台和开放大学信息化支撑平台建设工程。2012 年主要围绕项目需求、建设模式、服务模式等进行调研,为平台的搭建和运营进行前期准备。

(二)实施学校信息化能力建设与提升行动。

一是启动中小学校和中等职业类学校标准化建设。制订中小学校和中等职业类学校数字校园建设标准,按照政府推动、示范引领、重点支持、分布实施的方式,推动中小学校、幼儿园、中等职业类学校实现基础设施、教学资源、软件工具、应用能力等信息化建设与应用水平全面提升。

二是继续推进高校数字校园建设。大力推进高校数字校园建设,普及建设高速校园网络及数字化教学装备,建设完善的信息发布、网络教学、知识共享、管理服务和校园文化生活等数字化平台,推进系统整合与数据共享。

三是推进河南省首批 70 所教育信息化试点校和 12 个区域综合试点建设工作,通过试点校和实验区的建设,探索思路、积累经验、完善机制,推进全省教育信息化快速发展。

(三)加强教育管理系统建设,实现数据互通共享。

一是启动高校科研管理集群服务平台建设工程。实现科研数据采集、统计、归纳的网络化、自动化、智能化,提高科研管理与服务的效率和水平,为教务、学籍等综合性应用系统的构建探索思路,积累经验。

二是启动教育管理基础数据库和信息系统建设工程。建设网络信息安全与运维保障体系,并实现与国家级系统的无缝对接。

(四)加强优质资源建设,提高共建共享水平。

一是启动网络精品视频公开课建设工程。按照个人申请、单位推荐、专家评审、网上测评的方式,遴选首批 80 门优质网络课程(高等院校 60 门,职业类学校 20 门)上网共享,以提高全省优质教育资源利用效率,提升全省高等教育信息化应用水平。

二是启动省级教育资源公共服务平台和数据库建设工程。按照统筹规划、分类指导、分工负责的原则,协调启动省级基础教育资源库、职业教育资源库、高等教育资源库及其配套运行平台的评估、论证及预研等工作。

河南省公安厅信息化发展概况

去年以来，省公安厅认真贯彻落实公安部和省委省政府工作部署，紧密围绕"强力推进公安信息化建设"的总要求，以建设完善三大高端应用平台、优化完善应用支撑体系、深入推进公安内 / 外部信息资源整合共享为主线，加快推进公安信息化重点工程建设，全面强化公安信息化深度应用和高端应用，不断提升应急处突和通信保障能力，业务工作和队伍建设取得显著成绩，整体工作迈上新的台阶。

一、实施"重点工程带动战略"，实现全省公安信息化建设水平的整体提升

我厅以建设信息化重点工程为抓手，进一步打牢信息化建设基础，建设完善信息化高端应用平台，带动公安信息化整体工作实现新的突破。

（一）警用地理信息基础平台（PGIS平台）建设成果突出。郑州、开封、新乡、焦作、鹤壁、濮阳、商丘等7个全国PGIS平台建设二、三批示范城市，高标准完成了PGIS平台建设，顺利通过公安部评审验收，受到部局领导高度评价。各示范建设城市大力开展"三大库"地理数据整合，基于"三大库"建设，在指挥调度、视频监控、移动警务、案事件分析等方面形成了许多具有地方特色的业务应用。目前，省厅在总结我省示范城市建设经验的基础上，经过认真研究，按照"统一规划，统分结合，试点先行，全省铺开"的模式在全省全面开展了PGIS平台建设工作。

（二）内外部信息资源整合深入推进。截至目前，省厅共汇集45项公安内部数据和16项社会数据，数据总量达26.1亿条。在内部资源整合方面，我省已打破原有的信息壁垒，基本完成了公安内部各警种、各部门信息资源的深度整合共享，数据量有了大幅增长。外部信息资源整合方面，按照"统一领导、统筹规划、急用先建、分步实施"工作思路，积极开展了部门间信息共享平台建设，年底前将完成一期主要建设任务。认真贯彻落实国家15部、委《关于建立实名制信息快速查询协作执法机制的实施意见》，以建设河南省人口基础信息库为突破口，努力使社会信息资源整合走上发展快车道。经过努力，我省已召开了由省政府信息化办牵头、省直各主要单位共同参加的信息资源整合共享座谈会。目前，正积极起草河南省人口基础信息库建设工作方案。

（三）重点信息化基础项目建设进展顺利。一是公安信息网络提速工程进展顺利。省辖市公安局直属派出所公安信息网千兆提速工程全面完成，鹤壁、三门峡、开封、许昌、漯河、安阳、焦作等7个省辖市公安局已完成三级网千兆扩容建设。二是PKI/PMI二期升级和公安电子签章系统建设稳步推进，试点单位部署测试工作已完成，正开展全面建设。三是全省移动警务系统升级改造工作初步完成。省厅和17个省辖市公安局顺利完成安全接入通道建设，全省升级改造系统达29套（移动18套，联通11套）。

二、强化公安信息化支撑体系建设，服务全省重点中心工作

不断升级完善信息化基础设施和应用系统，努力提升信息化建设软硬件水平，最大限度地强化信息化支持和保障职能，全力服务警务机制改革创新、“清网行动”等各项公安工作。

（一）进一步优化完善信息中心建设。一是对信息中心应用/WEB层虚拟化平台进行了扩容。虚拟系统的云计算能力从原来的60台增加到150台，大大提高了信息中心技术系统的运算能力、存储能力。二是完成核心网络升级改造。新增2台交换机和防火墙并升级了F5设备，提高了整体数据传输性能、网络扩展能力以及对外服务的响应速度，实现了网络的故障切换。三是完成厅机关正版软件采购工作。采购微软操作系统等各类正版软件530余套，有力地推动了省厅软件正版化进程。四是信息中心正规化建设迈上新的台阶。去年9月，经过认真准备和积极努力，厅信息中心顺利通过公安部信息中心等级评定，初评为二级信息中心。

（二）健全完善应用系统管理工作机制。加强信息中心机房及设备的日常巡检和日常维护工作，确保“网络不断、应用不瘫、数据不丢”，为业务警种的日常工作及各重大专项行动提供了强有力的保障。去年以来，信息中心主动发现各类故障400余次，为其他业务警种处理故障500余次。对18个省辖市公安信息中心的数据库进行巡检，发现并处理了一批数据库隐患，保障了公安数据的安全。

（三）全面推进信息安全体系建设。一是顺利完成公安信息通信网边界接入平台集中管理系统、“一机两用”监控系统的升级和病毒预警系统测试工作。扎实开展“一机两用”监控系统数据清理整顿，全省清理无效数据近万条。二是加强公安信息网应用安全管理。严格规范公安信息网络边界应用，加强接入审批备案。目前，全省各省辖市已通过边界接入平台接入公安信息网的应用68个，接入省厅平台的无线终端设备766个。三是加强公安信息网安全运维监控管理工作。全省安全运维管理工作中PKI/PMI系统运行情况、高危险漏洞修补率、“一机两用”、病毒传播率等业务指标较往年都有大幅提升。

三、以措施促提升，推进全警信息化建设应用地深入开展

（一）基层信息化建设应用工作得到进一步加强。一是深入推进省辖市公安局直属派出所信息化建设应用。针对当前工作中存在的突出问题以及如何加强基层派出所信息化应用和通信保障工作，研究出台了相应工作措施，制定了《省辖市公安局直属派出所（分局）信息通信工作规范（试行）》、《河南省公安机关派出所基础信息采录规范》、《河南省公安机关内部资源整合工作规范（讨论稿）》、《河南省公安机关信息化工作奖惩制度》到等一系列规范性文件，指导基层信息化应用工作的顺利开展。二是积极开展省直管试点县（市）公安信通工作指导。为保障省直管县（市）试点工作的顺利进行，在深入调研的基础上，制定了《河南省省直管县体制改革试点公安机关信通工作业务对接实施方案》，印发了《关于印发 < 河南省省直管县体制改革试点县（市）公安机关信息通信工作对接操作规范 > 的通知》，确保了省厅对试点县(市)公安信通工作指导地平稳过渡。

(二)源头信息采录维护质量水平进一步提高。一是建立完善了数据采录、维护、更新质量半月通报制度,建立数据质量终身负责制、信息采录责任倒查制、定期暗访督查制、信息采录民警和办案民警同功同奖制等一系列长效机制,确保了信息采录及时、数据准确鲜活。二是研发数据质量检测工具,加强对公安内外部数据的质量检测,有效促进了各警种应用系统的升级完善和数据质量的提升。三是认真做好人口上报工作。经与治安部门协调,进一步加强工作管理,缩短了人口数据维护周期,提高了人口数据质量。

下一步,我厅将紧紧围绕公安部和省委省政府工作部署,进一步加大工作力度,开拓创新,努力实现各项工作新的提升。一是继续深化综合平台建设,提升信息化综合应用平台实战效能。加快推进部门间信息共享平台及省厅、11 个非示范城市的 PGIS 平台建设,努力形成以综合平台为基础,各业务系统为延伸的信息化应用新格局。二是继续推进"条块"系统深度融合。强化警综平台作为公安信息化基础平台的地位,推进"条块"系统深度融合,真正实现统一平台、统一采录、统一考核的融合目标,实现公安基础工作的真正信息化。三是加大力度开展公安内外部资源整合共享。加速推进河南人口信息库建设,强化数据质量监测,提高整合数据质量。四是推进信息中心机房及技术支撑平台的建设工作。调整技术支撑平台的框架结构,增大数据库存储容量,以更好地适应公安信息化发展的需要。五是深入开展移动警务的全省部署工作。六是深入开展公安信息网络安全体系建设。开展综合安全管理平台、防病毒软件统一、公安边界应用安全建设等,进一步加强信息网络系统安全管理,实现安全体系建设水平新的提升。七是加强通信保障能力建设。加速推进各项通信保障基础设施建设,完善应急通信保障装备,落实各项规章制度,确保各项通信保障任务圆满完成。八是深化信息通信和信息化教育培训工作。加大各地信通部门人员专业技能地培养,配合政工部门开展全警信息化业务培训,建立分层次、分批次、分业务警种的信息化培训体系,不断提高各级公安信通民警专业技术水平和全警的信息化应用水平。

河南省通信业发展概况

【2011 年通信业发展概况】

2011 年全省电信市场秩序总体稳定,电信服务质量进一步提高,网络信息安全有效保障,政风行风建设再创佳绩,全行业继续保持平稳较快发展的良好态势,圆满完成了与省政府签订的责任目标,实现了“十二五”良好开局。全年电信业务总量完成 533 亿元,增长 19.5%;实现电信业务收入 426.3 亿元,增长 11.6%;新增电话用户 520.7 万户,电话用户总数达到 6402.1 万户;新增互联网用户 1864 万户,互联网用户总数达到 3879.8 万户,行业保持了平稳较快发展的良好态势、良好趋势和良好气势。

全年完成固定资产投资 163.3 亿元,增长 32.6%,新增光纤线路 12.2 万公里,基本实现 3G 和光纤宽带网重点乡镇以上全覆盖。其中,完成 3G 投资 29.3 亿元,增长 29.4%;新增 3G 用户 354.2 万户,总数达到 554.3 万户,占全省移动电话用户总数的 11%;新增互联网宽带接入用户 162.2 万户。

【省通信管理局主要工作】

(一)全力服务中原经济区建设

2011 年,省通信管理局先后召开了全省通信业服务中原经济区建设座谈会,省级公司总经理联席会、行业电视电话会,认真学习、贯彻落实中央和省委、省政府关于建设中原经济区的战略部署,引导全行业干部职工把思想和行动统一到服务中原经济区建设上来。成立了全省通信业服务中原经济区建设领导小组,明确目标,落实责任。深入省辖市和电信企业进行调研督导,加快信息网络基础设施建设。积极向省中原经济区建设工作领导小组、国务院联合调研组、工业和信息化部提出加快中原经济区信息通信业发展的意见建议,争取政策支持。国务院《指导意见》把信息基础设施与交通、能源、水利一并纳入保障中原经济区建设的现代化基础设施体系,首次从国家层面提出加快中原经济区信息网络设施建设,“提升郑州信息集散中心和通信网络交换枢纽地位”、“建设宽带河南”、“优先布局新一代移动通信网络”。行业上下一心、团结协作,全力服务中原经济区建设。

(二)扎实推动省企深化合作

省通信管理局在抓好省政府与工信部、省政府与国家三大通信集团公司战略合作框架协议落实的基础上,积极协调国家三大通信集团公司与省政府重点项目签约,开工启动智慧中原、无线城市、光网城市等重大项目,中国联通中原数据基地、中国移动洛阳呼叫中心项目分别落户郑州和洛阳,总投资近 500 亿元。加强签约项目和合作框架协议的跟踪落实，确保项目落地、投资到位。2011 年，合作框架协议完成投入 238.1 亿元，其中，签约重点项目完成投资 119.5 亿元，均超额完成年度计划。

（三）主动服务全省重点项目建设

省通信管理局协调省大项目办将“河南省无线城市、3G 网络扩容建设工程”列入 2011 年省重点建设项目。积极服务南水北调工程，组织相关电信运营企业投资 1.89 亿元，迁建通信线路 242 条，新建移动通信基站 187 座、敷设光缆 1428.8 皮长公里、电缆 326 皮长公里，完成了最后 115 个移民新村配套通信设施建设，圆满完成了南水北调中线工程河南段通信线路迁建和丹江口库区移民新村配套通信设施建设任务。加快全省产业集聚区通信设施建设，全年投资 7.5 亿元，新建移动通信基站 1196 个，累计达到 6207 个；新建综合网点 333 个，新增宽带接入端口 21.8 万个，累计达到 77 万个，为 1 万多家入驻企业提供了光纤接入，产业集聚区出口总带宽达到 553G。报请省政府转发了省通信管理局《关于加快创建数字化示范集聚区的实施意见》，加快培育 10 个数字化示范集聚区，推进两化深度融合。

（四）引领行业科学发展

2011 年，省通信管理局印发并认真组织实施《河南通信业“十二五”规划》，制定下发了《2011 年全省通信业发展指导意见》，坚持和完善行业经济运行情况月度监测分析和通报制度，指导电信运营企业务实发展。支持行业创新转型，积极申报“三网融合”试点城市，务实推进试点准备工作。引导电信企业加快光纤宽带网、3G 网络建设，加快发展移动互联网、手机电视、手机支付等新业务，加快行业产品结构调整和发展方式转变。支持电信企业积极参与经济社会信息化建设，推进信息通信技术在国民经济各领域的深化应用。2011 年，基础电信企业非话音业务收入占电信业务收入的比重达到 39.4%，比上年提高了 3.5 个百分点。在做好与郑州、洛阳共建通信产业园相关工作的同时，联合洛阳市建设云计算和互联网数据中心产业园，积极为信息服务企业创造条件，推动增值业务繁荣发展。

（五）深入推进共建共享

省通信管理局加强电信基础设施共建共享管理技术手段建设，建成了全省电信基础设施共建共享资源管理系统平台。加大石武高铁、郑州地铁等重点领域共建共享推进力度，石武高铁河南段沿线基站铁塔基本实现共建共享。全年实现移动通信基站、铁塔共建共享 4444 个，通信杆路管道共建共享 2261.2 线路公里，节约建设资金 6 亿元，超额完成工业和信

（六）全力保障通信畅通

省通信管理局加强网络运行监测管理，完成了互联互通监测系统二期工程建设，及时协调解决中继电路扩容问题。建成了省应急通信指挥平台，加强“一案三制”建设，完善应急通信保障体系，提升通信保障的平战转换能力和应急处置水平，确保了党政重要通信和春节、“两会”、建党 90 周年、省第九次党代会等重要时期、重大活动期间通信网络安全畅通。专用通信队伍建设不断加强，保障能力有效提升，圆满完成了温家宝、周永康等中央领导来豫视察等重要通信保障任务 12 次。

（七）着力维护网络信息安全

省通信管理局落实信息安全责任制，加强网站备案管理，备案网站总数达到 13.4 万个，备案率保持在 99%以上，备案信息准确率高于全国平均水平 8 个百分点。举办了网络通信安全管理员培训和技能比赛，组织开展了手机病毒专项清理整治和通信网络单元安全防护

检查，通信网络安全防护水平进一步提高。积极配合有关部门开展“整治非法网络公关行为”、“打击网上淫秽色情出版物和有害信息” 等专项行动 10 余项，关闭违法违规网站 162 个，网络环境进一步净化。

(八)构建和谐稳定的市场秩序

省通信管理局强化监督检查，开展了全省校园电信市场、集团客户市场的规范整顿。加强互联互通管理，全年网间接通率保持在 95 %以上。强化通信建设市场管理，规范通信建设工程实施程序，探索建立了行业通信工程质量监督员队伍和巡检制度，保证了通信工程质量。坚持和完善行业安全生产季度巡检互查制度，安全生产形势保持稳定。发挥沟通协调机制作用，坚持省市公司总经理联席会议和市场例会制度，全年共组织召开各类沟通协调会议 60 多次。加强行业社团建设，引导行业诚信自律。平安行业建设继续加强，全行业保持和谐稳定。

(九)政风行风建设切实加强

省通信管理局积极配合全省民主评议政风行风工作，深入开展“对照职能、贴近民生、努力为群众办实事办好事主题实践活动”和“为民服务创先争优活动”，服务中原经济区建设和民生改善的十件实事按时完成。联合省公安厅、省工商行政管理局共同治理垃圾短信息，严厉打击短信息诈骗，规范广告类短信息发布行为。全年处理用户投诉举报 39.6 万件，拦截垃圾短信息 2334 万条，暂停垃圾短信息发送号码 28.6 万个。加强资费审批备案管理，严格控制新推出电信资费套餐和在售资费套餐的数量，推进电信资费套餐公开透明。全年审批备案基础电信企业电信资费套餐 48 个，审核备案增值电信业务资费 2.9 万条，清理资费套餐 1708 个，资费套餐清理减少 36.7%，全省电信服务综合价格水平同比下降 5.96%。省通信管理局和河南移动、河南联通、河南电信均荣获 2010–2011 年全省政风行风建设先进单位。

(十)通信服务水平进一步提高

省通信管理局加强对电信服务的监督管理，定期通报电信服务质量，针对用户反映较多的热点难点问题，督促相关公司整改。继续完善营业厅服务规范，提升服务效率和水平。加强对电信用户申诉的受理和分析，全年受理并按时办结电信用户申诉 244 件。联合省农业厅开展提升农村通信服务水平专项活动，督导省各基础电信运营公司分别制定了乡镇营业厅建设和服务规范、代办点管理办法，推进农村服务窗口的规范化管理，全省通信营业服务网点实现乡镇、行政村全覆盖，装移机、修障及时率均达到 90%以上。联合省发改委推动全省取消固定电话本地网营业区间通话费，进一步降低农村资费水平。完善农村通信基础设施，全年新增通光纤行政村 1000 个、通宽带自然村 3000 个，行政村通光纤率、自然村通宽带率分别达到 61%和 60%。深入开展信息下乡活动，农村党员干部现代远程教育“三屏合一”工程、“农信通”信息服务平台升级工程加快推进，农业农村信息化水平进一步提高。

(河南省通信管理局)

河南省卫生信息化发展概况

随着医改工作的不断深入,信息化作为构建新医改的重要内容和坚强支撑,省卫生厅党组,从战略高度进行谋划,把信息化作为推动医疗卫生体制改革各项措施落实的重要抓手和突破口,全面部署、重点突破。

一、持续完善,2011 年河南卫生信息化建设效果突显

2011 年是河南卫生信息化全面建设并逐步完善的一年,也是卫生信息化建设实现跨越式发展的一年,根据年初确定的《2011 年卫生工作十九项重点工作的安排》和《关于对 2011 年度重点工作实行督查责任制的通知》要求,制定了全年卫生信息化建设工作台账,在有关单位的密切配合下,全省卫生信息化建设工作顺利推进,发展迅速,并取得了一定成绩。2011 年被列为全国卫生信息化建设综合示范省和全国居民健康卡首批唯一试点省份。

(一)突破发展,完善各系统功能应用

通过中央转移支付及省级筹措,全年共投入信息化建设资金 2.8 亿元。除继续完善卫生专网、数据中心、新农合、综合管理门户等信息系统建设项目外,将儿童规划免疫监管平台和应急决策指挥平台拓展至了市一级,同时加强县级视频会议系统建设和儿童规划免疫信息系统在各公共卫生机构的应用,另外国家重点项目村卫生室信息化建设、区域卫生信息平台建设应用也卓见成效。2011 年 4 月,卫生部侯岩主任一行专门考察了河南卫生信息化建设成果,给予了充分肯定。其他兄弟省(市)卫生部门也相继到我省参观学习。

(二)夯实基础,不断提高基层信息化能力

基层医疗卫生机构作为卫生业务的网底,机构多,分布广,承担着基层公共卫生服务和诊疗常见病、多发病的任务,掌握卫生信息的第一手资料。为提高基层卫生信息化水平,河南省卫生厅以提高村卫生室装备水平和乡村医生信息化水平等为突破口来加强基层信息化能力建设。

一是努力提高村卫生室计算机等信息化装备水平。2011 年 7 月底完成全省所有村卫生室计算机、打印机和 UPS 电源装备的采购。通过中央转移支付项目,全省累计装备 49950 套,实现了全部行政村卫生室的信息化硬件统一装备。

二是持续开展乡村医生信息化水平培训。2011 年安排专项培训经费 1000 多万元,完成全省乡村医生信息化水平培训和乡卫生院信息化骨干培训。一方面有的放矢、因材施教,组织专家和相关单位编制了《医学技术应用基础》、《村卫生室信息管理系统》等培训教材;另一方面以师资培训的方式针对全省 48525 个行政村卫生室乡村医生开展信息技术基础和应用系统培训,培训市县级师资 400 人,全省乡卫生院信息化骨干 5000 余人,村医 50052 人。同时,建立了长效培训机制,将信息化技术培训作为重要课程已纳入省卫生厅农卫处、科教处日常开展的乡村医生业务培训中。

三是强化基层信息化人才队伍建设。为加强基层信息化队伍建设,建立健全省、市、县、乡四级卫生信息化技术骨干人才梯队,省卫生厅依托各级基本公共卫生服务管理机构,建立长效机制,强化信息化骨干能力建设。2011年年底又安排专项培训经费200万元,用于各基层乡镇卫生院(社区卫生服务中心)信息化骨干人员(每个乡镇卫生院2名)的能力培训。并由信息骨干一级抓一级,长期承担起对乡村医生的信息技术培训指导任务,帮助培训指导乡村医生熟练掌握相关业务系统操作技术。

四是确立基层医疗机构信息系统建设标准。2011年9月,省卫生厅组织有关人员采用"点面结合"的方式,选取省卫生厅和六地市(郑州、安阳、焦作、鹤壁、济源、平顶山)卫生局的妇幼、疾控、农卫、信息等部门,以及以上六市的部分社区、村卫生室进行现场调研,深入了解目前各级各部门的卫生信息化标准和业务规范现状,结合我省卫生信息化建设规划,编制下发了《河南省基层医疗机构信息系统标准》。

(三)全面铺开,努力推动区域健康档案平台建设

根据卫生部十二五卫生信息化发展3521的总体框架,2011年河南省卫生厅在加快推进6个试点市区域健康档案平台建设的基础上,又安排建设资金4200万元用于其余12个市区域平台建设,拉开了我省区域健康档案平台全面建设的序幕。

一是区域平台试点成效显著。目前郑州、鹤壁、安阳、平顶山、焦作、济源6个试点市区域软、硬件平台已搭建完毕。9月中旬,厅信息中心组织有关专家对第一批6个试点的数据中心和市级平台进行了阶段性验收。

二是其余12市区域平台建设步伐加快。根据阶段性目标,为加快区域平台建设进度,针对工作推进中的难点制定了《河南省基于居民健康档案的市级区域卫生信息平台建设指引》(试行),要求各地在需求定位、服务范围和相关细节上参照执行。组织了多次健康档案区域平台建设推进会和协调会,对区域平台的建设工作进行了及时总结和整体推进。2011年底全省18个省辖市已全部完成区域信息平台硬件系统建设,部分地市卫生局还独立规划和建设了自己的数据中心机房,其它12个市级区域软件平台建设也在有条不紊的推进中。

(四)提升实力,加快全省数字化医院建设步伐

为加快推进我省医院信息化建设,2011年7月5日至6日,刘学周厅长在安阳主持召开了全省数字化医院建设现场经验交流会,要求全省各级各类医疗机构加快推进医院信息化建设,并提出了三级具体建设目标:一是初级目标。全省所有二级以上医院要初步建立基于电子病历的医院信息系统,全面建立医生工作站,部分条件允许的医院可实现电子病历。二是中级目标。全省所有二级以上医院要全部实现建立基于电子病历的医院信息平台,实现院内不同业务系统之间的统一集成、资源整合;基本实现一体化医院信息系统。三是高级目标。全省所有三级医院及大部分二级医院实现以患者为中心,以电子病历为核心,推进医疗临床业务和经济运营并举的现代医院信息化建设。根据以上建设目标,河南掀起了医院信息化建设的新高潮,通过信息化促进医院管理水平提升、人员培养,提高医院核心竞争力。

一是为每个县级医院配备PACS系统。2011年共投入5900万元用于县级医院PACS系

统配备,9 月底完成了县级医院能力建设 PACS 项目的招标工作，预计整个项目计划 2012 年 6 月底完成。二是组织专家编写了医院信息化建设指南。为规范数字化医院建设,并为各级医院开展信息化建设提供参考,组织专家编写并下发了《全省医院信息化建设指南(征求意见稿)》,受到了各级各类医院的广泛关注。三是持续开展电子病历试点。2011 年省卫生厅在国家电子病历试点的基础上,又安排 700 万元补助经费,选取了 36 家医院开展电子病历试点,以点带面来推进医院信息化建设。四是不断加强医院监管。2011 年 7 月 1 日,以省级区域卫生信息平台为基础,开始试运行以十大考核指标为重点的三级医院监管平台,加大对医院监管力度。

(五)打造亮点,新农合直补工作全国领先

继河南新农合工作在全国范围内实现两个率先之后（2010 年 9 月 20 率先利用信息技术手段,实现试点儿童大病直补,同年 12 月 20 日率先实现新农合省级即时结报),2011 年 7 月 1 日,又全面实现全省省市两级医院跨区即时结报工作。完成了 213 家省市级定点医疗机构与省级信息平台互联对接,开通对 162 个县(区)的直补工作,取得了良好的效果,赢得了广大参合农民的普遍欢迎。

(六)服务为民,居民健康卡一卡通工程正式启动

自河南省被确定为全国首批试点省份之后,厅信息中心把居民健康卡发放工作作为各项工作的重中之重,加班加点、积极推动。

一是与卫生部成立联合工作组共同推进居民健康卡项目实施。部省联合工作组包括协调组、技术指导和工作执行组,其中协调组由侯岩主任和刘学周厅长为组长,技术指导组由部统计信息中心孟群主任为组长。二是制订标准加快推动,为此河南省专门搭建了居民健康卡注册管理中心,在完成居民健康卡卡质招标之后,组织专家制定了《河南省居民健康卡总体方案》、《河南省居民健康卡项目管理办法》、《河南省居民健康卡管理办法实施细则》。三是成功举办了河南省居民健康卡签约仪式。2011 年 12 月 13 日分别与工、农、中、建、交、邮政、农信、郑州 8 家银行签订居民健康卡合作框架协议,实现我省居民健康卡发放工作里程碑跨越。四是完成我省居民健康卡首批示范点发卡环境准备。指导并促成首批示范点郑州、鹤壁与服务银行进行居民健康卡签约,完成对郑大一附院、省人民医院、郑州市第一人民医院、郑州人民医院、郑州市第七人民医院、郑州市航海东路社区卫生服务中心、南曹乡卫生院、鹤壁市第一人民医院、鹤煤集团职工总医院、浚县人民医院、善堂镇卫生院、王庄卫生院等 12 家试点医疗机构的系统改造,并实现与省卡管理中心信息系统对接及刷卡调阅居民健康信息的功能。五是建设完成了居民健康卡密钥管理系统。2012 年 2 月 28 日正式生成国家、省两级密钥。六是成功举办居民健康卡首发仪式。3 月 1 日,陈竺部长、王铁副省长亲临现场参加了居民健康卡首批试点地区(河南)发卡仪式,成功发出第一批居民健康卡。同时居民信息收集、核实、录入及医院信息系统改造工作也在全省范围同步进行中。

(七)摸索经验,创新工作机制

为了规范推进工作,保持我省卫生信息化建设的高效、安全、有序发展,我们创新思路,在建立专家咨询机制、信息联络机制、联动工作机制、技术支撑体系、“七点”工作法等工作机制的基础上,不断摸索,又总结一些有效的工作机制。

一是督导检查相结合。结合国家5项重点信息化项目要求,厅党组研究确定将信息化建设纳入2011年19项重点卫生工作,并将对各地的督导责任落实到厅机关各处室,由厅领导亲自挂帅,分块包干,每月一督导,每月一汇报,并在此基础上建立旬报制度,一方面加强督导督促力度,促进各地统一认识,加快进度。另一方面加强技术指导,增加指导力度和频次,以推进会、专题会的形式,并有针对性地加强对一些地方和单位的技术指导,综合分析,实现上下联动,加强对基层卫生信息化技术和管理人员的培训和指导,取得了良好效果。

二是合作共建。2011年省卫生厅、省移动公司合作,组织开展了河南省人民医院“统一短信综合应用平台”、郑州大学第三附属医院“宝贝成长计划”等20个卫生信息化技术应用试点项目,对我省信息化建设进行了有益探索。

三是积极开展政策研究。2011年,结合我省卫生信息化工作规划,申报厅里政策研究课题“河南省通用居民健康(医疗)卡应用实施及配套政策研究”, 同时为整体推进各项工作,还相继开展了相关的政策研究子课题。尤其是2011年年中,由河南省卫生厅信息中心主导并成功申报了国家科技部的重大科技支撑项目“农村医疗卫生服务平台与应用示范”,项目经费第一笔资金已到账,为我省信息化建设摸索发展规律,发挥典型示范效应。

二、突出亮点,重点规划2012年信息化建设项目

2012年是全省卫生信息化建设工作抓亮点、抠细节、重实效的一年,结合“五大工程建设”和深化医改的要求,厅信息中心上半年重点开展了居民健康卡的发放、区域卫生信息平台的推进等工作。在此基础上,整合和优化近三年开展的信息化项目,加强各系统之间的互联互通和信息共享,避免在信息化推进过程中再度出现“信息孤岛”和“信息烟囱”。

(一)巩固提高,促进各类信息系统整合完善。

本着先易后难、先简后繁、逐层推进、逐步整合的原则,继续完善各级各类信息系统,全面实现安全管理和综合运维,从而保障信息系统稳定运行,提升信息资源使用效能。

一是保障已建的各类业务系统安全稳定运行。通过有效的运维管理保障IT系统的稳定运行及效率、从容应对各类紧急事件。同时,建立健全运维管理制度,包括:人员安全管理制度、机房管理制度、设备管理制度、平台(应用)平台管理制度、网络安全管理制度、运行保障方案等,建立河南省数据证书管理平台,为各类应用系统应用提供安全保障。以信息化为支撑,用信息化手段开展卫生应急演练,突出卫生信息化在应急指导中的作用。

二是结合医改工作重点,完善基本药物监测监管信息系统建设。建设或完善联通省内各级各类医疗机构的基本药物采购配送信息系统,利用健康档案和电子病历基础数据库,完善药物使用监测、分析和监管,逐步完善电子化合理用药、安全用药提示服务。

三是探索和建设我省基层医疗卫生信息系统的云计算模式。

伴随着云时代的到来,厅信息中心积极谋划,创新工作模式,以基层医疗卫生信息系统综合管理系统为主要建设内容,积极探索我省基层医疗卫生信息系统的云计算模式,建设全省统一的医疗数据中心和医疗云服务安全支撑环境,打造全省医疗云服务平台。经过多方努力,我省云计算项目经过可研、立项、方案论证,已正式提交国家发改委,项目申报资金4.22亿,2012年五月资金已经得到批复,方案还在等待国家发改委最终的意见反馈。

四是全力推进医院信息化建设。根据2011年7月份全省数字化医院建设现场经验交流会提出的建设目标,依据《全省医院信息化建设指南》,并通过二三级医院十大指标监管对接为切入点督促各医院梳理、完善和建立基于电子病历的医院信息系统，全面建立医生工作站，满足医院内临床服务、医疗管理和运营管理需求，实现一体化医院信息管理，重点推进一批三甲医院电子病历建设、医生工作站和护士工作站建设。

五是继续加大对各地的指导和督导。通过各督导组反馈的意见和旬报收集的信息，全面掌握各地信息建设工作中存在的问题和难点。实现上下联动，加强对基层卫生信息化技术和管理人员的培训和指导，把握建设方向和项目进度，建立信息化共建长效机制。

（二）调整重心，区域平台建设全面开花结果

2010 年之前，为加强顶层设计，我省卫生信息化建设主要集中在省级和试点省辖市，2011 年及以后，卫生信息化建设主要以 18 个省辖市为主，并且逐步覆盖到所有医疗卫生单位，重点加强基于健康档案的区域卫生信息平台建设，全面实现区域内卫生信息的互联互通和资源共享，突出平台应用整合。

（三）完善支撑，继续实施人才战略

应卫生信息化发展需要，继续加强人才队伍建设，重点培养既懂信息又懂信息化的复合型人才。运用多方式开展信息化培训，分阶段分层次进行强化培训，提高信息化素养。

一构筑支撑，打造四大卫生资源中心。为推进我省医院信息化发展进程，又提出计划打造四个资源中心的战略规划：一是以省人民医院郑大一附院为中心建立远程医疗会诊中心，辐射全省，对各地市医院进行技术指导，方便群众就医。二是以郑州大学为中心，建立集信息技术培训、环境资源模拟测试、系统平台体验于一体的培训中心，打造中原医学技术实战教学基地。三是针对各类肿瘤不断增多的趋势，以省肿瘤医院为中心，建立肿瘤病人康复肿瘤病理研究中心辐射各类医疗机构，优化资源配置和就医网络，合理分流病人。四是依托中医学院、洛阳正骨医院以及民间中医中药特色门诊等整合中医资源、打造疑难杂症寻医问药网络，促进中医中药代表中国走向世界。

二挖掘资源，组织开展相关培训。充分利用我省卫生系统的“四大培训基地”，结合高校及我省信息化的优势资源，组织开展针对不同群体和不同人员的各种信息化水平培训。

三拓展方式，开展远程教育与培训。建立健康教育知识库，通过远程卫生服务平台，为我省广大医护人员提供跨地域、多门类的专业技术和相关技能培训，提高各医疗卫生机构特别是基层医疗机构医护人员的专业和技术服务水平。

（四）强化标准，建立卫生信息系统评估验证中心

为保证各级区域信息平台的完整性和数据质量，真正发挥省市平台的监管监测作用，对业务系统建设的功能完整性和数据规范性进行评价，打造一个具有河南特色、集卫生信息化标准检测、功能验证、应用成熟度评价和用户体验展示为一体的权威平台，对全省的卫生机构的已建和在建业务信息系统、市县区域平台系统进行功能应用完整性、数据规范性、信息共享和互通性以及标准符合度等进行评估和验证，以此来指导和规范各级各类医疗卫生单位进行系统建设与系统整改，为各地市卫生局和卫生机构提供学习借鉴环境，为快速实现全省范围内的卫生资源整合和信息共享提供技术支撑。

（五）依托业务，强化信息系统监管措施

为切实规范省级新型农村合作医疗定点医疗机构服务行为，有效遏制医药费用的不合理增长，厅信息中心根据省卫生厅、省财政厅、省审计厅《关于印发〈省级医疗机构新型农村

合作医疗住院费用支付制度改革实施方案(试行)〉的通知》(豫卫发〔2012〕11 号)精神,2012 年 6 月 1 日起,通过新农合省级信息平台实现对所有省级定点医疗机构次均住院费用及目录外药品费用指标控制。

(河南省卫生厅信息中心)

河南省国土资源信息化发展概况

2011 年,全省各级国土资源部门紧紧围绕国土资源信息化工作重点,以“一网覆盖全省、一图数据共享、一站服务到位、一台综合监管、一班人马督办”的“五个一”工程为抓手,信息化建设成效显著。

一、“一网覆盖全省”正在向乡(镇)延伸

全省国土资源业务网建设是“五个一”工程的基础工作,通过建立覆盖全省的国土资源业务网体系,实现省、市、县、乡四级纵向贯通,满足四级国土资源管理部门网上办公和数据共享需要。

1.国土资源业务网络正在迈向四级覆盖

根据《2011 年全国国土资源信息化工作要点》精神,完成了省、市、县三级全面覆盖的国土资源业务网络体系,县级以上覆盖率达 100%;18 个省辖市局和 97 个县(市)局建立了内、外网物理隔离的机关局域网,局域网开通率为 89.8%;19 个县(市)国土资源局完成了县—乡网络连接,全省乡级覆盖率达 17.6%。国土资源业务网连接正由三级覆盖向四级覆盖的目标迈进,为全省国土资源网上报批、远程办公和数据共享奠定了基础。

2.视频会议系统应用发挥了重要作用

通过国土资源业务网络搭建的河南省国土资源视频会议系统进行了高清改造,音视频显示效果已经达到全高清;同时,远端会场的音频效果也从标清的电话音质升级到了高清的 CD 音质;18 个市局和 56 个县局开通了视频会议系统, 县局开通率达到 51.8%。2011 年,召开各级视频会议 30 次,约 1.5 万人次参会,提高了办会效率,节省了会议成本和参会时间。

二、“一图数据共享”叠加了多个数据项

一图数据共享是“五个一”工程的数据基础,它以高分辨率遥感数据为基础,抽取并叠加统一数学基础的专题、业务、管理数据,构建了“河南省国土资源电子沙盘”,变数据单一部门使用为全局共享,为行政审批和资源监管提供了决策支持。

1.国土资源遥感空间三维展示系统进一步完善

河南省国土资源遥感空间数据三维展示系统,是我省国土资源“一图数据共享”的基础框架,是依托 Skyline 软件平台定制开发的遥感空间数据展示与查询系统,现已移植到监测

会商中心大屏幕拼接屏上。该系统抽取、整合了基础地理、遥感影像、数字高程模型及地政、矿政、地质环境等六大类33项数据,可以提供三维可视化展示、数据管理、数据查询、热点定位、飞行漫游、数据对比、影像叠加和统计分析等,通过该系统,可以方便地进行土地利用规划、矿产资源规划执行情况分析与管控,并能以多种方式进行资源查询,精确实现"以图管地、以图管矿",为政府决策、行政审批、资源监管和社会服务提供真实、可靠的数据服务和技术支撑。

2.数据共享基础体系建设不断推进

充分利用遥感监测成果构建数据共享体系,一是积极推进遥感影像数据库建设,为掌握各地土地利用情况提供基础数据资料; 二是利用优于1米的高分辨率卫星遥感数据,开展矿山卫片执法检查试验研究;三是利用近年积累的遥感数据,开展了闲置土地动态监测研究。四是利用遥感监测建立的GPS控制点数据库,将原有各类数据库坐标系统由1954北京坐标系转为1980西安坐标系,为全省国土资源系统统一数据基础和数据全面共享奠定了基础。

三、"一站服务到位"提升了部门形象

通过行政服务大厅实现对受理对象的一站式服务,优化审批流程,推进网上协同办公,压缩办件时间,提高服务质量;通过门户网站实现各级国土资源部门政务信息网上公开,为社会公众提供信息服务,接受社会监督。

1.国土资源监测会商中心建设基本完成

河南省国土资源监测会商中心是对内"一站式服务"的平台,选用了刚刚投放市场的60寸等离子拼接屏,同时实现了六个高清摄像头同步摄像、专业级导播切换、音视频全高清、内容同步录制和点播,18路视频远程会商和10路数据共享展示;并对原有网络和业务系统进行了整合,搭建了集资源查询、在线监测、异地互动、视频培训、应急指挥、动态监察等六大功能为一体的综合应用平台,达到了覆盖范围广、集成程度高、全高清传输、应用功能完善、操控灵活便捷的设计目标。会商中心于2011年10月份投入使用,受到有关领导好评。

2.政务信息网上公开工作成绩斐然

门户网站是"一站服务到位"的对外窗口。我厅门户网站自改版上线以来,通过增加专栏、完善功能模块、丰富信息内容,为推进政府信息公开、提升政府形象发挥了较好的作用,在省政府及国土资源部组织的网上政务信息公开工作中成绩优异。连续六年荣获"省级国土资源政务信息网上公开示范单位",商丘、焦作、三门峡等市局及睢阳区、睢县、荥阳等县局也多次在同级别检查评比中名列前茅,受到国土资源部表彰。

四、"一台综合监管"正式投入运行

着力构建集办公、审批、监管、决策于一体的综合监管平台,创新监管模式,实现全省国土资源行政审批全程监管、国土资源开发利用的合理高效配置。

1.国土资源综合监管平台正式启用

河南省国土资源综合监管平台是"一台综合监管"的重点工程,整合了全省已有的基础地理、遥感影像及地政、矿政、地质环境等五大类28项数据,建立了集办公、审批、监管、决策于一体的综合监管平台,实现了对全省土地"批、供、用、补、查"、土地登记与地价监测等信息的及时、准确、全面掌握;基本实现了对全省矿产资源勘查、储量、规划、开发利用、执法监察和地质环境管理等各项业务的全方位、全过程监管；实现了对行政审批行为、资源开发利用状况，土地节约集约利用目标责任落实情况等进行统计分析，共涉及 57 个具体工作监管点，为国土资源管理提供了决策依据。

2.政务信息系统应用范围不断拓展

厅政务管理信息系统自 2010 年升级以来，对 14 个行政审批类、行政许可类工作流程进行了优化和调整，增加了矿业权市局联网会审等功能模块，并于下半年向省直管的 10 个试点县进行了延伸应用。截至 2011 年底，各类业务系统共受理各类审批件 8000 余件，办结 7700 余件，网上办理公文 15600 余件。全省 18 个省辖市局中，已有 15 个市局完成了电子政务系统的研发，其中 10 个市局已上线运行。

与此同时，组织开展了厅政务管理系统移动办公项目研发和部署，对移动办公所涉及的各个环节进行了反复测试，确保系统建设的安全稳定。期间，尝试了用短信猫的方式对政务管理系统提供手机短消息提醒的服务功能，并获得成功。目前，移动办公系统的技术测试工作基本完成。

五、"一班人马督办"发挥重要作用

按照"管办分离"原则，固化审批流程，实行"一条线监管、多条线承办"，通过内网在线监控和外网信息公开，缩短办件时间，强化监督与服务，全面改善和提升全省各级国土资源部门服务形象，实现阳光行政。

1.电子监察功能得以应用

今年以来，重点推进了电子监察和短信提醒功能的开发与应用。借助电子监察技术手段，对厅机关和参与会审的市、县国土资源部门实施全业务、全流程在线督办，实现对国土资源管理各个工作节点的在线监察，实时跟踪办件运转进度，以红、黄灯及短信提醒方式，及时督促办件进度，为提升审批和服务效率发挥了重要作用。

2.视频监控系统完成试点工作

采用视频监控模式，实施电子监察手段，在厅行政服务大厅及 18 个省辖市局行政服务窗口安装大屏幕显示屏、无线触摸屏、高清摄像头等，实现宣传展示、信息查询和实时监控等目标，实施对"一班人马督办"人员的监督，相互制约，提升工作人员业务素质和服务水平。目前，已经完成省厅行政服务中心和郑州市局行政服务大厅视频监控的部署。

回顾一年来的信息化工作，主要有两点体会。

（一）要以全局视野和更高站位，充分认识信息化工作的重要地位和作用

党的十七大报告首次将市场化、工业化、国际化、城镇化、信息化"五化"并举，并提出信息化与工业化"两化"融合发展的崭新命题。我省第九次党代会也明确提出，要强化以科技含量高、信息化涵盖广、经济效益好、资源消耗低、环境污染少、人力资源优势得到充分发挥为主要内涵的新型工业化。这些都为信息化工作赋予了新的重任。作为承担国土资源保护、开发、利用与管理的政府部门，要积极主动地适应这一大的趋势，保持清醒头脑，统一思想认识，牢牢抓住机遇，以全局视野和更高站位充分发挥好完善国土资源监管体系的平台作用，提升国土资源管理水平的支撑作用和强化权力制约、规范权力运行的载体作用。

（二）加强信息技术和业务工作的有机融合，在规范和创新管理上有作为

信息化本身是一种技术手段，但当它真正应用和贯穿到政府管理之中，就必然导致管

理理念、管理方式、管理结构、管理制度、管理文化与行政网络环境的深度内嵌与融合。国土资源信息化工作要以需求为导向、以应用促发展，建用并举、突出应用，以信息化为平台，整合规范数据资源，在夯实国土资源管理工作基础上见成效；以信息化为引领，加快管理方式转变，在提高资源配置与利用效能上见成效；以信息化为支撑，积极破解“两难”局面，在提升资源保护与保障水平上见成效；以信息化为手段，延伸拓展服务功能，在加快国土资源服务型机关建设上见成效。

今后一个时期，我省国土资源信息化建设的主要目标和任务是以国土资源部确定的“三项原则”为指导，以综合监管平台和遥感监测“一张图”为核心，在现已构建“五个一”框架的基础上，持续向“四全”延伸发展和深化提高，力争在较短时间内使信息化工作有新提高、新发展、新突破。

一是全领域覆盖。构建横向到边、纵向到底的全省国土资源业务网络体系，以网络全覆盖保障应用全覆盖。“全领域覆盖”的重点对象是支撑信息化应用的各种硬件环境，包括各级机关局域网、视频会议网、网络机房、终端设备，以及网络安全环境。在纵向上，实现省、市、县、乡四个层级的网络覆盖；在横向上，实现国土资源综合办公、行政审批等相关业务的网络覆盖。

二是全业务应用。涵盖地政、矿政、地质环境管理等业务，将全业务系统嵌入到综合监管、电子政务、共享服务三大平台上，实现各系统之间的无缝对接和信息无障碍交换，充分发挥一网管资源、防灾害、促政务的综合效应，努力在“业务数据落地化，机关办公无纸化，申报审批网络化，网上交易规范化，网上服务高效化”上见实效。

三是全流程监控。把监管视角延伸到国土资源管理全周期的末梢、资源开发利用和市场交易现场，监管指标涵盖资源、资本、资产三属性，监管重点锁定在国土资源违法线索的发现、反馈和处置上，监管方式向常态化转变，变粗放式监管为精细化监控。

四是全方位保障。从组织、机构、制度、人才、经费等方面给予全力支持和保障，特别是加大资金投入，加快人才培养，为信息化建设提供支撑。

河南省环保厅信息化发展概况

2011 年,在省信息化工作领导小组和省信息协会的大力支持下,省环保厅以环境自动监控系统建设为抓手,强基础、抓应用,在环境信息化建设、环境信息系统运行管理和应用等方面进行大胆的探索和尝试,各方面工作取得了明显成绩,有效提高了环境信息化对环境管理的支撑和服务作用。现将主要情况总结汇报如下。

一、2011 年信息化工作情况

(一)基本情况

1、园满完成环境自动监控系统建设任务。为落实科学发展观,全面提升环境管理能力和水平,省政府在 2008 年作出“通过两至三年的时间,建立起覆盖全省、功能完备、技术先进、全国一流的环境自动监控系统”的决定,2010 年 8 月,河南省环境自动监控系统基本建成并投入使用。2011 年,该系统建设进入收尾阶段,省市基础硬件升级、县级监控平台建设、环境地理信息系统建设、环境数据中心与综合分析系统建设、环境应急与指挥系统等相关子项目陆续通过验收。整个系统通过了信息安全等级测评并完成了信息系统安全等级保护备案工作。

2、环保视频会议系统功能进一步扩充。环保视频会议系统已建成投入使用 4 年,2010 年扩充建设的视频会议录播系统在 2011 年得到有效应用,对 2011 年以来历次会议进行了在线录播,会议影像资料进行了有效保存,也使设备或线路故障的省辖市得以及时参会了解会议精神和工作要求,保障了相关工作的顺利开展。同时,指导省直管县通过录播系统进行在线观看,使得省直管县在目前尚未建设视频会议系统的情况下能够通过录播系统及时了解会议内容,会议精神得以及时传达贯彻。

3、门户网站持续完善,行政审批网上申报系统投入使用。根据环保部和省政府关于政府门户网站建设的要求,为进一步加强在线服务功能,省环保厅建设开通了行政审批网上申报系统,初步实现了外网申报、内网审批功能,在厅门户网站上可以随时查看行政审批事项的审批状态,方便了企业和公众办事。自 2011 年 9 月中旬以来,通过在线申请受理了 240 余件。同时,根据信息公开需要,省环保厅门户网站及时增加了重点工作专栏、工程建设领域项目信息和信用信息公开共享专栏、重点行业环境整治信息公开专栏等相关专栏,保证了相关信息的及时发布。

4、软件正版化工作顺利开展。根据《河南省人民政府办公厅关于进一步做好政府机关使用正版软件工作的通知》(豫政办[2011]1 号)精神和要求,省环保厅积极开展软件正版化情况检查。根据检查情况制定了软件正版化实施方案,落实资金 50 万元,委托招标代理机构完成正版软件询价采购工作,正版操作系统和Office 办公软件已采购安装到位。

5、信息安全工作得到加强。借助环境自动监控系统信息安全等级测评工作的开展,省市县三级的信息安全工作得到加强,各级环保部门的信息安全意识有了明显提高。省环保厅按照信息安全测评整改要求,从物理安全、网络安全、主机安全、数据安全、应用安全、制度安全等各方面进行了加强和改进,增购了相关安全防护设备,制定了相关规章制度,采取了相应的技术措施,加强了信息安全技术培训,省环境信息中心 1 名工作人员通过了国家 CISP 认证考试。

6、国家环境信息与统计能力建设项目顺利实施。2011 年是国家环境信息与统计能力建设项目实施的关键一年,为切实做好项目实施工作,省环保厅在年初召开了工作布置会议,对实施工作进行安排部署。省环保厅积极进行机房场地环境的整改与准备,注重做好组织协调工作,保障了该项目在我省的顺利实施。至 2011 年底,省市间的 2 兆 MSTP 线路、158 个县区的 2 兆互联网光纤线路全部开通,网络与安全、主机与存储等大量实施工作都已顺利完成。另外,重新整理制定了全省环保系统 IP 地址规划,完善建设了省辖市环保局与市监测站、监察支队之间的城域网。

7、环境管理相关业务系统稳步建设。移动执法与办公系统、污染源监控值班系统等与环境管理密切相关的各业务应用系统不断建设完成并投入使用,有效推动和保障了环境监察、环境执法、环境监控等工作的开展,为环境管理提供了可靠的技术支撑。

(二)重点工作

2011 年,河南省各级环保部门持续开展应用系统建设,电子公文传输系统等一批服务环境管理的应用系统建设较好完成。

1、电子公文传输系统

该系统是 B/S 方式的网络应用系统,依托省市环保专网,采用书生公文加密卡,实现了河南省环保厅与 18 个省辖市、10 个省直管试点县(市)环保局之间红头红章电子公文的远程传输。系统建设采用各省辖市分别投资,省环保厅统一为省直管县采购加密卡、计算机、加密打印机的方式进行,省环保厅投资 38 万元。截至 2011 年 12 月 31 日,省环保厅通过电子公文传输系统共下发电子公文 570 件,接收电子公文 129 件,省、市(省直管县)之间实现了公文的实时发送和接受,公文传递效率大大提高。

2、总量预算管理系统

河南省人民政府办公厅于 2011 年 12 月 31 日印发了《河南省主要污染物排放总量预算管理办法(试行)》。为切实做好河南省主要污染物排放总量预算管理,省环保厅在 2011 年底前组织开发了总量预算管理系统。通过该系统可实现“把总量指标作为环评审批的前置性条件”要求,严把建设项目环评准入关,切实控制主要污染源排放新增量,实现总量指标控制与精细化管理。

该系统采用分布式 B/S 三层架构进行设计,综合采用了 XML 技术、NET Framework 组件及 C# 语言进行开发。系统功能包括总量分配、建设项目填报、总量预算指标核定、总量指标使用情况预警、使用情况统计、数据交换、环评管理、环评统计等。总量分配是根据上一年度污染减排核定情况，由省环保厅确定本年度各省辖市的总量预算指标，并向各省辖市和省管县分配本年度预算指标；项目填报由企业、环评中心通过外网实现建设项目基本信息的填报并实时交换到本系统，并由市、县环保局总量部门录入新增总量预算指标；总量预算指标核定采用分级审核管理，分别由省环保厅和省辖市、省直管县环保局负责建设项目总量核定，县环保局只具备总量核定的初始审查权；总量预警是实时跟踪总量指标的使用情况，对于已经使用的指标占总量预算指标大于80%或更高的，给予不同级别的预警；总量使用情况统计是按项目、行政区域、行业等对总量指标使用情况进行分类汇总，以便总量部门随时掌握总量预算指标使用情况；数据交换是建设项目总量指标核定后，通过数据交换系统将总量核定结果及建设项目基本信息交换到建设项目管理系统，实现建设项目的环评审批；环评管理是结合建设项目管理系统完成建设项目审批后，将审批结果交换到总量预算管理系统中，结合环评管理的自身需求，完成建设项目的环评管理。

3、燃煤电厂二氧化硫自动监控数据审核计算系统

该系统以电厂自动监控数据为基础，结合电厂生产运行及管理情况，实现省管电厂二氧化硫排放量及并网电厂脱硫设施运行情况的自动计算和联合审核，为电厂二氧化硫排污费征收及并网电厂脱硫设施运行管理提供准确、及时、有效的数据。

该系统由材料整理审核、省管电厂二氧化硫排放量核算、并网电厂脱硫效率及脱硫设施投运率核算和系统设置等四部分组成。

从2011年第二季度起，该系统已开始应用于核算省管电厂二氧化硫排放量，核定后数据用于排污收费。经对比，省管电厂收费额度与原来基本持平，稍有提高。

4、重点污染源超标预警系统

重点污染源超标预警系统是重点污染源自动监控系统的扩充部分，同时部署在省、18个省辖市、10个省直管县环境监控中心和8家运行服务单位及河南省重点监控企业，对污染源超标排污情况进行全天候实时监控。河南省环境监控中心通过对超标数据分析，向市级环境监控中心、运行服务单位和超标排污企业发送声、光预警，市级环境监控中心、运行服务单位接到预警信息后立即组织人员到现场检查，及时制止超标排污行为,体现了环境信息化对企业环境行为的直接管理作用。

（三）主要工作举措

1、加强组织领导。省环保厅领导高度重视环境信息化建设，多次召开会议研究讨论环境自动监控系统、电子公文传输系统、网上行政审批系统等建设问题，研究部署软件正版化等信息化工作。在各级领导的高度重视下，全省环境信息化建设得以顺利开展。

2、加强机构队伍建设。环境信息化工作离不开信息机构的支持与保障，河南省环保系统重视环境信息机构队伍建设，通过努力争取和积极协调，2011年2月，省机构编制委员会办公室下发文件，同意省环境监控中心加挂省环境信息中心牌子，承担我省环境信息系统建设等相关工作。全省有9个省辖市成立了信息中心或监控中心，承担环境信息工作。

3、重视资金投入。省环保厅积极筹措资金，开展信息化建设。在电子公文传输系统建设时，省环保厅安排资金近40万元，统一购买公文加密卡、专用打印机、计算机等配发到省直管县，使整个系统得以顺利建设和投入使用。为开展软件正版化，投入资金近50万元，保证

了软件正版化工作的顺利开展。

4、重视培训与使用。省环保厅积极组织开展厅内部人员的办公自动化系统使用培训、全省电子公文系统培训以及全省环境自动监控系统业务技术培训，保证建设的各个业务系统能够顺利推广使用，全年共培训 450 余人次。

（四）存在问题

1、因资金制约，各省辖市、县环保系统环境信息化建设发展不均衡。

2、组织保障机构不健全，全省十八个省辖市环保局尚有一半未成立环境信息机构，环境信息工作缺乏有效的技术支持。

二、2012 年主要任务

1、重点任务

建立和完善环境信息资源中心，整合优化环境信息资源，实现环境信息资源共享；做好现有各系统的运行管理及维护，为环境管理提供支持服务；继续组织做好国家环境信息与统计能力建设项目在我省的实施；加强省直管县环境信息基础能力建设，提升信息化水平。

2、拟建项目

研究开发环境监控信息服务平台，提供环境监控信息服务；建设省管电厂和污水处理厂等的工况监控系统，完善环境自动监控系统功能，为环境管理提供可靠支撑。

河南省文化厅信息化发展概况

2011年，省文化厅认真贯彻落实国家和我省关于信息化建设的各项方针政策，切实加大工作力度，积极推进文化领域信息化建设，取得了积极成效。

一、强化领导，建立信息化建设的长效机制

为全面推进信息化建设和应用，不断提升文化系统信息化水平，我厅高度重视信息化建设工作，成立了以厅长杨丽萍为组长的信息化工作领导小组，领导小组下设办公室，指定专人负责具体工作落实。同时，进一步加强了信息化建设各项制度的建设和规范工作，充实完善了《河南省文化厅电子政务工作规划》《河南省文化厅政务信息公开工作制度》等一批规章制度，形成了总体目标与分项目标相互协调的规划体系，为我厅信息化建设的顺利开展构筑了强有力的制度保障。

二、注重实效，推动信息化建设与文化工作的深度结合

信息化建设的目的在于提升工作效率，服务经济社会发展。工作中，我们坚持以"实"为纲，以"效"为本，着力推动信息化建设与各项业务工作的深度结合，较好实现了两者的良性互促，取得了良好成效。

一是推动文化惠民工程信息化。按照文化部统一要求，以IPTV为基本模式，在全省范围内大力开展了文化信息资源共享工程建设。目前，我省文化信息资源共享工程资源已经覆盖全省4.8万个行政村，实现了"村村通"。通过不断拓展共享工程服务功能，延伸和扩大服务覆盖面，使共建共享基层点真正成为广大农民群众学习政策法规的课堂，提高知识技能的学校，获取致富信息的窗口，开展娱乐健身、相互交流的园地，为全省广大农村群众建设新农村架起了一座文化信息桥梁。同时，为满足公众对数字信息的迫切需求，实现传统图书馆数字化转型，启动了数字图书馆建设工程。该工程为基于因特网的数字文献共享服务，以河南省图书馆为中心馆，以各地市、县公共馆为成员馆，建立起以城乡群众和广大读者为主要用户群的公共服务平台，实现全省范围内的资源共享，使注册用户能够24小时享受数字图书资源服务。

二是推动非物质文化遗产保护数字化。为助力中原经济区文化建设，努力打造华夏历史文明重要传承区，我们在加强工作体系、名录体系和传承人体系建设等工作的基础上，扎实推进全省非物质文化遗产资源数字化建设，抓紧为中原经济区凝聚软实力、增强吸引力、扩大影响力进行战略储备。启动了"铭刻——河南省非物质文化遗产全面记录计划"工作，制定了拍摄计划，并相继完成了浚县正月古庙会、马街书会、泥咕咕、浚县民间社火、黄河古陶、太昊伏羲祭典、秦李庄周氏口腔咽喉科等项目的系统拍摄工作。组织完成了“中原记忆——河南省非物质文化遗产数字博物馆”（河南非遗网）的技术研发和设计，并于年底正式开通，为全面展示全省非物质文化遗产资源开辟了崭新窗口和渠道。

三是推动文化市场监管智能化。在全省开展了网吧计算机终端监管软件安装工作，使文化市场监管的智能化水平明显提高。2011年，省文化市场技术监管平台中心已经建设完成，电信运营商400兆宽带已经接入中心机房，全省网吧计算机终端的文化市场技术监管平台管理软件安装工作正在稳步进行，全省共有4267家网吧完成了软件安装，占全省网吧总数的54.3%，在线率达54.3%。

四是推动政务工作电子化。进一步规范完善了河南省文化厅电子政务平台建设。2011年，通过河南文化网新发布规范性文件、重大项目建设情况等信息700多条，并将全省各地的文化展演信息及时上网发布，为非物质文化遗产法、第十二届河南省戏剧大赛、中国洛阳牡丹文化节制作了近10个专题，并发布了一批通知公告。及时办理网上申请等各类依申请公开，全年共受理省政府门户网站咨询12次，答复率达到了100%，办结依申请公开事项4项。

五是推动门户网站建设规范化。以规范管理为抓手，着力推动河南文化网各项工作走上有序运行轨道。目前，网站的采、编、审制度不断健全，文化信息和专题发布准确、及时，成为我厅信息化建设的亮点。2011年，河南文化网共发布省内新闻1506条、国内要闻1235条、域外采风1026条、文化工作1048条、自采新闻730条，河南文化网站群总点击量达7884006次。全年上报省政府网站信息291条、采用268条，保持了在省直网站中的领先地位。其中5月、9月在省厅局中排名第一，有6个月排名第二。

三、立足防范，全力强化网络与信息安全保障

长期以来，我厅认真落实各项网络安全和保密工作各项规定，坚持积极防御、综合防范的方针，实行管理与技术并重，一手抓信息化建设，一手抓信息安全保障工作，加快了信息安全保障体系建设，切实保障了网络与信息安全。加快了信息安全等级保护工作的落实进度，组织开展信息安全风险评估和基础信息网络、重要信息系统的信息安全检查。进一步健全了政府信息公开保密审查和依申请公开机制，保障政府信息公开和政务信息查询工作的持续健康发展。

河南省水利信息化建设发展概况

2011年是我省水利系统深入贯彻落实中央一号文件和中央水利工作会议精神以及我省一号文件和全省水利工作会议精神，以水利改革助推中原经济区建设，全面推进我省水利信息化发展的起步之年，我省水利信息化工作取得了长足的发展。

一、工作成效

(一)基础设施建设实现跨越式发展

一是实施山洪灾害防治县级预警平台建设。建成了45个县级网络和视频会商系统，完成5个市水利局网络和视频会商系统的升级改造，建设完成2个试点县的37个乡级视频会商系统。使我省成为全国水利系统首家防汛计算机网络系统和视频会议系统省、市、县、乡四级联通的省，达到了省委卢展工书记“山洪灾害预警要视频到乡”的指示精神，今年全国山洪灾害预警项目现场会在我省成功举办，也使该项目成为全国山洪灾害防治非工程措施建设的亮点。一是完成全省水情视频会商系统一期工程建设。随着水情视频会商系统项目一期工程建设，实现了省水文局和信阳、驻马店、南阳、平顶山、漯河、周口6个水文分局的视频会商系统与全省异地防汛会商视频会议系统的无缝连接，大大提高了水文系统的水情会商能力，为防汛减灾现代化奠定了基础。三是完成全国第一次水利普查网络环境建设。根据全国第一次水利普查实施方案，完成了我省普查网络环境的建设，建立起全省统一的VPN网络系统，建设了水利普查信息支撑平台系统，为河南省水利普查工作顺利进行提供技术保障。四是完成全省防汛短信预警平台建设。利用联通、移动、电信三家运营商的短信端口和电路，建设了全省防汛短信预警平台，实现一个用户平台不同手机用户间的群发功能，解决了以往预警短信只能在移动用户收发的问题，满足了防汛预警和水利办公对短消息的需求。

(二)信息化前期工作稳步开展

一是初步完成了河南省水利信息化“十二五”规划编制工作。规划是我省水利信息化“十二五”期间建设和发展的指导性文件，明确了水利信息化的指导思想、总体思路、建设目标和重点建设任务。经过调研、收集资料、报告编制和征求意见，目前已形成初稿。二是完成了河南省国家防汛抗旱指挥系统二期工程设计，并通过了项目评审专家委员会的审定。三是完成中小河流治理工程计算机通信系统设计，并纳入项目实施总体方案中。

(三)应用系统建设逐步推进

一是建设了水利综合办公系统。按照水利电子政务建设要求，开发了公文管理、公文交换、文档共享、综合办公和信息发布和管理等子系统。目前项目已进入软件测试修改阶段。二是完成了政务公开与行政审批系统前期工作。按照项目建设安排,完成了项目建议书和建设方案的编制,完成了政府采购程序,目前已进入软件开发阶段。三是河南省水资源管理系统工程项目已初步启动。目前正在开展省级中心平台建设,先后完成实施方案审定、项目招投标、设备安装等工程建设内容。

(四)认真做好运行管理维护工作

一是进一步加强网络管理。编制了《2011 年防汛计算机网络故障处理应急预案》,下发《关于加强汛期防汛计算机网络管理》的文件,严格执行值班制度和机房管理制度。协调联通、移动等电信运营商实行汛期重点保障制度,组织全省范围的电路故障应急演练,确保防汛工作所用线路畅通。二是做好电子政务系统的管理维护。围绕当前水利工作,完成河南省水利网“工程建设领域项目信息和信用信息公开共享专栏”、“深入开展创先争优活动专题”等六个专题、专栏的建设工作。完成了水利电子邮件系统网关升级改造工作,解决了邮件系统乱码和稳定性问题。配合厅办公室公文交换工作,完成了水利部、省委、省政府电子公文交换业务技术保障工作。三是省水利信息中心荣获“全国水利信息化先进集体”。由于建设成绩突出,管理服务到位,2011 年省水利信息中心被水利部评为全国水利信息化先进集体,全国共有 15 家单位获此殊荣。信息中心多人次被评为水利系统先进工作者和优秀共产党员。

(五)加强水利信息系统安全保密工作

一是完成了 2011 年省委安全保密检查。下发了《河南省水利厅关于进行保密检查工作的通知》,对厅直和厅属单位进行了安全保密检查,通过自查和抽查相结合方式,对检查中发现的突出问题进行了整改。二是完成了 2011 年省政府信息办信息系统安全检查工作。按照要求,对厅直单位和省辖市水利局进行了信息系统安全检查,并通过了省检查组的抽查。

二、存在问题

(一)管理体制不顺,职能薄弱

由于水利信息化管理科技含量高、牵涉面广、协调难度大,按照现有的管理体制,难以承担我省水利信息化建设管理重任,成为制约水利信息化发展的瓶颈。同时,随着水利信息网络覆盖到县,视频会商系统延伸到乡,全省还有 8 个市、全部县没有水利信息化管理机构,严重影响已建系统运行管理和全省水利信息化发展步伐。

我厅出台了《河南省水利信息化建设管理暂行办法》,对水利工程规划、审批、招标、验收各个环节都规定要进行信息化技术审查和把关,确保标准统一、互联互通和资源共享。但实践中执行困难,低水平重复建设、信息孤岛、浪费资金现象仍然很严重,信息化管理职能难以发挥。

(二)没有正常投资渠道,建设主要靠项目带动

长期以来我省水利信息化建设主要靠防汛指挥系统一期工程、山洪灾害防治非工程措施建设和防汛专项带动,信息化建设经费没有正常投入渠道,致使水利信息化公共设施和电子政务建设缓慢,影响水利信息化建设进程。

(河南省水利信息中心)

河南省工商系统信息化发展概况

2011 年以来,按照《全省工商系统 2011 年信息化建设工作意见》和省局党组关于建设现代工商、实现应用跨越的工作要求,紧紧围绕省局中心工作,立足本职、站位全局,科学谋划、求真务实,以信息化助推“五个工商”建设和全省工商行政管理事业改革发展,为中原经济区建设和全省经济社会科学发展做出应有的贡献。

一、2011 年信息化建设情况

今年是全省工商信息化由基础建设转向规范管理的第一年,也是建章立制成效初显的第一年。今年以来,我们在省局党组的坚强领导和机关各处室的支持配合下,坚持“优化、融合、应用、提升”八字方针,以加快信息资源开发利用为主线,以提高信息化整体应用水平为重点,以信息化标准化和数据质量建设两项试点工作为抓手,带动信息化整体工作再上新水平。截至目前,共起草制度 11 项、印发实施 4 项,在建项目 5 个,组织全省规模会议 4 次、培训 465 人次,运维平台累计处理问题 10973 条、维护终端设备 950 次,有力促进了各项工作规范有效运行,切实保障了机关人员正常办公。

(一)制度建设。科学健全的制度体系是建立工作机制、规范工作流程、保障长治久安的重要基础。在推进项目建设的同时,信息中心始终将制度建设摆在突出重要的位置,坚持边建设、边完善。今年以来,我们一是制定了省局信息化工作领导小组工作规则,明确了信息化建设工作机制,进一步规范了省局信息化建设各项工作流程。二是制定了省局信息化软件应用专家组章程,明确了各处室课题组的工作职责,进一步规范了业务需求开发与管理以及软件应用优化等工作。三是制定了全省工商系统信息化人才管理办法,明确了信息化人才选拔与培养机制,进一步规范了系统信息化人才队伍建设。四是制定了数据质量绩效考核办法,明确了数据质量检查、考核的原则与方法,进一步规范了数据质量建设和管理。五是起草了信息化项目管理、信息安全管理等制度,正进行内部讨论、征求意见。预计年底将基本构架完成信息化管理制度体系。

(二)队伍建设。人才是工商信息化建设的第一资源,是工商行政管理事业发展的重要支撑。我们坚持在工作中锤炼一支队伍、在项目中培养一批人才。“大集中”建设之初,面对业务规范、数据安全、网络阻塞、人员机构、省辖市局信息中心主力军创造性发挥等五大风险,信息中心在数据、应用、设备、管理实现省局集中,而人员严重不足的情况下,以仅有的、包括借调人员在内 16 名、平均年龄 33 岁的专业技术人员,累计组织建设项目 35 个,普遍锻炼了队伍,提升了素质。今年以来,一是成立了 168 人的省局信息化软件应用专家组,作为领导小组的辅助决策机构。信息办会同省局各部门,面向全省工商系统各条线选拔了 5 名业务人员和 2 名技术人员,依处室(业务条线)组成 23 个课题组,由该处室信息化直接责任人任组长,作为技术与业务部门之间的纽带,负责牵头做好各条线信息化相关工作。二是建立了 375 人全省工商系统信息化人才库,作为信息化工作的智力支撑。根据"德才兼备、以德为先"的选拔原则,通过个人自荐、单位推荐和省局审核等遴选程序面向全系统选拔,并按照"统一建设、分类管理"的思路积极探索信息化人才的培养与管理机制。三是正在制订全系统信息化人才队伍建设和教育培训的"十百千"工程专项方案,积极探索分级分类培养管理机制,逐步实现人才队伍的规范化建设。四是组织了 4 期 33 人次的专业技术培训,6 期 314 人次的信息化业务应用培训。信息化人才以及软件应用专家组成员在基层数据质量核查、在省局各条线信息化业务规范梳理等工作中发挥了积极的带头作用。

(三)项目建设。全省工商系统信息化建设自 2008 年规划实施以来,已建成一个网络、五个中心、三个平台和十一个子系统,基本建成了"大集中、大统一、一体化"的信息化基础设施和应用平台。在此基础上,我们按照"现代工商"建设的目标要求,以项目建设为抓手,加快实现"手段信息化",持续提升工商行政管理整体效能。今年共组织项目会议 190 次,启动建设项目 10 个。完成初验的项目是:省局信息安全保障体系设计及网络安全、应用安全建设项目,大型超市(农资市场)食品及重点商品安全监管系统硬件采购项目,省局数据库和中间件采购项目,短消息平台项目。在建的项目是:省局信息安全系统总集成及监理项目,大型超市(农资市场)食品及重点商品安全监管系统软件采购项目,移动办公与执法系统建设及移动工商网络租赁项目,企业基础信息平台建设系统设计、工程监理及系统测试、硬件采购和软件采购项目。待建的项目是:网络商品交易监管系统、非公有制经济组织党建统计系统、社会化网上服务平台和系统建设规划和监理项目。

(四)专项工作。河南是总局确定的"统一工商信息化标准"和"数据质量建设年"活动试点单位。这两项工作都是总局计划用三年时间统一部署、强力推进的信息化重点工作。今年以来,关于统一工商信息化标准工作,我们按照总局"年底前完成试点任务,形成具有推广价值的机制和方法,为全国统一工商信息化标准提供借鉴和示范"的要求,一是制定了专项实施方案,召开了全省范围的动员、培训会议,梳理了省局已建、在建信息系统的整体情况,并对数据标准执行情况进行了检查改造。二是部署了省局各业务条线的信息化应用规范制订工作。目前,已由陶局长主持召开了两次信息化工作领导小组组长办公会议,研究确定专项方案;一次全省规模"现代工商"建设课题研讨暨完成总局统一工商信息化标准试点项目推进会,以项目课题方式推进完成信息化标准化试点工作。关于"数据质量建设年"活动,我们在去年取得总局数据质量检查省级单位第一名的基础上,立足新的更高起点,一是制定了数据质量绩效考核办法,研发了数据质量监测系统,作为数据管理的有机补充,拓展了"属地负责、归口管理"数据管理内涵,基本实现数据质量建设规范化和常态化管理。二是召开了全省工商系统数据质量建设会议,深入分析总结去年数据质量建设中出现的问题及原因,全面部署 2011 年的数据质量核查和迎接总局年度检查工作。截至目前,共检查 10 个数据质量专项、共计 1104 项数据指标。其中,全省市场主体、12315 和行政执法等数据平均正确率均超过 99%。

二、2012 年工作任务

“十二五”时期是工商行政管理部门提高监管执法效能、提升服务发展水平、推进自身改革发展的重要战略机遇期。国家工商总局研究制定了贯彻落实“十二五”规划的指导意见，要求着力推进数字工商建设，实现信息化建设统一规范发展。当前，全省工商系统在省局党组的正确领导下，按照省委、省政府的决策部署，以学习贯彻省第九次党代会精神为契机，进一步统一思想认识、坚持务实重干，以“五个工商”建设为抓手强力助推中原经济区建设。为充分发挥职能作用，服务中原经济区建设和全省经济社会又好又快发展，结合工商行政管理发展形势和全省工商信息化建设实际，现就切实做好全省工商系统 2012 年信息化建设工作提出以下意见：

（一）编制“十二五”时期河南工商行政管理信息化发展规划。研究制订新时期、新形势下全省工商信息化发展规划和顶层设计，是保障全省工商机关充分发挥职能作用的重要基础。一是认真学习总局《关于贯彻落实国家国民经济和社会发展“十二五”规划的意见》（工商办字〔2011〕195 号）、《河南省国民经济和社会信息化“十二五”规划》和《工商行政管理信息化“十二五”规划纲要》等文件，深入研究总局和河南省对工商信息化工作提出的新要求。二是系统对照《河南省工商系统信息化建设规划》（豫工商明电〔2007〕228 号），全面总结 2008-2010 年以来，全省工商系统实施“大集中、大统一、一体化”信息化建设所取得的成绩和存在的不足。三是请示由总局信息化专家领衔，邀请河南省以及全国工商系统内的信息化与工商行政管理专家，依托系统信息化和业务管理骨干人员，以“五个工商”建设为目标，科学编制“十二五”时期全省工商信息化发展规划与宏伟蓝图。

（二）完成总局统一工商行政管理信息化标准试点任务。以推进完成总局统一工商行政管理信息化标准试点为抓手，一是按照省局《关于完成总局统一工商行政管理信息化标准试点项目推进工作实施方案》（办文〔2011〕140 号），于 2012 年上半年保质保量完成各条线信息化业务应用规范的梳理及制订工作。二是依据制定的信息化业务应用规范和工商信息化数据、应用等技术标准，从软件设计和操作规范等方面完善相关业务软件，于 2012 年 9 月底全面完成省局各类信息系统的标准化改造工作，报请总局信息办检查验收。三是参照《工商行政管理信息化标准化管理办法》，结合工作实际，制定《河南省工商行政管理信息化标准化实施细则》，以及与其配套的管理制度、符合性测试方法等，建立健全省局信息化工作规范，为总局在全国工商系统推行标准化工作提供有益借鉴。

（三）建立健全全省工商系统信息资源管理体系与机制。工商信息资源，即工商机关掌握的市场主体等数据，是工商机关服务党委政府宏观决策、促进经济社会科学发展的独特资源。一是按照总局《关于在全国工商系统开展“数据质量建设年”活动的通知》（工商办字〔2010〕80 号）要求，继续抓好数据质量日常监测与核查，不断完善数据建设和管理制度，全面完成总局确定的三年目标任务，确保最终取得优异成绩。二是以信息资源规划理论为指导，以数据为中心，成立全省工商行政管理信息资源管理委员会，切实理顺业务部门之间、业务与技术之间的关系，建立完善业务应用与数据管理相统一、权力和责任相统一的信息资源管理体系。三是加快实施企业基础信息共享系统、分析辅助决策系统项目建设，加快建立全省经济户籍库、全省企业法人基础信息库，切实做好工商信息综合运用，全面提升服务党委政府决策和经济社会发展的能力。

（四）扎实推进全省工商行政管理信息化人才队伍建设。人才是工商信息化建设的第一资源，是工商行政管理事业发展的重要支撑。一是各级工商机关要加快规范信息化管理机构建设，编制信息化管理机构岗责体系，将更多综合素质高、专业能力强的年轻同志充实到管理岗位上来。二是要进一步完善信息化人才库建设，按照分级分类建设、管理原则，调整信息化人才入库标准，建立入库人才公开择优、动态管理、充分使用、优先培养的政策措施及相关制度，充分发现、培养和使用好人才资源。三是要进一步加强信息员备案管理工作，各省辖市、省直管试点县（市）工商局要将所属单位信息员纳为本级信息化应用人才，予以培养使用；省局机关各处室、直属行政事业各单位要将本部门信息员纳入部门信息化软件应用课题组，使其充分发挥沟通业务与技术部门间的桥梁作用。

（五）全面开展全省工商系统信息化知识分级分类培训。按照总局和省局关于开展干部培训教育工作的规划安排，结合系统实际全面开展信息化知识培训，不断提升广大工商人员的信息化操作技能和思维能力，为工商信息化发展提供坚实的人才保障和智力支持。一是制定信息化培训制度，确立培训计划和目标，组建师资队伍，编写培训教材，建立健全系统信息化培训管理体制和工作机制。二是开展普及性知识分级培训，针对广大工作人员组织不少于 80 学时的计算机基础知识和信息化基本知识培训，针对科级以上领导干部还要增加不少于 20 学时的信息化发展与战略规划等内容。三是开展专业性知识分类培训，针对省局信息化人才库管理人才和专业技术人才，组织不少于 20 天的信息化高级知识脱产培训，针对软件应用专家组成员组织不少于 10 天的业务知识专项培训。

（六）切实保障基层工商所信息化建设和应用水平。基层工商所是工商机关市场监管、行政执法的一线。各级工商机关要严格按照《关于进一步加强全省工商系统信息化工作的意见》（豫工商文〔2010〕58 号）要求，切实在资金、设备、技术等方面向工商所信息化建设倾斜。一是各省辖市、省直管试点县（市）局要确保在 2012 年底前，为每个工商所配备 1 名兼职或者专职计算机专业人才，基本做到每个工作人员 1 台计算机。二是省局要加快一体化综合业务软件工商所办公模块的调试改造，督促各省辖市、省直管试点县（市）局对加大工商所工作人员信息化知识和技能的培训力度，切实提高工商所的信息化应用能力和水平。三是省局要加快推进移动办公与执法平台建设，督促各省辖市、省直管试点县（市）局落实《关于实施全省工商系统“移动工商”项目的指导意见》，加快提高工商所执法装备现代化和监管执法水平。

（七）加强全省工商系统信息安全和运行维护保障体系建设。按照“谁主管谁负责、谁运行谁负责、谁使用谁负责”和属地化管理的原则，坚持统一规划、同步实施，坚持技术与管理并重，逐步建立起信息安全防控和运行维护保障体系。一是明确信息安全保障的目标、策略、对象，建立健全信息安全技术体系和岗责体系，做到既保障业务系统安全运行又符合上级和信息安全监管部门的相关要求。适时启动等级保护正式备案工作。二是建立健全涵盖安全管理机构、人员安全管理、系统建设管理、机房环境管理、资产管理、介质管理、设备管理、监控管理、网络安全管理、系统安全管理、变更管理、备份恢复管理、应急响应等方面，可操作的分级管理制度体系。三是建立健全包括风险评估、安全策略、系统防护、动态监测、实时响应、灾害恢复六部分的信息安全运维体系，逐步实现信息安全运行维护保障工作标准化、规范化建设。

(八)扎实推进信息化工程项目建设与上线应用工作。坚持“建用结合、以用促建”原则,结合工商工作实际,不断完善一体化的综合业务应用平台建设。一是加快牵头制定《河南省工商行政管理局信息化工程项目建设管理办法》,进一步加强信息化工程建设项目管理,提高信息化建设和管理水平,保证项目质量和投资效益。二是认真做好 2012 年度全省工商系统拟建设项目的需求调研、可行性研究报告编制及初步方案设计等前期准备工作。三是加快完成网络安全体系、应用安全管理系统、大型超市(农资市场)食品及重点商品安全监管系统、企业基础信息共享平台、网络商品交易监管系统等项目的深化应用工作,积极做好这些系统的应用培训及推广工作。

河南省地税信息化发展概况

2011 年，河南省地方税务局以“服务新征管系统推广、确保新征管系统稳定运行、搞好信息系统运行环境建设、完善管理制度”为重点，加强配合，密切协作，充分发挥信息化在税收工作中的支撑作用，为河南地税信息化事业发展做出了积极贡献。

【新征管系统在全省全面上线】

按照新征管系统一期项目上线统一安排，2011 年 1 月 4 日，新征管系统在洛阳市局的洛龙区局、老城区局和伊川县局正式上线。2 月 9 日，在济源市局全部上线，同时洛阳市局其他县(区)局也全部上线。3 月 1 日焦作局新征管系统开始上线运行。其余各单位分别于 4 月 1 日、5 月 1 日和 6 月 1 日分三批上线运行，全面实现了省级大集中。2011 年 6 月 28 日，通过了河南省信息化办组织的验收，一致认为：该项目实现了全省业务和数据的省级集中，对于强化依法治税，规范业务标准，统一业务流程，加强税收征管，优化纳税服务，减少征收成本，促进纳税环境的公平、公开和效率，提高全省地税系统信息化应用整体水平具有重要意义。

【新征管系统二期项目启动】

为增强新征管系统的功能，着力完善和提升新系统的应用和服务水平，2011 年 3 月 15 日，下发了《河南省地方税务局关于成立税收业务管理信息系统功能完善项目组的通知》(豫地税信办函〔2011〕5 号)，标志着新系统二期开发正式启动。新征管系统二期项目以郑州市地税局为主体进行开发，主要功能包括：全员全额个税申报、执法考核、征管质量考核、网上办税大厅业务，网络发票、委托代征、短信服务平台、自助办税服务、POS 机联网开具发票等。

【管理决策系统开发正式启动】

为了满足征管数据大集中后的应用需求，为领导层提供决策服务，为各级税务机关提供业务分析和展示，实现被动式管理向主动式管理的转变，促进税收管理的科学化、专业化和精细化，2011 年 11 月 30 日，省局信息办下发《河南省地方税务局信息化领导小组办公室关于成立管理决策系统项目组的通知》(豫地税信办函〔2011〕14 号)，标志着管理决策系统开发正式启动。决策支持系统主要功能包括： 一户式查询、一员式查询、分类统计、税收分析和展示、税收监控、税收预测、风险管理、智能报告等功能。

【完成了全省地税四级网络改造】

截止 2011 年 6 月,全省所有省辖市局、直属单位均按照金税三期的标准完成了局域网和广域网络改造,改造的范围包括省 - 市 - 区(县)- 分局(所)四级广域网络,改造的标准除了满足各业务应用系统的需要外,还满足视频、VOIP、E- Learning 等新增网络增值业务的需要。在局域网改造方面,郑州等 9 个单位,已经实现了市局双核心交换、县(区)局双核心交换和税务所单核心交换。新乡等 11 个单位,实现了市局双核心交换、县(区)局单核心交换和税务所单核心交换。在广域网改造方面,省局 - 省辖市局 - 县(区)局网络节点采用双链路互为备份的方式,分局(所)采用单链路连接上一级网络节点。省局和各省辖市局之间主线路采用带宽为 30 兆的 MSTP 链路,备份线路也采用带宽为 30 兆的 MSTP 链路。省辖市局和所辖县(区)局之间主线路采用带宽为 10 兆或 20 兆的 MSTP 链路,备份线路采用带宽为 2 兆或 10 兆的 MSTP 链路。县(区)局和分局(所)之间采用带宽为 2 兆或 10 兆的 MSTP 链路。商丘等市的地税分局、所采用扁平化设计直接连到市局节点。

【实施了省局和省辖市局安全体系建设】

2011 年,按照国家总局税务系统网络与信息安全防护体系建设要求,逐步完善安全体系架构建设。建立健全安全管理制度,加强物理安全、网络安全、主机安全、应用安全和数据安全等安全保护技术措施。在地税系统专网内部,对核心征管系统、网上报税系统等业务系统进行安全域的划分和边界防护,各安全域之间在信息交互的基础上实现了逻辑隔离和访问控制。在各省辖市局形成了多层次、全方位、立体化的信息安全防护局面,使当前各应用系统得到了全面防护。

2011 年 9 月,配合总局测评单位对省局、郑州市局、信阳市局分别开展了信息安全风险评估工作,国家税务总局高度评价了河南地税的风险评估组织工作,并对河南地税信息安全工作取得的成效给予充分肯定。

【运维监控系统项目建设投入使用】

运维监控系统项目包括两部分内容,一是运维监控平台,二是监控指挥中心。整体项目于 2011 年 4 月份正式启动,组织专人进行了项目现状分析、可行性研究、需求分析,并在 7 月份完成整体设计工作,8 月份进入招投标程序,10 月份完成招标和合同签订工作。运维监控部分实施内容包括网络监控管理、安全管理、应用监控、运维管理、税收业务监控、配置及资产管理、知识库系统、综合监控展示 8 个主要功能模块。监控指挥中心实施内容主要包括大屏幕显示系统、会议系统、综合布线、配套设施(音响、防雷、防静电、新风、办公家具)和监控中心装修等。

【全面完成财税库银横向联网项目的试点工作】

充分发挥郑州、郑州新区、省直属局作为省局财税库银横向联网项目试点单位的带动作用,实现了全省财税库银横向联网项目网上申报实时扣款、办税服务厅实时扣款、短信实时扣款、自助办税终端实时扣款、批量扣款、自缴核销、银行柜台银行端查询缴款、网上银行支付银行端查询缴款、办税服务厅 POS 机银行端查询缴款、办税服务厅 POS 机银联卡缴款、自助办税终端银联卡缴款、办税服务厅收取现金(汇总入库)等 12 种缴款方式,居全国领先水平。截止 11 月 15 日,全省有 32 万余户纳税人通过税库银横向联网系统缴纳税款 329 亿元,实现了税款的及时、足额入库。

【数据质量管理工作迈上新台阶】

为了加强新征管系统税收收入的数据质量管理工作,省局主要采取下发数据质量通报的办法督促各单位认真查找数据质量方面存在的问题。

2011 年 3 月,按照总局的数据标准,陆续将省局集中后的数据进行转换,使总局能够按时抽取,实现了征管数据向总局集中。在总局召开的数据抽取专题会议上,国家税务总局领导对河南省地税局的数据抽取工作予以了充分肯定和表扬。

河南省测绘局工作概况

【测绘“十二五”规划编制】2011年，河南省测绘局编制完成的《河南省测绘地理信息发展“十二五”规划》、《河南省“十二五”应急体系建设测绘规划》通过评审，经河南省人民政府批准已向全省印发实施。编制完成《河南省“十二五”测绘科技发展规划（初稿）》、《中原经济区国土“十二五”规划测绘子规划》(其中有两个测绘计划项目已经落实建设内容与预算经费)、《河南省援疆基础测绘计划》，参与编制的《河南省农村公路“十二五”规划》，完成全省1：60万的农村公路“十二五”规划图初编工作。

【制度建设】2011年，河南省测绘局出台《河南省测绘系统加强法治政府建设五年规划(2011-2015年)》、《测绘系统开展法制宣传教育的第六个五年规划（2011-2015年）》，修订《河南省测绘成果管理办法》，草拟《2011年河南省测绘系统普法依法治理工作要点》、《河南省测绘市场信用信息管理暂行办法（征求意见稿）》、《河南省测绘科技进步奖管理办法》(初稿)。

【地理信息公共服务平台】2011年5月，河南省测绘局改版网站正式启动运行，在原网站基础上新增政务公开信息专栏一个，新增二级子版块23个，新增局长独立栏目3个、处室独立栏目6个、质检站独立栏目1个、航测遥感院子站一个。启动网站留言板功能、网上申报办理功能和电子邮件功能，设置局长信箱及监督信箱，与局直属单位地图院、工程院网站进行链接。6月27日，河南省测绘局开通“河南地图网（www.hnditu.com）红色旅游地图频道”。基本完成省、市、县三级政府网站和部分厅局网站对河南地图网的链接。完成WEBMAP平台升级研发，成功应用在舞钢市的数字乡镇、商丘市公共地名服务和有关省直机关专题系统中。地形图配置上实现矢量数据发布、遥感影像显示并开通WMS/WFS共享服务接口。对省地理信息公共服务平台涉密版数据进行更新，将200多幅1：1万一轮更新数据进行入库处理，采用一轮DLG数据和二轮DLG数据相结合重新配图。编写河南省政务版地理信息公共服务平台项目建议书。“天地图·河南”经过军方、保密及测绘三方论证安全上网。河南CORS网站正式开通运行,CORS管理中心开展通讯卡办理工作，办卡单位总数为134家，办卡数量为426张,建成基于河南移动公司的无线发布平台。平顶山市8座CORS基站完成与省CORS站网有机衔接，年内地图网访问量突破2万人次。

【成果汇交与分发】2011年，河南省测绘局完成全年测绘成果汇交整理编辑，第18期《河南省测绘成果目录》已向社会公布。平顶山市汇交成果目录32本。全年为交通、地矿、电力、水利、规划、测绘、军事、国土、煤炭、有色金属等十几个行业提供测绘成果服务285次，提供纸质地形图3606张，提供成果点共1097个，提供4D成果25137幅，数据量107GB，航片2725片，遥感影像172景。

【云台山茱萸峰高程立碑】9月，焦作市人民政府投入资金13万元在国家地质公园、国家森林公园云台山茱萸峰设立高程标志和标志纪念碑，高程标志和标志纪念碑分两座设立，由焦作市国土资源局、云台山风景名胜管理局组织，河南省中纬测绘规划信息工程有限公司设计制作完成，云台山茱萸峰高程数据为1297.6米。

【重大工程测绘】2011年，河南省完成一系列重大测绘工程。

（1）6月20日，河南省测绘局编制的《2011年万分之一等基础测绘专项可行性研究报告》通过专家评审。该报告内容：建立全省统一的测绘基准和测绘系统，实施基础航空摄影，订购高分辨率卫星影像，获取基础地理信息的遥感资料，测制和更新全省1:1万比例尺地图、影像图和数字化产品，建立、更新基础地理信息系统等内容。2011年获取35000平方千米卫星遥感数据；完成全省测绘成果向2000国家大地坐标（CGCS2000）转换，年内一期目标基础测绘投入资金5000万元。（2）10月15日，河南省测绘局完成的《中原经济区郑汴一体化城市扩展与历史变迁地理国情监测试点项目》通过评审。该项目在对郑汴一体化区域郑州市、开封市以及中牟县各监测年点建设用地、道路用地、绿化用地统计分析基础上，对比分析郑汴一体化区域城市建成区城市扩展速率、城市扩展弹性，扩展形态，在对城市建成区扩展基本模式分析的基础上，利用城市空间紧凑度指数、城市分维数指数、城市放射状指数，统计和分析郑汴一体化区域城市扩展的形态特征；利用城市质心的空间转移、建成区扩展方位差异，统计和分析郑汴一体化区域城市扩展的空间特征。通过分析和评价，综合考虑郑汴一体区域的自然因素、交通因素、人口增长、政策因素以及经济发展等城市扩展的相关动力，为郑汴一体化区域人口、经济、资源环境的空间均衡发展提出合理化的建议。该项目通过选用1962、1971、1984、1996、2001、2005、2008、2011年8个监测年点的遥感影像数据，1:1万地形矢量数据作为基础数据源，监测面积约2025平方千米，对各监测年点郑汴一体化区域郑州市、开封市以及中牟县的建成区范围、建成区建筑物、道路、绿地、水系、人口和GDP及重要地物等监测要素进行解译、信息提取和数据反演，实现研究区域50年地理国情动态监测。河南省测绘局投入资金60万元，项目由河南省基础地理信息中心承担设计。（3）4月7日，河南省测绘局召开“河南省现代三维测绘基准建立”项目成果发布会。该项目编写完成总体技术方案、技术报告、工作报告、《河南省连续运行卫星定位综合服务系统用户手册》。完成覆盖全省的D级GPS三维空间大地控制网建设，建立56个参考站。是河南省连续运行卫星定位综合服务系统，利用卫星定位、精密几何水准测量、大地水准面精化的等技术，建立省级现代测绘基准体系与国家空间数据基准框架相一致的三维坐标框架。项目的建设为科学研究、城市规划、国土省情监测、防灾减灾、气象、交通、重大工程等各项经济建设提供广泛的测绘服务，为政府决策提供支持，是“数字河南”基础地理空间框架设施之一。（4）2011年，“数字济源地理空间框架建设项目”基本完成。该项目是国家测绘地理信息局2009年“数字城市”地理空间框架协议推广项目及河南省测绘局试点项目，总投资814.52万元，其中市级投资581.4480万元。完成1931平方千米D级GPS三维空间控制网、四等水准联测及计算和大地水准面精化及小比例地形图更新、数据制作及建库、地理信息公共服务平台建设，138平方千米大比例尺地形图制作及建库通过省级验收并开始应用。（5）8月26日，“数字濮阳地理空间框架建设项目设计书”在河南省濮阳市通过评审并启动项目。该项目总投资1288.6万元。基础地理信息建设包括濮阳市建成区160平方千米1:1000的3D制作与数据建库；1:2000DLG缩编与数据建库；1:5000DLG缩编与数据建库；建成区50平方千米的地名地址信息数据制作与建库；全市4188平方千米1:1万3D更新与数据建库；1:5万数字线化图更新与数据建库；建立一体化的基础地理信息数据库。国家测绘地理信息局在政策、标准、总体设计、航空摄影、公共平台建设、国家基础测绘成果使用及系统集成等方面予以支持，河南省测绘局指导项目建设，在基础资料提供、技术设计、项目协调及配套资金等方面给予支持，濮阳市人民政府负责项目组织实施和落实项目主要经费。(6)10月14日，“数字濮阳1:1000航空摄影测量数字化成果”项目通过河南省测绘产品质量监督站评审验收，该项目由河南省基础地理信息中心承担实施，完成1:1000数字化地形图调绘660幅，航空摄影180平方千米，实地调绘160平方千米，加密E级控制点32个，实测四等水准145.5千米。(7)12月16日，由国家测绘地理信息局、河南省测绘局和南阳市人民政府共同构建的“数字南阳地理空间框架建设项目设计书”通过专家评审并启动项目。该项目总投资974万余元。基础地理信息建设包括南阳市城市中心规划区68.75平方千米的1:500数字地形图(DLG)修测及数据库建设、南阳市城市规划区域281平方千米的1:1000数字地形图(DLG)修测及数据库建设、南阳市城市规划用地区域450平方千米的1:2000地形图编绘及数据库建设、南阳市城市规划区域450平方千米的1:5000数字地形图(DLG)编绘(含DEM、DOM制作)及数据库建设；完成南阳市城市规划发展区3760平方千米的1:1万数字地形图(DLG)修测及数据库建设；整合以上数据，建立一体化的基础地理信息数据库。国家测绘地理信息局在政策、标准、总体设计、航空摄影、公共平台建设、国家基础测绘成果使用及系统集成等方面予以支持，河南省测绘局指导项目建设工作，南阳市人民政府负责项目组织实施和落实项目主要经费。(8)12月18日，国家测绘地理信息局、河南省测绘局、许昌市人民政府三方合作构建的“数字许昌地理空间框架建设项目设计书”通过评审并启动项目。该项目总投资1972万元，包括许昌市城区数码航空摄影280平方千米1:500～1:50003D制作与数据建库、市域4996平方千米1:1万地形图修测（含DOM、DEM)及建库。国家测绘地理信息局在航空摄影、公共平台建设、国家基础测绘成果使用等方面予以配套支持，河南省测绘局指导项目建设工作，许昌市人民政府负责项目组织实施和落实项目主要经费。(9)6月9日，河南省测绘局、郑州市二七区人民政府共建项目《数字二七地理空间框架建设项目设计方案》通过专家评审。该项目由河南省测绘局在影像资料获取、国家基础测绘成果使用及扶持资金等方面提供支持，建设资金由郑州市二七区人民政府财政预算投入。项目面积37平方千米，1:1000比例尺数字化地形图测绘制作数字化产品和数据库产品；DLG产品缩编编绘形成1:2000和1:5000比例尺数字地形图，建设地形图数据库；进行1:1万地形图更新和建库。(10)9月，驻马店市“3区2县一体化新农村建设测绘保障服务示范项目”通过河南省测绘产品质量监督站评审验收，该项目覆盖驻马店市驿城区、工业集聚区、高新技术开发区、遂平县、确山县13个乡镇，面积1600平方千米1:2.5万影像挂图，870平方千米1:5000数字线化图、25平方千米1:1000数字线化图。核心区面积160平方千米。项目结合三区两县新农村建设和产业集聚区规划需求，可满足政府科学决策、新农村建设、国土资源管理、城市规化、产业集聚区规划、电子政务、重点工程、应急指挥等多方面的需要。(11)2011年，国家测绘地理信息局、河南省测绘局、邓州市人民政府共同投资建设的“数字邓州地理空间框架建设”项目，完成203平方千米的航空摄影，完成35平方千米1:1000、1:2000、1:500数字线画图(DLG)，完成35平方千米1:1000的DOM(数字正射影像图)、DEM(高程模型图)的数据采集建库工作,建立邓州中心城区地理信息公共服务平台。国家测绘地理信息局在该项目影像资料获取、国家基础测绘成果使用、地理信息公共平台建设及国产自主软件研发配置等方面提供支持,河南省测绘局指导项目建设工作并提供配套项目资金,邓州市人民政府负责项目的组织实施和落实项目主要经费。(12)2011年,中铁大桥局集团第一工程有限公司完成承担的《淳安县环湖公路上江埠大桥及接线工程S02合同段测绘项目》,上江埠大桥工程全长6.69千米,其中:上江埠一号特大桥1278米;上江埠二号大桥854米;隧道3座总长1045米。该集团公司测绘分公司承担为大桥控制网加密布设、平台抛锚定位、钢护筒下放、承台墩身浇筑、路基施工、连续梁施工等提供测绘技术服务。6月29日,浙江省重点工程淳安县环湖公路上江埠大桥通车。

【"数字城市"建设】2011年,河南省立项建成在建的"数字城市"14个。河南省测绘局与郑州、南阳、许昌等市建立战略合作关系,使用机载激光扫描仪开展对数字城市框架数据进行后续更新。洛阳、许昌、南阳、濮阳、安阳、鹤壁、新乡等市被国家测绘地理信息局列入2011年"数字城市"试点或推广计划,鹤壁、濮阳、南阳、许昌等市启动项目建设。河南省测绘局对平顶山、郑州"数字城市"建设验收工作接近收尾,济源、邓州验收准备工作在进行之中。南阳市启动"数字南阳"建设工程。漯河市"数字城市"建设工作完成与支持单位河南省基础地理信息中心方案和预算的对接。河南省测绘局完成《数字邓州项目建设技术方案》、《数字二七项目建设技术方案》、《数字鹤壁项目建设技术方案》、《数字濮阳项目建设技术方案》、《数字南阳项目建设技术方案》、《数字许昌项目建设技术方案》、《数字哈密项目建设技术方案》,《数字信阳技术方案》、《数字安阳地理空间框架建设项目设计书》、《中原经济区地理国情监测——郑汴一体化区域试点项目总体方案》等方案论证和启动工作。完成邓州市、信阳市、许昌市数字城市建设国家基础航空摄影资料的验收工作。

【"数字河南"与省市县乡统筹联动建设工作】2011年,河南省测绘局结合"数字河南"省市县乡统筹联动建设和"富民强省、三化协调"的发展战略,开展项目申报工作。重点支持大别山革命老区淮滨县、光山县、罗山县、息县和固始县D级GPS三维大地控制网建设和大比例尺基础测绘项目,及淅川县、社旗县、鲁山县、卢氏县、伊川县、汝阳县、台前县、范县等8个国家级贫困县大比例尺基础测绘项目。申报14个项目全部批准,实施项目投入总经费1241万元(中央财政补助经费450万元,地方财政配套经费791万元)。开展"数字县域"建设10个,启动"数字乡镇"建设30多个。驻马店市完成"数字汝宁镇"、"数字蔡都镇"、"数字古吕镇"、"数字花园乡"建设。信阳市新县投入资金260万元完成"数字新集"框架建设的推广应用,"数字商城"建设专项资金300万元拨付到位。"数字邓州地理空间框架建设项目设计书"在南阳邓州市通过评审并启动项目。"数字鹤壁地理空间框架建设项目设计书" 通过评审并启动项目。

【测绘合作共建】2011年,河南省测绘局作为水利普查成员单位在全省地理国情监测工作中,配合河南省水利厅开展全省水利普查工作,为水利普查提供950幅1:1万DOM成果。11月8日,河南省测绘局与华北水利水电学院合作的项目"华北水利水电学院科研教学基地"和"河南省测绘工程院信息实验室"在郑州举行揭牌仪式。

【测绘地理信息应用与服务】2011年,3月12日,河南省测绘局为河南省人民政府编制的科学管理和应急决策多媒体电子地图触摸系统,在省长和分管省长办公室中安装完成,该系统由河南省基础地理信息中心和河南省地图院共同承担。4月26日，河南省遥感测绘院在英国吉尼斯世界纪录有限公司中国认证官全程见证下，为河南电视塔内的《锦绣中原》三维全景画实施申报吉尼斯世界纪录的认证进行实地测量，该三维全景画面积为3012.365平方米，《锦绣中原》申报吉尼斯世界纪录获得成功。向河南省应急办应急指挥系统提供全省范围6056幅1:1万地形图切片图像，为政府宏观决策做好基础地理信息保障；为"十二五规划"制作新农村公路演示系统，在全省影像的基础上，叠加新农村试点和乡村公路；为河南省水土保持监督监测总站全国水利普查无偿提供1:1万地形图968幅，数据753幅，1:5万26地形图26幅，1:5万DLG67幅；为全省林业二类调查提供地理信息保障和技术支持服务，联合开发森林资源管理信息系统；为河南省地震局南水北调渠首区地震安全科学探查项目提供1:5万、1:25万数据各4幅；为南阳市新区空间发展规划项目提供1:1万地形图喷绘纸图19幅；为汝州市住房与城乡建设局南水北调土地北调整理项目提供1：1万地形图数据9幅；为商丘市梁园区王楼乡人民政府的王楼乡整体规划项目提供1:1万地形图4幅。为济南军区某部、河南省军分区等无偿提供水准点113个，GPS点179个，1：1万DOM67幅，数据量1.64GB，航片360片。商丘市为城乡建设项目实施规划、基本农田整治等重大项目工程提供D级控制点成果48个。焦作市、濮阳市为建立"警用地理信息系统"、中南铁路、城区电力信息采集、大化输气管线、省市级土地整理项目、濮北新区路网建设提供D级GPS控制点坐标，为南水北调支线工程换算坐标45个。平顶山市向城市规划、城市应急管理、水利、地下管线普查、高新产业集聚区建设、燃气管线等重要项目提供各种基本比例尺地形图1000多幅，向市城改办提供1:2000影像图100多张。

【测绘应急保障服务】2011年3月24日，河南省测绘局应河南省民政厅紧急求助，委派河南省地图院测绘专业技术人员随河南省人民政府督导组赴河南省与山西省省界交汇处济源市进行越界非法采矿测绘界定，通过专业技术获取矿区5个井口的定位数据，为省督导组领导做出正确决策提供了科学依据。5月17日，河南省测绘局为提高突发事件、抢险救灾、国土监察、应急指挥保障服务水平，开展TF—5型无人机应急飞行操作演习。9月21日，河南省测绘局紧急制作陇海铁路《三门峡义马段观音堂至庙沟下行处1:2000和1:1000遥感影像图》，及时为铁路部门因山体滑坡疏散群众、决策指挥和抢险救灾提供测绘服务保障。河南省测绘局紧急为商丘市人民政府紧急提供测绘成果，保障河南省重点项目商丘新区198平方千米建设总体规划设计实施计划。

【测绘科技管理】2011年1月，河南省测绘局召开全局科技创新工作座谈会。1月，河南省遥感测绘院组织相关技术人员进行"LIDAR（机载激光雷达扫描）系统"应用新技术培训。河南省测绘工程院召开机载激光扫描系统（LIDAR）数据系列产品成果展示会。6月20日，河南省测绘局编制的《机载激光扫描与数据处理项目可行性研究报告》通过专家评审。该项目建设成果是河南省1:1万基础测绘数据库体系的重要组成部分。8月21日，中铁大桥局一公司完成的"石武客运专线轨道控制网CPIII测量技术研究与应用"项目通过河南省科技厅专家组鉴定。9月17日，河南省遥感测绘院完成制作的洛阳白马寺"齐云塔三维重建项目（《地面激光扫描系统在文物保护中的应用研究》）"成果通过评审。10月24日，河南省测绘工程院与郑州市轨道交通建设管理办公室签订重点工程《郑州市轨道交通3号线1:1000数字地形图测绘项目》。11月22日，由北京苍穹数码测绘有限公司河南办事处承担的"河南省森林资源数据库及应用系统建设项目”通过河南省林业厅验收，该项目包括全省76万小班数据、88景影像数据、491幅DLG数据入库及2008-2011年森林资源数据的更新工作。11月30日，由河南省测绘局主办、河南省基础地理信息中心承办的“天地图·河南”网站项目省市级节点上网数据通过保密审核，该网站项目覆盖河南省全境范围的1：25万公众版地图数据、导航电子地图数据、15米和2.5米分辨率卫星遥感影像。

【测绘科技应用】2011年，河南省测绘局开展基于ADS40,80三线阵推扫式航空摄影技术进行大比例尺测绘项目的生产技术性研究，引进适普ADS40,80数据处理模块11套，由河南省工程院院数字化中心具体承担，在生产中已经应用于商城、周口测区的大比例尺测图项目。10月，河南省测绘工程院对承担的“数字商城地理空间框架建设”和“罗山县灵山镇大比例尺基础测绘”项目进行数字航空摄影和激光对地扫描作业。

【测绘科技成果】2011年，河南省测绘局开展河南省优质测绘工程（成果）奖评选活动，评出本年度优质测绘工程（成果）奖150项，其中一等奖23项，二等奖74项、三等奖53项。河南省测绘局组织2011年度测绘科学技术进步奖评审工作，评出测绘科学技术进步奖一、二等奖17项。河南省基础地理信息中心完成的《南阳地理空间信息基础测绘工程》获2011年中国优秀测绘工程金奖，完成的《河南省应急管理地理信息系统》和《南阳大比例尺数据库建设》分别获河南省测绘科技进步一、二等奖，完成的《数字濮阳1:1000比例尺航测数字化地形图建设项目》和《许昌市城区1:1000比例尺数字地形图测绘》分别获河南省优秀测绘工程一、二等奖。中铁大桥局集团第一工程有限公司中铁大桥局股份有限公司完成的《杭州湾大桥工程施工测量控制项目》获2011年中国优秀测绘工程金奖。黄河水文勘察测绘局完成的《2009—2010年度河南黄河下游防洪工程堤防帮宽和堤防加固测量》、河南省地球物理工程勘察院等单位完成的《河南省周口市地下管线普查探测与信息系统建设工程》获2011年中国优秀测绘工程奖银奖。河南省地图院完成的《河南省领导工作用图图集工程》、河南省地质测绘总院完成的《荥阳市城区地籍更新调查》、《铜陵市城镇地籍变更调查与测量》、河南中化地质测绘院有限公司完成的《西藏自治区第二次土地调查堆龙德庆等拉萨市7县城镇土地调查》、河南省中纬测绘规划信息工程有限公司完成的《沁阳市数字航摄城镇地籍与公开查询系统建设》、黄河水文勘察测绘局完成的《郑州航空港港区1:1000数字化地形图测量》、河南省测绘工程院完成的《南阳市D级GPS三维空间大地控制网》获2011年中国优秀测绘工程奖铜奖。河南省测绘局完成的“河南省现代三维测绘基准建立项目”获中国测绘学会2011年测绘科技进步奖三等奖。中铁十五局集团有限公司完成的《高速铁路板式无砟轨道精密测量系统研究》荣获河南省测绘科学技术进步一等奖。河南省测绘局完成的《河南省1:1万基础地理信息数据“人·县·年”快速更新技术规程》项目，获河南省科学技术协会首届自然科学奖—河南省决策研究成果一等奖。

河南省测绘局获国家测绘地理信息局颁发的“十一五”科技项目执行团队奖，河南省测绘局副局长禄丰年获国家测绘地理信息局颁发的“十一五”科技项目组织管理贡献奖，河南省测绘工程院田耀永获国家测绘地理信息局颁发的“十一五”测绘地理信息优秀青年科技贡献奖。

【测绘人才队伍建设】2011年，河南省测绘局有27人通过职称外语考试，其中通过全国通用标准的10人，通过省通用标准的17人。通过全省机关事业单位工人等级考试15人，其中技师4人，高级工2人，中级工以下9人。完成全局2010年-2011年度测绘青年技术带头人考核工作。河南省测绘局进行全省测绘行业工勤技能岗位培训考核，涉及地籍测量、工程测量、大地测量、摄影测量和地图制图5个专业4个等级，省内地市国土资源局事业单位297人参加培训考核。开展2011年度全省测绘行业特有工种职业技能鉴定，涉及房产测量、工程测量、地籍测量3个专业，鉴定测绘从业人员等级工1189人，其中初级工79人、中级工926人、高级工人163人，工程测量技师21人。举办全省测绘行政管理干部培训班，160多人参加培训，举办全省测绘资质单位负责人培训班，600多人参加培训。全省注册测绘师通过资格审查1318人。本年度末全局人员696人，专业技术人员486人，其中高级职称（含正高2人）59人、中级职称125人、初级职称288人、其他14人；工勤技能人员157人，其中技师17人、高级工106人、其他34人。9月4日，河南省测绘行业职业技能竞赛选拔赛在郑州举行，河南省测绘行业50名工程测量和摄影测量选手参加为期3天的比赛活动。河南省测绘局在第二届全国测绘地理信息行业职业技能摄影测量竞赛中，李华取得个人第一名，荣获个人一等奖，被授予"全国五一劳动奖章"、"全国技术能手"、"全国测绘地理信息技术能手"荣誉称号；李淑琴取得个人第十三名，荣获个人三等奖，被授予"全国测绘地理信息技术能手"荣誉称号，河南省测绘局获得全国测绘地理信息行业职业技能竞赛摄影测量团体二等奖。9月8日，黄河水利职业技术学院周建郑教授荣获教育部第六届"高等学校教学名师奖"。

【对外合作与交流】2011年7月1日～10日，河南省测绘局测绘成果与地图管理处处长张海赴法国巴黎参加第25届国际制图会议。8月28日～9月17日，河南省测绘局张立朝博士赴荷兰参加由国家测绘地理信息局与国家外国专家局联合组织的防灾减灾的地理信息技术应用与项目管理培训。9月27日，河南省测绘局局长贾志伟会见来豫考察的瑞典测量公司总经理林杨先生一行。11月20日～28日，河南省测绘局局长贾志伟带队赴瑞典、瑞士、丹麦等国家进行测绘地理信息考察和测绘技术交流。

【省测绘学会工作】2011年3月18日～22日，河南省测绘学会与中国测绘学会联合在郑州举办注册测绘师资格考试培训班，全省测绘管理人员和测绘科技工作者200多人参加培训。4月，河南省测绘学会与河南省科协开展学术研究活动，组织专家学者调研"河南省1:1万基础地理信息'人·县·年'快速更新机制"。5月27日～29日，河南省测绘学会教育专业委员会与河南省高等学校土木水利建筑测绘类教学指导委员会、河南省高等学校资源开发测绘安全类教学指导委员会联合承办首届河南省高等学校测绘学科青年教师教学技能竞赛，产生本科组一等奖2名、二等奖4名、三等奖9名、优秀奖6名；高职组一等奖2名、二等奖3名、三等奖6名、优秀奖2名；优秀组织奖5所高校。7月8日，河南省测绘学会在郑州举办"2011年度地理信息国（省）情监测新技术学术研讨会"，全省测绘界科技工作者200多人参加研讨会。7月8日，河南省测绘学会召开"河南省测绘学会第七届五次理事会"，学会理事及代表70多人参加会议。濮阳市测绘学会召开首届理事大会三次理事会议。10月，河南省测绘学会秘书长孙新生应财团法人台湾营建研究院邀请，带队赴台湾与台湾地籍测量学会、逢甲大学GIS中心进行学术交流，并参观GIS中心的设备与无人机等装备。河南省测绘学会全年编印4期《河南测绘》学术期刊。向中国测绘学会推荐测绘科技项目12项获奖，向省科协推荐测绘科技项目1项获奖，向中国地理信息产业协会推荐测绘科技项目3项获奖。组织专家进行河南省测绘科技进步奖和河南省优质测绘工程（成果）奖评审、2011年度测绘类专业职称评审工作。

河南省道路运输科技发展概况

1、建成道路运输重点营运车辆卫星定位系统

2011年河南省重点营运车辆(危险品运输车辆、旅游包车、三类以上客运班线班车)卫星定位联网联控系统政府监控平台建成并与国家监控平台联网,使我省首次实现了全国范围内的重点营运车辆数据和信息共享,该系统集跟踪记录车辆的运行状态、位置、行驶速度和偏离路线、超速、疲劳驾驶、乘客超员、超区域等违法违规运输行为自动报警等功能于一体,实现了我省交通运输、公安、安监等政府管理部门对我省和外地入境的重点营运车辆车辆进行安全生产监控,为指挥和处理突发事件提供准确、及时、有效的信息保障。目前我省所有危险品运输车辆、旅游包车、三类以上客运班线班车和部分重型载货汽车及农村客运班车共计5.3万辆并入全国重点营运车辆联网联控系统。

2、建成"标准协同式道路运输管理信息系统"

为了更好适应现代道路运输行业管理要求,2011年元月对全省道路运政信息系统进行了改版升级,启用"标准协同式道路运输管理信息系统"。该系统包括10个业务子系统,涵盖了省、市、县(区)三级道路运输管理的全部工作内容。目前,所有涉及道路运输行业管理的业务,均统一集中在该系统上办理。全省利用该系统办公的省、市、县150多个单位,工作日平均在线计算机终端用户1800台,年审高峰值达2900多台。在系统的数据中心,存储着涉及河南省、市、县的全部道路运输管理信息。其中,客运、货运、运输辅助业等业户信息43.5万户,客、货运输车辆信息91.9万辆,客运线路信息8852条,从业人员信息168.2万人。"标准协同式道路运输管理信息系统"的建成和使用,规范了运政管理行为,简化了办事程序,提高了办事效率,推进了运管机构勤政廉政建设,为市场营造了公平的竞争环境。

充分发挥网络优势
建立河南省商务信息服务体系

近几年，河南省商务厅根据省委、省政府工作要求，结合全省商务工作需要，充分发挥网络优势，建立了河南省商务信息服务体系。

为推进信息化建设步伐，充分发挥网络优势，建立了河南省商务信息服务体系，省商务厅于2009年成立了信息化处，明确职责为：拟订全省运用电子商务开拓国内外市场的相关政策、措施并组织实施；规划全省商务系统电子政务、政府网站和公共商务信息服务体系建设并组织实施；全省投资促进网络的建设与管理工作；牵头对我省商务业务管理的电子化、网络化项目统一规划、立项并协调重大问题，组织项目验收；我省商务信息服务体系的建设、开发和利用商务信息资源的相关工作；商务厅办公自动化的建设和管理工作，承担商务厅信息化工作领导小组办公室日常工作。2009年11月经河南省编委批准组建成立了具有电子商务行政管理职能、全额财政拨款的河南省商务厅电子商务办公室，具体负责规划、组织、协调、管理和推动我省电子商务发展，制订全省电子商务发展规划、完善政府部门电子商务协调机制、建立全省电子商务评价体系；引导全省电子商务示范工程（公共商务信息服务体系、新农村商务信息工程建设与实施、流通领域市场监测运行体系建设、进出口数据分析体系、网上贸易与招商）等工作。

省商务厅为建立河南省商务信息服务体系主要做了如下工作：

一、河南省商务信息服务体系基本建成

——基础设施建设不断加强，综合服务能力和普及程度进一步提高，已成为支撑商务事业发展的重要基础。省商务厅电子政务、信息化软件应用领域已涵盖了国内外贸易、国际经济合作和招商引资等商务工作的方方面面。如进出口配额、进出口许可证、国内外客商资源管理、加工贸易网上审批系统、对外投资合作信息服务系统、中小企业国际市场开拓资金网络申报系统、外商投资企业管理统计系统、省外资金统计系统、应急商品数据系统、酒类流通管理信息系统、商务预报系统、市场监测系统、畜禽屠宰信息系统、“双百”信息服务系统、“万村千乡”市场工程系统、商品特许经营信息管理系统等。省商务厅机关达到人均一部台式电脑，大部分处室还配置了笔记本电脑，并建设了机关局域网。所属各单位电脑上网普及率达100%。绝大多数内、外贸企业有独立的门户网站，开展了电子商务应用。

——信息化应用稳步推进。商务系统在外贸、外资、外经、内贸、市场秩序管理等方面全面实现了信息化应用，取得了较好成绩。2009年，会同省远程办、省联通公司，在商务部指导下，完成了“新农村商网TV版”的开发，并将其成功植入远教网络系统，实现了“新农村商网”与远程教育网并网运行，较好地发挥了新农村商网动态信息丰富、远程教育网络点多面广的优势，降低了成本，提高了信息服务质量，方便了农民使用。全省终端站点实现了100%“新农村商网”全覆盖，在农村各终端站点的远程教育主页面“农村商务”窗口，可查询、发布各类农产品购销信息，彻底解决了农村信息传递“最后一公里”信道不畅问题。省商务厅开展的“农村商务信息服务工程”已经作为“河南模式”向全国推广。

——电子政务建设进一步深化。电子政务网络建设逐步完善，政务网站体系逐步健全。现有省商务厅门户网站（www.hncom.gov.cn）、商务部网站的“河南商务之窗”、河南省投资促进网、河南机电网、外商投资企业审批管理系统、网上申领进出口许可证业务系统、对外贸易经营者备案登记系统、商务预报系统、市场监测系统、海关数据查询系统等30个电子政务系统在使用。

二、电子信息产业发展和信息技术推广应用

1、引导和扶持企业普及信息技术、推进企业信息化发展

为推动中原经济区建设，打造内陆开放新高地，省商务厅采取多种措施，积极引导和扶持企业普及信息技术，大力推进企业信息化建设。

——积极争取和支持国际知名电子商务品牌企业——百度在线网络技术（北京）有限公司（以下称百度公司）在我省进行战略布局，着力加快双方合作步伐。

受省商务厅邀请，百度公司董事长兼首席执行官李彦宏先生2011年曾来我省访问。省委副书记、省长郭庚茂在郑州亲切会见了李彦宏一行。省商务厅与百度公司在郑州签订了“百度投资十亿元助力河南中小企业电子商务快速发展”战略合作协议。双方确定建立长期、全面、深度合作关系，发挥各自优势，加强信息交流，实现资源共享，大力普及电子商务知识，组织开展企业电子商务应用培训、服务推广活动，培育和建立电子商务专业人才队伍，共同推进河南信息化建设和电子商务快速发展。百度公司将积极为河南企业提供电子商务软件和人才技术支持，打造专业服务平台，加大扶持力度，引导河南广大中小企业更多地应用电子商务开拓国内外市场，提升河南电子商务发展的地位和水平。百度公司计划在三至五年内投入10亿元为河南省30多万家中小企业提供电子商务建设服务，提速河南企业电子商务发展，促进我省中小企业和农产品流通领域电子商务应用普及。目前，百度公司已投入资金820万元，先后在郑州、开封、许昌、漯河等13个省辖市和部分县（市）组织了巡回推广会，内容包括主题演讲《网络时代的营销选择》、电子商务发展趋势分析、企业应用电子商务经验交流、电子商务技术培训、促销信息发布及合作洽谈等。参与的中小企业达3900家，人员4500多人，其中农产品生产流通企业400余家，占10%以上，企业通过电子商务转变经营方式、更新营销理念、拓展市场空间、提升自身竞争力的愿望明显增强。

——大力扶持企业开展电子商务，积极推进企业信息化建设。为支持我省企业利用电子商务拓宽贸易渠道，优化交易流程，降低贸易成本，提高贸易效率，提升国际竞争力，加快转变外贸发展方式，推动对外贸易在后危机时代健康持续发展，省商务厅与商务部中国国际电子商务中心合作共建了“河南省国际电子商务应用平台”，该平台是数据在中央、服务在地方的国家级电子商务平台，在充分利用中国国际电子商务中心雄厚的资源和技术优势的基础上，利用先进的软硬件网络环境、信息资源和海内外强大推广渠道，通过聚合各方资

源为我省广大外贸企业提供有针对性的贸易服务及全方位的电子商务服务。其功能涵盖：企业和商品展示、供求信息发布、全球买家检索、在线询报价、声像在线洽谈、商务留言、信息订阅、贸易咨询与撮合、金融服务、信用服务、线下展会等贸易全流程服务。

平台服务的模式，按照“政府扶持、资源共享、专业服务、企业受益”的原则，对我省外贸企业，由省财政连续三年予以资金扶持，引导企业利用国际电子商务平台开拓国际市场，企业免费进驻。

2、农业农村信息化服务体系建设

我省是全国第一农业大省，搞好农产品市场流通，在我省具有特别突出的意义和作用。全国远程办、商务部十分关心河南远程教育网与新农村商网资源整合工作，组成联合调研组到我省考察指导。省委、省政府对农村信息服务工作高度重视。省委副书记、组织部长叶冬松要求整合农村商务信息等资源，拓展远教系统服务功能，形成优势互补、协调联动、相互支持的工作格局。副省长史济春多次听取省省商务厅工作汇报，作出重要批示。2006 年 9 月，河南省人民政府与商务部签订了《“农村商务信息服务工程”省部共建协议》。省商务厅认真抓好落实，在商丘市虞城县先行试点，建立商务信息服务站和农村商务信息服务点。在推进过程中，为了解决信息传递“最后一公里”信道不畅问题，2008 年初，省委组织部、省商务厅经协商决定，共同探索依托远教系统开展农村商务信息服务工作的新路子。试验表明，通过远教网络平台为农民提供商务信息服务，比较好地发挥了新农村商网动态信息丰富、远程教育网络点多面广的优势，具有成本低、见效快、信息服务质量高、农民使用方便等特点。2008 年 6 月，商务部副部长蒋耀平在我省商丘市虞城县视察农村商务信息服务工作时，对这种创新做法给予了高度关注，称其为“虞城模式”，指示要巩固提高，总结推广。随后，商务部与我省在郑州联合举行了“两项工程”资源整合启动仪式，商务部副部长蒋耀平出席仪式并致辞，省委副书记、组织部长叶冬松主持仪式并讲话，我省依托远教系统开展农村商务信息服务工作由此正式启动。2008 年以来，经过不懈努力，“虞城模式”得到不断丰富和完善，并在全省推广，已发展成为“河南模式”，取得明显成效。

截止 2010 年，全省终端站点实现 100%“商网”全覆盖。省远程办、省商务厅联合下发文件，拨出专项补贴资金，在全省各县全面铺开终端站点管理员（商务信息服务员）培训工作。2010 年底，培训人数已达到 28000 人，为加快各地推广步伐提供有力的人员保障。

几年来，在各方共同努力下，党员远程教育网与新农村商网在我省行政村实现了站点共建、功能融合、资源共享、优势互补，资源整合后的商务信息服务平台运行良好，在促进农村商品流通、帮助农民增收致富方面的作用日益显著。一是网上购销明显增加。2011 年河南省商务厅与河南省党员干部现代远程教育工作领导协调小组办公室紧密协作，发挥党员干部现代远程教育系统的网络优势，持续深入开展农村商务信息服务，取得明显成效。全年通过远教系统，利用《新农村商网》，共搜集上报商户信息 10602 条、供求信息 96650 条，成交金额 11.76 亿元，信息发布量、成交额均居全国前列。二是农产品流通范围不断扩大。农民通过网络销售农产品，突破了地域限制，外阜销售比例逐渐提高。农产品销售的渠道更宽、范围更广。三是农村商户真正得到了实惠。通过远程教育系统发布、查询过农村商务信息的农户普遍反映：采取这种方式一是方便，实现了“人在家门口，货从网上走”；二是快捷，使“上午发信息、下午签合同”成为可能；三是增收，“销售成本低了，外地商户来的多了，成交价比原来高了,卖同样的东西比过去挣钱多了”。四是农民群众的市场意识有新的提高。农户应用商务信息后,开阔了眼界,增长了知识,尝到了甜头。种什么、养什么由跟着邻居走,向跟着市场走转变;销售农产品由在当地赶集摆摊儿为主,向在网上合同外销为主转变;使用农村电子商务,由过去不愿用、被动用,向现在经常用、争着用转变。

依托远教系统开展农村商务信息服务,健全传输体系是基础。只有搭建快捷、高效的传输通道,切实解决好“最后一公里”问题,才能保证农村商务信息资源的有效利用。基于这一认识,我们主要抓了三项工作:一是完善《新农村商网》TV 版。结合开展“远程教育调研月”活动,组织省远程办、省商务厅、联通公司人员深入基层,对《新农村商网》TV 版在农村的应用情况进行全面调查,广泛听取意见建议。在此基础上,组织专家和技术人员对 TV 版的界面版式、栏目设置、查询操作、互动转接、信息发布等进行完善和调整,使其更加适应基层应用需求、方便干部群众操作。二是推广《新农村商网》网络版。结合推进远程教育“上互联网”,利用中央补贴资金和省、市、县财政配套资金,加快乡镇和行政村终端站点升级,共为 32385 个站点配备计算机并接入互联网,有力促进了网络版的推广应用。三是开发《新农村商网》手机版。借助远程教育“上手机”的有利时机,联合省联通公司,将农村商务信息服务纳入远教体系一并推进。通过完善商网传输体系,拓宽信息传递渠道,形成了我省农村商务信息多网并行(电信网、互联网、移动通信网)、多网传输的工作格局,初步构建了以 TV 版为基础、网络版为主体、手机版为补充的商务信息传递新架构,有效夯实了工作基础。

通过在省远程教育平台开设 " 农村商务信息 " 栏目,全省所有远程教育站点均可浏览、查询、发布各类农产品购销信息。我省已连续 12 次组织参加农产品网上购销对接会,累计发布商户信息 10430 条、供求信息 72861 条,促成交易 34.7 亿元,居全国前列。其中,通过远教网络发布各类供求信息 33463 条,促成交易 143 笔,成交 4.2 亿元,并呈逐年增多态势,成功搭建了 " 两网对接 " 的共用平台,为开展农村商务信息服务提供了强有力的平台。

3、推进大招商,建立河南省投资促进管理系统。

河南省投资促进管理系统立足于以信息化手段实现投资促进工作科学化、现代化、规范化,基于实际工作的需要,建立以两库(客商资源库、项目库)、两平台(招商引资信息平台、招商引资项目跟踪平台)、两系统(项目对接撮合系统、投资促进综合评价系统)的基础模型架构。最大限度实现投资促进管理工作信息化,提升我省投资促进工作的水平和效率。系统主要实现以下功能:

(1)、实现我省招商引资工作中的各类投资商和项目资料的统一收集汇总、存档、分类、查询和共享。

(2)、对各级各类招商引资项目进行网上跟踪管理。

(3)、提供网上投资商和项目的智能撮合对接。

(4)、对各类招商引资活动进行网上管理和服务。

(5)、对各类专业招商引资园区进行网上管理和服务。

(6)、对我省的招商引资工作进行实时分析评价,提供决策参考。

(7)、通过内外网联动实时对外发布招商引资信息。

(8)、对全省各招商引资单位工作流程和权限实施管理。

为进一步完善功能, 充分发挥河南省投资促进管理系统对招商引资的作用,2011 年对该系统进行升级改造，扩充运行硬件、完善软件，增加英文版本等，为提高我省投资促进工作效率和水平提供保障。

截止2011年底客商资源库录入客商数11882个，项目库录入项目有6079个。实现全省投资客户资源共享，招商项目集中发布，使我省投资促进工作全球化运行。

三、电子政务建设及政务信息公开共享

1、统一电子政务平台建设与应用

省商务厅把电子政务建设作为加强政务信息公开、促进业务开展、树立商务部门良好形象的重要举措，不断完善电子政务平台。厅机关专门设有网络机房，配备路由器23台，开通了100兆光纤，人人都配备了电脑及附属设备。开通了省商务厅门户网站(www.hncom.gov.cn)、河南省投资促进网(www.hntc.gov.cn/)、河南经贸网(www.haet.gov.cn/)等网站。另外还开通了内部信息交流的info系统，网络短信服务平台。开发和使用一系列电子政务系统。如：外商投资企业审批管理系统、网上申领进出口许可证业务系统、对外贸易经营者备案登记系统、商务预报系统、市场监测系统、海关数据查询系统、加工贸易网上审批系统、中小企业国际市场开拓资金网络申报系统、省外资金统计系统、应急商品数据系统、酒类流通管理信息系统、畜禽屠宰信息系统、"双百"信息服务系统、"万村千乡"市场工程系统、商品特许经营信息管理系统等30个电子政务系统。

2、业务系统互联互通情况

厅机关建设了内部信息交换平台，实现了电子政务信息快速交流互换。各业务系统实现了网络报送。出口配额实现网上投标，使得企业不再遭受车马劳顿之苦，暗箱操作之烦，彻底实现了公开、公正、公平。海关数据通过互联网络可直接下发地市、直管县，可直达各进出口企业。通过投资数据系统，各地市可方便、快捷地接触客商，开展招商和项目对接活动，发布推介招商项目，建立客商资源，发布的招商活动和有关外事活动信息、资源信息、投资环境、人才信息、优惠政策等内容。

厅机关与商务部、省委、省政府利用内网均已经实现了公文传递网络化。

3、政府综合门户网站、部门网站建设与应用

河南省商务厅政府门户网站(www.hncom.gov.cn)开辟有政务动态、交流互动(包括民意调查、领导信箱、领导访谈、信访信箱)、统计资料、网上办公、在线办事申请等栏目。开辟大量专题项目，如中国中部投资贸易博览会、中国河南国际投资贸易洽谈会、畜禽屠宰管理、商务综合行政执法(12312服务体系建设)、河南省承接纺织服装玩具产业转移洽谈会、商务信用、规范市场秩序、其他公开服务、申请表下载等栏目，平均月访问量达26万人次。在省政府系统门户网站绩效评估中，省商务厅以总分82.95分的成绩名列省直单位第四名，并在特色网站点评中获得"整合了各市商务资源，企业信息、产品信息、农户信息、供求信息、招商信息等内容丰富"的好评。2011年河南省商务厅政府网先后(www.hncom.gov.cn)新增通力解决蔬菜卖难、厅属事业单位主要财务指标快报系统、中国打击侵犯知识产权和制售假冒伪劣产品专项行动成果展、外商投诉服务电话、跨境贸易人民币结算、2011年公务员录用等10几个专题链接。共上传信息5886条，总浏览量达1103万人次，商务部"河南商务之窗"(henan.mofcom.gov.cn)共上传信息10075条，全国排名第6位；访问量达2765万人次。同时认真做好对全省178个地方商务之窗子站的规划、管理和技术支持工作并与其网站链接。

4、依托门户网站公开政务信息

近年来,我省商务政务公开工作在省政府、商务部和省政务公开领导小组的正确领导下,认真贯彻《政府信息公开条例》,全面落实省政府、商务部政务公开工作部署,牢固树立公开就是诚信、公开就是纽带、公开就是监督、公开就是效率、公开就是形象的观念,加强制度建设,明确目标任务,创新方法方式,畅通公开渠道,大力推进行政权力公开透明运行,取得了积极成效。

省商务厅不断拓展公开领域, 凡是运用行政权力办理的与群众利益相关的各类事项,除涉及国家机密外,全部实行公开。本着“缺什么、补什么,漏什么、添什么”的原则,每年都修订完善现有的政务公开内容,积极创新政务公开的形式。重点抓政务公开信息上网的基础建设,不断完善在线办事的平台。所有处(室)都负有政务公开的责任,都须将本处室的政务信息在网上公布;公众可通过互联网登陆后了解省商务厅政务公开的各种信息。2008 年以来,除按要求在网上公开领导信息、部门信息、法规文件等相对静态内容外,还发布了政务动态内容,如公共服务(主要包括信息公开)、交流互动(包括民意调查、领导信箱、领导访谈、信访信箱)、统计资料、网上办公、在线办事申请等。

下一步,我们将进一步加大工作力度,力争在完善服务设施、建强服务队伍、规范服务管理、提高服务水平、放大服务效应、改善服务保障、探索服务规律上取得新成效,推动我省商务信息服务工作不断深入。

河南省畜牧业信息化建设发展概况

河南畜牧业信息化建设快速发展,确立了“双核心”发展战略。一是电子政务。以河南省畜牧业信息网(www.hnmxy.gov.cn)为核心,实现省、市、县三级联网,全面上线运行;为适应当前形势发展的需要,适时开办专栏,充分满足广大从业人员对政务信息的需求。同时集成基于互联网的协同办公自动化(OA)系统和河南省畜禽定位和重大动物疫情调度指挥系统,使我省畜牧系统在信息化应用方面走在全国前列。二是发展畜牧业综合信息服务。重点是畜牧科技和市场信息,结合畜牧产业发展和服务对象的需要,在电子政务系统中增加了科技服务和专家在线互动成份,充分满足广大养殖户对政策法规、畜牧科技、市场信息、养殖技术等方面的需求。为了更好的实现服务,扩充信息传播渠道,充分利用当前广大农村已经普及的电话(固话、手机)和电视等信息产品,进一步强化了三电合一信息入户工程,取得了良好的社会效益。

一、河南省畜牧业信息化建设取得的主要成就

(一)河南省畜牧系统视频会议系统建设

河南省畜牧系统视频会议系统项目是省畜牧局2010年信息化建设的重点项目。全省视频会议系统主要满足视频会议、应急指挥、远程会商、远程培训等需求。对进一步提升行政效率,打造服务型政府起到积极的作用。2011年完成全省畜牧系统视频会议系统二期建设,目前已建成省、市、县三级联动视频会议平台,实现18个省辖市和24个畜牧大县接入省中心,满足日常工作、应急指挥和远程会商需求。

(二)河南省畜禽监测分析平台

科学决策,离不开有效数据的支撑,为适当前畜牧业统计的需要,组织开发了河南畜禽监测分析平台,实现对全省畜牧业各类畜牧数据的有效收集、加工、统计、分析,通过智能模型,为全省畜牧业宏观决策提供依据。目前本系统正在进一步建设中。

(三)三电合一工程深入推进

一是加强畜牧业信息港的建设。将畜牧业信息港纳入省政府门户网站,接入省电子政务外网平台,增加网络安全系数。进一步了强化了信息采编工作,充实信息内容,扩大信息储量,注重文字信息、视频信息,突出实用技术、市场行情、行业指导,适时推出服务专栏。二是丰富信息内容。全年向畜牧业信息港编发上传政策、资讯、科技、市场等信息32100条,居全国同类网站信息量前列。三是加快信息落地步伐。利用农村党员干部现代远程教育网络平台，发挥“三电合一信息入户工程”作用，辐射基层站点4.3万个，把畜牧技术和信息输送到广大农村群众，有效解决了信息落地和技术棚架的问题。四是加快课件制作。建设了远程教育采编室，加强了对编录人员的培训，编写制作“农事早知道”系列课件，完成了省委组织部下达的课件制作任务。

（四）河南动物卫生监督平台建成上线

2009年11月一期工程完工，河南省动物卫生监督网上线运行，主要设有行业资讯、政务公开、政策法规、通知公告、市县动态、疫病疫情、行政执法、企业风采、便民服务、技术标准、交流互动等栏目，同时实现省、市、县动物卫生系统的协同办公，目前系统运行良好。2010年，二期工程全面实施，实现对全省45个动物卫生检查站的远程监控。2011年在全国范围我省率先实现动物检疫电子出证，实现全省动物检疫票证电子化，农业部为此专门印制河南专用票据。全省动物检疫电子出证系统的上线运行，在动物检疫体系具有里程碑的意义。

（五）河南省饲料监督监管服务信息化系统平台

河南省饲料监督监管服务信息化系统平台平稳运营，主要具备以下功能：一是发布国家政策法规、公开行政机构的办事程序；二是采集行业新闻热点、介绍新经验新技术；三是宣传饲料产品安全知识，披露质量检测、市场监管信息，曝光问题产品和问题单位；四是实行网上查询企业证号、网上受理行政许可、网上传递统计信息；五是提高部门之间、省际之间、社会团体之间的联系与交流，提高行政、服务、管理等方面的办事效率，实现提高管理水平、加强服务职能、加强市场监管、规范企业行为、促进我省饲料大省健康发展的目的。

（六）河南省重大动物疫病防控监测预警系统

该系统利用计算机系统强大的信息系统分析能力，以地理空间信息为载体，结合我省省、市、县三级监测网点（17878个）日常监测数据，分析不同区域、不同时间动物疫病的免疫状态和各时期抗体变化情况，了解动物疫情的发生时间、地区以及未来的发展趋势，使我省监测工作实现定点、定时跟踪。

本系统能够进行多级数据的输入、录用、审核、修改，并对检测结果进行分析处理，实现预警，同时能按要求生成不同的统计报表。

（七）信息化安全建设

主要集中在互联网接入、局域网管理和病毒防护三个方面。在互联网接方面，全局通过防火墙接入，设置安全规则，有效过滤绝大部分来互联网的威胁；在病毒防护方面，目前采用网络版杀毒软件，基本可以保证病毒的查杀；在局域网安全管理方面主是采取VLAN的方式，保证网络的高速运行，即便是某一网段发生异常，不影响其它网段的正常运行。同时我们建立了技术外援机制，对特别重大的安全事件，向专业机构申请外援。

二、存在主要问题

目前，全省畜牧业信息化建设主要存在两个方面的问题，一是信息化工作整体规划与实施力度不够，各业务系统分散建设和运行，资源整合度和信息利用率低等问题。二是人员队伍和工作机制需要进一步整合，努力形成机制顺、人力足、发展快的局面。

三、2012年的主要工作任务

1、统筹信息化项目资金管理。按照我省畜牧发展规划的总体要求，服务于信息化建设的专项资金进行统筹管理，严格项目的审批、建设、验收等程序，做到适合应用、适当前瞻、服务未来的目标。

2、继续推进电子政务网络资源整合。围绕河南畜牧业信息网的建设发展，进一步整合全省畜牧系统的资源，形成较为完善的省、市、县服务体系，促进畜牧业又好又快的发展。

3、深入推进电子政务应用系统建设。根据我局的行政职能和当前畜牧业形势、食品安全形势的发展需要，以电子政务应用为核心，开发综合应用系统平台，进一步提高服务水平和监管水平。

4、进一步加强信息安全保障体系建设。随着信息化进程的推进，信息安全形势日益严峻，国内外敌对势力虎视眈眈，结合我局实际情况，增加对信息安全的投入，确保信息系统安全运行。完善修订《河南省畜牧局网络与信息安全事件应急预案》，适时组织网络与信息安全事件应急演练。启动省级网络与信息安全应急基础平台建设，提高应对网络与信息安全突发事件的能力。

“数字黄河”工程建设概况

自2001年黄委提出建设“数字黄河”工程以来，经过十年的建设和应用，“数字黄河”在黄河防汛减灾、水资源管理与调度、水土保持、水资源保护、工程管理、政务办公等方面发挥了不可或缺的支撑作用，推动了治黄的现代化。

“十一五”期间，黄委坚持“管理、应用、共享”和“完善、提高、拓展”的原则，“数字黄河”工程建设和应用取得了明显的进展，提高了有关业务工作的现代化水平。鉴于“数字黄河”工程的先进性及其产生的显著效益，2007年《“数字黄河”工程研究与应用》获得水利部大禹水利科学技术一等奖，2009年《黄河水资源统一管理与调度》获国家科技进步二等奖。

一、发展战略进一步明确，前期工作成效显著

随着经济社会和信息技术的发展，“数字黄河”建设和应用持续深入，其发展战略定位进一步明确。在2009年“数字黄河”工作会议上，委党组明确提出了“数字黄河”工程建设“三步走”的发展战略，到2010年基本建成基础设施和应用系统，到2015年基本建成黄河数学模拟系统，到2020年基本建成黄河“自然——经济——生态”耦合系统。“三步走”发展战略的提出，为“数字黄河”未来发展指明了方向。

“十一五”期间，“数字黄河”的前期工作进一步加强，取得显著成效。2007年国家发改委批复了《黄河下游近期防洪非工程措施建设可行性研究报告》，2008年3月水利部批复了初步设计。2010年10月国家发改委批复了《黄河水量调度管理系统项目可性行研究》，《黄河水资源保护监督管理会商支持系统及运行环境建设初步设计报告》通过水利部的审查。这些项目的批复，为“数字黄河”工程提供了4.5亿元的建设资金。

近年来有关单位编制完成了《“数字黄河”工程数学模拟系统建设规划》及《黄河遥感应用技术规划》两项专业规划，开展了黄河通信网络规划。

二、信息基础设施进一步完善

数据采集体系基本形成。“十一五”期间，完成了黄河小花间水情自动测报系统和水情分中心建设，对小花间和下游主要水文站测报基础设施、仪器设备进行了更新改造，小花间水文测报可基本实现自动化。以黄河遥感中心和黄河基础地理信息中心为主要技术支撑，加大了遥感技术在黄河洪水监测、调水调沙监测和凌情监测工作中的应用；在国家A级GPS控制网的基础上建立了黄河流域的B级控制网，包括20多个一级控制点、50多个二级控制点、200多个三级控制点。

黄河通信和计算机网络建设取得显著进展。完成了黄河下游郑州—河口SDH微波干线改造工程，郑州—济南间通信网达到 155Mbps 带宽，沿线市级河务局实现了 10M 联网，县河务局实现了 2M 以上联网，在黄河下游的局部地区建设了宽带无线接入网，对黄委和河南局的程控交换网进行了部分设备的更新和扩建，进一步提高了网络传输能力。更新改造了黄委机关局域网和网管中心核心网，规范了河南、山东、水文局广域网组网结构。目前基本形成了从网管中心、各大局、地市局和县局的四级计算机广域网络，并延伸到涵闸，实现了全部委属单位(包括黑河流域管理局)广域计算机网络的连接。通过租用专线实现了与水利部、有关黄河防总成员单位的网络互连。建成了与政务外网物理隔离的机密级政务内网，覆盖了黄委机关，达到了国家 BMB17-2006、BMB20-2007 等标准规定要求。

黄河数据存储管理体系初步形成。基本建成了黄河数据中心以及山东局、河南局、水文局、水资源保护局和设计院 5 个节点数据中心，并实现了节点数据中心数据的本地备份及其在黄河数据中心的数据异地备份。目前，黄河数据中心的数据存储量达到 12TB，相关节点数据中心的数据存储量达到 4TB。黄河数据交换和共享服务平台(一期)项目正在建设之中，项目完成后将基本形成黄河数据和信息共享服务体系。

三、业务应用系统建设和应用成效明显

"数字防汛"方面，建成了黄河防汛抗旱会商中心和异地会商视频会议系统、黄河水库运行信息平台及黄河防汛值班系统；基本建成了黄河小花间暴雨洪水预警预报系统、国家防汛抗旱指挥系统一期工程；黄河小花间水情信息采集传输系统和小花间分布式水文模型预报系统已经投入运行。这些系统的建成，大大提高了小花间 2.7 万平方公里未控制区洪水的预见期，进一步提高了防汛指挥会商水平，使黄河洪水预报和黄河中下游洪水调度管理决策的科学性与时效性进一步增强。初步实现了覆盖防汛调度、枢纽管理、水库电站的信息资源共享，为水库防洪调度、黄河防洪防凌等业务提供有效的信息支持。

"数字水调"方面，开展了涵闸远程监控整改工作，初步建立和完善了系统运行维护机制和监督考核制度；通过中荷合作，建立了"基于卫星的黄河流域水监测和河流预报系统"；开发完成了渭河水量调度模型、下游典型灌区农作物需水模型、水资源管理 GIS 系统；开辟了下游引黄灌区墒情信息采集渠道，可获取 46 个站点的墒情旬测资料；在宁蒙灌区 6 个重点退水口，建设了退水数据遥测站；完善了调度方案编制系统，开发了上游枯水调度模型。水资源调度管理系统，对保证黄河不断流、实现黄河水资源优化调度，提供了有力支撑。

"数字水资源保护"方面，建设完成了黄河流域水资源保护局郑州局域网一期工程及武陟沁河远程监控自动站建设。建成了 3 个水质自动监测站和 1 个移动实验室。水资源保护系统在处理近年来黄河干支流发生的 3 起重大水污染事件中发挥了重要作用。

"数字水保"方面，建设完成了水土保持生态环境监测系统一期工程，组织开展了典型小流域水土保持原型观测、黄甫川流域数字航空摄影和部分小流域坝系的水土保持动态监测，形成了阶段监测成果。开发了预防监督信息管理系统，近 300 个大型开发建设项目水土保持监督管理数据录入到数据库中。实现了水保监测中心与基层水保监督局及监测站的信息网络传输，水保监测中心数据处理能力得到加强。

"数字建管"方面，初步建成了防洪工程维护管理系统和工程安全评估模型，使工程基础信息管理、工程维护决策支持、工程维护动态信息管理、涵闸安全监测等管理迈上新台阶；初步建成黄河防洪工程运行观测巡检系统，初步实现了堤防工程的定期巡检和实时监控。

电子政务方面，基本完成了一期工程的建设内容，其中公共平台集成、CA 身份认证系统和综合办公系统已通过了水利部组织的统一验收。电子政务内网实现了与水利部的互联互通，提高了办公自动化水平。基本完成黄委机关电子政务内网安全保密改造建设，建成了电子政务安全隔离与信息交换系统。2007 年 8 月以来，使用电子政务综合办公系统共处理文件达 28800 余件。

以黄河防汛抗旱会商中心投入运行为契机，初步实现了防汛会商、水量调度、水资源保护、水土保持等应用系统的互联共享，使黄河防汛抗旱会商中心成为“数字黄河”工程综合应用的集中展示平台。基本建成了黄委异地视频会议系统，黄委召开异地视频会议 130 余次。

除了上述六大应用系统外，“十一五”期间结合黄河治理开发与管理的需求，建设了“黄河下游数字供水管理系统”试点工程，初步建立了供水专用数据库、引水计量子系统、水费计收子系统和综合服务子系统。完成了黑河水量调度管理系统的建设和竣工验收，有效提高了黑河水量调度的科技决策能力，在每年的关键调度期“全线闭口、集中下泄”期间发挥了重要的作用，为确保年度分水任务的完成及东居延海不干涸提供了有力支持。

四、数学模拟系统研发和应用取得新进展

在全面调查分析数学模型研发现状的基础上，以“首席专家 + 团队”为主要模式，研究确立了数学模拟系统研发机制，成立了研发领导小组及其办公室。

基本完成基于 GIS 的黄河下游二维水沙数学模型的研发，进一步完善了黄河枯水调度模型；开展了黄土高原水土流失数学模型（一期）、小浪底水库以下河段水质模型研发，基本完成一维水质模型；初步建成黄河口水沙演进数学模型；基本完成三门峡、小浪底、陆浑、故县水库水沙联合调控模型以及小浪底坝区三维水沙模型；开发了新一代黄河流域中尺度数值降水预报模式，预报的空间分辨率由 34 公里提高到 9 公里。已开发的数学模型在科学、快速编制黄河防洪减灾、调水调沙、水量调度、水资源配置等方案和实时调度中发挥了较好的支撑作用。

五、基本建立信息系统运行维护长效机制

受水利部委托，黄委组织信息中心、山东局等单位开展了《水利信息系统运行维护定额标准》的研究和编制工作，2009 年 4 月水利部颁布了《水利信息系统运行维护定额标准（试行）》。定额标准的颁布，对于解决全国水利信息系统尤其是我委长期短缺的运行维护资金问题，保障我委水利信息系统良性运行，充分发挥信息系统效益，具有非常重要的意义。根据定额测算，我委水利信息系统运行维护经费完全到位后可达 4000 万元左右。2010 年已到位 1900 多万元，2011 年到位经费 2579 万元，预计在今后 2 年内全部到位。

六、管理工作逐步规范

2007 年修订了《“数字黄河”工程建设与管理办法》，出台了《黄委综合办公系统电子公文管理规定》、《黄委政务内网运行维护管理办法》等十多项管理办法。颁布了《黄河流域水质监测站编码》、《黄委信息系统运行维护质量标准》等多个标准。

随着信息技术应用的普及和深入，信息系统安全已成为影响国家安全和各项工作能否正常进展的关键因素。黄委对信息系统安全工作十分重视，完成了信息系统安全等级保护定级登记工作，政务内网安全系统按照涉密信息系统标准建设基本完成。

河南省农业信息化发展概况

一、农业信息化建设取得的成效

去年以来，全省各级农业部门按照农业部的要求，紧紧围绕农业增效、农民增收的目标，坚持把信息化作为助推现代农业发展的重要手段来抓，加强领导，加大宣传，发挥优势，创新工作，整合资源，积极探索建立信息化推进机制，采取一系列措施，扎实推进农业信息化工作，全省农业信息化工作成效显著，有力促进了全省农业农村经济持续稳定发展。一是农业信息服务体系不断完善。建成完善了以河南农业信息网为核心，链接市、县两级162个农业门户网站网络体系。建成并投入使用了农业信息采集、农产品监测预警和农业遥感监测等系统，金农工程一期(省本级)项目规划的"一个平台，两个中心，六大应用系统正在抓紧建设中。省市县三级信息管理和服务机构基本健全，同时建立了一支信息管理和服务队伍。乡村信息服务体系积极推进，乡镇农村信息服务站达到1400个以上，村级多功能信息服务站14700个以上。二是农业信息服务成效显著。以农业部"三电合一"项目为载体，搭建了17个省市县三级农业综合信息服务平台，12316"三农"服务热线、手机短信平台，12316—9#直播间电视栏目等多种形式的"三农"信息服务平台不断完善，形成了农业信息网站、农业电视节目等多种手段相结合的信息服务新格局，农业信息服务水平不断提升，有力促进了农业生产稳定发展和农民持续增收。三是农业生产经营领域信息化取得初步成效。积极组织开展农业生产经营信息化和农业信息服务示范试点，利用3G、物联网等现代信息技术改造传统农业生产，在三门峡、鹤壁等地率先建成了二仙坡苹果物联网、信达果业物联网、粮食作物物联网示范基地，有力带动全省农业生产经营信息化水平不断提高。

二、主要做法

(一)高度重视，建立健全工作机制。省、市、县(市、区)都建立了相应的管理和服务机构。省农业厅专门成立了推进农业信息化工作领导小组，由农业厅厅长朱孟洲担任组长，于国干副厅长担任副组长，厅市场信息处、厅办公室、厅计划处等部门主要负责同志为成员，明确职责任务，共同推进我省信息化工作。

(二)增加投入，加强信息化基础设施建设。省厅在经费相对紧张的情况下，不断增加信息化资金投入，努力改善基础设施条件。近几年先后投入了600多万元用于农业部门业务系统信息化建设，建立了河南农业信息网、农情信息系统、农业遥感监测等系统，完成280万元省、市、县三级17个"三电合一"项目建设，进一步加强农业综合信息服务平台建设。2011年省农业厅拿出100万元资金用于信息化宣传、培训以及管理维护，确保了信息化工作的正常运行。经多次到财政、发改等部门沟通协调，争取到金农工程一期建设项目资金1285万元。

（三）创新工作，积极探索信息服务新模式。各级农业部门加大工作力度，创新思路，整合资源，完善了12316“三农”服务热线和短信平台，实现12316三农热线服务全覆盖，同时建立了电视栏目、农事早知道等多种形式的信息服务平台。成立了12316“三农”热线专家服务团，建立专家信息库，实行专家补助奖励和动态管理制度。

（四）开展农业生产经营信息化和农业信息服务示范试点，为信息化发展探路子。制定下发了《关于组织开展农业生产经营信息化和农业信息服务试点申报工作的通知》。三门峡、鹤壁等地农业部门加强与当地通信部门的沟通协调，争取资金支持，建成了林果业、粮食作物物联网示范基地，积极推动现代信息技术在农业生产经营领域的应用。

（五）整合资源，合力推进信息化建设。积极探索“政府引导、企业参与、市场运作、服务农民”的运作模式，深化与河南省通信管理局、河南联通、河南移动、农信通、诺基亚等单位合作，签署战略合作框架协议，发挥各自优势，推动多元化投入机制和信息服务平台建设，形成合力共同推进我省信息化发展。

三、存在的问题及建议

近几年来，全省各级农业部门认真落实《河南省信息化条例》，按照农业部的有关要求，创新工作，整合资源，扎实推进我省农业信息化工作，全省农业信息化取得一定成效，但在实际工作中还存在认识不到位、投入不足、体系不健全等一些不容忽视的问题和困难，制约着我省农业信息化的发展。当前农业信息化建设的首要任务是要加快农业信息化发展步伐，影响农业信息化建设的主要问题是投入不足问题。具体表现为：一是思想认识不到位。个别地方和领导对信息化重要性认识不足、重视不够、信息化工作措施不力，行政推动作用没有充分发挥出来。二是农业信息化建设项目、资金投入严重不足。一些发达国家推进农业信息化的通行做法是政府推动，采取中央和地方财政拨款的方式，有效推进农业信息化建设。国家和省里每年直接用于农信息化的投入项目、资金很少，几乎没有，在一定程度上造成农业信息化基础支撑不强，农业信息化建设滞后于现代农业发展和公共服务需求。三是农业信息服务体系还不健全。目前，我省省市两级信息服务体系较为完善，而县、乡、村三级信息服务体系还不完善，人员、机构和资金缺乏有效保障，服务能力和服务水平不强，亟需加强。四是信息技术应用有待加强。现代信息技术在农业领域的集成应用还不充分，农业生产经营信息化总体水平还不高。

为此，我们建议，一是国家和省级财政应加大农业信息化项目、资金投入力度，为信息化扎实推进提供强有力保障。尤其是2011国务院下发了《关于支持河南省加快建设中原经济区的指导意见》通知，明确提出了在健全乡镇或区域性农业公共服务机构、建设大型农产品批发交易市场、加快物联网发展等方面给予政策支持，希望国家财政和部里在项目、资金安排上向河南倾斜。二是应加大对农业生产经营信息化扶持力度。设立专项资金支持各地利用3G、物联网等信息技术改造传统农业，不断提高农业生产经营信息化水平。三是国家应尽快组织实施“金农工程”二期建设项目，并对中部地区配套建设资金，确保项目建设任务顺利完成，促进中部地区信息化加快发展。

河南省农村信用社联合社信息化建设概况

2011年以来，河南省农村信用社联合社（以下简称“省联社”）提出了“十项重点工作”和“十大创新计划”，并以“合规执行年”为契机，强化合规意识、优化系统资源、防范风险隐患、加大科技创新力度，全面提升信息化服务水平。

一、基本情况

2011年，省联社高度重视信息化建设工作，以“一个确保，一个加快，一个加强”为指导思想，积极创新工作方法，改进工作思路，加大研发力度，着力构架三大工程建设。一是现有系统优化改造工程。解决当前IT系统中存在的主要问题，保持现有系统的稳定和安全运营。该工程为我们的新一代IT系统建设争取2—3年的时间。二是新一代IT系统规划建设工程。立足于未来金融IT技术发展趋势和未来业务发展与管理的需求，综合分析、全新规划、设计和建设一套先进IT系统，系统建成后，可满足全省农信社5—8年的业务发展需要，并保持高扩展性。三是IT治理与综合保障工程。从组织架构、岗位设置、资源配置、制度建设、流程再造等方面提供保障，实现合理决策、有效激励、科学控制，使IT治理结构能够适应现在和未来的发展需要，从而确保系统的安全和平稳运营。这三项工程相辅相承。经过努力，在2—3年时间建成一套代表国内金融行业一流水平的IT系统，与业务发展无缝契合，有效提高河南农信的经营管理水平，促进改革发展。

二、主要成就

近年来，省联社通过采取多种有效措施，从确保现有系统安全稳定运行、尽力满足业务需求和新一代IT系统规划建设三个方面做了大量工作，取得了较好成效。

（一）坚持不懈做好运维工作，确保现有系统安全稳定运行。一是完成了现有系统的升级改造，极大提高了系统的性能，进一步保障了系统的安全稳定运行。二是对系统进行持续优化，提高业务处理能力。针对结息时间过长的问题，经多次论证、分析，2次对日结和季度结息程序进行优化，使得结息时间缩短40分钟、日结时间缩短3个多小时，进一步降低了因日结和结息时间过长影响开业的风险。同时还进行了综合业务系统、银联2.1升级改造、中间业务平台迁移、财税库银、银行卡前置、反洗钱系统等6项优化工作。三是开展全省信息安全大检查，从组织建设、制度建设、设备管理、软件管理、机房管理、数据文档管理、业务运行管理、安全运行管理等方面进行全面检查，有效排除安全风险隐患，提高风险防范意识。四是建章立制，完善内控管理制度，进一步规范管理。

（二）加快信息化建设步伐，全力助推农信社业务发展。一是完成了新办公楼局域网建设，创造了高效便捷的办公环境。二是完成了办公自动化系统建设，较好的提高了办公效率，节约了资源。三是圆满完成了省联社门户网站升级改造项目，进一步提高了服务水平，提升了农信社社会形象。四是完成了农信银系统升级项目，进一步丰富了系统功能，降低了差错率，提高了效率。其中，对账时间由高峰期时的2个小时缩减至10分钟，差错率由3‰降低至不足1‰，成效显著。五是完成了网银系统的开发、测试和试运行工作，进一步拓宽支付结算渠道，提升支付结算水平。六是完成了农信快贷通系统建设，并以"金燕卡"为服务载体，开发完成了快贷通福农卡。该项目的实施，较好的解决了农民小额贷款难问题，提升了信贷服务水平。七是完成了征信系统优化改造项目，使征信工作更加科学、合理、快捷。八是在信贷管理系统中开发增加了数据核对功能模块，为加强信贷管理、清收不良贷款、促进借名、假冒名贷款整治发挥了重要作用。九是完成了新会计准则系统建设。该系统的成功实施，标志着我省新会计制度的全面实行，对于我省提升财务管理水平有重要意义。十是完成了信贷管理系统改造（三法一指引）项目。该系统的成功改造，对于规范和强化贷款风险管理具有重要意义。十一是开发了若干创新型中间业务。如完成了财政账户实时监控系统建设、新型农保系统的开发及上线，开发实施了南阳公交IC卡项目和许昌代收财政非税收入等项目，提升了市场竞争力，提高了服务水平，增加了中间业务收入。

（三）立足高远、认真细致，做好新一代IT系统规划建设。新一代IT系统建设是省联社目前规模最大、最重要的建设项目，意义重大而深远。为了能积极推进新核心系统建设，省联社进行了数十次的技术交流和论证，召开了多次专题会议，并赴山东、宁夏、广东、深圳等地进行了考察学习。拟定了立项申请、可行性报告、整体技术方案、项目概算、初步日程表及具体实施方案，并在南阳进行了系统选型测试。为能进一步做细、做实、做好新一代IT系统规划设计的要求，省联社引进了咨询规划公司，进一步完善建设方案，并邀请业内专家对建设方案进行了评审，待方案确定后，将进行核心软件招标。目前项目正在快速推进。

三、存在的不足

一是科技管理体制亟待完善；二是业务需求的规范化程度不高；三是科技人员严重不足；四是现有信息系统基础架构还较薄弱，科技创新对业务发展的支持能力需加强。

四、2012年工作基本思路、目标任务、主要举措

（一）基本思路：确保现有系统安全稳定运行；加快新一代IT系统建设步伐；加强软件研发，满足急需的业务需求。

（二）目标任务及主要举措

1、确保现有系统安全稳定运行。具体做好系统存储、网络、机房环境等基础设施的提升和加固；做好周期业务、结息、批量、柜面等核心和应用系统的持续优化；完善制度，优化流程，提高响应和应急处理能力。

2、加强软件研发，完善信息化建设有关办法，利用现有系统满足急需和必要的业务需求。重点完成人民银行二代支付系统和IC卡系统建设。

3、加快新一代IT系统规划建设步伐。认真做好咨询公司选择、规划制定及核心软件商的选定工作，启动新一代IT系统建设。

4、推进IT治理，完善内控制度建设，加强科技队伍培养，为信息化建设提供坚实保障。

四、地区发展篇

商丘市信息化发展概况

商丘市按照省信息化工作要求，紧紧围绕商丘市委、市政府提出的“坚持科学发展，推进经济转型”和建设“数字商丘”的工作目标，加快推进信息化建设，取得了长足的发展，信息基础设施逐步完善，电子政务全面推进，“两化”融合不断深入，农业信息化较快发展，网络与信息安全得到加强，“数字商丘”建设加速推进，信息化水平不断提高，有力的促进了商丘经济社会发展。目前，全市每万人城域出口带宽216M/万人，全市长途光缆长度达0.98万公里，光缆覆盖面积10704平方公里，带宽达6. 65TB，覆盖率达100%。3G网络已经覆盖市县以上区域、产业集聚区、重要景区、重点乡镇和重要路段。已发展手机用户456.9万户，宽带用户33.36万户，固定电话用户86.8万户。

一、全市信息化建设工作稳步推进

（一）信息化发展环境逐步优化。一是加强了组织领导。根据工作需要和人员变动，我市及时调整充实了市信息化工作领导小组组成人员，成立了以市长为组长，主管副市长为副组长，相关单位负责人为成员的商丘市信息化工作领导小组，加强了信息化工作的领导，强化了信息化工作的协调管理，信息化工作列入领导的重要议事日程，定期召开专题会议，听取全市信息化工作情况汇报，研究部署信息化工作。

二是落实了机构职能。商丘市、县两级均已成立了信息化工作机构，明确了工作职责，落实了人员和编制，理顺了工作职能，市工业和信息化局负责统筹推进全市信息化工作，组织制定相关政策并协调信息化建设中的重大问题，促进电信、广播电视和计算机网络融合；指导协调电子政务、电子商务发展，推动跨行业、跨部门的互联互通和重要信息资源的开发利用、共享；承担相关信息安全管理的责任，负责协调维护全市信息安全和信息安全保障体系建设；指导监督政府部门、重点行业的重要信息系统和基础信息网络的安全保障工作，协调处理信息安全重大事件等职责，进一步强化了信息化工作的指导、协调、管理与监督。成立了商丘市信息化协会，架起了沟通的桥梁，提高了协调服务水平。

三是完善了工作机制。按照统一领导、统一规划、统一政策、统一标准的要求，“四统一”的管理模式得到较好落实。市政府信息化领导小组办公室，设在市工业和信息化局，承担统筹规划、调配资源、制定政策、督促落实等职责，及时协调解决信息化建设中的突出问题。各级各部门能把加快推进信息化建设作为一项事关全局的重要工作来抓，形成了“一个领导小组决策协调，一个职能部门归口管理，各部门各司其职，全社会共同参与”的管理模式和工作格局。建立了有国家、省、市信息化方面专家33名信息化专家库，成立了信息化专家咨询委员会，制定了《商丘市信息化建设项目专家评审工作规范》，组织专家参与信息化发展规划和政策制定、重点工程项目方案评审和建设成果鉴定等工作，市信息化专家库的建立为推广应用信息技术提供了智力支持，为全面推进我市信息化健康、快速发展，科学、公正地评审信息化项目，提高资金使用效益提供了保证。

四是制定工作规划。对市直各单位、各县（市、区）以及100余家重点企业信息化建设情况进行了摸底调查。开展了信息化发展规划的研究，先后组织多批信息化有关人员到广州、珠海、安徽芜湖、淮南、山东潍坊等地考察学习无线城市、信息化建设等先进经验，研究制定了《商丘市无线城市建设方案》、《商丘市电子政务发展规划》，明确了信息化建设目标任务，工作措施，为加快发展指明了方向。

五是出台了政策措施。印发了《商丘市人民政府关于加快信息化建设的若干意见》，为指导协调信息化建设中的重大问题，加快电子政务建设和信息化发展，推进“两化融合”提供了政策保证。设立了信息化发展专项资金，按照《意见》要求，市财政设立了信息化建设专项资金1000万元，用于支持电子政务建设、“两化”融合项目建设，引导企业信息化发展。各县（市、区）也都按照要求设立了专项资金，信息化推进的相关政策、措施得到了较好落实。研究制定了《商丘市信息化发展专项资金管理暂行办法》、《商丘市信息化项目监督检查暂行办法》，进一步规范了信息化项目管理，促进了信息产业健康发展。

六是强化工作落实。加大了信息化宣传力度。开展了以“信息通信技术让商丘人民生活更美好”为主题的5.17电信日宣传活动，组织有三大通信运营商、200余家企业及政府部门参加的启动仪式，原市委常委统战部长、副市长曾昭宝作了讲话动员，开展了形式多样的宣传活动，制作宣传板50余快，出动宣传车20余辆次，悬挂宣传标语200余幅，发放宣传单1万余份，并通过电视、广播、网络等新闻媒体进行广泛宣传，推广了信息化知识，大大提高了社会各界的关注度。充分发挥职业技术学院等信息化培训基地，举办了2期信息化专题培训班，对100余名信息化人员进行了业务培训。组织了多次《河南省信息化条例》的执法检查，有力的促进了条例的贯彻落实。开展了信息化绩效考核工作，将信息化工作列入市政府对各县(市、区)、市直有关部门的重点责任目标考核，根据《河南省人民政府关于印发2011年责任目标的通知》和《河南省信息化工作领导小组办公室关于印发2011年度省辖市信息化责任目标考核细则的通知》要求，研究制定了考核方案和考核办法，细化了考核内容，做到了信息化工作年初有安排，年中有检查，年末有考核。

（二）电子政务建设在为民服务上取得新突破。我市电子政务建设以“提高行政效率、转变政府职能、改变管理方式、促进便民服务和推动经济发展”为目标，按照《商丘市电子政务发展规划》要求，加大资金投入，实现资源共享，加快推进了信息平台建设和“十二金”工程建设，在促进便民服务和推动经济发展上取得了重要突破。

一是完善电子政务内外网络平台建设。我市于2004年成立了以常务副市长为组长的商丘市电子政务建设领导小组，并启动了电子政务建设。通过强化管理，整合资源，目前，连接各县（市、区）人民政府、市直各部门、部分企事业单位的电子政务网络已经建成，网络可以提供的接口数量达到1656个(含县区),全市10个县(市、区)和100多个市直单位接入了市电子政务网,门户网双向互动、在线政务处理、信息公开、一站式服务功能基本完善,实现了政府办公自动化(OA)系统和电子公文交换系统的广泛应用,有效地提高了全市政府机关工作效率。以政府门户网站集群建设为切入点,强化外网建设,提升为民服务能力和政府形象。近年来,商丘市政府把政府门户网站作为展示政府形象的重要窗口和加强政民互动的有效途径,在网站建设和管理工作中,以服务社会和公众为宗旨,以满足群众需要为己任,突出政务特色,立足应用、着眼实效,把加强网站建设管理与政府信息公开工作相结合,紧紧围绕全市中心、重点工作和公众关注的经济社会发展中的热点问题,及时更新发布领导活动、重要会议、规范性文件等权威政府信息,营造积极、健康、向上的主流舆论。同时,大力推进网上办事,畅通民意诉求渠道,在网站上开通了市长、县(市、区)长、局长(主任)信箱及网上咨询、投诉等,并认真及时做好领导信箱、公众咨询、投诉的办理,建立起了政府与公众交流互动的平台,较好地服务和保障了群众的知情权、参与权和监督权,网站建设管理和服务水平得到有效提升。近日,商丘市政府门户网站在全国近300家地市级政府网站绩效评估中排名第96名,首次进入全国地市级网站百强行列。

二是突出抓好商丘市行政服务中心信息系统建设。建立了全市统一的行政审批和电子监察信息资源库、市级公用网上审批平台、市行政审批电子监察平台。行政效能电子监察系统具备实时监督、预警纠错、绩效评估、统计分析、信息服务、投诉处理、预防性监督、视频监控八大功能,能够实现行政事项从申请到受理、审批、办结、查询、投诉的全过程监督。商丘市行政服务中心信息系统和行政效能电子监察系统的建设,在促进便民服务和推动经济社会发展上取得了重要突破,有效提高了政府服务和管理水平,实现了政府管理与服务由以管理者为中心的模式逐步向以被管理者为中心的模式转变,促进了政府敏捷管理、精细管理、主动管理模式的形成,对进一步加快政府职能转变、规范政府行为、提高行政效能、创新行政管理提供了实践途径。

三是积极推进政务信息公开。自《中华人民共和国政府信息公开条例》和《河南省信息化条例》颁布以来,市政府高度重视两个《条例》的实施工作,始终把推进政府信息公开工作作为推进政务公开、转变政府职能、实现管理创新、建设人民满意的服务型政府的一项重要举措,严格按照“公开是原则,不公开是例外”的要求,以商丘市人民政府门户网站为公开主渠道进行信息公开,切实加强领导,不断强化措施,狠抓落实,政府信息公开工作有序推进。2008年以来,全市共依托政府门户网站主动公开政府信息2万余条,涵盖机构职能、行政审批和行政执法事项、政策法规、计划报告、业务工作、重点工程等与人民群众生产、生活以及经济社会发展密切相关的各类信息。

四是不断深化部门电子政务应用。商丘市监察局在全省率先建设行政效能电子监察系统,实现了行政审批、行政征收等事项的事前、事中、事后监察,加强了公共资源交易系统的管理使用,完善了行政检查、行政处罚功能,实现了行政执法的实时监督。各县(市、区)共安装了460余台摄像机,对80多个市直、县直部门办事大厅、650多个办事窗口、1280多名工作人员的工作作风、服务态度、办事状况等进行远程视频监察。

商丘市财政局大力推进财政信息化建设,完成了金财工程应用支撑平台建设,市、县、乡三级财政网络平台实现了纵向贯通,与200余家市级预算单位及代理银行实现了横向连通。实现了平台数据三级贯通；财政惠民补贴资金一卡通系统和非税收入征管系统正在积极筹建中。为财政管理和财政改革提供了有力的技术支撑。

商丘市公安局以“金盾工程”建设为契机，全面推动信息化建设，公安内部系统资源得到有效整合，初步实现在警务信息综合应用平台上的“一点登陆、全网查询比对”的工作目标，全警采集、全警共享、全警应用的信息化应用格局基本形成，初步实现信息化，有效提高维护稳定、打击犯罪、管理防控的能力。

商丘市工商局实现了市、县、工商所三级网络互联互通。建立了涵盖市场主体准入、行政执法和综合监管、行政效能电子监察系统、OA办公系统、工商所办公平台系统、信息分析发布等系统，对企业信用、个体工商户信用、商品交易市场信用进行分类监管，规范了网络商品交易行为。

五是信息资源开发利用得到加强。目前，商丘市政府应急指挥平台、商丘市数字化城市管理系统、商丘市法人单位基础信息库（企业基础信息共享平台）等10大重点项目建设已通过专家评审和项目立项，项目建设正在加快进度，根据省统一要求，争取尽快完成宏观经济、企业法人、人口、自然资源与空间地理四大基础数据库建设与应用阶段性工作。

六是信息化综合服务平台建设加速推进。对商丘市政府应急指挥平台、商丘市数字化城市管理系统、商丘市法人单位基础信息库（企业基础信息共享平台）等10大重点项目进行了评审立项，项目正在落实资金，加快项目进度，尽快实现信息互联互通和互认共享，提高政府对信息化社会的管理和服务效能。商丘市工程建设领域项目信息和诚信体系建设平台已建成投入运行，截止到2011年12月26日，已公开发布信息2060条，其中，首批接入的市发改委、城乡规划局、财政局、国土资源局、交通运输局、住建局等12个市直部门公开发布项目信息342条；10各县（市、区）公开发布项目信息1718条。

（三）两化融合有力推进。今年以来，紧紧围绕六大优势产业发展需求，以信息技术推广应用为手段，以设立财政专项资金为引导，以企业信息化项目为重点，集中抓好一批骨干企业信息技术集成应用示范，实施了一批企业信息化重点项目，大力提升了企业现代化管理水平和综合发展能力，促进了全市企业信息化建设和产业调整升级。

一是扎实搞好信息化示范单位和国家级、省级“两化融合”试验区建设工作。经国家工业和信息化部批准，商丘市淮海铸造和310农贸市场被列为国家物流信息化试点示范工程单位。310农贸市场被农业部定为农产品信息采集点，每天在中央电视台公布农产品市场价格；淮海铸造还被列入首批国家信息化运行分析定点联系企业。柘城县产业集聚区已顺利通过省工信厅的评审，列入首批省级“两化”融合试验区。2011年底，河南省工业和信息化厅公布第一批河南省信息化和工业化融合试验区，我省有14个工业聚集（园）区被列为第一批“河南省信息化和工业化融合试验区”，经商丘市工信局积极争取，柘城县产业集聚区被列为第一批“河南省信息化和工业化融合试验区”。

二是重点企业、主导产业两化融合有力推进。积极推进企业信息技术的推广应用，搞好信息项目建设组织协调；加强对企业应用信息技术进行改造升级的引导，积极鼓励大中型企业建立技术研发中心，支持企业参与“两化”融合重点项目，引导企业扩大研发投入，扶持一批具有关键核心技术的科技专项，提升全市工业企业的科技含量和技术水平。如神火煤电薛湖矿矿井综合自动化系统工程，实现了各环节系统的信息集成和远程控制，使生产环节的各系统能够实现高度的智能联动，实现了装备的机电一体化、系统的自动化、生产的智能化、管理的人性化。科迪食品集团奶牛生产管理控制一体化系统，实现了奶牛个体识别、发情监测、自动饲喂、管理与分析等生产管理控制一体化。科迪集团 ERP 系统，实现了财务管理、生产管理、人力资源管理及其他辅助管理的现代化。这些企业信息化项目的实施，大大提升了企业现代化管理水平和综合发展能力，企业技术创新、技术开发、生产制造、市场竞争等方面的能力得到了普遍提高。

三是积极申请国家、省信息化项目资金，今年以来，推荐上报了中分仪器、银河棉业、同心园、阿凡提、诚实人食品等企业的“两化融合”项目申请信息化发展专项资金。其中，科迪食品集团股份有限公司“奶牛生产管理控制一体化系统项目”，已获得国家专项资金 100 万元。

四是设立信息化专项引导资金，支持企业信息化项目建设。按照有关要求，市、县两级财政均设立了信息化专项资金，重点支持了一批“两化”融合项目建设和企业信息化技术的应用。2011 年市财政安排专项资金 150 万元，重点支持了 9 个企业信息化项目。

五是按照省统一部署，开展了企业信息化等级评测试点工作。

（四）加快农村信息化建设，促进农业稳定发展。我市农村信息化建设坚持为广大农民群众提供最贴近、最即时、最有效的涉农信息服务为目标，通过纳入目标考核、健全领导协调机制等手段，大力推进农村信息化建设，先后建成了商丘市农业信息网、商丘市农业信息采集平台、农村党员干部远程教育网，使涉农信息服务体系不断健全，为农村群众提供了丰富的农副产品流通信息，对助推“三农”发展起到了积极作用。

一是农村综合信息服务台建设与应用成效显著。建设了“商丘市农业信息网”、“商丘市农业信息采集平台”和“三电合一”农业信息服务大厅，在全市 198 个乡镇建立了信息服务站，并建立了 3000 多个村级服务站，组建了近 1000 人的基层信息员队伍。开通了“12316”三农服务热线和 1258258 农业服务短信平台，为群众无偿提供了大量技术咨询技术、政策法规等服务，目前已有用户 53 万户，发布信息 25600 多条，解答技术难题 8000 多个。完善了农业信息组织体系建设，全市共有农业信息管理和服务机构 156 个，其中市级农业信息管理机构 1 个、服务机构 8 个，县级农业信息管理机构 9 个、服务机构 18 个，乡镇信息服务站 120 个，农业龙头企业信息点 50 余家。

二是农村党员远程教育系统得到较好应用。在全市 4646 个行政村建设了农村远程教育终端，现有站点管理员 4831 人，完善了现代远程教育体系，利用远程教育“直播课堂”大规模培训基层干部群众，在“直播课堂”基础上，整合市级 44 个远程教育成员单位人才资源和专家力量做客市现代远程教育“农情快递”直播间现场授课，结合当前农情农事、重大事件、热点问题，讲解贴近农村现实需求知识，受到广大农民群众的欢迎。我市的远程教育经验受到了省的表彰，并在全国推广。

（五）网络与信息安全得到重视和加强。成立了由主管副市长任组长，有关单位负责人为成员的商丘市网络与信息安全协调小组，建立了网络与信息安全组织领导协调机制，明确了工作职责，市政府各有关单位结合实际，制定了《商丘市网络信息系统安全管理制度》、《网络与信息安全防范处置预案》、《网络管理办法》等网络运行维护和信息安全制度，为加强我市网络信息安全的管理，引导互联网上网活动健康发展，国家信息安全，维护上网群众的合法利益提供了保障。多次组织召开了信息系统安全工作会议,开展全市信息系统安全大检查,积极推进信息安全测评与风险评估,对全省检查和商丘市自查出的问题,强化了督促落实,做到了及时整改,消除了安全隐患,确保了网络和信息系统安全稳定运行。按照省的要求,开展了党、政和关系国计民生方面等重要信息系统登记备案及等级保护定级工作。2011 年商丘市无信息安全事件。

(六)加强了信息化建设项目管理。一是设立了信息化建设专项资金。市级财政在年度预算中设立 150 万元信息化建设专项资金,县(市、区)财政也安排一定数量的信息化建设专项资金,用以引导、扶持信息化发展。

二是大力推进信息化建设重点项目。重点支持基础性、公益性、战略性的重大信息化工程项目建设,大力支持电子政务内、外网建设及公益性信息资源开发和维护。市财政局、市工信局联合印发了《关于加强信息化建设项目资金管理工作的通知》(商财企〔2011〕11 号)、《关于信息化建设项目经费预算实行政府采购工作的通知》(商财企〔2011〕28 号),要求所有信息化建设项目,不论是年度预算安排、使用上级财政资金或年度预算追加,必须报市工信局、财政局,按照《商丘市信息化建设项目论证制度》(商信化办〔2010〕5 号)进行评审、论证,未经论证的项目财政部门不予安排预算资金。项目建成后,要按照《商丘市信息化项目验收方案》,组织专家验收。今年以来,我市批准实施了"商丘市人民政府应急指挥平台"、"商丘市公安局'网上公安'门户网站群"、"商丘市法人单位基础信息库(企业基础信息共享平台)(一期)"、"商丘市数字化城市管理系统"、"个人住房信息系统建设项目"、"商丘市农业综合信息化项目"、"商丘市国土资源局业务审批系统"、"商丘市道路运输车辆动态监控系统平台"、"商丘市市场信息网"、"商丘市治理工程领域项目信息公开和诚信体系建设专栏"等一批重点项目,评审金额 3544.29 万元。目前,项目已通过专家评审,财政部门正组织政府采购,项目按计划实施,其中"工程建设领域项目信息公开平台"建设已经完成,实现了信息互联互通和信息共享,各项信息正在按目录公开要求录入发布。

二、当前信息化推进过程中存在的困难和问题

(一)全民信息化应用知识的普及仍需加强

当前是信息时代,信息化在社会各界的应用在逐步深入,需要经常不断的组织开展形式多样地信息化宣传培训活动,坚持应用引领,推进信息化知识学习,提升全民学习应用自觉性,让广大群众感受到信息化带来的方便、快捷和高效。

(二)信息化项目专项资金落实有待加强

目前商丘市、县两级财政均按要求设立了信息化专项资金,但数额还比较小,还不能够适应信息化的发展需要,有的县(市、区)还没有做到专款专用,需进一步加大信息化项目专项资金的支持额度,完善信息化专项资金管理办法,提高使用效益。

(三)信息资源整合共享的政策措施还不够有力

部门与部门之间、行业与行业之间资源共享的公共信息平台建设还比较滞后,仍然存在着各自为政,资源浪费的现象,不能满足经济社会发展的需要,建议国家和省尽快出台业务共享目录和管理制度,搭建统一的公共信息平台,使各部门信息资源共享有章可循。

(四)信息安全保障亟待加强

尽管商丘市多年来没有发生重大信息安全事件,但仍然存在着一些薄弱环节,信息安

全法律法规的宣传仍需进一步加强，信息安全技术与管理人才的培训力度需进一步加大，信息安全服务机构专业化程度需进一步提升，安全意识和管理水平需进一步提高。

三、2012 年信息化工作计划

（一）修订完善商丘市“十二五”信息化发展规划。加强信息化发展趋势和规律的跟踪研究，认真分析本地、本部门影响信息化推进的问题和原因，科学筹划本地、本部门“十二五”期间信息化工作，制定对策和措施，出台内容全面、筹划科学、保障有力的信息化发展“十二五”规划。

（二）加强信息化宣传培训工作。依托商丘市信息化培训中心分期、分批搞好信息化综合管理、电子政务、网络与信息安全、“两化”融合、农业农村信息化人才培训工作。

（三）加大资金投入，强化重点项目管理，完善监督机制，加快商丘无线城市建设。

（四）做好商丘市信息资源管理中心的建设工作，继续做好电子政务资源整合和应用工作，加快推进电子政务内网互联互通平台建设。做好四个数据库建设，实现资源共享。1.人口基础信息库。2.法人单位基础信息库。3.自然资源与空间地理基础信息库。4.宏观经济数据库。数据中心能解决我市信息化项目重复建设、资源浪费、信息孤岛和大量安全管理难题，数据中心的建设是我市信息化工作的基础，对信息化的发展起到关键支撑作用。

（五）继续落实好与三大运营商签订的《战略合作框架协议》。积极配合三大运营商推进 3G 网络建设、二代网络升级改造和信息化服务引用工作，力争完成计划投资和既定建设任务，实现 3G 网络行政村以上全覆盖。

（六）要按照工信部关于实施宽带普及提速工程“建光网、提速度、促普及、扩应用、降资费、惠民生”的总体目标，2012 年的阶段性目标以及组织实施的城市光纤到楼入户等八个行动计划。市工信局要发挥好牵头引导作用，引导我市三家基础电信企业要充分发挥在网络建设扩容上的主体作用，要争取有关部门和社会力量的支持来共同推进工作。确保实施宽带普及提速工程重在狠抓落实，要加强领导、精心组织、创新思路、齐心协力、全力以赴务求取得实效。

（七）推进重点工程建设。指导企业信息化，推进重点领域信息技术应用，支持运用信息网络技术改造提升企业信息化水平。充分发挥信息化专项资金的引导作用，支持一批“两化融合”重点建设项目，推进企业典型信息化应用，推动信息技术在提升行业竞争力、转变经济增长方式方面的应用。

（八）加强信息安全和网络管理，强化信息安全检查。严格落实国家《信息安全检查管理办法》，继续做好年度网络与信息安全检查工作。推广信息安全风险评估，推进信息安全测评常态化。

民权县"三网"融合发展概况

2012年,民权县以电信、联通和移动为载体,大力推进"三网"融合工作。

一、中国电信民权公司

截至目前,已建成移动网3G基站67座,乡镇移动网覆盖率达到90%以上,县城移动覆盖率达到98%以上。已经在乡镇以上提供优质的电信点服务。

与此同时,利用3C无线网络,民权县政府信息化战略部署,立足"创新融合应用畅想信息未来"的信息化理念,整合、创新各类资源,将服务领域从基础通信拓展到信息化建设和服务等方面,为推动"两化融合"、"三网融合",方便百姓享受信息新生活作出应有贡献,并在信息化行业应用方面积累了丰富的经验。

固网方面,为让用户更好的享受电信网服务,县城内拥有固网机房7个,城区累计新上DSLAM设备38台,新建ONU(光纤到每户设备175处)。为推动"两化融合","3网融合",方便百姓享受信息新生活做出了应有贡献。

民权电信在正常开展固话、移动手机、宽带、3G等基础电信业务的基础上,深入进行信息化建设和服务,在政务信息化建设、社会信息化建设、企业信息化建设等方面提供诸如:电子政务、移动电子政务、加密通信、"全球眼"视频监控应用等上百种成功应用的综合信息化应用产品。箱与河南电信邮件系统即河南省OA财务管理系统已全面实行无纸化办公。它不仅仅体现了企业内外部的信息传输的便捷,也实现了信息资源的

自2008年以来公司充分利用电信天翼189邮共享,使管理者与员工、各部门之间以及企业与外部之间的交流和沟通更直接,提高管理效率,降低管理成本。

二、中国联通民权公司

基于民权联通的基础网络优势,通过网络改造、网络升级、技术创新等手段,进一步加快信息化在各个领域、各个行业、各个场景的渗透,加快推动"三网"融合进程。通过3~4年的时间,全面实现在任何时间、地点,人们都可以自由、随意的获取任何想得到的信息,处理任何可以在网络上传输的任何事,普遍应用于和人们密切相关的各种事情。重点是电子政务化的纵向延伸、

2、基于联通3G(WCDMA)的优势,拓宽联通3G移动通信的应用领域,主要包括融合的3G业务在电子政务、环境监测、生态保护、城市管理等方面的广泛应用,降低人们的生活、工作成本,节约资源,提高行业企业的生产、交易效率。

3、大力发展光纤新技术，通过无线宽带网络的建设，大力推进无线城市和光网城市建设，实现客户接入的光纤化和智能化。

三、建设项目

（一）3G (WCDMA)一期工程：（2010-2011 年）投资 1300 万；二期：（2011-2012 年）投资 2100 万；三期：（2012-2013 年）投资 700 万。

（二）以实现办公自动化、管理信息化、决策科学化为目标，采用先进的计算机技术和通信技术，按照 Internet 技术规范，建成以县委、县政府计算机中心为核心节点，覆盖民权县及所属各机关局委、乡镇、街道办事处各级机关，分布式应用和集中式管理的宏观决策和办公信息服务网络系统，并实现与 Internet 的连接，成为全县重要的对外开放窗口和信息服务平台。

工程项目主要包括技术方案设计、需求调研、软件开发、设备采购、安装、技术培训、软件集成、系统调试、测试、试运行、验收和维保服务等。

三、中国移动民权公司

1、提升能力、智慧经营，为可持续发展夯实规模基础。实施以能力提升为主题的市场领先工程，在提高基础网、支撑网等基础设施能力的前提下，把经营能力建设作为市场领先工程的核心任务，着力推进全业务运营能力、渠道把控能力、团队协作能力等能力建设。截止 6 月份，累计完成计费客户数 352561 户，位于全区第二位；年累计完成帐务收入 8469.83 万元，较去年同期增长 27%；TD 客户数增长 3193 户，TD 智能终端增长 2447 户；3—5 月份服务 KPI 质量考核平均得分为 17.1 分，位居全区二名；累计上交税收 254.09 万元，完成招商引资 800 多万元；截止 6 月份，城区现有渠道 81 家，其中：六星级 3 家、五星级 7 家、四星级 12 家、三星级 16 家、二星级 30 家、一星级 14 家；乡镇现有渠道 663 家，其中，核心专营店 53 家，普通专营店 129 家，一星级 481 家。

2、改善质量、优化体验，为可持续发展铸就卓越品质。实施以质量改善为主题的用户满意工程，把提高网络、业务和服务质量作为重中之重，抓好精品网络领先工程、业务体验升级工程、服务满意深化工程。截止 6 月份，基站基础完工 12 座，网优九期弱覆盖已开通 8 座，TD 五期已开通 4 座，乡镇驻地网已完成 4 座，16BGSM1800M 已开通 13 座，16B 替换站完成 3 座，AB 类集团专线已入驻 17 个，现已开通运营基站共计 185 座。

3、创新拓展、助力转型，为可持续发展注入强劲动力。实施以创新拓展为主题的互联网突破工程，以“做智能管道、建领先平台”为目标，从经营模式等方面加快创新，增强移动互联网业务运营能力，为提升生活服务和信息服务奠定坚实的基础。截止 6 月份，集团信息化收入累计完成 174.4 万元，完成目标任务 119%，较去年同期增长 51.15%；集团信息化覆盖率达到 77.39%，完成目标任务的 80%；关键人物保有率完成 96.8%；重要集团客户保有率 100%；完成教育系统 23 条互联网专线业务订购和收费工作；金财系统 17 条数据专线业务订购及收费工作；卫生系统 19 条互联网专线施工工作；完成产业集聚区下（华美电器、飞龙电器、南华产业区管委会、星光塑业、花仙子粮油、鄂中复合肥等）多家企业的互联网专线业务协议签署及订购工作；完成“宝制冷”等多家产业集聚区重要集团达成信息化业务合作意向工作；完成行政服务区新区（东区）的新办公楼和环保局、司法局等多家集团单位的信息化业务合作意向工作，促进各单位信息建设的快速增长，加强信息社会的现代化步伐。

三门峡市信息化发展概况

一、主要开展工作

一是开展教育培训工作。加强政策指导,做好信息化宣传教育工作,全面推进我市信息化进程。今年,我市还组织市区有关委局、企业信息化负责人、部分信息化专家共计30余人,赴郑州参加了“沃行天下——中国联通行业应用巡展”,学习、了解当前我国通信发展前端的技术信息。下发了《关于加强2011年高考期间通信信息和网络安全管理工作的通知》,加强对通信设施设备的安全检查和监管,确保高考期间通信畅通。编印了《信息化工作政策法规文件选编》(第一辑)2500册,面向各县(市、区)党政机关(各乡镇)、市直各单位、企业、学校、街道进行发放,大力宣传信息化。

二是开展信息安全工作。配合市人大开展《条例》执法检查工作扎实,组织开展全市各机关单位对《条例》的执行情况进行自查自纠。成立了“三门峡市计算机信息网络安全协会”,部署开展信息系统安全检查工作。陪同省安全检查组完成了对市监察局、市人力资源社会保障局等30家市直单位的信息系统安全检查和检测。

三是开展了工程建设领域项目信息公开和诚信体系建设工作。2011年7月成立三门峡市推进工程建设领域项目信息公开和诚信体系建设工作协调小组。组织召开了全市工程建设领域项目信息公开和诚信体系建设工作动员会议,出台了《三门峡市工程建设领域项目信息公开和诚信体系建设工作具体实施方案》,明确了信息公开的目标、任务、分工及具体步骤。

二、2012年主要工作

(一)围绕新型城镇化,抓好信息网络基础设施建设

1.推进智慧城市、无线城市和光网城市建设。

智慧城市建设。集中加强对ICT基础设施建设以及相关行业的信息化平台的构建,开展社区试点示范,整合社区服务管理信息资源,健全社区服务信息网络,推动社会管理创新。重点打造智慧通信基础设施覆盖和通信枢纽中心建设。构建功能配套、安全高效的信息基础设施体系。

无线宽带城市建设,整合各种信息资源和业务模式,使无线城市成为创新社会管理和服务、移动电子商务应用、物联网应用等互动聚合的平台。继续增加无线宽带接入点,完善技术手段和网络服务,并在无线宽带上网的基础上进一步实现重点系统应用,使无线宽带网络覆盖范围超过全市一半以上。各有关部门和区县必须高度重视,协同配合,共同做好

"无线宽带城市"建设工作。市发改委应抓紧制定无线宽带城市建设规划并牵头组织实施。市建委、公安局、市级机关事务管理局、市供电公司和各区县政府、开发区管委会应帮助建设单位协调使用路灯、红绿灯、监控点等杆路资源,并为无线宽带设备的安装施工提供方便。市旅游局、市环保局、市园林局要做好全市各宾馆、饭店和旅游景点安装无线宽带设备的宣传和协调工作,保障在项目建设过程中能顺利解决场地占用和设备用电等问题。各区县政府也应将此项工作列入重要议程,争取率先建成"无线宽带区县"。

实施光网城市工程,加快光纤宽带网络建设,提高城乡宽带接入能力和宽带普及率。实施 3G 网络提升工程,推进 3G 网络向乡镇延伸,实现 3G 网络覆盖到所有乡镇。

2.全力促进电信网、广播电视网和互联网"三网融合"

(1)、启动三网融合城市试点。推动有条件的县市积极开展三网融合。采取试点先行、逐步推广的方式,开展三网融合相关业务。

(2)、优化提升"光纤到户"建设。确定一批具备条件的社区、乡村,开展光纤到户试点示范。联合市建设、质监、通信管理等部门,制定出台规范我市住宅小区及商住楼通信配套设施建设的政策文件,保障各类数据和视频业务的公平接入和基础设施的互联互通。

(3)、引导培育三网融合产业发展。加快研究制定推进三网融合的扶持政策,引导、鼓励企业积极参与三网融合技术研发、产品开发和制造,逐步形成完备产业链条,壮大三网融合相关产业。

(4)、扶持三网融合业务发展,加快 IPTV 系统建设和宽带网络升级改造,不断探索业务合作模式、商业模式。建设三网融合省级集成播控平台并初步具备接入能力,加快有线电视网络设施改造,提升数字电视平台服务功能,促进数字电视在家庭生活中的应用。

3.正式启动"宽带普及提速工程"

2012 年底前使用 4M 及以上宽带接入产品的用户超过 56%,比 2011 年提高 15 个百分点。同时,FTTH(光纤到户)用户数量要占到宽带数量的 40%,全市逐步推开提速普及工程。

(二)围绕构建现代产业体系,推进信息服务业提速发展

1.发展物联网应用。鼓励和扶持物联网服务业发展。

2.推进物流信息化。整合我市已有物流企业资源,提供物流信息查询、会员服务、智能配送、货物跟踪、位置服务等,为构建现代大物流产业体系提供条件。

3.扶持新一代信息技术发展。鼓励无线通信技术、下一代网络技术、三网融合技术研发,以应用创新和催生新技术,形成技术与应用相互推进的良性发展格局。扶持网络增值业务发展,不断提升基础网络对信息化的支撑能力。

(三)围绕"两转两提"和改善民生,抓好电子政务和社会事业信息化建设与应用

1.推进统一的电子政务网络建设。各县(市、区)要大力推进统一的电子政务网络建设,并和市级省级网络连接,形成全省统一的电子政务网络,统筹规划网络资源,合理利用,避免重复建设和投资浪费。提升社会管理和公共服务水平。

完善电子政务外网建设。建成开通电子政务外网"政务信息资源共享综合服务平台"。

推动基层电子政务建设。以县级政务网站和项目信息公开为重点,开展评估工作,引导基层政府网站不断加强信息公开和网上办事能力。

2.加强信息资源开发利用,建设和完善信息共享平台系统。开展部门间业务需求目录梳

理，加快全市政务信息资源目录体系和交换体系建设。启动基于四大基础数据库的共享与应用试点。积极协调公安、质监、工商等部门，实现涉及企业信用评估、企业基础信息、和人口信息等的业务协同创新应用。建设企业基础信息共享平台，实现工商、质监、国税、地税等部门的信息交换与共享。推进人口管理公共信息共享平台建设，逐步实现公安、人社、计生、卫生等部门的信息交换与共享。进一步完善行政效能电子监察、应急指挥、环境自动监测和工程建设领域项目信息公开4个系统，不断深化应用。

3.推进工程建设领域项目信息公开和诚信体系建设。加强工程建设项目和信用信息公开，指导县级以上行业主管部门做好信息收集、发布和维护工作。第一批涉及到的实施单位：市发改委、国土资源局、交通运输局、水利局、住房和城乡建设局、规划和城管局、教育局、环保局、卫生局、工商局设立项目信息和信用信息公开共享专栏，完善工程建设项目信息和信用信息综合检索网络平台，实现全市范围内互联互通和互认共享。

4.加快教育信息化公共基础设施建设，加强优质教育资源建设，整合全市各类职业教育机构资源，形成覆盖面广、结构合理、内容丰富的教育资源体系，推进教育资源开放共享。

（四）围绕产业升级，抓好信息化与工业化深度融合

1.强化工作指导。制定出台"两化融合"指导意见，编制"两化融合"指标体系，实施对规模以上企业信息化水平测评定级。增加《产业集聚区发展考核指标体系》中信息化建设与应用指标比重，促进产业集聚区软实力建设。

2.着力推动信息技术在制造业的集成应用。加大指导力度。开展铝工业、黄金、能源、煤化工、果品加工五大战略支柱产业调研，制定五大战略支撑产业"两化融合"指导意见。

3.认真贯彻我国《关于加快推进两化深度融合促进转方式调结构的意见》，按照"两个带动"、"三个围绕"和"四个转变"的总体要求，创新推进机制，加强基础研究，启动两化融合软科学研究专项。完善服务支持，建立助企服务联盟，充分利用参与单位的技术产品优势和优惠措施，提升应用企业信息化水平。

4.加大政策支持，建立两化融合项目储备制度，为两化融合提供更多投融资渠道。同时，发挥五大战略支柱产业龙头企业典型带动作用，推动信息技术在提升行业竞争力、转变经济增长方式方面的应用。

5.抓好试点示范，确立"两化融合"试点示范企业及产业集聚区信息化示范基地。开展区域试点。认定10家在信息化建设上示范内容明确、行业特点明显、应用效果显著、示范作用突出的企业作为我市"十二五"信息化带动工业化示范（试点）企业。加强对示范（试点）企业的组织引导，并进行跟踪考核。开展典型示范，启动综合集成应用、产业链协同、云计算应用等六大类两化深度融合示范工程。积极支持本地区信息化试点示范企业工作，不断总结推广成功经验和做法，充分发挥试点示范企业的标杆作用。确立一个产业集聚区信息化示范基地，提升了产业集聚区整体发展水平，并通过示范基地的引领、带动和辐射作用，为当地加快工业经济发展提供了新思路、新经验和新模式。

6.抓好招商引资和承接产业转移信息平台建设。在今年年底前争取建成产业转移信息平台，开展咨询、联络、审批、洽谈等网上业务。

（五）围绕农业农村信息服务发展，着力提高农业农村信息化水平。

1.深化三电合一，推进信息化进程。深化以电脑为核心的"三电一厅"信息化模式，推进

信息化进程。

2.大力发展农产品电子商务。搭建交易平台,实现了农产品期货买卖、电子交易、电子结算一体化功能。

3.探索物联网建设,促进信息技术深入应用,结合物联网建设,建立农产品质量安全可追溯系统。

4.探索物流配送,建设现代化农业物流系统。通过信息技术手段,促进农资物流行业的快速发展,使农民足不出户就能用上放心农资。

5.开发农业地理信息系统,实现农业发展数字化。

(六)围绕信息安全,加强网络与信息安全保障,抓好管理和支撑体系建设

1.建设完善政府网站监测平台。建设完成政府网站监测平台,力争上半年开通运行。组织全市门户网站监测与防护专题培训。进一步提升我市网络与信息安全应急支援服务水平。

2.做好重大活动期间的信息安全应急支援。继续开展网络与信息安全培训工作,提高整体信息安全防护意识及应急保障能力。确保重大活动期间,重要信息系统及政府门户网站信息安全。

3.落实三项制度。落实信息安全等级保护制度、涉密信息系统分级保护制度,严格政务信息公开保密审查,开展涉密信息资产普查。落实信息安全检查制度,依据《河南省政府信息系统安全检查指导方案(试行)》,配合做好信息安全检查工作。

4.加快建设两个支撑体系。制定网络信任体系建设指导意见,加快推进网络信任体系建设。依据国家网络与信息安全应急预案,建设省、市、县三级信息安全应急预案体系,初步形成突发事故应急处置能力。

三门峡市信息化建设专项方案

2012年是实施“十二五”规划承上启下的重要一年,做好全年信息化工作,保持经济社会发展良好势头,具有十分重要的意义。为认真贯彻落实市委经济工作精神和市政府2012年工作部署,进一步加强对全市信息化工作的指导,确保新时期我市信息化工作有一个良好开局,制定2012年全市信息化建设工作方案。

一、总体思路

深入贯彻落实科学发展观,认真贯彻落实国务院《指导意见》和省九次党代会精神,坚持“整合、应用、共享、安全”,以促进“三化”协调发展为核心,以推进信息化与工业化深度融合、提升电子政务和社会事业公共服务水平为主线,加快资源整合和互通共享,催生以新一代信息技术为代表的新兴业态,深入推进“数字三门峡”建设,进一步提升信息化对城镇化、工业化建设的支撑能力。

二、基本原则

(一)顶层设计,资源共享。加强信息化的顶层设计,统筹制定整体解决方案,统一标准规范。推进资源整合,建立和完善应用与共享机制,促进互联互通和资源共享。

(二)需求主导,突出重点。立足中原经济区建设需求,紧紧围绕工业化、城镇化和农业现代化“三化”协调发展核心任务,优先推进两化融合、信息网络设施建设。

(三)政府引导,协同合作。充分发挥政府导向作用,加强对信息化建设的指导、引导和扶持,规范信息化管理,推进目标考核,建立健全协同工作机制,形成工作合力。

(四)以点带面,分步实施。开展试点示范,总结成功经验。根据实际需求,区分轻重缓急,急用先行,重点突破,分步实施。

(五)综合防范,安全可控。坚持管理与技术并重,加强保障能力和支撑体系建设,增强对重要信息网络的掌控能力和重点信息系统的防护能力,确保网络与信息安全。

三、工作任务

(一)围绕新型城镇化,抓好信息网络基础设施建设

1.推进智慧城市、无线城市和光网城市建设。

智慧城市建设。集中加强对ICT基础设施建设以及相关行业的信息化平台的构建,开展社区试点示范,整合社区服务管理信息资源,健全社区服务信息网络,推动社会管理创新。重点打造智慧通信基础设施覆盖和通信枢纽中心建设。构建功能配套、安全高效的信息

基础设施体系。

无线宽带城市建设,整合各种信息资源和业务模式,使无线城市成为创新社会管理和服务、移动电子商务应用、物联网应用等互动聚合的平台。继续增加无线宽带接入点,完善技术手段和网络服务,并在无线宽带上网的基础上进一步实现重点系统应用,使无线宽带网络覆盖范围超过全市一半以上。各有关部门和区县必须高度重视,协同配合,共同做好"无线宽带城市"建设工作。市发改委应抓紧制定无线宽带城市建设规划并牵头组织实施。市建委、公安局、市级机关事务管理局、市供电公司和各区县政府、开发区管委会应帮助建设单位协调使用路灯、红绿灯、监控点等杆路资源,并为无线宽带设备的安装施工提供方便。市旅游局、市环保局、市园林局要做好全市各宾馆、饭店和旅游景点安装无线宽带设备的宣传和协调工作,保障在项目建设过程中能顺利解决场地占用和设备用电等问题。各区县政府也应将此项工作列入重要议程,争取率先建成"无线宽带区县"。

实施光网城市工程,加快光纤宽带网络建设,提高城乡宽带接入能力和宽带普及率。实施 3G 网络提升工程,推进 3G 网络向乡镇延伸,实现 3G 网络覆盖到所有乡镇。

2.全力促进电信网、广播电视网和互联网"三网融合"

(1)、启动三网融合城市试点。推动有条件的县市积极开展三网融合。采取试点先行、逐步推广的方式,开展三网融合相关业务。

(2)、优化提升"光纤到户"建设。确定一批具备条件的社区、乡村,开展光纤到户试点示范。联合市建设、质监、通信管理等部门,制定出台规范我市住宅小区及商住楼通信配套设施建设的政策文件,保障各类数据和视频业务的公平接入和基础设施的互联互通。

(3)、引导培育三网融合产业发展。加快研究制定推进三网融合的扶持政策,引导、鼓励企业积极参与三网融合技术研发、产品开发和制造,逐步形成完备产业链条,壮大三网融合相关产业。

(4)、扶持三网融合业务发展,加快 IPTV 系统建设和宽带网络升级改造,不断探索业务合作模式、商业模式。建设三网融合省级集成播控平台并初步具备接入能力,加快有线电视网络设施改造,提升数字电视平台服务功能,促进数字电视在家庭生活中的应用。

3.正式启动 "宽带普及提速工程"

2012 年底前使用 4M 及以上宽带接入产品的用户超过 56%,比 2011 年提高 15 个百分点。同时,FTTH(光纤到户)用户数量要占到宽带数量的 40%,全市逐步推开提速普及工程。

(二)围绕构建现代产业体系,推进信息服务业提速发展

1.发展物联网应用。鼓励和扶持物联网服务业发展。

2.推进物流信息化。整合我市已有物流企业资源,提供物流信息查询、会员服务、智能配送、货物跟踪、位置服务等,为构建现代大物流产业体系提供条件。

3.扶持新一代信息技术发展。鼓励无线通信技术、下一代网络技术、三网融合技术研发,以应用创新和催生新技术,形成技术与应用相互推进的良性发展格局。扶持网络增值业务发展,不断提升基础网络对信息化的支撑能力。

(三)围绕"两转两提"和改善民生,抓好电子政务和社会事业信息化建设与应用

1.推进统一的电子政务网络建设。各县(市、区)要大力推进统一的电子政务网络建设,并和市级省级网络连接,形成全省统一的电子政务网络,统筹规划网络资源,合理利用,避

免重复建设和投资浪费。提升社会管理和公共服务水平。

完善电子政务外网建设。建成开通电子政务外网“政务信息资源共享综合服务平台”。

推动基层电子政务建设。以县级政务网站和项目信息公开为重点,开展评估工作,引导基层政府网站不断加强信息公开和网上办事能力。

2.加强信息资源开发利用,建设和完善信息共享平台系统。开展部门间业务需求目录梳理,加快全市政务信息资源目录体系和交换体系建设。启动基于四大基础数据库的共享与应用试点。积极协调公安、质监、工商等部门,实现涉及企业信用评估、企业基础信息、和人口信息等的业务协同创新应用。建设企业基础信息共享平台,实现工商、质监、国税、地税等部门的信息交换与共享。推进人口管理公共信息共享平台建设,逐步实现公安、人社、计生、卫生等部门的信息交换与共享。进一步完善行政效能电子监察、应急指挥、环境自动监测和工程建设领域项目信息公开 4 个系统,不断深化应用。

3.推进工程建设领域项目信息公开和诚信体系建设。加强工程建设项目和信用信息公开,指导县级以上行业主管部门做好信息收集、发布和维护工作。第一批涉及到的实施单位:市发改委、国土资源局、交通运输局、水利局、住房和城乡建设局、规划和城管局、教育局、环保局、卫生局、工商局设立项目信息和信用信息公开共享专栏,完善工程建设项目信息和信用信息综合检索网络平台,实现全市范围内互联互通和互认共享。

4.加快教育信息化公共基础设施建设,加强优质教育资源建设,整合全市各类职业教育机构资源,形成覆盖面广、结构合理、内容丰富的教育资源体系,推进教育资源开放共享。

(四)围绕产业升级,抓好信息化与工业化深度融合

1.强化工作指导。制定出台“两化融合”指导意见,编制“两化融合”指标体系,实施对规模以上企业信息化水平测评定级。增加《产业集聚区发展考核指标体系》中信息化建设与应用指标比重,促进产业集聚区软实力建设。

2.着力推动信息技术在制造业的集成应用。加大指导力度。开展铝工业、黄金、能源、煤化工、果品加工五大战略支柱产业调研,制定五大战略支撑产业“两化融合”指导意见。

3.认真贯彻我国《关于加快推进两化深度融合促进转方式调结构的意见》,按照“两个带动”、“三个围绕”和“四个转变”的总体要求,创新推进机制,加强基础研究,启动两化融合软科学研究专项。完善服务支持,建立助企服务联盟,充分利用参与单位的技术产品优势和优惠措施,提升应用企业信息化水平。

4.加大政策支持,建立两化融合项目储备制度,为两化融合提供更多投融资渠道。同时,发挥五大战略支柱产业龙头企业典型带动作用,推动信息技术在提升行业竞争力、转变经济增长方式方面的应用。

5.抓好试点示范,确立“两化融合”试点示范企业及产业集聚区信息化示范基地。开展区域试点。认定 10 家在信息化建设上示范内容明确、行业特点明显、应用效果显著、示范作用突出的企业作为我市“十二五”信息化带动工业化示范(试点)企业。加强对示范(试点)企业的组织引导,并进行跟踪考核。开展典型示范,启动综合集成应用、产业链协同、云计算应用等六大类两化深度融合示范工程。积极支持本地区信息化试点示范企业工作,不断总结推广成功经验和做法,充分发挥试点示范企业的标杆作用。确立一个产业集聚区信息化示范基地,提升了产业集聚区整体发展水平,并通过示范基地的引领、带动和辐射作用,为当地

加快工业经济发展提供了新思路、新经验和新模式。

6.抓好招商引资和承接产业转移信息平台建设。在今年年底前争取建成产业转移信息平台,开展咨询、联络、审批、洽谈等网上业务。

(五)围绕农业农村信息服务发展,着力提高农业农村信息化水平。

1.深化三电合一,推进信息化进程。深化以电脑为核心的"三电一厅"信息化模式,推进信息化进程。

2.大力发展农产品电子商务。搭建交易平台,实现了农产品期货买卖、电子交易、电子结算一体化功能。

3.探索物联网建设,促进信息技术深入应用,结合物联网建设,建立农产品质量安全可追溯系统。

4.探索物流配送,建设现代化农业物流系统。通过信息技术手段,促进农资物流行业的快速发展,使农民足不出户就能用上放心农资。

5.开发农业地理信息系统,实现农业发展数字化。

(六)围绕信息安全,加强网络与信息安全保障,抓好管理和支撑体系建设

1.建设完善政府网站监测平台。建设完成政府网站监测平台,力争上半年开通运行。组织全市门户网站监测与防护专题培训。进一步提升我市网络与信息安全应急支援服务水平。

2.做好重大活动期间的信息安全应急支援。继续开展网络与信息安全培训工作,提高整体信息安全防护意识及应急保障能力。确保重大活动期间,重要信息系统及政府门户网站信息安全。

3.落实三项制度。落实信息安全等级保护制度、涉密信息系统分级保护制度,严格政务信息公开保密审查,开展涉密信息资产普查。落实信息安全检查制度,依据《河南省政府信息系统安全检查指导方案(试行)》,配合做好信息安全检查工作。

4.加快建设两个支撑体系。制定网络信任体系建设指导意见,加快推进网络信任体系建设。依据国家网络与信息安全应急预案,建设省、市、县三级信息安全应急预案体系,初步形成突发事故应急处置能力。

四、保障措施

(一)加强组织领导

充分发挥信息化工作领导小组的决策协调作用,实行统一领导、统一规划、统一政策、统一标准。加强、充实信息化组织领导机构的力量,强化其统筹规划、调配资源、制定政策、督促检查等职能。

(二)设立信息化建设专项资金,完善政策措施

积极开展信息化政策研究,尽快形成有利于信息化发展的政策环境。积极争取在市财政资金中安排1000万元以上的资金,作为我市信息化建设扶持专项资金,重点支持基础性、公益性、战略性的重大信息化工程项目建设。进一步规范信息化项目管理。完善信息化责任目标考核,开展电子政务绩效评估,推动信息化健康、有序发展。

(三)科学编制发展规划

根据我市实际情况,科学编制我市信息化发展"十二五"规划,研究发展对策,更好地指

导我市信息化“十二五”工作。深化信息技术在工业企业生产经营管理中的集成应用为主线，推进“两化融合”，强化信息技术在金融、医疗、教育、交通、环保等关系民生的重要领域的应用为着力点，实现跨部门信息共享和业务协同。

（四）强化培训宣传

进一步拓展培训渠道，加强与重点高校的交流与合作，抓好信息化能力提升培训工作。各级党校和行政学院在组织领导干部和公务员培训时，要把信息化作为公务员初任培训和知识更新培训的重要内容。及时总结和宣传推广信息化建设的先进经验，多层次、多领域宣传信息化工作，提高全民信息化意识和素质，形成全社会普遍认同和积极参与信息化建设的良好氛围。

信阳市信息化发展概况

近年来，信阳市坚持以“统筹规划、资源共享、科学发展、安全可靠”为根本宗旨，以“建设网络、搭建平台”为主要抓手，大力推进信息化基础设施建设，不断提高信息化建设综合水平，在信息产业基础设施建设和信息化管理体制、机制建立等方面取得了明显成效。结合信阳实际，信阳市进一步确立了信息化工作思路和目标，即“以信息化带动工业化，以工业化促进信息化，走新型工业化路子”为目标，紧紧围绕市委、市政府的重大战略部署，把握“两化融合”的战略机遇期，以需求为导向，以电子政务为突破口，以信息资源开发利用为核心，着力推进信息化在构建现代产业体系、打造服务型政府和建设社会主义新农村等方面的应用，逐步完善覆盖全市的宽带化、综合化、智能化的信息基础设施。信阳市统筹协调移动、电信、联通等通信企业，不断加大投入，信息化基础设施有所改善，2011 年，全市电信业务总量 25.14 亿元，增长 18.4%。经过不懈努力，信阳市已初步建立起系统的、实用的电子政务工作体系。目前，信阳市限额以上企业中有近一半企业建立了网站。

一、全市信息化工作扎实推进

（一）切实加强对信息化建设工作的领导

1、加强组织机构建设。近年来，信阳市政府高度重视信息化工作，在机构改革完成后，根据人员变动和工作需要，及时调整了信阳市信息化工作领导小组组成人员，由市政府郭瑞民市长任组长，张明春副市长任副组长。领导小组下设办公室，设在市工业和信息化局。市信息化工作领导小组负责全市信息化工作的统一领导，统筹规划，综合协调。根据《信阳市人民政府机构改革实施意见》，市工业和信息化局是全市信息化工作的综合管理部门，承担市信息化工作领导小组办公室职责。市政府把信息化工作列入领导班子重要议事日程，每月召开全市工业和信息化经济运行分析会，研究部署和推进信息化工作。

2、建立健全工作机制。信阳市信息化工作实行市信息化工作领导小组统一领导、统一规划、统一政策、统一标准工作机制。市信息化工作领导小组办公室具体负责推动全市信息化统筹协调发展、推进信息化与工业化融合、提升国民经济整体实力、培育信息化战略支撑产业、实现信息化建设又好又快发展。在每月召开全市工业和信息化经济运行分析会上，召集市保密、发改、公安、宣传、广电、国安、财政、统计、科技、教育、工商、质监、邮政等信息化工作领导小组组成部门负责人，认真研究分析全市信息化工作和动态，安排部署信息化工作，统一行动，保证了信息化工作健康开展，取得了良好效果。

3、全面落实政策措施。市政府认真贯彻落实《中华人民共和国政府信息公开条例》、《保守国家秘密法》、《计算机信息系统安全保护条例》、《河南省信息化条例》等政策法规。按照《信阳市"十二五"信息化发展规划》,统筹发展、科学推进全市的信息化建设。制定了《信阳市电子信息产业发展规划》和《信阳市信息产业基地发展规划》,填补了我市信息产业规划的空白,为信息产业的发展、建设面向未来的信息产业基地提出了明确的目标、任务和措施。完善了信息化政策法规,制定了《关于加快信阳市信息化发展的意见》、《信阳市信息化建设目标考核办法》、《关于做好信阳市政府门户网站政务信息公开及内容保障工作的规定》、《信阳市信息化项目建设管理验收细则》等一批信息化建设的政策法规文件,为信息化发展提供了依据,进一步规范了信息化建设的管理。

(二)认真做好电子政务工作

1、加强门户网站建设。市本级政府、所属县(区)政府和市直各部门均建设和应用了门户网站,网站管理和信息更新与维护进一步加强。市本级政府门户网站按照《信阳市政府门户网站政务信息公开及内容保障实施方案》,规范网站管理,保证了网站内容和质量;网站整合78项办事和服务功能,增设了网上咨询、网上投诉、服务导航等16个重要服务功能,全面提升网站服务能力;增强了网站交互功能,建设网上市长信箱、市长热线栏目,通过网站接收和转处来信件,较好地实现了政民互动交流;新建了农村改革发展综合试验区、学习实践科学发展观、"六城联创"、政风行风等专题网站,加大了政务信息公开力度;全年主网站信息更新2万多条,扩大了影响力。市政府综合门户网站群基本形成,县(区)政府综合门户网站和同级政府部门网站拥有率已达86%并发挥了相应作用。根据省统一要求,完成了宏观经济、人口、法人单位、自然资源和空间地理等4大基础数据库建设,并拓展了相关应用服务功能。

2、搞好系统建设与应用。市政府建立了信阳市招商引资"四库"平台,积极利用这个平台开展招商引资活动;大力推进全市教育、卫生、文化、交通、国防动员、城市数字化信息服务、公安、金融、劳保系统等公共服务信息化的建设,拓宽城市服务渠道和提高城市公共服务能力。在全市范围内建设和普及了农村医疗合作信息管理系统,提高医疗管理和救助能力;大力推进网络文化,加强网上电子图书馆的应用,提高市民享受网络文化的获取面和文化资源的共享力度;交通信息化发展较快,完成了全市交通公路运输管理智能网络系统的建设,机动车船安全监控与调度系统和客运站场与检测站监控系统进入建设阶段,城市智能化交通信息服务平台建成投入使用,为出租车、公交车等提供便捷及时的智能化信息服务;我市国防动员指挥信息系统建成,形成了各国防动员单位的信息网络互联,增强我市国防动员平战时的网络化和计算机化指挥协调能力;积极推进高速信息化联播系统、城市数字化信息服务系统等的建设,在全市主要公共场所、车场、大型商场等地安装综合信息服务终端和液晶显示屏,提升了城市综合信息服务水平,拓宽信息服务渠道;以建设"平安信阳"为目标,重点推进一批影响大、效果好的信息系统建设,全市社会治安综合治理打防控电子视频监控网络系统完成后,城区电子视频监控网络在"二会一节"期间,提高了公安机关对全市公共场所、重点路段、商业单位、车站、银行、娱乐场所等地方的监控和防范能力;城市应急联动系统为公众提供110报警、119火警、120急救中心、122交通事故报警、12345市长公开电话以及防洪、防震、防空和水、电、气等公共事业"一站式"的高效应急救助服务;食品安全监控管理信息系统为全市宾馆酒店提供食品卫生安全信息和预警服务;全市大部分行政机关基本安装正版的操作系统、办公软件,并组织相关的培训和维护工作,为我市政务机关营造了安全的信息化办公环境,树立了政府对软件知识产权保护的模范守法形象,营造保护知识产权的良好社会氛围。

(三)积极推进两化融合

我市坚持把信息化和工业化融合与地区经济科学发展、"一个载体、三个体系"建设、促进高端制造、新型建材、绿色食品、文化旅游、商贸物流等战略产业结合起来,围绕推进区域性信息化共享环境的搭建,重点增强市重点服务的107家企业信息化建设的积极性和主动性,改进企业发展模式和经营管理及技术推广方式,提升企业的核心竞争力和可持续发展后劲,促进地区经济高质量运行等方面积极开展工作,使我市的"两化融合"取得了突破性进展,注册(使用)企业信息综合服务平台的企业数量占本地企业总数的60%以上。全市重点服务企业利用信息化手段提高企业管理水平,开发建设业务流程管理系统、企业资源管理系统等,加快企业产品生产效率,提高了企业经济总量。信阳市同合车轮有限公司、羚锐制药公司、华英集团、华时化工股份有限公司、金玉南面粉公司等企业,在已有财务、办公、产运销、人力资源管理信息化系统的基础上,正围绕企业发展需求,加快实施企业资源计划(ERP)为代表的综合管理信息系统。我市成功举办了"信息化知识培训班",国家信息化专家吕廷杰现场讲解信息化在企业的具体应用,共同研究如何利用移动信息技术推进企业信息化建设。

特别值得一提的是,我市在全国工信系统开创性地创建了《品品在线》(www.xyppzx.com)电子商务企业信息综合服务平台,与全球最大的互联网采购批发市场——阿里巴巴合作,无偿引导全市未开展电子商务的工业企业、中小企业,利用互联网销售产品、提升企业品牌影响力和掌握信息化手段。《品品在线》自2010年8月1日正式改版升级以来,共收录了702家企业,共发布1813种产品。河南省信息化工作简报指出:信阳市的"品品在线"是我省区域性电子商务的一次尝试,对全省推行电子商务具有积极的借鉴意义。同时,淘信阳等商业网站也具有一定影响力,发展潜力很大。

(四)推进农业农村信息化

我市根据农业、农村形势的变化,利用电视、电脑等多种现代信息服务手段,大力开展农业信息服务,取得良好效果及显著的经济效益和社会效益,促进了我市农业和农村经济的发展。通过多年探索和不懈努力,目前已建立起以电视、电话、电脑、手机、信息发布大厅和乡镇农村信息服务网点"三电一机一厅一网六位一体"为主要手段,以短期培训和科技信息现场服务为辅助手段的农村综合信息服务体系。一是开办农业电视节目。信阳经济电视台开办了《今日农业》电视栏目,每周两期,每期20分钟,首播一次,重播两次,下设《农业综合信息》、《科技之窗》等八个子栏目,以推广农业科技和发布农村市场信息为主;二是开通信息服务热线。开通了农业信息综合语音服务系统,目前已启用12316全国农业系统公益服务统一专用号码。建立了庞大的农村科技信息资料库,固定专人接听电话,双休日和节假日正常值班;三是搭建计算机网络平台。开通了《信阳农业信息网》,网址:www.xyagri.gov.cn。下设"今日聚焦"、"本地快讯"、"政策法规"、"农事农情"、"供求信息"、"分析预测"、"实用技术"等几十个小栏目;四是建立手机信息发布系统。开始实施"致富通"农村信息服务"曙光工程”,针对广大农民建立了农业信息快速发布平台,并依托农业系统有关专家,收集国家、省特别是信阳市有关农业信息,利用移动公司手机群发短信功能,通过网络和手机对农民发布各类涉农信息,目前系统内农民用户已达近20万人;五是设立农业信息发布大厅。在市农业局信息中心设立了“信阳市农业重大信息发布大厅”,面积达200平方米;六是建设乡镇农村信息服务网络。以市政府办公室名义下发文件,依托联通公司设在乡镇的营业大厅、农业产业化龙头企业、农民合作组织、农资连锁企业等,建立起140多个乡镇农村信息服务站,农村党员远程教育系统行政村覆盖率达100%。我市□河区被农业部确定为全国农村信息化示范单位。

(五)确保网络与信息安全

成立了信阳市信息安全领导小组和信阳市信息安全等级保护工作协调小组。工信、公安、国安、机要、保密等部门一起,全面落实信息安全等级保护、涉密信息系统分级保护和风险评估制度,整合建立统一的安全支撑平台,集中提供安全防御、安全支撑、应用支撑等服务,建立以密码技术为基础,以身份认证、授权管理、责任认定为主要内容的网络信任体系。依托安全支撑平台,加快容灾备份体系建设,集中实现各级业务应用系统和信息资源的灾难恢复。2011年集中了一个月的时间在全市开展了信息安全检查活动,我市各县区包括党政机关、企事业单位及民间团体在内的重点单位共有近300多家,主要是把在上一年度检查中安全状况相对较差的单位和已开展信息网络服务的企业等单位作为此次检查的重点。按照抓重点、分批次、检查与自查相结合的原则将其中58家单位作为检查的工作重点。信阳市委、市政府、市委机要局、市国家安全局、市公安局等重点单位在信息网络安全方面有了长足的进步,对信息安全问题非常重视,成立了以单位主要领导牵头的信息安全领导小组,并有专职的信息安全管理人员,有专业技术人员做技术保障,职责明晰、责任到人。针对本单位的信息网络运行情况和自身实际制定了比较全面、规范且具有可操作性的规章制度。按照国家法律法规采取了相应的安全保护技术措施。对防火、防水、防雷、防静电等工作的硬件投入上也比较重视,采用了一些切实可行的措施,信息系统的运行维护人员定期进行漏洞扫描,及时发现并快速修复漏洞。通过检查发现我市仍然存在许多薄弱环节。主要是缺乏综合性的解决方案、安全保护技术措施不到位、应急响应,容灾备份系统不完善、信息安全管理方面人才严重匮乏。

(六)加强项目建设与管理

1、加强信息化项目前期立项评审工作。严格执行《河南省信息化项目建设管理暂行办法》,建立起立项、可研、初步设计和专家评审一套科学规范的信息化项目前期管理制度,保证信息化建设项目的规范化、制度化和可行性、实用性。

2、加强信息化项目报建的审核力度。按照实事求是的原则,在建信息化项目经信息化主管部门审查和组织专家评审,对各单位申报的项目,从建设内容、规模、技术和投资等方面进行严格把关,发挥信息技术顾问的技术支持与服务作用,加强评审与论证,对项目初步设计进行严格的审核,形成了较为完善的审核管理机制。

3、加强信息化项目建设的管理和验收。所有财政投资建设的信息化项目都实行招投标制,进行公开招投标,签订合同,实施“进度、质量、投资”三控制,确保项目建设的效率和质量,所有项目都要通过验收后才能投入使用。

4、加强对信息化工作的目标考核，制定了《信阳市信息化建设考核办法》，对各部门、各县区信息化建设绩效进行考核，进一步提高全市信息化应用水平。

5、重点做好市工程建设领域项目公开和信用信息公开共享平台、无线城市、行政效能电子监察系统、人大政协提案管理系统、招商引资信息系统、"金审"工程、非财政性资金企业建设项目。信阳市政府与中国电信河南分公司签订战略合作框架协议，河南电信计划未来5年内，在信阳投入15亿元用于信息化网络建设和运营，增强3G网络的覆盖能力，打造精品网络，促进产业升级，改善信息化基础设施，提升区域竞争软实力。我市行政效能电子监察系统建设已基本完成，可与省里进行联网，市行政服务中心和7个县服务中心进入试运行阶段。我市正在进行的电能信息采集系统建设，管理多种通信通道，同时接入大用户负荷管理、集中抄表等多种终端，自动采集所有用户的用电信息，实现客户用电信息管理、负荷控制、预付费控制等直接应用功能，及时发现各变压器负荷过载、三相不平衡，以及计量回路故障，提高电网的安全经济运行水平。同时，企业和居民用电信息实时传回后台后，该系统会自动对数据进行分析，为终端提供信息支持。

二、2012年工作重点

1、认真贯彻落实《河南省信息化条例》和《河南省信息化建设目标考核细则》。将信息化建设纳入国民经济和社会发展规划，并编制区域内信息化建设总体规划。根据实际情况安排信息化发展资金，并逐年增加，用于推动和引导信息化建设。新建、改建、扩建公共信息基础设施，要符合规划要求，并与相关的公共信息基础设施互联互通。使用或者部分使用财政性资金建设的信息化工程项目，相关部门要根据规划提出初步意见。非财政性资金投资建设的重大公共基础性信息化工程或信息安全工程，建设单位要报当地主管部门备案。

2、做好电子政务网络资源整合工作。争取政府支持，完善我市电子政务网络建设，加速县(区)各部门门户网站建设，并实现链接，达到信息资源共享。尽快成立市信息网络服务中心，承担市信息化工作领导小组办公室的日常工作。实行对全市信息化工作统一领导、统一规划、统一政策、统一标准，建立健全信息化工作领导协调机制。

3、大力推进"两化融合"。充分利用市移动公司等骨干IT企业的信息技术改造提升传统产业。促进信息技术在现代装备制造、食品、医药化工、纺织(服装)等主导产业的普及应用，推进设计研发信息化、生产装备数字化、生产过程智能化和经营管理网络化。充分运用信息技术推动高能耗、高物耗和高污染行业的改造，促进节能减排，发展循环经济。大力扶持中小企业信息化。培育具有核心竞争力的信息产业。充分发挥比较优势，以基地化、特色化、产业化为主线，引进战略投资，承接产业转移，着力推动大企业、大项目建设，强化自主创新，引导集聚发展，逐步形成技术领先、基础雄厚、自主创新能力强的主导产业，为"两化融合"提供技术支撑。

4、建设网络与信息安全保障体系。与公安、机要、保密等部门一起，全面落实信息安全等级保护、涉密信息系统分级保护和风险评估制度，整合建立统一的安全支撑平台，集中提供安全防御、安全支撑、应用支撑等服务，建立以密码技术为基础，以身份认证、授权管理、责任认定为主要内容的网络信任体系。依托安全支撑平台，加快容灾备份体系建设，集中实现各级业务应用系统和信息资源的灾难恢复。整合建立全市计算机病毒防治、应急处置、安全通报中心，提供入侵防御、漏洞扫描、病毒防护、内容过滤等信息安全服务，采取分级分域的安全防护策略,提高全市网络和信息安全综合防护能力。建立电子政务内网、外网各自统一的信息加密保护、电子认证、密钥管理基础设施和应用支撑等密码保障体系。涉及国家秘密的信息资源开发利用和信息系统使用管理应当按照国家有关保密法律、法规和要求进行。

5、组织全市工业企业、中小企业登录《品品在线》开展电子商务活动。继续高度重视《品品在线》这项工作,把《品品在线》打造成信阳市的亮点。在继续与阿里巴巴合作的基础上,《品品在线》租用独立服务器正式改版,实施公司化运作。改版后的品品在线致力于为企业提供商机发布、网络营销、品牌推广、专业展会、行业杂志(包括电子杂志)、信息化培训等一站式电子商务解决方案,倾力打造企业最信赖、效率最高、最具人性化的(B2B、B2C)电子商务平台。用技术方式优化网站在百度、GOOGLE、腾讯搜搜、YAHOO、微软 BING 等搜索引擎上的排名,制作购物相关广告,如 GOOGLE 全球广告、百度和腾讯等搜索推广等。未来《品品在线》依托信阳特色产业,有效整合信阳各行业信息,推介信阳,成为让世界了解信阳的窗口。

罗山县信息化发展概况

2011年来，罗山县信息化工作在县委、县政府的正确领导下，在上级主管部门的具体指导下，紧紧围绕县委、县政府提出的“坚持科学发展，推进经济转型”工作目标，坚持以“推行电子政务，强化社会管理和公共服务”为动力，全面推进全县信息化与电子政务的发展，在强化信息化组织领导、加强电子政务建设、促进“两化融合”发展、提高信息化队伍素质等方面圆满完成了责任目标，现将自查报告报告如下：

一、加强领导，不断充实和完善信息化工作机构和制度建设

县政府高度重视信息化工作，将信息化工作列入县乡两级政府重要议事日程，并纳入年终目标考核。年初，县政府召开了常务会议，安排部署全年信息化工作计划，明确将建设门户网站、实现资源共享和网络安全，以提高办公效率为本年度信息化工作重点；按照全县“十二五”信息化建设规划的要求，认真组织实施。为进一步加强信息化工作领导，县政府对信息化工作领导小组成员进行了调整，成立了以县长为组长，相关政府职能部门负责人为成员的信息化工作领导小组，领导小组下设办公室，办公室设在县工信局。信息办加强对信息化各项工作的审核和把关，认真做好网络管理及日常维护运作，完善了信息网络，落实管理责任，确保信息化工作组织有力、体系健全、职责明确。为切实推进信息公开、提高办事效率，建立健全了信息报送制度、信息工作会议制度、收发文制度、报送信息奖励机制等长效管理机制，从而更好的从制度上规范各部门信息化建设，逐步完善了部门信息化工作体系。

二、突出重点，不断提高电子政务应用水平

1、信息化建设投入不断加大。为适应新形势下信息化发展的需要，我们按照“政府主导，市场运作，分期建设“的思路，县政府每年把年度信息化建设与运行维护资金纳入财政预算，并逐年加大投入。2011年，县政府设立了信息化发展资金400万元，实际支出652.1万元(见附表)，用于推动和引导信息化建设。对财政投资的新建、改建、扩建公共信息网络基础设施项目，按照互联互通建设要求，经信息化主管部门审查和组织专家评审；对非财政投资的信息化项目，实行报主管部门备案。目前已建设覆盖全县所有单位的电子政务统一平台，升级改造现有网络及中心机房，启动协同办公系统，政府信息公开系统，网上行政审批及电子监察系统等一批应用系统。

2、电子政务应用不断推广。为满足办公自动化对电脑的需求，全县政府及其职能部门加大对电脑设备购置和宽带上网力度，电子政务工作应用得到了推广使用。据初步统计，全县100多个部门中，已有90多个单位具备了宽带上网条件，有30多个单位建有局域网，有50多个单位建有业务系统，有40多个单位建有自己的数据库，并将通过政府门户网站建立全县统一的电子政务平台。目前，全县电子政务统一平台正在建设中，各部门的业务应用系统也正在推广应用中，已建成投入运行的主要有金融、税务、财政、中小企业以及工商管理、电力管理、户籍管理、乡财县管和补贴发放管理、职工养老保险和农村合作医疗管理、农村土地流转交易平台等，全县电子政务应用发展态势良好。

3、罗山政府网站功能日益完善。自从2005年罗山县政府综合门户网站开通以来，已取得了良好的社会效应，一是方便了招商引资。领导外出招商，只要打开政府网站，就可以向客商展示项目，介绍情况，开展招商引资；二是密切了干群关系，化解了社会矛盾。公民通过罗山政府网站的县长信箱和公民论坛将许多社会反响强烈的信访案件如学校周围网吧环境治理、市容市貌整治、高耗能企业污染等在网上发布后，我们立即转交有关领导和部门处理，并及时予以回复，增加了政府的诚信度；三是促进了政府为民办实事活动的开展。我们在20个工作日内把涉及群众切身利益的医疗、卫生、教育、社保等相关政策、办事机构、办事程序、收费项目等在网上公布，供单位和个人无偿查询，方便群众办事。到目前，政府网站已更新各类动态信息5000余条，处理答复网上信件600多次。为进一步增强罗山政府网站的功能，今年，我们对罗山政府网站进行了改版，主要完善网站栏目，增加服务功能，促进政民互动，新增了"政府信息公开、在线政务处理、政民互动、应急管理、一站式服务"等内容，修改完善了市民论坛等栏目。同时，按照省市统一要求，我们积极开展了工程建设领域项目信息公开和诚信体系建设工作，开通了《工程项目和诚信体系》共享专栏，全县第一批9个部门开设了窗口，进行了政务信息公开，改版后强化了公众参与服务功能，进一步拓展了便民服务的广度和深度。

4、网络安全管理和维护继续加强。加强对信息安全保障工作领导，建立并完善网络与信息安全应急处理领导协调机制，提高信息系统的安全防御能力和处理信息安全突发事件的能力。继续完善网络安全各项规章制度，加强安全值班、安全检查，排除隐患，保证各项防范措施落到实处。积极配合上级部门开展网络信息安全大检查。今年，针对网络黄毒泛滥的现象，公安保密部门加大工作力度，经常加强对网络信息系统安全、信息内容上网的检查和监督工作，及时发现问题，排除安全隐患，打击网络违法犯罪活动，确保全县网络信息系统的安全。如今年，高、中招工作，我们对县属各电信运营公司下发了通知，并派人督促检查，强化对短信传递的管理，防范和遏制利用通信工具考试作弊，从而保证了我县网上报名，远程录取等高、中招工作的顺利进行。同时我们还加强对网络信息等级保护和基础数据库开发建设等阶段性地工作。此外，我们还坚持把提供上门技术服务，作为强化网管职能的一项重要工作，今年为局域网内的有关单位提供上门服务400多次，力所能及地帮助他们解决一些实际问题。

三、资源共享，促进信息化与工业化融合发展

1、做好新型工业化转型示范县建设工作。今年我们按照省市提出新型工业化转型示范县建设的有关要求，加强中小企业经济运行监测管理服务平台建设，建立重点企业信息直报制度，完善重点行业、重点企业经济运行监测网络，及时做好经济运行分析监测和预警工作。积极做好企业信息化投入的统计工作，据统计，今年全县规模以上企业总投入为100多万元,较同期增长20%。开展本地企业信息化等级评测工作,积极推荐友邦木业、龙马实业等6家企业作为河南中小企业产权交易市场挂牌交易企业,目前我县龙马实业公司被选为全省50强高成长型纺织服装企业。同时还组织全县规模以上的企业项目申报推荐工作,积极争取省级配套资金,目前,我县申林茶叶、万林种猪、恒远造纸等技改项目报告已报省工信厅待批。

2、促进信息化与工业化融合发展。一是积极推进重点行业、企业信息化工作。在推进重点行业信息化方面,以化工、纺织、机械、陶瓷、木业、农副产品加工等六大战略支撑产业为重点,加快信息化在重点行业的应用步伐,引导信息技术企业与工业企业开展多层次的合作,逐步向推动企业设计研发信息化、生产装备数字化、生产过程智能化和经营管理网络化目标方向迈进。在推进企业信息化方面,加快信息技术在研发设计、工业生产、企业管理、产品流通、技术改造等环节的运用,提高企业运行效率和管理水平,不断完善"两化融合"项目库,充分发挥龙头企业信息化建设带动行业信息化的示范作用。二是积极引导企业开展电子商务活动。为帮助全县企业开展电子商务,以电子商务带动全县工业转型发展,我们充分利用已搭建《品品在线》电子商务平台,力促企业通过网络拓展营销活动,提升企业品牌影响力。目前,我县天湖古酒、大别山车辆、龙马、友邦、高盛等企业都开展了电子商务,效果十分明显。三是积极组织博润纺织、龙马实业、申林茶叶等规模以上的企业参加市"数字企业"建设启动仪式,通过利用电信终端提供办公、生产控制、营销服务、成本控制等信息化服务,进一步以电信信息技术推进企业信息化建设。四是大力推进农业农村信息化工作。制定和落实了全县农业农村信息化政策和规划,各乡镇开展了农业农村信息化示范工程,目前全县农村综合信息服务站、文化资源共享站及农村党员远程教育系统等发挥了很好的作用。

四、加强学习,提高信息化队伍素质

为切实提高全县信息干部队伍的政治、业务工作能力和水平,我们加强了信息干部队伍建设。一是制定了信息化宣传培训工作方案。全年分两批对乡镇和县直机关的信息员进行了信息化知识宣传培训,现已培训了100多人次,同时还积极参与市县统一组织到郑州观看全国窃密泄密案例警示教育展,通过宣传培训,为进一步推动全县信息工作夯实了基础。二是深入学习《河南省信息化条例》(下简称条例),增强贯彻实施《条例》的自觉性。今年5月是《条例》颁布实施3周年,为此,省人大到各地、市检查《条例》贯彻实施情况,我们以此为契机,认真组织学习《条例》内容,增强贯彻实施《条例》的自觉性。三是有的放矢,注重实效。县政府及其职能部门建立了以本行业系统工作资源为主的学习资料信息库,信息库的学习资料主要以电子文档、图片和视频光盘为主,有效地实现了信息化资源的集中和共享。在单位网页上建立法律法规、政策信息、监督风采等栏目,组织本单位工作人员进行了计算机操作应用和局域网共享使用的培训,解决了在实际使用中的很多问题,有力地推动了全县办公自动化的进程。四是健全了各项工作制度,严格考勤奖罚兑现,激发了信息员思想觉悟和工作热情。

回顾一年来的工作,我们虽然取得了一些成绩,但也清醒地看到一些问题和不足,主要是:一是存在经费紧缺,技术人员业务水平有待提高。二是工业信息化建设才刚刚起步,岗位创新能力仍显不足。三是办公自动化、信息化整体水平有待进一步提高。针对这些问题,我们在新的一年里,将采取有效措施,切实加以解决。 (罗山县信息化工作领导小组办公室)

济源市信息化发展概况

【2011 年信息化建设基本情况】

2011 年，济源市坚持“项目促进、示范带动、整合资源、强化管理”的工作思路，进一步加大信息化建设应用步伐，济源市信息化工作继续保持了强劲发展的良好势头，圆满完成省定、市定信息化目标任务，在省政府信息化目标绩效考核工作中继续保持全省前列。

（一）信息化发展环境不断优化

新成立了济源市信息化和工业化融合工作领导小组、济源市“无线城市”建设领导小组等。市委市政府高度重视信息化工作，主要领导亲自安排部署信息化工作明确提出：信息化是“新三化”的必然要求，不仅要与工业化融合，在城镇化、农业现代化中也要融合应用。年投入建设资金 3.2 亿元。市电子政务办公室把关、投资办审核、财政局拨款的工作格局基本形成。2011 年，通过对 10 余个项目进行审核，不仅节约资金 450 余万元，而且促进了资源共享和业务协同。济源市坚持把宣传培训作为搞好信息化工作的重要抓手，承办了全省信息安全培训会议；围绕“无线城市”、“智慧济源”、农业农村信息化、“数字城管”、“两化融合”、网站建设等工作，先后组织有关人员分 30 批 500 余人次赴外地考察学习；实施了“511”农民信息化培训工程，全市农业人口信息化知识知晓率达 60%以上。

（二）电子政务建设全面推进

1.基础设施不断完善。新投资 800 万元建成市电子政务外网及虚拟服务器集群系统。目前，电子政务外网已连接市、镇（街道）、村（居）三级，覆盖济源市所有党政机关、学校、卫生院、社区，并实现与省电子政务外网的联通。

2.政务门户网站作用进一步彰显。全年共举办“领导访谈”6 期，受理群众来信 1952 封，受理群众咨询、建议 292 件，率先在全省开通“政务微博广场”，在省政府门户网站每天公布的前十日各省辖市门户网站访问量通报中，济源市始终保持前列，最高在全省排名第二。

3.系统建设应用工作深入推进。80%的部门利用区域性综合档案管理系统进行档案管理，综合档案管理项目荣获省档案局科研成果一等奖；建成覆盖济源市 13 个行政服务分大厅和 16 个镇（街道）的行政效能电子监察系统，并与全省联网；区域卫生信息化平台建设工作被列入全省试点；总投资 9 亿元的“无线城市”建设工程全面启动；“金”字工程推进顺利，率先在全省发行了集五险信息为一体的社会保障卡；业务协同平台建设应用取得新成效，建成济源市企业基础信息共享系统，有效堵塞了监管漏洞，促进了财税增收，市国税局利用该平台在 3 个月的稽查期内就查补房地产行业所得税 2800 万元,房地产企业入库所得税同比增长 313%。

4.四大数据库建设工作稳步推进。宏观统计数据库加载数据 5.76 万笔,企业法人数据库录入企业有效信息 3292 家,人口库存储人员信息数据 69.2 万余条,“数字济源”地理空间框架系统建设作为国家级示范项目,目前公共平台建设已完成。

(三)“两化融合”工作扎实有效

1.工作机制进一步完善。制定出台了《济源市人民政府办公室关于印发济源市信息化和工业化融合专题调研及实施方案的通知》(济政办〔2011〕132 号)文件,对济源市 224 家规模以上企业信息化情况进行了等级测评,对 29 家市重点企业进行了现场调研。出台了《济源市人民政府关于加快推进信息化与工业化深度融合的意见》(济政文〔2011〕90 号),制定了《济源市工业企业信息化建设标准(试行)》。

2.“两化融合”工作氛围初步形成。先后组织镇(街道)、产业集聚区和企业的负责同志前往深圳、北京等地进行考察学习,组织参加了“全国两化融合深度行”武汉站、广州站的活动,进一步营造了良好的工作氛围。

3.主导行业“两化融合”推进有力。60%的企业建成内部局域网,企业工业自动化设备应用率达 80%以上,67%的规模以上企业实现了办公、财务管理、人力资源管理、产品销售等业务的信息化。豫光、济钢、恒通等三家企业被评为河南省第一批“两化融合”示范企业,虎岭产业集聚区被评为“第一批河南省信息化和工业化融合试验区”。

(四)农业农村信息化成效明显

1.宽带应用示范村建设有了新探索。建成 3 个宽带应用示范村,示范村宽带资费由 580 元 / 年降低至 60 元 / 年,宽带入户率提升至 70%,有效探索出了一条降低农村宽带资费、提高宽带入户率的新途径。

2.农业信息化示范应用初显成效。建成 5 个农业生产经营信息化示范基地,物联网技术在生产经营过程中得到初步应用, 示范基地生产管理效率和产品质量得到了提升。培育 5 个农产品电子商务示范户,通过开展网上订单、网络销售以及在线咨询等,破解了产品销售渠道不畅的难题。

3.电子政务应用向镇(村)延伸。建设了轵城等 2 个电子政务示范镇和玉泉街道陆家岭居委会等 3 个示范村,“村务管理信息系统”在示范单位得到较好应用,实现了农村人口、党群工作、民政事务、农村资源、涉农补贴、村级档案等业务的网上管理和公开。农业农村信息化,有力推动了我市新型农业现代化和新农村建设。

4.农村党员远程教育工作扎实推进。下发了《关于开展 2011 年度现代远程教育终端站点故障排查活动的通知》(济远程办 [2011]3 号)、《远程教育村级站点管理月例会制度》、《远程教育终端站点故障报修制度》等文件制度,济源市远程教育终端站点学用情况统计连续多次排名全省前 5 名。

(五)网络信息安全工作得到加强

制定了《济源市重要信息系统安全等级保护定级工作实施方案》,由市公安局牵头,对 51 个重要信息系统进行了系统定级和检查督导。建立完善了相关管理制度,完善了信息安全管理体系,强化了信息安全防护措施,初步形成了联合督办、重点检查、定期通报的工作格局,全年未发生一起信息安全事件。

【信息化工作中存在的问题】

(一)推进机制有待进一步完善

信息化工作机构设置不科学,力量薄弱。缺乏业务技术支撑机构和相关领域信息化推进科室;现有的信息化专业技术人员在文化层次、知识结构、人员数量等方面越来越不能满足实际需求。

(二)项目建设管理尚不统一

“统一领导、统一规划、统一标准、统一建设、统一管理”的信息化工作机制尚未形成。市信息化工作领导小组及其办公室的宏观指导、审核、把关作用没有得到充分发挥。

(三)资金保障未形成长效机制

信息化专项资金还未设立,信息化项目建设仍采取“一事一议”的方式,缺乏全面、持续、稳定的资金投入机制。

(四)信息化发展水平不高

各部门业务系统建设应用不深入,有近一半的部门尚未建立业务应用系统;信息资源整合共享度低,信息孤岛、烟囱效应依然严重;四大基础信息数据库建设尚不完善,跨部门业务系统建设应用还处于探索起步阶段。

【2012 年信息化工作计划】

(一)全面推进信息化重点项目建设

按照整合资源、节约投资的原则,依托教育、卫生、交通等信息化项目建设,建设济源市云计算信息资源管理中心,推动全市信息资源大整合、大共享。开展城市监控系统、网上行政服务办事大厅建设;围绕决策、民生、监管等,协调推进卫生、教育、综治、社保等领域信息化项目建设。

(二)进一步完善信息网络

完成市电子政务内网一期(非涉密)工程建设;协调移动、联通等运营商,推进“无线城市”网络建设,优先实现公共办公场所、产业集聚区等重点区域的 WLAN 覆盖;加快建设第三代移动通信系统,努力实现 3G 网络由市区到镇、到农村的覆盖延伸;督促协调通信运营商,推进光网城市网络建设,实施宽带提速计划,重点推进光纤应用。

(三)全面启动“智慧济源”建设

按照“顶层设计、统筹规划、分步实施”的原则,在国家信息化专家咨询委员会的指导下,完成“智慧济源”规划编制,制定下发“相关配套文件,扎实推进“智慧济源”建设。

(四)推进信息化与工业化深度融合

认真抓好《济源市人民政府关于加快推进信息化与工业化深度融合的意见》(济政〔2011〕90 号)落实,深入推进信息技术在企业研发、生产、经营、管理等重点环节的应用,积极开展企业信息化等级评测,大力开展企业、行业、区域三个层面的“两化融合”示范应用,建设 30 个重点项目、打造 15 个示范企业、建成两个示范区,积极探索新型工业化发展的新模式。

(五)加快农业农村信息化

紧密结合农业现代化和新型城镇化建设,积极创建“农业农村信息化示范城市”;在去年试点示范应用的基础上,今年重点开展好推广普及工程,建成 30 个示范村,10 家农业生产经营信息化示范基地,5 个农产品电子商务示范户,使三级信息管理和服务平台应用范围扩大到 5 个镇(街道)、200 个村。

漯河市信息化发展概况

一、2011 年信息化工作总结

2011 年主要工作开展情况：一是认真谋划发展，当好参谋助手。编制完成了《漯河市“十二五”工业和信息化发展规划》，起草了《漯河市电子信息产业发展规划纲要》。同时，不断完善重大事项报告、主要指标通报、联席会议要素协调等制度，积极协调解决重点企业的突出问题。二是抓重点，不断提升工业和信息化水平。组织实施了项目建设“121 工程”、“项目建设提速增效年”活动，提出了《关于促进工业 50 强和 50 高企业发展的意见（讨论稿）》，拟定了《漯河市 2011 年度 50 高企业名单》、《漯河市 2011 年度 50 强企业名单》等文件。组织参加了第二届产业转移系列对接活动，共签约资金 110 亿元。组织开展了两化融合示范产业集聚区、数字化园区建设工作，完善推进了 100 家重点企业信息化建设，双汇集团被国家有关部委确定为全国两化融合 200 强企业。组织实施了“无线城市”基础设施工程，重点推进“无线城市”应用建设。三是抓运行服务，全力破解企业发展难题。印发了《2011 年企业服务行动计划》，下发了《关于实行市级领导和市直部门分包重点企业责任制的通知》，帮助企业协调解决生产经营中的困难和问题。持续开展了“银保企联贷行动”，联合实施了“小巨人”企业信贷培育计划，全市共有 39 家中小企业被确定为全省首批“小巨人”企业。组织召开了全市企业用工协调会、企业用工服务月活动启动仪式，积极帮助企业解决招工难题。联合制定了《2011 年全市有序用电方案》，积极协调煤炭企业加大对全市电煤供应，确保了今年重点工业企业电力需求。针对“瘦肉精”事件，帮助企业引入了第三方检测机构，实行生猪逐头检验。同时，加强与上级政府和宣传部门的沟通，建立了政企及时沟通机制，研究提出了《瘦肉精事件对双汇发展的影响简析》等多项建议，大力帮助企业渡过了难关。

二、2012 年信息化工作思路及要点

工作思路：以科学发展为主题，以新型工业化为方向，以项目建设为核心，以产业集聚区为载体，以战略性引进为动力，大力推进信息化与工业化深度融合，提升全市工业经济核心竞争力，做强优势产业，做优传统产业，做大新兴产业，培育壮大一批龙头骨干企业，加快建立结构优化、技术先进、清洁安全、附加值高、吸纳就业能力强的现代工业体系，推动全市工业平稳较快发展，提高工业经济增长的质量和效益，走出一条适合我市特色的新型工业化道路。

工作重点：（一）推动结构调整和优化升级，打造战略性支撑产业，构建新型工业体系实施产业升级战略,围绕“一名城三基地”(中国食品名城、制造业基地、盐化工加工基地、电子信息产业基地),重点发展四大战略支撑产业,强力实施“四乘四倍增计划”(在食品产业方面,着重发展肉制品、面制品、饮料制品和食品配套行业;化工产业着重发展煤、盐、钛、氟化工行业;制造产业着重发展造纸、机械、纺织服装、制革制鞋行业;电子信息产业着重发展通信设备制造产业、新型显示器产业、光伏电池产业、绿色照明产业),打造漯河产业发展“2111”工程,利用5—10年时间,培育销售收入2000亿元的食品产业、销售收入1000亿元的电子信息产业、销售收入1000亿元的盐化工产业、销售收入1000亿元的制造产业。一是做强优势产业。围绕食品名城“五大基地建设”,着力打造国内一流的肉制品、面制品和饮料制品3大主导优势产业,大力发展休闲食品、调味品、冷链、绿色功能食品和食品配套产业;注重发挥双汇集团在食品名城建设中的支撑带动作用,充分利用我市作为全国食品安全信用体系和保证体系建设“双试点市”的有利条件,加快推进食品工业诚信体系建设,尽快组建漯河市食品工业协会,申请漯河食品加注“中国食品名城·漯河制造”商标,逐步确立和增强漯河在全国食品行业的影响力和权威性。以盐矿资源为基础,结合周边地区相关资源,强力引进国际国内知名盐化企业,靠大联大,建成河南乃至全国的重要盐化工产业基地。要加快发展附加值高、市场需求大的深加工产品。重点抓好亿鑫化工联碱、中原制盐食用盐等一批项目建设。二是做优传统产业。整合造纸资源,打造中西部重要的造纸工业基地。依托银鸽集团,优化原料结构,运用先进设备和工艺,改造提升产品质量和档次,淘汰落后产能,建设环保生态型造纸产业。加快建设一批重大造纸项目,重点抓好银鸽集团24万吨生活纸项目建设。对纺织、制革制鞋、机械加工等传统产业,要加大技术改造力度,加快设备更新,大力支持企业与国内外知名企业集团进行战略重组,实施跨地域、跨行业、跨所有制的兼并联合。三是做大新兴产业。大力发展电子信息等战略性新兴产业。建设我市东部沿京珠高速的电子信息产业带,形成以东城产业集聚区为主体,以经济技术产业集聚区、临颍电子电器产业园为重点的两区一园布局。要抓好电子信息企业的战略性引进,明确发展的重点领域,建立完善的推进机制,赋予特殊的优惠政策,在消费类电子、光伏电子、绿色照明等七大方面实现新的突破,把我市建设成为国内有影响力的电子信息产业基地。

(二)强力推进重点工业项目建设,依靠项目推动投资,夯实工业发展基础。实施“重点工业项目双百工程”,全年安排150个重点工业项目,其中新开工项目100个,完成工业投资200亿元以上,力争达到300亿元,确保工业投资较快增长。一是在项目谋划上实现新突破。坚持把项目建设作为经济工作的第一要务,紧紧抓住国家支持中原经济区建设的重大历史机遇,精心研究国家产业政策,围绕我市战略支撑产业和资源优势产业,高起点、大手笔谋划一批市场前景好、牵动力强、带动作用明显的重大项目,认真做好项目的调研、筛选、策划、包装,建立分层管理、相互补充的项目库,努力形成“投产一批、在建一批、开工一批、储备一批”的梯次推进格局。二是在项目管理上实现新突破。建立“限时办结制”和“办结报告制”,不断完善和简化审批程序,推行投资项目联合审批和投资代办服务机制,真正做到上门办、主动办、不收费也办,为项目建设创造良好环境,打造项目建设的“绿色通道”。完善市级领导联系重点项目责任制,实行一个项目、一个领导、一个牵头部门、一套工作班子、一个方案、一抓到底的“六个一”机制,确保每个项目自始至终责任到人,工作到位,跟踪到底。三是在项目投资上实现新突破。加大重点工业项目建设力度, 今年要确保工业投资达到200

亿元，增速保持15%以上。继续实施以奖代补政策，发挥好财政资金的引导作用，建立健全激励约束机制，促使企业用大投资上大项目获大收益；要进一步鼓励、支持民间资本以参股、合资、合作、项目融资等多种方式参与重点工业项目建设，特别是要加大节能减排、生物医药、电子信息、新能源、新材料等具有发展潜力的新兴产业项目的民间资本引进力度，真正给予民间资本"国民待遇"。四是在项目推进上实现新突破。落实重点工业项目进展情况"月报送"制度，将项目资金到位和项目实施等情况每月进行通报，营造比、学、赶、超的良好项目建设氛围。采取会议调度、现场督查相结合的形式，对重大项目建设及时进行监控，发现问题责令限期整改，对项目建设过程中出现的一时难以协调解决的难题，由牵头市领导进行协调，化解矛盾，加快推进。把项目开工率、投资率、完工率、投产率等作为重要考核内容纳入目标考核体系，年底根据各县区工业重点项目建设情况进行评比，对完不成任务的实行"一票否决"。对于双汇集团5000万只肉鸡屠宰加工项目、银鸽集团年产24万吨生活用纸项目等要重点监控、重点服务、重点建设推进。

（三）加大企业培育力度，增强核心竞争力，持续提升工业发展水平。加大对全市重点企业培育支持力度，提升壮大优势企业，推动优质资源向大企业大集团集中，充分发挥大企业的带动作用，形成龙头企业引领、骨干企业支撑、中小企业跟进的工业发展新格局。一是实施"工业双50行动计划"。进一步完善重点企业发展的支持意见，科学设置发展目标，将目标细化分解到各县区、部门和企业，形成支持重点企业的工作合力。对纳入全市"工业双50行动计划"的重点企业在项目审批备案、土地使用、电力、油燃气、运输、资金、环境建设等方面给予倾斜和优先支持，加大对重点企业的监测和帮扶力度，健全完善各项指标数据和信息报送制度，继续完善市领导分包、部门帮扶重点企业制度，帮助企业解决生产经营中的困难和问题，力争使其3-5年内经济总量翻一番，2012年底销售收入达到1500亿元。二是实施"小巨人行动计划"。高度重视规模以下中小企业的发展，在全市规模以下企业中筛选100家成长潜力大、发展势头好的中小企业，倾斜政策、加强扶持，全力助其壮大，逐步培养成我市工业发展的第二梯队。三是加快推动企业上市。要建立上市梯队，在全市精心筛选50家左右的企业分成三个梯队进行重点培育。筛选3-5家完成股份制改制和上市前培育工作的企业作为第一梯队，力争早日上市；筛选5-10家具备股份制改制和上市辅导培育的企业做为第二梯队，加快股份制改造和上市培育；筛选20-30家具有上市潜力的企业作为第三梯队，列入上市后备队伍，加快进行上市前的各项准备工作。要修订完善鼓励企业上市的各项政策措施，严格兑现各项奖励和扶持政策，帮助企业加快上市。要建立协调推进机制，各部门、各金融机构要千方百计为企业提供帮助，形成加快推进企业上市工作的合力。四是强力推进企业技术改造和自主创新。深入实施"企业创新年活动"，启动全市工业企业创新工程，着力加强企业技术改造，深入开展技改项目摸底调查，建立企业技改项目库，建立健全企业管理信息系统，促进企业全方位自主创新。深入开展工业企业节能降耗活动，引导企业加快高能耗、高物耗等落后工艺和设备的淘汰步伐，支持企业加大资金投入，更新设备，改进工艺，降低消耗，提高产品设计生产能力，加快产品更新换代，增强核心竞争力。推动我市重点工业行业和重点产业领域自主创新获得较大突破，充分发挥我市食品学院、食品研究所等公共研发平台的作用，加强研发投入，提升研发水平，提高研发的针对性和市场转化能力；探索建立重点企业产业创新联盟，支持重点企业与高校、科研院所通过合资、合作、联合开发等多种形式，在一些领域组建产业创新联盟，支持现有技术中心组建联盟，促进创新资源向企业集聚，建立优势互补、共赢发展的合作创新机制，加快提升全市工业的整体创新能力。五是加强困难企业的盘活培育。对原有危困企业和生产经营困难的企业，列出清单，排出计划，建立困难企业台帐，倾斜要素资源，加大帮扶力度，尽快帮助企业走出困境。对于问题多、难度大的企业，派驻工作组，一企一策，研究针对性方案，帮助企业解决问题，促进企业扭亏增盈。

（四）加快集聚区建设，推进产业集聚发展，打造新型工业化产业示范基地。一是强力实施集聚区投资倍增计划。围绕产业集聚区重大项目、基础设施、配套设施等建设，加大投入，全年完成固定资产投资500亿元以上，力争在2011年的基础上翻一番。二是实施产业集聚区功能提升工程。健全完善集聚区投融资平台建设，完善集聚区道路、电力、供排水等基础设施，加快建设学校、幼儿园、公交车、职工公寓等配套设施，加快提升集聚区功能。三是加强产业集聚区专业特色园区建设。做好新型工业化产业示范基地创建，加快建设数字化示范集聚区、农业产业化集聚区、环保型产业集聚区、创新型产业集聚区等的建设。2012年力争再创建国家级的产业示范基地1–2家，省级产业示范基地2–3家，省级特色示范集聚区3家以上。四是切实抓好扩区规划和入区企业审核把关。抓紧制定新一轮的扩区规划，为集聚区的进一步发展打好基础。加大集聚区各类规划的执行和落实力度，注重对园区整体产业布局的考虑和把握，使进入集聚区的企业形成有机联合、有机组合的产业集群，实现上下游产业、配套产业的有效集聚。集聚区项目入驻实行审批审核制度，由专家组对入驻项目和入驻企业进行论证，产业关联度、投资强度、环境评价等要素指标不达标的企业不能入驻。同时，要组织联合执法组对投资强度不够、造成土地浪费的企业进行排查和纠正，促使集聚区土地的集约利用。

（五）大力承接产业转移和招商重组，增添发展动力，为全市工业发展备足后劲。一是建立促进产业转移和招商重组工作的机制。加强对承接产业转移工作的领导，研究制定促进承接产业转移的政策措施，协调解决工作中的重大问题。完善市直有关部门、各县区、各产业集聚区分工负责、协调一致的工作机制，建立承接产业转移和战略重组目标责任考核制度，加强对承接产业转移和战略转移的绩效考核和成果运用。二是依托项目抓承接。培育一批对战略投资者有吸引力的优势项目，加大包装推介力度，利用一切机会向外推荐，吸引知名企业来我市兼并联合、投资创业。三是依托园区抓承接。以我市各产业集聚区为主体，以龙头企业为重点，围绕主导产业，组织开展“园区对园区”专题产业转移对接活动，按照行业相关、产业链延伸、上下游产品相互配套的原则，积极承接发达地区链式和集群式产业转移。四是依托企业抓承接。立足龙头企业带动，着力承接大项目转移落地，重点招引技术水平高、产品附加值高、产业关联度高、辐射带动力强的大项目，吸引相关配套产业和要素聚集，提升行业水平，完善产业链条，带动产业升级。

（六）持续深化企业服务，助推企业健康发展。一是建立服务企业长效机制。进一步完善企业服务行动计划，出台2012年全市企业服务工作实施方案，巩固和扩大企业服务活动成果。继续实施市领导分包、市直部门结对、机关干部驻企等行之有效的工作措施，健全专门工作组、市县乡三级联动服务机制。进一步营造浓厚的氛围、创造良好的环境，掀起服务企业新一轮热潮和高潮，推动企业服务工作制度化、规范化、日常化。二是突出企业重点难点问题,强化帮扶。将全市 100 家重点企业作为重点服务对象,把企业存在的大事难事的协调解决放在首位,进行贴身服务和针对性帮扶。帮助企业协调和解决生产经营中遇到的政策、资金、项目、人才、技术、市场等方面的困难和问题,充分发挥专门工作组的作用,针对问题,专门研究,及时解决,促进企业健康快速发展。尤其要进一步优化企业发展环境,全面建立健全"效能监测点"制度,拓宽监督渠道,提升服务质量,为企业发展创造良好的外部环境。同时,以政策支持、资金补贴、市场化运作的方式在全市范围内进一步推广应用中小企业全程公共服务平台,实现政策法规发布和企业运营数据的全方位覆盖,帮助企业解决发展过程中遇到的市场拓展、管理提升、产业协作等生产经营难题,推动企业健康发展。三是着力破解企业融资难题。加大对市县区信用担保机构潜在经营风险的实时监控力度,对 2011 年度经营业绩逐一进行评估监测,在全面排查处置的基础上突出扶持重点,给予政策倾斜支持;加快设立担保机构风险补偿基金,对符合条件的担保公司,在实行营业税减免政策的基础上,给予一定补偿;持续开展"银保企联贷行动",定期组织银企对接会,协调各金融机构加大对重点行业、重点企业和产业集聚区的信贷投放力度,统筹各类财政资金向重点领域倾斜;选择 10-20 家中小企业,积极探索发行中小企业集合债券或集合中期票据,开创我市中小企业新的融资模式;实施中小企业产权交易市场试点工作,搭建中小企业产权、股权、债权交易平台,探索知识产权交易试点。四是强化运行监测协调,助推企业平稳发展。密切关注经济形势变化,做好工业运行预测监测。对国家、省出台的各项宏观政策措施密切跟踪,对我市带来的影响要做到提前研判,提出应对措施;深入分析我市工业结构现状和变化,加强对主导产业、优势行业、重点企业的监测分析,增强运行监测工作的科学性和有效性。突出运行保障,做好煤电油汽运等要素的协调供给。建立完善全市工业企业生产要素调度工作联席会议制度,强化组织领导,形成协调畅通、健康高效的综合保障机制。进一步完善和强化工业经济发展的各项协调推进机制,加强部门之间的沟通,适当扩大季度经济运行分析会和不定期的工业运行座谈会的参会部门范围,加强部门联动,及时交流信息,协调沟通,凝聚合力,解决有关重大问题,形成推进工业发展的强大合力,推动全市工业经济健康平稳发展。

郾城区信息化发展概况

一年来，郾城区信息化建设工作在市信息化工作领导小组和市工业和信息化局的正确指导下，坚持以邓小平理论和“三个代表”重要思想为指导，深入贯彻落实党的十七届六中全会精神，围绕全区的中心工作，以工业化和信息化融合为主线积极推动信息化与电子政务的发展，在推进农村信息化建设、加强电子政务建设、推行政府信息公开、促进企业信息化发展等方面取得了一些成绩，现就相关工作总结如下：

一、把信息化建设提到重要议事日程，领导重视，措施得力。

今年是“十二五”的开局之年，区委、区政府对信息化建设高度重视，专门成立了区信息化工作领导小组。在区“十二五”规划当中，确定以信息化、工业“两化”融合为手段，以重点企业为依托，以承接产业转移为着力点，做优主导产业，改造提升传统产业，大力培育新兴产业，推动产业结构优化升级，努力打造特色鲜明，具有产业集聚力、品牌影响力、自主创新力和市场竞争力的工业强区。

二、开展企业信息化建设，推动重点企业加强信息化应用。

根据上级部门的要求，为提高全区中小企业网络营销的意识和提升企业信息管理化水平，积极做好企业信息化的宣传推广工作，结合我区实际，积极推进企业信息化建设，引导企业开展信息化应用，用信息化和信息技术改造和提升传统产业，促进信息化在企业生产、经营、销售、管理等各个领域的应用，确保企业平稳发展。今年选取了10家企业进行了信息化应用评测，助推了企业信息化应用。积极推动我区30家重点企业应用资源计划管理系统（ERP）、供应链管理系统（SCM）、客户关系管理系统（CRM）等应用系统，提高企业领导决策能力和经营管理水平，实现企业管理信息化，全面提升企业在国内外的竞争力。全年中小企业新建网站同比增长30%以上，开展电子商务的企业在逐步增多。同时，积极培育企业信息化典型，总结培育了漯河江山天安新型建材公司、河南中原轧辊公司等以信息化推进全面经营管理的典型企业，树立了标杆，带动了全区企业信息化建设的深入开展。艾农肥业已建成近100个艾农掺混肥科技服务站，目前安装了远程视频系统，广大农户可以直接进入艾农掺混肥科技服务站寻求帮助，解决疑难问题。金星啤酒公司总结培育成为以信息化推进节能减排的典型企业，带动了全区的节能减排工作。将淞江产业聚集区组织申报为全省信息化与工业化融合示范区，促进了区域信息化与工业化融合发展。

三、积极推进农村信息化建设，逐步建成覆盖到乡村的信息服务体系。

一是不断加快乡镇综合信息服务体系建设步伐。以区信息化综合信息培训基地为龙头,以乡镇综合信息服务中心为依托,为群众提供信息服务,使我区农村信息化服务水平不断增强。全年依托信息服务体系上网获取信息的群众达到近两万人次。二是以村级信息化综合信息服务站为依托,进一步深化农村信息化工作。注重发挥村级信息化综合信息服务站作用。目前,20 个村级信息服务站电脑上网运行正常,家中没有电脑的农民群众踊跃到信息服务站上网查阅信息,既方便了群众的生产、生活,又促进了增产增收,有力支持了新农村建设。三是以党员电化教育网为龙头,通过网络获取知识,党员带头致富。通过以上工作,我区已初步建成覆盖到乡村的信息服务体系。

四、开展电子政务工作,提高政务效能。

进一步强化乡镇、部门电子政务建设。据初步统计,全区已有农业局等 20 多个区直部门和孟庙镇、黑龙潭乡等 9 个乡镇先后建成了政府门户网站,形成了以区政府门户网站为龙头,以各单位网站为依托的网站群,初步构建了区、乡两级电子政务体系。同时,强化乡镇、部门电子政务建设。对乡镇、区直各单位网站更新情况进行动态通报,促进了乡镇和部门网站的正常运行,夯实了电子政务工作基础。目前,我区各单位网站均更新及时、运行正常,有效促进了各乡镇、各单位的工作开展,我区网站群已成为全区干部群众了解党委政府工作,咨询政策,查阅信息的主渠道,全区电子政务应用发展态势良好。积极完善和维护 OA 网上办公系统,加强对新建成并投入使用的裴城镇等政府等 OA 网上办公系统进行更新和维护,确保 OA 网上办公系统的正常运作,有效提高了办公效率。

五、强化政府门户网站的日常信息更新维护、网站安全运行和管理等工作。

一是对网站的正常安全运行进行监察维护。积极做好网站服务器的日常维护、系统管理和后台软件升级等工作,及时更新政府网站后台的最新补丁,切实采取多种安全措施做好安全网站运行工作,尽最大努力避免产生有害信息、黑客侵入、病毒攻击等网络信息安全事故的发生,为门户网站正常运行提供了技术保障。二是进一步加强网站建设,做好区政府门户网站的更新、维护工作。及时追踪报道区内重点工作与领导活动,注重提高文字、图片质量;积极多渠道收集我区相关新闻信息,做好信息的报送、发布工作,坚持做到每日更新,元至 12 月份在《今日郾城》、《局委快报》、《乡镇之声》等栏目发布领导活动、工作动态信息 7160 条,向市政府网站报送我区动态信息 590 条。

六、定期发布招商项目,扩大郾城影响力。

今年以来,依托电子政务网进行信息资源整合,建立完善了投资郾城、工业经济、创业论坛等栏目。《投资郾城》栏目设立了最新动态、投资指南、投资环境、招商项目和优惠政策等五个栏目,介绍郾城区经济社会基本情况、投资环境、企业最新项目介绍与产业结构调整规划等。栏目围绕郾城区食品加工、医药化工、建筑建材、机械制造、制衣制鞋五大优势产业的发展,明确招商导向,遴选一批项目重点推介,为郾城区招商引资、工业经济发展提供了网上服务。《工业经济》栏目定期发布我区重点工业企业运行情况和招商引资、项目建设等情况,元至十二月份共发布信息 120 多条,展现了我区工业经济生产较快增长、运行质量稳步提高,一批骨干企业快速发展的良好运行态势;《创业论坛》栏目定时发布实用就业项目信息,共发布信息 380 条,为广大城乡居民创业,社会青年择业、大学生就业以及下岗职工再就业提供了及时快捷的服务。

鹤壁市信息化发展概况

一、鹤壁市信息化工作推进情况

1、成立了信息化工作领导小组和工作机构

鹤壁市政府组成了以市委副书记、市政府市长为组长的信息化工作领导小组。市信息化工作领导小组下设办公室,办公室设在市工业和信息化局。由市工业和信息化局局长任办公室主任,分管副局长任办公室副主任。办公室在编人员3人。

2010年省信息化工作会议之后,市政府常务会议研究决定,由工信局起草,尽快出台鹤壁市加快推进信息化工作意见。目前,《鹤壁市加快推进信息化工作的意见》经征求各单位意见,已提交市政府讨论并于近期出台。

2、起草了相关方案、规划等

先后起草的文件有:《鹤壁市人民政府关于加快推进信息化建设的意见(讨论稿)》、《鹤壁市信息化"十一五"发展报告》、《鹤壁市信息化发展"十二五"规划》、《鹤壁市2010年各县区信息化责任目标考核指标》、《鹤壁市信息化发展专项资金暂行管理办法》、《鹤壁市工业和信息化局2010年信息化工作培训方案》等。

3、开展的大项活动

市政府举办了2010中国(鹤壁)电子信息产业区域合作发展峰会。此次峰会对鹤壁电子信息产业的发展,特别是把鹤壁建设成河南乃至全国最具创新活力、市场竞争力和产业辐射力的电子信息产业基地产生重要影响。对于汲取先进经验,拓宽开放视野,创新发展思路,加快产业战略合作,推动产业积极融合,实现产业转型升级等产生积极的作用。

积极组织鹤壁市电子信息类企业参加省市举办的大型活动。如参加第七届中国河南国际投资贸易洽谈会、第三届中国郑州产业转移会以及市政府组织的电子信息峰会和高端论坛等活动。开展了由市工信局主办,移动、联通、电信等通信运营商承办的多种形式的信息化体验活动,企业自主选择适合的信息化产品和方案,不断推动企业信息化和社会信息化进程。

4、编制了《鹤壁信息化工作简报》

《鹤壁信息化工作简报》旨在刊登国内外及全省各地信息化建设工作动态、交流全市信息化工作情况,指导和推动全市信息化建设。简报发送至市委、市政府主要领导和信息化工作领导小组各成员单位。《鹤壁信息化工作简报》对各县区和市直各单位了解全市信息化工作产生了积极作用。

5、建立了信息化工作例会制度

为进一步增强各运营公司之间的沟通，增进合作，谋求企业健康、可持续发展，不断提升鹤壁市信息化工作水平。鹤壁市建立了由市信息化工作领导小组办公室牵头，市直有关部门及通信运营公司参加的例会制度，例会制度原则上每季度召开一次。

6、设立了信息化发展专项资金

根据《鹤壁市人民政府关于加快推进信息化建设的意见（讨论稿）》，确定设立信息化发展专项资金 1000 万元。信息化发展专项资金主要用于对基础性、公益性、战略性重大信息化建设项目的引导、奖励、贴息、补助、配套等。

7、开展了本地信息化绩效考核工作

从 2010 年开始，市政府对各县区进行信息化建设目标考核。自 2011 年起，我市率先在全省各地市中把信息化建设目标纳入对市直单位的年度目标考核中。市工信局分别制订了县区、市直单位两套考核指标体系，并负责年底对县区、市直单位的信息化目标的考核认定工作。根据各县区信息化责任目标考核得分情况进行统一汇总，并在规定时间内将考核情况报市政府。

二、电子政务

鹤壁市政府门户网站按照“政府上网工程”的要求，于 1999 年开始建设。目前，政府综合门户网站群已基本形成。市辖各县区政府都开通了本县区的综合门户网站，县、区政府综合门户网站拥有率为 100%。同级政府部门网站拥有率为 88%。

自建成开通后，为更好发挥服务功能，根据工作需要，市政府门户网站已多次进行页面改版和技术升级。现在网站主要包括政务公开、公共服务、交流互动 3 大版块共 535 个栏目。完成了综合门户网站双向互动、在线政务处理、信息公开、一站式服务功能。同时，我市政府门户网站开设了“领导访谈”、“民意征集”等互动栏目，通过“市长信箱”、“政务论坛”等栏目开展在线政务处理、网上问政及信息咨询等工作。市长信箱回复率 90%；政务论坛网友帖子回复率 85%。

鹤壁市已于 2004 年初建成了覆盖全市各县（区）及市直各单位政务专网，目前已接入单位 123 家，市政务专网已成为全市电子政务应用的中枢。市政务专网的骨干网络带宽为 100 兆，各单位接入带宽目前开口为 10 兆。市电子政务办负责对全市电子政务专网进行统一规划管理，制定通信协议、接口类型、IP 地址等规范和标准。

鹤壁市“12 金”业务系统在相关职能部门的统一领导、统一部署、统一管理下基本得到了较好应用，我市应有 11 金（金关除外）业务系统，除“金宏”外，已建业务系统实现系统建设目标率为 91%。

鹤壁市的业务协同平台主要是市行政审批系统，主要用于各局、委的审批项目及日常工作的窗口受理、审批、办结的全程管理和监控。近期，鹤壁市还建成了鹤壁市工程建设领域项目信息公开和诚信体系建设公开共享平台。该平台目前已连接 6 个县区及 9 个市直部门，实现了工程建设领域相关信息的互联互通、信息共享和业务协同。

三、两化融合

为推进信息化与工业化的融合，鹤壁市出台了《鹤壁市信息化与工业化融合政策与规划》。淇县申报省级两化融合试验区通过了初评、复评和信息化专家的现场答辩评审，被省工信厅确定为首批省级两化融合试验区。同时我市朝歌纺织、大用集团、万家欢乐等3家企业入选首批省两化融合示范企业。

鹤壁市针对不同行业分别确定信息化应用程度较高的企业作为两化融合的重点示范企业，如煤电化材产业：鹤煤集团、同力水泥；机械制造行业：天海集团、天汽模具；食品行业：大用、永达；金属镁行业：维恩克、物华镁业、汇合镁业；服装纺织行业：朝歌纺织、新亚服装、万家欢乐等。截至目前，我市煤电化材行业有90%以上企业在节能减排，自动化控制、废料循环利用方面达到了国内先进水平。食品行业企业信息化应用覆盖率为80%。机械制造业的重点企业主要业务系统均应用到了信息化系统，覆盖率为100%。金属镁产业的企业信息化应用覆盖率为75%。服装纺织业的示范企业主要业务系统的信息化应用覆盖率为85%。

全市两化融合取得突破。信息技术改造传统产业取得明显成效，试点企业信息化建设示范作用明显提高，工业设计智能化、生产装备数字化、生产过程自动化、经营管理网络化水平显著提高。各类企业上网率达到80%以上，规模以上企业互联网普及率达到100%，全市重点产业信息化率达到30%以上。

2012年鹤壁市将开展企业信息化等级测评工作，针对不同行业特点，制定出适合本行业的企业等级测评体系，有步骤有计划的开展企业信息化等级测评工作。

四、农业农村信息化

为积极推进全市农业信息体系建设，确保鹤壁市农业信息化持续快速发展，市农业局制定了《鹤壁市2010—2012年农业农村信息化行动计划》。

鹤壁市农业农村综合信息服务平台和专业性服务平台建设成效显著，从2011年起，我市利用市级农业门户网站绿洲农网、市农产品质量安全信息网等一批具有影响力的网站。在市县农业信息网站发布农产品信息3万条以上，供求信息4000条以上。市农业局还组织技术人员与相关单位联合研发的食品(农产品)质量安全智能管理系统，于2010年在鹤壁市农产品监管单位和检测机构得到应用，使各类检测机构的检验流程更加规范、有序，数据统计分析更加快捷、准确。实现了农产品监管工作的智能化，检测工作的办公自动化。此外，我市还开通了12316“三农”热线平台。为农民群众提供农业技术、农业政策法规等电话咨询服务。

目前，全市所有行政村全部建立了农村党员远程教育系统和农村综合信息服务站，经验收，已全部符合农业部提出的“五个一”(即：1处固定场所，1套信息设备，1名信息员，1套管理制度，1个长效机制)，覆盖率为100%。我市共创建“远程教育中心户”1万余户，创建市级“远程教育培训示范基地”27个，县区级示范基地30个。利用此系统开展农村党员远程教育，共计培训学员1万余人次，培养农村创业致富先锋30名，远程教育学用标兵30名。

五、城市信息化建设

1、信息化基础设施建设

截至目前，鹤壁市共建设无线基站841座，覆盖了全市所有乡镇以上地区、4A级以上景区和全市主要交通道路(省道、高速公路和铁路)；全市互联网接入12.3万户；全市移动用户110.6万；固话用户27.2万；光纤总长达8541芯公里。已形成了以互联网和3G移动通信网络为主，数字微波、卫星通信为辅的大容量、高速率的数字传输网络，整体水平保持与全省同步。

2、电子信息产业

鹤壁电子信息产业呈现出蓬勃发展的势头，拥有以海外上市企业鹤壁天海电器集团为代表的电子信息企业160余家，其中规模以上电子信息企业44家。产品涉及汽车电子、电子元器件、仪器仪表、消费类电子、植保电器、光纤通信、物联网电子、新能源等8大门类、220多个品种。

3、信息技术应用

全市企业互联网应用普及率达到80%以上，规模以上工业企业普及率达到90%。试点企业信息化建设示范作用明显提高，工业设计智能化、生产装备数字化、生产过程自控化、经营管理网络化水平显著提高。科技、教育、文化、卫生、交通、旅游、社保、环保、社区和公用事业等领域信息化发展迅速，信息技术的应用程度普遍提高。市级医保信息系统、城市公交IC卡系统、金融结算系统、银行信贷系统、供电管理系统等均取得良好的经济和社会效益。

六、做好“数字鹤壁”建设有关工作

1、深入调查研究我市电子政务应用现状。对市直各单位下发了《关于对全市电子政务应用情况进行调查的通知》，制定了调查方案和调查表，对调查结果进行了汇总、统计、分析。到公安局、国土局、统计局、住建局、监察局、淇滨区等单位现场调研，了解需求。

2、走出去考察学习。3月上旬，跟随市政府主要领导到北京信威、华为、思科、惠银东方等企业考察学习，与移动公司一起到洛阳、广州考察无线城市建设情况，与联通公司到邢台、安阳考察数字城管项目建设情况。

3、积极与有合作意向的公司交流洽谈，探讨合作模式，了解信息技术应用发展方向。先后与信威、华为、思科、惠普、惠银东方、向心力、新创元等公司，以及联通鹤壁分公司、移动鹤壁分公司的管理和技术人员进行多次座谈交流。

4、起草鹤壁市数字城市建设规划。借鉴先进地市数字城市建设经验，结合我市市情，在充分调研的基础上，完成了《“数字鹤壁”建设规划（草案）》和《“数字鹤壁”建设规划纲要（草案）》的起草工作。

5、不断完善《数字鹤壁建设规划》。请国家信息化专家委员会有关专家就《数字鹤壁建设规划》提出意见和建议。召开了有十余家市直部门参加的“数字鹤壁”建设规划座谈会，就《数字鹤壁建设规划》征求了有关单位的意见和建议。参加全国信息化专家论坛，吸收借鉴了论坛各位专家的观点和意见。召开了“数字鹤壁”建设规划研讨会，邀请了国家信息化专家咨询委员会、工信部，省政府办、省信息中心等单位领导和专家参加，对《数字鹤壁建设规划》和我市数字城市建设提出意见和建议。

6、积极推进前期各项基础工作。请市信息化专家对市政府第二综合楼机房建设方案进行讨论，并与市财政局、统计局、事管局等部门进行了协调沟通，机房建设已进入招标程序。

七、网络与信息安全

1、成立了信息安全协调机构

2010年，鹤壁市公安局和市信息化工作领导小组办公室联合下文的《关于成立鹤壁市信息安全等级化保护工作专家组和网络信息安全应急响应小组的通知》，同时市信息化工作领导小组办公室还出台了《关于成立鹤壁市信息安全等级保护工作协调小组的通知》。确立了网络与信息安全领导协调机构并进一步明确了相关职责。

2、制定了相关文件

市信息化办出台了《鹤壁市信息系统安全检查指导方案(试行)》、《鹤壁市政府信息系统安全检查抽查规范(试行)》、《鹤壁市政府信息系统安全检查整改规范(试行)》等文件,同时还先后出台了《市委办公室、市政府办公室关于印发 < 鹤壁市电子政务办公自动化网络管理规定 > 的通知》、《市委办公室、市政府办公室转发市电子政务建设领导小组办公室 < 关于鹤壁市电子政务办公自动化网络接入办法 > 的通知》、《鹤壁市人民政府办公室关于印发 < 鹤壁市政府信息公开保密审查制度 > 的通知》等。

3、积极配合省开展全市网络与信息安全检查和自查

市信息化办公室依据国家、省、市关于网络和信息安全方面的工作要求,每年都开展全市信息系统安全自查工作。要求各单位认真开展自查工作并在规定时间内上报自查报告;同时,积极配合省信息化办开展全市政府信息系统安全大检查。

4、完成了市要求的等级保护阶段性工作

2010 年,鹤壁市就成立了由市公安局副局长等组成的信息系统安全等级化保护工作专家组,同时,市信息化工作领导小组办公室还出台了《关于成立鹤壁市信息安全等级保护工作协调小组的通知》等文件,完成了市要求的等级保护阶段性工作。同时鹤壁市按照省公安厅的统一要求,鹤壁市公安局牵头成立了等级保护协调小组,网络安全保卫支队成立了等保大队,对鹤壁市劳动和社会保障局、统计局、电信等单位的进行定级评定工作。

(鹤壁市工业和信息化局　程华　宋栋　鹤壁市信息中心　魏东)

焦作市人民政府信息中心信息化发展概况

政府信息公开工作

一是落实政府信息公开条例。为保障政府网站是政府信息公开第一平台的重要作用，并做到及时、有效、权威，确保上网信息经过保密审查，由市政府信息中心起草，市政府办公室于 2011 年 6 月出台了《关于印发焦作市政府门户网站信息发布保密审查制度的通知》(焦政办[2011]64 号)，严格要求各县(市)区政府、政府相关部门按照"涉密信息不上网，上网信息不涉密"的原则在网站进行信息公开。截止 12 月底，市政府门户网站共公开各类政务信息 22505 条，各县(市)区政府门户网站共公开各类政务信息 21337 条。此外，推进全市政府信息公开查阅中心建设方面，市政府办公室于今年四月出台了《关于加强政府信息公开查阅中心建设的实施意见》(焦政办[2011]25 号)，明确了在市档案馆设置政府信息公开查阅场所，接收、管理各单位提供的政府信息，确保政府信息公开查阅中心建设各项工作的有序开展。

二是 2011 年人大代表、政协委员建议提案网上办理全面展开。中心与市政府督查室结合，将 2011 年的人大代表建议、政协委员提案在网上公开，并多次与各办理答复单位联系，要求各单位及时进行网上办理答复。对网上办理系统进行了优化，使系统操作更为方便。2011 年，人大代表建议网上办理 189 件、政协委员提案网上办理 490 件。目前，已办结答复建议 187 件，提案 485 件。

三是做好监督考核工作。制定了《2011 年焦作市政府信息公开考核标准》，年底将对全市政府信息公开工作进行考核评议。在政府信息公开工作纳入政府年度目标考核体系的同时，考核结果将直接影响各部门的年度综合工作评价。通过考核评议，促进了我市政府信息公开工作的持续发展。

政府网站工作

一是推动全市政府系统网站的建设。在建设维护焦作市政府主网站的同时，2011 年市政府网站加强了全市政府系统网站的推动工作。首先，5 月份，市政府网站对各县(市)区、新区管委会以及全市相关政府部门网站的运行情况进行了检查，以市政府办公室文件的形式，出台了《关于 2011 年 1–4 月份政府系统网站运行和市政府门户网站内容保障情况的通报》(焦政办[2011]59 号)。其次，9 月份，为进一步加强政府网站管理，以市政府办公室文件的形式，又出台了《关于加强政府网站管理做好市政府门户网站内容保障工作的通知》(焦政办[2011]89 号),要求各县(市)区、各部门深化责任,规范管理,建立健全政府网站内容保障工作机制,不断提升政府网站建设和管理水平。

二是做好市政府与市人大代表政协委员网络联系平台工作和网络社情民意办理工作。截止 12 月底,市政府网站通过该平台向全市市人大代表、政协委员共发布重大情况通报 122 期,公开政府文件 62 个,政府工作信息 246 期,政务督察 14 期,发送彩信七万四千余条;收到市人大代表、政协委员提出的 16 条意见建议,以平台简报形式呈报市领导并已得到市领导批示,目前已全部办结。共处理市长信箱有效来信 389 封,政府在线主题贴 5000 多条,总回复率在 98%以上。

三是完成向全国各大网站信息报送和网络舆情采集工作。2011 年,共向省政府网站、省信息中心经济信息交换平台、中国城市网等各大网站,报送信息 2200 余条,其中,向省政府网站报送信息 1200 条。全年共收集、整理网络舆情 80 余条,向市领导上报《网情摘要》75 期,转市政府办相关科室办理 5 篇,转"政府在线"栏目相关单位办理 1 篇,及时解决了一批影响较大、涉及人员较多、关系民生的社会事件,起到了良好效果。

电子政务工作

一是电子监察系统规划建设。按照国家、省有关文件要求,我市于今年建设完成了全市电子监察系统的主体建设工作,中心配合市监察局建设了电子政务监察系统网络及软件系统。目前,电子政务监察系统已基本建设完成,已逐步投入使用。

二是对党政办公新区内网升级改造。2011 年,由于内网平台应用的逐步开展,党政办公新区内网平台已难以满足工作需求,为此,中心对党政办公新区内网重新进行了整体的规划及建设,目前,该项目建设完成并投入使用。

三是电子政务外网建设及完善。按照国家、省相关文件及国家外网建设补助资金的要求,我市对全市电子政务外网进行了相关的完善,并加装了 VPN 网关,以便于下一步与国家、省电子政务内网进行连通。

四是应急指挥系统规划及建设。按照国家、省相关文件要求,我市于今年启动建设应急指挥系统。中心配合协助市应急办对全市应急指挥系统进行了全面的规划及建设。目前,该项目正在建设中。

南阳市信息化发展概况

南阳市信息化工作在河南省信息化办公室和河南省信息中心的指导下，在南阳市委、市政府的高度重视和支持下，以“服务经济、服务社会、服务公众”为根本宗旨，以“建设网络、搭建平台”为主要抓手，理思路、定目标、搞规划，大力建设信息化基础设施，不断提高信息化建设综合水平，在综合通讯、电子政务、主要业务系统建设与应用、两化融合、农业农村信息化、网络与信息安全等方面取得了长足的发展，为南阳市经济社会发展做出了突出的贡献。

【信息化建设环境】

一是加强领导。南阳市工信局成立运行后，根据职责和人员变动情况，及时对市委、市政府提出调整信息化工作领导小组的建议，2010 年 11 月，南阳市委、市政府以宛文[2010]155 号文件形式对市信息化工作领导小组予以调整，调整后的市信息化工作领导小组由穆为民市长任组长、市直有关部门负责同志为成员，各县市区和市直各有关单位也都成立了相应的领导机构，进一步加强了对信息化工作的领导力量，形成了由南阳市信息化领导小组对全市信息化建设工作进行规划、组织、协调和督查，各部门自行建设维护和应用的领导体制和工作机制，保证了南阳市的信息化工作有效运行。二是明确思路。根据国家和省政府对信息化工作的指导原则，结合南阳实际，经充分论证，确立了南阳市信息化工作思路。即以建设“数字南阳”为目标，以网络建设和人才集聚为基础，以法规标准和环境建设为保障，重点建设政府信息化，用政府信息化引领国民经济和社会信息化，提高南阳市核心竞争力，为南阳市经济建设和社会发展注入强大活力。利用 5—10 年的时间，力争建立起完善的与信息化发展相适应的体制和环境；完善的信息化规划、制度和建全的信息化体系；建成覆盖全市的宽带化、综合化、智能化的信息基础设施；深入开发信息资源，并在全社会广泛应用；信息技术覆盖国民经济和社会发展各个领域，并发挥出日益重要的作用；信息产业得到快速发展，成为南阳市经济发展的重要支柱；人们在日常工作、生活和学习中，可以充分享受到信息化带来的便利。三是加强规划。为了保证南阳市的信息化建设有序发展，在深入调研和学习、借鉴信息化建设先进地区经验的基础上，编制出了南阳市《信息化工作“十二五”规划》。确立了南阳市未来五年信息化建设的指导思想、奋斗目标、工作任务和工作重点。四是制定政策。为了切实加快南阳市信息化建设，全面提升信息化水平，市政府制定下发了《南阳市人民政府关于加快信息化建设的若干意见》（宛政[2011]47 号），确立了南阳市信息化建设工作的指导思想、基本原则、发展目标，明确了南阳市今后一段时间内信息化建设目标任务和保障措施，为全市信息化建设工作提供了政策支持。五是落实条例。坚持把《河南省信息化条例》作为南阳市信息化发展的总纲，从政策扶持、财政支持、规划发展、管理规范等都以条例为准绳，并结合我市实际主动开展具有我市特点的信息化工作。今年3月份市人大常委会对市政府落实信息化条例情况进行了执法检查，这是《条例》颁布以来全省首次执法检查。这次检查情况作为一个专题在人大常委会上进行了汇报讨论，市政府落实整改情况也报送人大常委会讨论研究，县市区人大同时开展了同级落实条例执法检查。六是考评绩效。坚持把信息化建设的绩效考评作为鞭策全市信息化发展的重要手段，2011年继续将全市信息化建设工作列为政府考评目标，对市直各部门、县市区政府进行专项考核，今年的考核工作将进一步加强组织领导、合理设置考核内容，切实通过考核掌握全市信息化建设工作水平，查找阻碍发展的结症，总结经验，鼓舞士气，推动我市信息化快速发展。七是加强培训。针对飞速发展的信息化和日新月异的信息技术，南阳市、县两级政府经常有计划地开展多种形式的信息化培训。通过培训，政府工作人员特别是各网络终端操作人员的信息化意识和信息技术水平不断提高。

【信息基础设施建设】

南阳是全省地域最广的省辖市，农村和山区占有较大的面积，因此南阳市信息化基础设施建设任务非常艰巨。近年来，南阳市组织移动、电信、联通等通信企业不断完善信息化基础设施，至2011年末固定电话用户83.69万户、移动电话用户431.36万户，互联网用户51.2万户，局用电话交换机总容量115.71万门，电话普及率50.5部／百人。广播电视人口综合覆盖率97%以上，采编数字化率达到90%以上，顺利完成"村村通"建设任务，政府、企事业单位、限额以上工业企业宽带接入率达到100%。2011年9月14日，南阳市政府与河南移动公司签署了《无线城市群战略合作协议》，建设涉及信息通讯基础建设工程等六大领域信息化工程，目前，部分项目已投入建设，12月16日数字南阳地理空间框架建设项目启动，标志着南阳市数字化城市建设已拉开序幕，随着信息化基础设施建设的不断完善，必将较好的满足经济社会对信息化的需求，为促进经济发展和改善民生做出了突出贡献。

【电子政务建设】

2011年以来，南阳市政府及相关部门和单位，不断加大资金投入，不断提高改进技术，不断强化制度管理，初步建立了系统的、实用的电子政务工作体系。一是相继建成了直接与省政府办公内网相连的政府内网和政府局域网，实现了省市政府及市政府与县市区政府、市政府部门之间的直接文电传输，使非涉密公文、政务信息及明传电报等能够通过网络快捷地传递，有效地提高了办公效率，节约了行政成本。二是已建成以南阳市政府门户网站为主站、各县市区政府和市直各部门网站为子站的共享性网站群。三是门户网站应用范围不断扩大，重要业务系统相继投入使用。门户网站互动能力进一步加强，开通完善了市长信箱、在线访谈、网上征集调查、百姓心声等栏目。2011年转发市直部门和县市区政府信件3389件，回复2975件，回复率达到88%；组织南阳市发改委、公安局、统计局等单位领导在线访谈6期，就如何落实市政府"放大农运效应、借农运谋发展"等8个专题组织了网上征集，就民生、物价等8个群众关心的问题组织了网上调查；市政府门户网站梳理公开了包括行政许可项目在内的3000多项政府管理和服务事项；政务信息公开量达到2万余条。信息化覆盖主要业务比例逐年增加，除金盾、金税、金卡、金财等“12 金工程”在南阳市的公、检、法、财、税等领域得到广泛应用外，先后又建成了党员远程教育系统（市委组织部）、新型农村合作医疗管理系统（市卫生局）、信访业务网络系统（市信访局）、警务综合信息综合平台（市公安局）、监所检查专用视频监控系统（市检察院）、工商食品信息备案查询系统（工商局）等工作业务系统。四是信息化社会应用日趋广泛，全市教育系统先后建成中小学教育城域网和农村中小学现代远程教育系统，建成了基本覆盖全市各级教育管理机构和乡镇以上三百多所中小学校的教育网络体系，南阳市招生考试信息网、南阳基础教育资源网、南阳基础教育网、南阳中小学教师教育网相继投入使用；全市大部分医疗单位拥有院务管理系统、医保管理系统、财务管理系统、人事管理系统、疾控中心系统、传染病网络急报系统等 20 多个系统；全市的社会统筹、医疗保险、住房公积金、养老保险都已经建成信息管理系统和全市范围的网络链接，极大地提高了政府部门办事效率，为人民群众办事提供了便利。五是完成工程建设领域项目公开和诚信体系专栏建设阶段性工作，至 2011 年底全市各级各部门共开设工程建设领域项目公开和诚信体系专栏 198 个，发布信息近 4000 条，较好地完成了工程建设领域项目公开和诚信体系专栏建设第一阶段任务。

【两化融合建设】

两化融合是指以信息化带动工业化，以工业化促进信息化，其核心是以信息化为支撑，实现工业乃至整个国民经济的可持续发展。南阳市政府高度重视两化融合工作，为切实推进两化融合工作，专门成立了南阳市促进两化融合推进协调小组，制定下发了《南阳市关于促进两化融合工作的若干意见》，正在研究制定《南阳市人民政府关于鼓励支持企业信息化建设的意见》等政策文件。组织开展了两化融合示范园区和信息化建设示范企业活动，引导社会各阶层参与工业化与信息化深度融合。积极从政策、资金、企业荣誉等多方面引导支持企业信息化建设，鼓励、支持企业全方位运用信息化手段进行生产经营管理，进一步提高企业信息服务手段，成立和完善企业信息服务平台，取得了较好成效，“南阳中小企业在线”是全市中小企业发展的综合服务平台，拥有各类企业会员近 600 家，为企业提供经营信息、产品及市场咨询等 20 多项服务。

2011 年南阳市限额以上企业中近一半的企业建立了网站，90%以上的限额企业拥有网上企业介绍，其中 86 家重点工业企业信息化覆盖主要业务范围比例在 52%以上，重点企业中 54%的企业运用机算机辅助设计（CAD）、76%的企业不同程度的运用计算机辅助生产（CAM）、82%的企业运用管理信息系统（MIS）、几乎所有企业不同程度的运用了企业资源计划管理系统（ERP），至 2011 年 10 月 86 家重点企业投入信息化建设资金 1.63 亿元，现有信息化专业技术人近 300 名。今年年初，我市龙成集团投资 1970 万元（其中省专项资金 100 万元）建设信息化工程制造执行系统 MES 建设项目，至目前已投入资金 1850 万元，项目建成后将实现实现订单接收、按单排产、生产执行、质量自动设计与判定、产品出入库和发运的一体化生产运营管理和全过程质量控制，建立以客户为中心、以订单驱动生产的敏捷制造管理信息系统和快速决策机制，达到产销一体化的目标。南阳防爆集团、南阳乐凯胶片都投入较大资金进行信息化项目建设。信息化的应用促进和保证了企业持续、健康的发展。

【农业信息化】

农业信息化建设是当前新农村建设的重要内容，截止 2011 年 12 月，南阳市行政村移动电话信号覆盖率、光纤宽带接入率、广播电视覆盖率均达到100%，信息基础设施和网络建设逐步优化。2011年，市县两级农业信息网站共编发农业动态信息5300多条，市场供求信息3200多条，政务公开信息500多条，其它信息85000多条，网上回复咨询5000多人次，乡镇信息服务站、村级信息员和信息服务超市为农户提供各类信息20万多条，上传产销、需求信息4100多条，12582手机短信服务3万余农户，12316热线平台共接听解答农业咨询电话8000多个，为省内外客商牵线搭桥700人次，促成农产品交易额4.8亿多元，经济和社会效益显著。

按照国家及省政府要求，积极推进农村信息资源行政村级服务站点工程。至2011年底，全市共建成行政村级综合信息服务站点4100多个，配置各类电脑、投影仪等设备15000余台(套)，架设网络专线，为广大农民提供农业科技、致富信息等服务内容，极大地丰富了农民的文化生活和科技信息知识，为广大农民致富提供了信息支撑。注重农村党员教育工作，2011年市委组织部开始筹建农村党员干部现代教育建设工作，全面开展了市、县、乡、村四位一体的党员远程教育系统，先后建成光缆接入网点4000多个，累计更新交换设备214台，使乡镇出口带宽由原来的100M提升到了1000M，全市累计开通党员远程教育站点及党员延伸服务站点22019个，极大地推动了我市党员远程教育工作。

【网络与信息安全】

网络与信息安全是市信息化系统正常运行的保证，南阳市委、市政府高度重视网络和信息安全工作。为维护网络和信息安全，确保网络正常运行和信息安全传输，一是建立了以南阳市信息中心、公安局、保密局等相关单位组成的信息安全联席会议制度，成立了信息安全领导小组。二是建立健全了网络运行和信息传输工作制度。网络运行、信息传输进一步规范化、程序化、正规化，杜绝了信息安全事故的发生。三是强化监督检查。采取定期与不定期相结合、自查与组织统一检查相结合的方法，对网络和信息安全进行检查，及时发现问题，查找漏洞，确保网络和信息安全。2011年组织2次信息安全检查，发现安全隐患80余处，现场督促整改53处，至12月中旬，所有安全隐患已整改完毕。四是加强等级测评和等级保护工作。为加强等级保护工作，南阳市公安局2010年成立了等级保护大队，全面负责南阳市等级测评和等级保护工作，至2011年底，完成了全市大部分政府部门、企事业单位和重点行业重点企业的等级测评保护工作，全年无等级事故，得到了河南省公安厅的通报表扬。

（南阳市工业信息化局　南阳市信息中心）

邓州市信息化发展概况

2011年,在邓州市委、市政府的正确领导下,全市国民经济和社会事业发展以科学发展观统揽全局,以加快转变经济发展方式为主线,强力推进丹江库区区域性中心城市建设为目标,坚持"四个重在",强化"四个着力",实施"六个加快",全市经济社会发展取得了明显成效。全年实现生产总值270亿元,同比增长9.8%。邓州市的信息化建设按照"十一五''规划的总体要求,紧密结合邓州市信息化建设的实际,以网络建设为基础,以信息资源建设为核心,以政务信息化为先导,使全市的信息化建设进入了一个全面发展的良好时期。

一、邓州市信息化发展现状

(一)基础设施建设

邓州市信息化基础设施建设已相对完善,在传统电信网络和有线电视网络的基础上,已完成现代数据通信网络和数字电视网络的部署和建设。建设了覆盖市区基于SDH、ATM、光纤通信宽带城域网和有线电视网,网络容量和速率基本能够满足各类信息服务的要求。

邓州市光缆总长8820皮长公里,光缆接入点390个(含入户点),移动通讯网全市实现无缝覆盖,宽带节点延伸至行政村,累计发展固移动电话用户分别达12.5万户和45.8万户,发展宽带用户4.5万户,广播电视人口综合覆盖率99%以上,采编数字化率达到95%以上,顺利完成"村村通"建设任务,党政机关、企事业单位、限额以上工业企业宽带接入率达到100%,全市科技公司、软件公司、运维服务公司发展迅速,信息化科技实力稳步增强。

1、电信、通讯、邮政业迅猛发展

截至2011年,邓州市邮电通信业全年完成邮政业务总量6500万元,增长12%;移动通信业务总量1.83亿元,增长9.42%电信业务总量?电信业务总量增长56%。全年新增固定电话用户3172万户,年末累计达到9万3千660户;新增移动电话用户5.02万部,年末累计达到38万部。年末全市电话普及率达到5.57部/百人,比上年增加0.13部/百人。年末国际互联网用户4万3千360户,比上年增长62%。城市固定电话为4万3千310户;全市共安装公用电话6453部;已通电话乡镇28个,占乡镇总数的1 0 0%;已通电话的行政村578个,占总数的100%;自办营业网点184处,其中电信92个,移动29个,联通63个;电信业务缴费点184个,其中电信92个,移动29个,联通63个。

(1)电信建设

邓州电信分公司于2002年11月挂牌成立,本部现有员工97人,92个营业网点,担负着全市180万人的通信服务和党政军重要通信和应急通信任务。目前,企业拥有固定资产5327亿元,本地交换机总容量2万元,长途电话交换机1万8000路端,光缆5万公里,固定电话用户2万7千168户,互联网用户达到2万7千887户,电话普及率达到6部/百人,已通电话行政村达到578个,占市行政村总数的100%。建成了覆盖范围广、技术层次高和服务手段先进的基础通信网和信息网,通信光缆遍布陇东大地,形成了立体式、大容量的现代化数字传输网络,可向全市人民提供固定电话、无线市话、电话语音信息、会议电视、计算机互联网、多媒体通信、视频点播、IC卡电话和智能公话等多种新业务,为邓州市的发展创造了良好的投资环境,为成为拉动地方经济增长的先导性产业。

(2)移动通信建设

邓州移动自独立运营以来,借着中部崛起的强劲东风,勇立潮头,踏浪而行,以铸造等信息通衢为已任,加大网络建设力度,拓宽服务领域,提升服务品质,积极为社会提供了优质、高效的通信服务,用户目前增长到38万户,实现了跨越式发展。目前,中国移动通信网络已实现了城市、乡镇、旅游景点以及主要公路沿线的覆盖,并依托功能强大的通信网络,先后开通了“全球通”、“神州行”和“动感地带”三大知名服务品牌,在此基础上,还不断完善网络结构,拓展业务功能,创新出了’VPMN、本地通、IP电话和神州行大众卡等业务,同时,GPRS服务、短信、彩信、彩铃、’WAP、随e行等当今移动技术前沿的数据业务和增值业务纷至沓来,满足了客户多层次、多元化的通信需求,助推了当地经济社会的全面提速发展。

(3)邮政建设

“十五"期间,邓州市邮政事业也取得了长足发展。截至2011年底全市邮政局(所)共26处,邮路总长度469公里,邮政用计算机36套,年均增长率8%。邮运汽车4辆,年平均增长20%,邮路总数4条,邮政报亭30个,年增长15%。全市乡镇全部通邮,行政村组通邮比率达到100%。累计完成固定资产投资404万元,是“十一五”期间的1.08倍。到2011年末,新增邮运汽车2辆,实现了市内自一办汽车邮路的畅通。全市4个邮政储蓄网点实现了微机处理,建成了邮政绿卡中心,实现了部分邮政储蓄电子网点全国通存通兑,县以上邮政营业实现了电子化操作处理。市局邮件挂号登记实现了微机处理,新增信函自动盖戳机2台,电子邮资机1台,还建成了速递跟踪查询系统,并与全国联网。同时,调整了部分市到乡镇的干线邮路,实行了包裹投递到户工程,极大地方便了群众用邮。目前,一个以城区为中心,覆盖全市城乡,沟通省内外的现代化通信网络已基本形成。

2、广播电视覆盖率逐年提高

截至2011年底,全市有县级人民广播电台1座,其中中波和调频方式各1座,即邓州人民广播电台。调频发射台和转播台1座,发射功率1千瓦,全市29个乡镇全部通上了广播电视。通广播的行政村个,广播喇叭800余只,广播综合覆盖率为100%。

全市有市级电视台1座,县级有线广播电视台1座,其中经国家广播电影电视总局批准的有线台1座(有线广播电视台)。电视发射台和转播台1座,发射总功率为1千瓦,千瓦以上功率的台有1座,功率1千瓦(市电视转播台),全市拥有广播电视收转系统1座,有线电视网络主干光纤1200公里,支干光纤1600公里,电缆1900公里,模拟电视用户10.9万户,数字化电视用户4万余户。

全市广电光缆建成开通。全市广播电视综合信息传输网工程于,2006年全面建成开通,数字电视 95 套，模拟节目 52 套和数据业务信息已送达 28 个乡镇办，全市广播覆盖率达到 100%，电视覆盖率达到 100%。

(二)信息化应用

1、电子政务建设全面推进

邓州市政府门户网站建成运行已 8 年。近年来，组织进行了多次改版，尤其是今年秋季，市政府信息中心向社会公开招聘工作人员 20 余名，夯实了管理队伍，目前政府网站正在改版。按照“实用、好用和够用”的原则，突出“信息公开、网上办事、网上服务、网上互动”这些主要内容，对网站再度升级，建成了以政府门户网站为主站，市直各部门网站为子站的共享性网站群，取得了很好效果。

2、行业信息化逐步开展

全市已在机要、公安、社保、财政、工商、卫生、金融、税务、保险、教育等经济和社会领域建立了多个信息化应用系统；所有单位都已建成内部局域网；社保保障系统、行政审批电子监察系统等一批电子政务项目正在建设。一些规模以上企业已建立了内部网和办公自动化系统；部分企业采用了 cAD / cAM(计算机辅助设计 / 制造)；个别重点企业正实施 ERP(企业资源计划)。社会信息化和社区信息化取得了一定成果，一批有社会服务信息系统的试点性智能化小区正在建设。

3、农村信息化工作顺利进展

2011 年末，邓州市农村固定电话实现全覆盖，宽带接入至行政村，为全面达小康奠定了基础；支农信息服务方面，服务于农业、农村和农民的“农信通”已链接大部分乡镇，并向农村企业大户、农产品市场和乡村、农户延伸，为农民获取农机、农技、种子、化肥、气象等信息方面提供了方便快捷服务。新型农村合作医疗服务方面，建成了新型农村合作医疗信息系统，让老百姓真正得到长期实惠。

(三)存在的主要问题

邓州市信息化建设虽然取得了一定的成绩，打下了一定的基础，但和信息化高速发展的要求相比，也面临着不少困难和问题，主要表现在以下几个方面：

1、人才匮乏，特别是所需学科带头人和复合型人才相当缺乏，全民科学文化素质亟待提高，素质培训急需加强。

2、全社会对信息化的认识水平低，应用水平低，信息化发展水平环境较差。

3、资金不足，信息化建设运用需要资金保障，政府必然要先期加大投入，才能启动资本运作，增加多元投资主体，由于市财力相对紧张，信息化建设及维护资金严重不足。

4、专业信息系统建设相对滞后，而且各种信息系统之间以及与公用信息网络之间缺乏互联互通，形成“信息孤岛”；有重复建设现象，致使网络基础设施和信息资源的利用率偏低。

5、软件投资少，应用较为落后，多项信息化运用远低于全省平均水平。

6、信息化建设不规范，政府监管约束力不够，导致低水平、重复建设时有发生。

(四)保障措施和工作进展

1、保障措施

(1)健全机构，强化职能

市信息化领导小组加大了对全市信息化工作的指导力度，强化信息化办公室的职能，切实履行对全市信息化工作的规划、组织、协调、管理、监督职能。

(2)健全制度,规范管理

结合实际,抓紧制定出台信息化建设和管理的一系列制度,对政府出资的建设项目实行统一规划,统一审批建设。

(3)拓宽渠道,落实资金

市政府设立专门的信息化建设专项资金,纳入财政预算。出台政策,鼓励和吸引社会资金投入,解决资金不足的问题。

(二)2011年工作进展

1、健全和更新机构

首先是因市领导的调整,我们及时调整了市信息化领导小组,市长任组长,常务副市长任副组长，各主要部门负责人任成员的领的机构。其次是2011年我市成立电子政务办公室,负责市政府领导同志办公室和机关的政务信息化规划、建设、技术与安全保障;组织开展市政府门户网站的建设、运行管理和内容保障工作;承担市政府专网及全市政府系统电子政务、政务信息化的组织、规划、协调、指导等工作;承担市政府信息公开的日常工作,指导、协调、监督全市政府信息公开工作。

2、组建政府网站群

机关大院内实现网通宽带网络全面覆盖,并逐步全面升级为光纤,提升网速;以市政府门户网站为平台,部门、乡镇网站为节点的市政府门户网站群建设已基本完成,政府门户网站群现下设73个单位子站,并将逐步交付各单位使用;市政府门户网站也实现全新改版,现共有四级栏目159个,内容涵盖政务要闻、市情介绍、在线办事、互动交流等。共发布各类动态类信息4516条,访问量70万人次;在市政府门户网站群基础上,建立政府信息公开发布平台及政府信息公开信息员管理平台，建成98个政府信息公开子系统，共清理发布了2002年以来需公开的政府信息2164篇,其余正在逐步清理中,建立健全了全市政府信息公开工作机制;建立机关部门政务信息移动办公系统,利用短息群发、信箱手机短息提示、政务通、加密传输平台等功能,实现机关部门内部办公、对外服务和信息发布及时快捷。

二、2012年主要任务与重点工程

(一)主要任务

1、完善综合信息基础设施

优化网络结构,推动网络融合,提高网络性能,推进综合基础信息平台的发展。从业务、网络终端等层面推进“三网”融合。发展多种形式的宽带接入,大力推动互联网的应用普及。推动有线、地面和卫星等各类数字广播电视的发展,完成广播电视从模拟向数字的转换。发展并完善综合基础设施,稳步实现向下一代IPV6网络的转型。

按照一村一点设置农村综合信息服务点,实现水、电、电话费一站式缴费,解决农村用户交费难、烦问题,切实方便用户。

实施“快、广”3G政策,率先实现区域内3G信号覆盖,加快第三代移动技术的推广应用,2015年建成3G基站达到15个,实现所有农村地区3G网络全覆盖。移动网络交换容量9万户,信号覆盖率达100%,满足人们高速移动互联网需求。

配合工商部门实现区域内各商户放心通终端的覆盖，逐步实现食品安全目标和社会各类商品流通查询，提高人们生活质量。

与各乡镇一道进一步加大视频监控点覆盖，实现平安乡镇，促进社会秩序明显提升。

2、深化推进电子政务

本着“统筹规划、统一标准、突出重点、整合资源、保障安全”的原则，按照国家有关电子政务建设要求，建设物理隔离的政府内部办公网(内网)和面向社会的业务网(外网)平台。逐步建立以互联网为基础，以公民和企业为对象，多种技术手段相结合的电子政务公共服务体系，推动服务型政府建设。采用统一标准和规范，有序推进相关业务系统之间的信息共享，促进部门间的业务协同，提高社会管理和市场监管水平。

3、加速信息化与工业化融合

信息化与工业化融合是党中央、国务院在我国经济社会发展新的历史起点上所做出的重大战略部署，是时代发展的必然要求。两化融合是工业化与信息化双赢的战略，通过信息化对我市的传统制造业进行信息化的改造，实现传统产业的升级换代，达到带动工业化创新、发展、升级的目的。另外一方面，通过工业化的发展，以提高我市制造业的先进水平，促进我市信息化的核心技术和产业的发展，为我市信息化的深入发展提供技术和产业的支撑。通过两化融合催生一批信息化的新兴产业，推动我市信息时代新的经济体系和产业结构的形成。

2012 年，确定 2 家省级信息化与工业化融合试点（示范）企业，5 家市级信息化与工业化融合试点（示范）企业，实施一批示范项目，全面推进企业两化融合升级。健全企业两化融合的试点（示范）工作体系，形成有效的企业两化融合工作机制。

4、做大做强电子信息产品制造业

大力推进信息产业集群发展，充分利用国内信息产业新一轮结构调整带来的机遇，积极承接产业转移，加强与国际和国内知名企业的交流与合作。大力发展能够带动产业技术升级、促进产品更新换代和形成新经济增长点的产品。重点发展数字视听产品、光通信器件、智能 IC 卡（税控卡和电子标签）、半导体照明、车载通信、新型电子元器件等，力争在核心技术和关键技术方面取得新的突破。

5、加速发展软件业

营造软件产业发展的. 良好环境，大力发展应用软件，推进软件产业化。重点开发广泛应用于企业信息化、电子政务、电子商务、社会公共管理和网络文化等领域的软件技术和产品。发展嵌入式软件，重点开发数字家电、智能工 C 卡、数控机床等各种先进专用控制软件和专用设备软件。

6、大力发展信息服务业

积极发展基于宽带多媒体、移动通信、数字电视平台的各类信息增值业务。大力发展广播电视服务业，加大数字电视信息资源开发和综合利用力度，积极推广数字电视。重点推动网络服务业、信息内容服务业和信息咨询服务业的发展。培育专业信息服务机构，向社会提供种类丰富的信息产品和网络服务。

构建全市物流信息公共平台，开展物流业信息化试点示范工程，大力发展以信息技术为支撑的现代物流业。推广普及数字终端设备、条码技术、电子标签技术和电子订货系统等在商贸流通业的应用,引导大中型流通企业开展网络营销。进一步完善金融服务业和房地产业信息系统建设。大力推进旅游、交通等服务领域信息化。

7、促进城市管理信息化

利用信息化技术进行城市管理,通过将城市管理对象的地域特征,形象特征,属性特征数字化,并将这些数字化后的特征数据采用计算机、网络等信息技术手段,进行存储、传输、整合、分析,最终以声音、图像、图形、文字等形式输出,作为城市管理的重要技术依据,从而提高城市管理效率、质量和整体水平,维护和拓展城市综合功能的整个过程。

城市管理信息化主要包含以下几个方面:

规划子系统:提供城市管理规划基本信息和分析数据。

市政子系统:提供城市道路、公路、桥隧管理和地下管线管理基本信息和分析数据。

水务子系统:提供城市河道整治管理、给水、排水、污水处理管理基本信息和分析数据。

房屋土地子系统:提供房屋物业管理和土地使用管理基本信息和分析数据。

环保子系统:提供城市大气质量、水质监测、危险废弃物管理等基本信息和分析数据。

绿化子系统:提供城市绿化分布、种类、覆盖管理等基本信息和分析数据。

市容环卫子系统:提供城市市容街景、灯光、生活废弃物处置管理等基本信息和分析数据。

住宅子系统:提供城市住宅建设管理基本信息和分析数据。

城市应急联动系统:形成城市公安、交警、消防、急救、防洪、防震、防火、防空、安全等公共事业的统一指挥调度平台,使离散资源得以互联和共享,提高城市综合管理和处理特殊、突发、应急、重大事件的快速反应能力。

8、推进社会服务信息化

通过信息技术提高民众的生活质量,主要包括医疗卫生、交通管理、市民卡与一卡通、智能电网等为公民服务的各类社会事务信息化。

医疗卫生信息化:通过完善的医疗及社会保障系统,推进医院信息化进程,加强医疗、失业保险系统建设,建立劳动就业、失业、退休、医疗保险等方面信息资源库,实现医疗事业的数字化。统筹规划电子病历,促进医疗、医药和医保机构的信息共享和业务协同。

人力资源和社会保障信息化:完善劳动力市场和社会保险信息管理系统,健全就业和社会保障信息服务体系,加强就业信息统计、分析和发布工作,改善技能培训、就业指导和政策咨询服务。

智能交通系统:在较完善的道路设施基础上,将先进的电子技术、信息技术、传感器技术和系统工程技术集成运用于地面交通管理,建立一种实时、准确、高效、大范围、全方位发挥作用的交通运输管理系统;充分发挥现有交通基础设施的潜力,提高运输效率,保障交通安全,缓解交通拥挤。

市民卡:是民众的一张身份识别卡,一个电子钱包。身份识别卡应用,如社会保障卡就是身份识别卡的典型应用,公园年票、图书馆也属于身份识别卡应用。电子钱包应用如公共交通卡就是电子钱包的典型应用,停车、加油、商户消费等都属于电子钱包应用。

智能电网:以先进的通信技术、传感器技术、信息技术为基础、以电网设备间的信息交互为手段、以实现电网安全、可靠、经济、节能为目的建设先进的现代化电力系统。

9、积极推进农业信息化

建立和完善全市农业信息服务网络系统。继续实施农民上网和农业信息服务工程。加快“村村通宽带、户户能上网”建设，形成传统媒体与电脑网络互为补充的信息传播新模式。加强农业自然资源、农业生产管理、农产品市场、农业科技等信息资源库建设，建立健全农业和农村经济预测和预警系统。

10、加快信息资源开发利用

坚持以政务信息资源开发利用为主导，充分运用政府门户网站，为公众获取政务信息提供便利。制订信息资源开发利用制度，开展政府部门间，政府与企业间，政府与公众间的基础信息共享，业务协同试点，实现财政、金融、工商、税务、质检、药监、劳动保障、医疗卫生等部门基础信息资源的共享。统筹协调基础信息数据库的信息采集分 2F—、持续更新和共享服务 X—作，加快全市人口、法人、空间地理等基础信息共享和以传统载体保存的公文、档案、资源等信息资源的数字化进程。营造公平的市场竞争环境，鼓励企业和公众投资信息资源开发利用领域，支持企业建立并逐步完善信息系统，支持社区建设适用的信息服务设施，进一步提高互联网普及率，逐步形成以多种渠道、多种方式和多种终端方便公众获取信息资源的环境。

11、强化信息化安全保障工作

坚持加强管理与技术保障并重，以基础信息网络、重要信息系统为重点，做好信息安全保障工作。建设数据备份中心及完整的病毒防范和网络攻击防范体系，完善和升级现有信息安全设备，提高信息安全防护能力和抵御风险的能力。启动 cA 系统建设工程，建立面向政府工作人员、面向企业、面向公众的安全认证体系，加大数字证书应用推广力度，推进电子签名、电子签章在政务系统中的应用。大力推进信息化密码保障工作，充分发挥密码在保障电子政务安全方面的重要作用。建立健全各种信息安全管理制度，完善安全预警机制和安全应急体系，提高处理突发性信息安全事件和进行安全防护的能力。

（二）重点工程

1、电子政务系统工程

2、行政服务中心运行平台

3、综合治税信息化系统

4、“两化融合”工程

5、数字邓州

6、社区信息化工程

7、农村信息化工程

8、教育信息化工程

9、医疗信息化工程

10、广播电视传输信息化工程

11、人力资源管理信息化工程

12、质量技术与食品医药监督信息化工程

13、工商诚信系统信息化工程

郑州教育信息化十年发展巨变

摘要：本文对郑州市构建教育信息化环境、推进教育信息化工作的十年历程进行了概述，重点就郑州市中小学教育云服务平台建设及班班通工程资源管理应用等方面，从云服务平台建设的背景意义、工程建设及资源应用现状、目前存在的问题及今后努力方向等进行了全面的分析与总结。

关键词：教育信息化；云服务；班班通；资源

在信息技术对教育发展已经产生深刻影响的今天，如何利用信息技术来服务教育教学是一个重要命题。2001年，根据教育部《面向21世纪教育振兴行动计划》，郑州市教育局"以教育信息化带动教育现代化"为指导思想，制定了《郑州市教育信息化发展规划》，启动了郑州市教育信息化建设工作。历经了"高位构建"、"强力推进"、"纵深提升"三个阶段的发展，在教育城域网建设、数字化校园管理、班班通提升工程、优质资源共享，以及信息化在教育教学方面的管理、应用、研究等方面取得了显著的成果。教育信息化发展的十年，也正是郑州新课程改革的十年。教育信息化的发展助推了新课程改革的进程，新课程改革的不断深化则促使了教育信息化的升级换代。

一、教育信息化实现跨越式发展

十年来，郑州市教育信息化工作经历了"高位构建"、"强力推进"、"纵深提升"三个阶段的阶梯式发展。

2001至2004年是"高位构建"阶段。郑州市教育信息化工作按照"高投入、高起点、高标准、高质量"的要求，统一领导、统一规划、统一组织、统一实施，资金投入达到1个亿。郑州教育城域网借助于广电网络、网通公司等运营商的主干光纤覆盖到全市500多所学校，达到千兆到中心，百兆到学校终端，用户点数达4万个以上；为市直学校每一间教室配备了投影仪、实物展台等多媒体教学终端设施，全市学校应用计算机总数达5万多台，多媒体教室2000余个，一次性投资1000万元，为全市85个农村初中配备了现代化的计算机网络教室。

2005年至2009年是"强力推进"阶段。郑州市先后投资5个多亿，使教育信息化的硬件环境条件得到了极大的改观。截至2009年底，郑州教育城域网节点覆盖全市600多所学校，这些学校的每一间教室实现了互联互通。同时，为市直学校更新计算机机房151个、语音教室23个，为一线教师配备笔记本电脑实现了人手一台；通过启动农远工程，投入项目经费

4013.2 万元，解决了全市 1557 所农村学校共享优质网络资源的问题，初步构建了一个惠及全市城乡的中小学教育信息化网络，形成了基本适应农村中小学教学需要的资源体系。

2009 年底，郑州市委市政府投资近 4 个亿，分两期实施郑州市中小学“班班通”提升工程，并将此项工程列入了 2010 年政府惠民的十件实事之一。以此为标志，郑州市的教育信息化工作进入了“纵深提升”阶段。目前，班班通两期工程的所有设备全部投入使用，已经覆盖到了全市所有公办中小学，为全市师生提供了一个完整、高效的网络教学环境。同时，郑州市又先后投入 2800 多万元在市直及各县市区的骨干学校建成 98 个智能录播教室，开通网络直播录播课堂。班班通终端配置基本情况如下表：

郑州市中小学“班班通”工程建设统计表

项　目	学校数	班级数				总投资(元)
		合计	标准型	基本型	利旧型	
班班通一期	409	8142	7352	405	385	136340000
班班通二期	926	11323	9952	1273	98	200853226
合　计	1335	19465	17304	1678	483	337193226
班班通录播教室	90	98	——	——	——	28914465
总　计	1425	19563				366107691

此外，郑州市教育局还根据教学工作需要，陆续对部分市属高校、社会力量举办学校以及新建学校及时追加安装了 1300 余套教学终端系统，援助对口支援的新疆哈密地区学校 20 套班班通系统。

郑州市如此大规模、高质量的中小学“班班通”工程建设，为广大师生提供了一个良好的现代教育信息技术环境，使我市教育信息化工作走在了全国的前列。

二、班班通工程为课改插上腾飞的翅膀

(一)“工程”的背景和意义

《国家中长期教育改革和发展纲要》(2010—2020)中指出：“信息技术对教育发展具有革命性影响，必须予以高度重视。把教育信息化纳入国家信息化发展整体战略，超前部署教育信息网络。到 2020 年，基本建成覆盖城乡各级各类学校的教育信息化体系，促进教育内容、教学手段和方法现代化。”同时指出：“重点加强农村学校信息基础建设，缩小城乡数字化差距。”为加快我市城乡教育信息化法发展步伐，促进教育公平和均衡，根据国家加快教育信息化建设的相关精神，结合郑州市教育的发展水平和郑州市教育信息化发展的需求，经过反复调研和论证，2010 年郑州市政府决定实施“班班通”工程，并将此项惠及广大中小学生的民生工程列入 2010 年市政府“十大实事”。

郑州市“班班通”工程将市教育局直属普通中小学和各区布局调整规划明确保留的教育部门办城市和农村普通小学、初级中学、九年一贯制学校、高级中学、特殊教育学校、教师进修学校列入工程实施范围，不仅包括城市中小学而且还包括广大农村中小学。此项工程的实施具有以下重大意义：

其一是实施“班班通”工程，是加快教育信息化发展的基础。由于我市各县区经济发展相对不平衡，城乡办学条件还有一定差距，教育信息化程度和水平、优质教育资源利用、先进的教学手段运用都不够。“班班通”工程适应我市教育实际，将搭建一个遍及全市城乡中小学的信息化平台，对加强全市中小学信息化硬件建设，加快教育信息化步伐，必将起到重大的推动作用。

其二是实施“班班通”工程，是促进校际、城乡、区域教育均衡发展，实现教育公平的有效途径。实施“班班通”工程将会大大缩小目前校际、城乡、区域教育的差距，促进全市教育快速发展，让办学条件、师资、生源薄弱的中小学生也能共享优质教育资源。

其三是实施“班班通”工程，是推动教学手段改革、实现教育创新的重要途径。进行教育创新，必须充分利用现代科学技术手段，大力提高教育的现代化水平。“班班通”工程以优质教育教学资源共享，提高师生动手能力为主要特点，充分利用现代信息和传播技术，服务于基础教育教学，为中小学提供更多更先进的教学手段和优质教学资源，促进教师专业发展，从而推动城乡教学手段改革和教育创新的步伐。

总之，大力推进“班班通”工程建设既是国家教育信息化发展的战略要求，也是促进教育均衡发展的有效途径，提高质量，提高素质的有效办法。工程的实施对促进教育均衡和公平，全面提高教育教学效率和教育教学质量，有力改善农村学校办学条件，有效缩城乡教育的差距，进一步维护教育公平都具有重要意义，必将成为构建社会主义和谐社会和新农村建设的亮点之一。

（二）“工程”实施范围

“班班通”工程实施范围是郑州市教育局直属学校、郑州市辖6个县级市、6个市辖区和经开区、高新区、郑东新区、港区等4区布局调整规划明确保留的教育部门办城市和农村普通小学、初级中学、九年一贯制学校、高级中学、特殊教育学校、教师进修学校。“班班通”工程分两步实施，两期工程先后共投入资金近3.7亿元：2010年完成市直学校、6个市辖区和经开区、高新区、郑东新区、港区“班班通”硬件、网络装备任务；2011年完成新郑市、新密市、登封市、荥阳市等六个县级市“班班通”硬件、网络装备任务。目前，我市中小学“班班通”工程所涉及的1335所学校、19465个班级的所有设备全部安装调试到位并已投入使用。

（三）“工程”的建设模式

云资源服务平台主要包括教学资源管理系统、教学资源调度系统、教学资源服务系统、教学信息管理系统、教学数据统计系统和网络管理系统，主要负责整合各级优质教育教学资源。其核心是运用现代化的网络备课、授课和评课教学系统，搭建校园信息化平台，构建课改网络课堂，共享优质教学资源，促进教育均衡发展。其硬件环境包括教学机、短焦投影机、实物展台和交互式电子白板及音频系统等；软件环境包括为郑州市小学一年级至高三的各学科量身打造的资源，并支持多种资源的直接对接。

根据各地不同情况，平台终端建设模式分为标准型、基本型、利旧型三种。标准型配备多媒体网络教学机、交互式电子白板、短焦投影、复合式推拉黑板；基本型配备多媒体数字一体机；利旧型配备多媒体网络教学机。同时，通过互联网对终端设备进行连通，实现网上教学和管理。该系统主要利用电子白板、短焦投影仪、网络多媒体教学机，改变了传统教学模式，实现了多媒体、互动教学。能够提高学生学习兴趣，促进学生由被动学习到主动学习的转变，培养学生知识构建、交流合作的学习能力。进一步提高教师教学效率，推进教师从知识的传授者向知识的引导者角色转变。系统还将建立鲜活丰富的教学备课资源库，让教材资源、名师资源、校本资源等进入每一个城乡教学班，有效提高教师教学水平和效率。“班班通”的实施还将在学校管理和评价方面实现新的突破和新的提升。

与此同时，成立郑州市教育资源中心，建设开发基础优质教学资源库；实施本地名师资源建设工程：成立郑州市名师工作室、校长工作室，以名师同步课程、专项辅导课程、教师培训精品项目库为主要内容，与企业协同开发和建设郑州市名师网络课程；实施学校校本资源建设工程：依托本地名校，以校本特色资源库建设为重点，开发和建设校本特色教学资源库；实施优质资源共享工程：在班班通网络应用平台的基础上，优化网络平台及结构，实现基础教学资源、名师课程资源、校本特色资源的校际间、县区间的资源共享。

“班班通”工程在课程改革过程及课堂教学实际应用中凸显出十大功能优势：备课系统更加优化；授课系统更加完善；评价机制更加科学；管理系统更加严谨；培训形式更加多样；优质资源更加丰富；学习环境更加多彩；教学方式更加灵活；互动交流更加自主；课堂教学更加高效。

（四）“工程”建设及资源应用现状

《国家中长期教育改革和发展规划纲要(2010–2020 年)》第十九章明确提出“加强优质教育资源开发与应用”。其中指出“建立开放灵活的教育资源公共服务平台，促进优质教育资源普及共享”，肯定了优质教育资源普及、共享在促进教育均衡发展中的重要作用。“班班通”以其优质教育教学资源共享，提高师生动手能力等优势，充分利用现代信息和传播技术，为我市的课程改革提供了更多更先进的教学手段和优质教学资源，为促进教师专业发展提供了一个优秀平台，加快了郑州市课程改革的进程。“班班通”提升工程的顺利实施，推动了城乡教学手段改革和教育创新的步伐，大大缩小了目前我市校际、城乡、区域教育的差距，促进了我市教育的均衡发展。郑州市如此大规模、高质量的中小学“班班通”提升工程建设，为广大师生提供了一个良好的学习和运用现代信息技术的环境，使郑州市教育信息化工作走在了全国的前列。

1.教学信息资源建设发展迅速

教学信息资源的引进、开发与应用，是提升教育信息化水平、推进现代教育技术普及与应用的核心要素之一。2010 年，郑州市教育局针对“班班通”等教育信息化资源建设，先后印发了《郑州市“班班通”提升工程资源建设方案》、《郑州市“班班通”提升工程资源建设管理及应用考核奖励办法》等文件，我市各级各类学校（单位）建立了适度规模的教育教学资源研究开发队伍和基地，建设了包括备课资料、优秀教案、音视频及图书资料、电子刊物等内容的大型资料库，开发了一批助教型、助学型和自主学习的网络教育软件。市现代教育技术信息中心与教研室等部门通过教育软件（课件、课例）大奖赛等活动，征集本区域的优质校本资源，建成大型教学资源库，资源内容覆盖中小学各年级各学科的主要教学内容。

郑州市班班通工程建立了庞大而丰富的基础资源平台，为教师教育教学提供了丰富素材。目前提供小学、初中、高中三个学段的 130000 条资源，覆盖了人教版、北师大版、西师大版、语文版等 20 个版本，基本满足各教学环境的需求。资源包括教案、课件、素材、习题等多种形式，涵盖视频、音频、动画、PPT、word 文档、图片等多种类型。资源组织按照教师使用资源习惯依据年级、学期、学科、版本分为相应的课件、教案、素材、习题。这些资源为课堂教学提供了多样化的呈现内容和材料，增强学生了学习兴趣，提高了课堂教学效率，同时满足教学活动中各个环节的个性化需求。

此外，丰富的数字青少年宫资源，提供了安全教育、感恩教育、健康教育、法制教育、防毒教育、生命教育、网络安全教育、环境教育、德育教育、国防教育、预防艾滋病教育、国学教育等 12 个主题的学习资源内容，分阶段帮助学生树立正确的人生观、价值观，满足了全市中小学生专题教育及第二课堂教育的需求。每日学堂资源，涵盖学生自主学习的四大板块，包括学习辅导、自主训练、同步测试、课外知识拓展，帮助学习进行自主学习。

2.教育技术骨干队伍初步形成

按照“全国中小学教师教育技术能力建设计划”要求，一年多来，我们先后开展了新闻通讯员、网络管理员、远程教育、校园电视、网络安全知识、电子公文交换、电子学籍管理等培训工作，培养出了一大批优秀的网络新闻通讯员、网络管理员、校园小记者；教育局师训处、现代教育信息技术中心和教研室等部门通过教学教研、教育技术应用成果评选、教师教育技术能力培训、计算机等级考核等，促进广大教师努力提高教育信息化专业发展水平，逐步建立起了一支教育信息化专业技术骨干队伍。

3.应用环境建设卓有成效

2010 年以来，郑州市以教育信息化教科研工作为先导，重点围绕教育信息化，尤其是信息技术在教育模式、教学结构、教学方法、应用规律和培养学生综合素质的应用等方面，加强针对性研究。以重点骨干学校为龙头，组建现代教育技术研究网络，广泛开展教学课件设计、多媒体教学、网络环境下教学的研讨、交流、评比活动。同时，充分利用教育技术手段培养学生自主学习、探究学习的能力，利用班班通网络设备平台，开通网络直播、录播课堂，放大优质教育资源，拓展学生学习空间。

4.数字化校园建设特色彰显

近年来，郑州市各级各类学校从信息化基础设施建设、信息技术的教学应用、教育管理信息化以及信息化工作保障机制建立等方面做了大量工作，大力推进了数字化校园建设，在建设过程中，着力于教学教研、教育管理的应用，逐渐形成了具有各校特色的数字化校园文化，e 校园文化、e 课堂文化、数字化教师、校园德育信息化……各具特色的郑州市数字化校园文化建设渐露峥嵘。

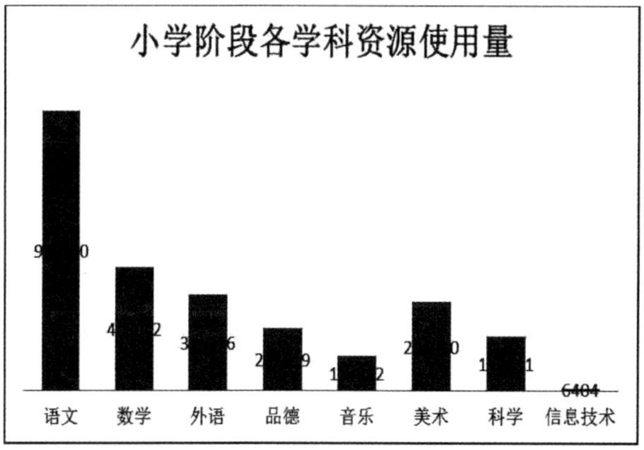

三、资源应用及共享情况分析及存在的问题

（一）资源应用及共享情况分析

各学段中各学科资源应用情况对比

由左图得出，小学对资源的使用率最高的是语文，其次是数学、外语和美术，其他学科基本持平，信息技术最低。

由左上图得出，初中学科应用较

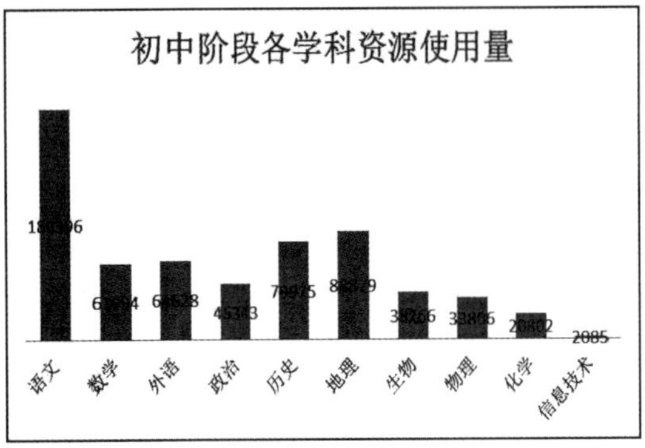

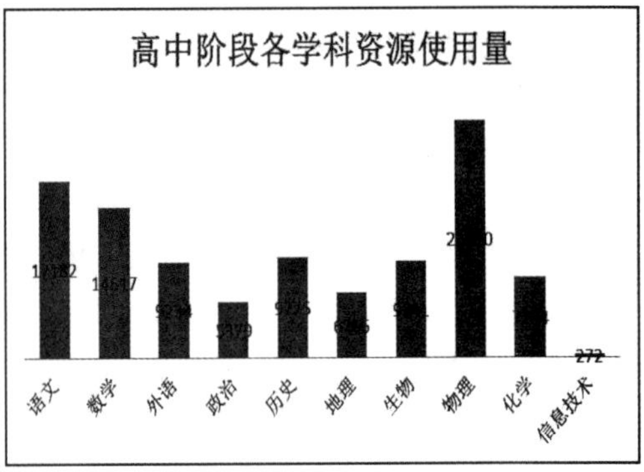

好的是语文、地里和历史，化学和信息技术较低。

由右上图得出，高中整体点击率不高，应用相对较好的有物理、语文学科，其中政治、信息技术学科应用率相对较低。

（二）资源应用中存在的问题

中央电化教育馆《班班通综合解决方案》中“班班通”的定义是：“班班通”是指学校每个班级里具备与外界进行不同层次的信息沟通、信息化资源获取与利用、终端信息显示的软硬件环境，实现信息技术与学科日常教学的有效整合，促进教师教学方式和学生学习方式的变革，最终促进学生的发展。目前，我市班班通工程已基本覆盖全市所有中小学校，班班通工程的全面应用提高了学校的教学效益，促进了我市教育信息化发展，但从调研过程中，我们发现班班通在实际应用中尚存在一些问题：

1.关于资源系统性的建设

一是整体规划的系统性。由于对班班通缺乏系统的认识，对其实质未能完全理解，所以不能从“硬件、资源、方法（合适的时间运用合适的技术完成合适的教学任务和学习任务）”等方面来做区域性的班班通管理、应用、培训、提高整体系统规划，一些学校仅仅是做到了鼓励教师在课堂教学中去运用，而缺乏后续延伸的整体提高工作及长远的发展目标。

二是资源内容建设完善缺乏系统性。1.资源库优质资源的不够系统完善：针对性不强：教案、学案、习题缺乏针对性和阶梯性；选择性不够：主要集中在素材和课件方面，针对目前教学方法更加灵活多变等情况，在素材的选用上要个性化更强，灵活性更强，要增加多种格式的资源，尤其是学科特色性资源；课程体系不完整：综合课、活动课等专题复习类课程只有基本资源，资源优化进度与教学进度把握不准确造成的资源终端缺失；复习类资源不够丰富：重点是期中期末、单元复习等，目前只有基础测试题，丰富度及层次性不够。2.资源共建共享系统性不强：忽视了鼓励教师、家长、学生共同参与共建，建立区域本土化资源建设机制；资源的使用对象主要是教师，对面向学生、家长使用的特色资源不够重视；对整合学校、家庭、社会教育资源的应用模式缺乏系统性，有待进一步深入研究。

2.关于教学应用模式与学生学习方式的转变

“班班通”的目标是实现信息技术与学科日常教学的有效整合，促进教师教学方式和学生学习方式的变革，最终促进学生的发展。对教师来说，班班通让教师拥有了更多的教学资源，在很大程度上改变了教师的教学方式。但目前“班班通”应用于课堂的主要作用只是作为展示工具，为教师的展示课件提供便利，而忽视了班班通在学习环境、互动交流等方面强大功能的挖掘利用,对转变学生学习方式的作用收效甚微,学生的对资源的使用频率太低,学生搜集学习素材、展示交流自己撰写文学作品、小组研究的成果等众多功能未被充分运用,对学生学习方式的转变未达到预期效果,对如何通过信息化手段,综合家庭、学校、社会等教育资源改变学生学习方式的变革尚需进一步研究。

3.关于教师的教研能力和专业发展

目前,教师专业发展已成为区域教育均衡化及学校建设中至关重要的部分。而部分学校对如何提高教师的信息素养、教学研究等能力缺少系统的规划与思考,对如何利用"班班通"的信息化环境促进区域化的教师专业发展重视不够,这将直接影响到"班班通"工程的应用绩效。

三、"工程"建设及资源应用工作的努力方向

通过调研和各县区、学校及教师的反馈可以看出,我市班班通教育资源建设尚存在一些问题亟待完善与解决,在以后的工作中,郑州市教育局将努力从以下几个方面加强此项工作的管理:

(一)进一步扩大"工程"覆盖范围

目前我市班班通工程已基本实现了基础教育阶段公办学校全覆盖、学科全覆盖、师生全受益。下一阶段,郑州市教育局要逐步向幼儿教育、职业教育、民办学校等方面加大投入力度,尽快达到郑州教育班班通工程的全面覆盖,形成郑州教育资源全面共享,互联互通。

(二)成立郑州市基础教育资源中心,建立健全各项规章制度,加强"班班通"的管理与应用

建立郑州市基础教育资源中心,制定详细规划,加强统筹协调,完善资源建设、管理和应用机制,强化基础教育资源建设。同时,基础教育处、教研室、教科所、信息中心等有关处室应统筹协调,建立健全关于"班班通"教育教学应用的各项规章制度,使教师应用"班班通"先进的教育手段组织教学,成为我市中小学校经常化、制度化的正常教学活动;定期组织教科研人员和学科骨干教师对引进、上传的资源进行遴选、审核,对优质资源进行分类整理,为"班班通"提供实用、优质的教学资源。市教育局要将中小学"班班通"工程建设纳入教育督导评估体系,并设立专项奖励资金,对中小学"班班通"工程及教育教学资源建设成绩突出的单位或个人给予表彰和奖励。各县区要强化管理,制定激励政策,推动全市中小学"班班通"工程建设健康发展。

(三)加强教师的培训工作,提高设备的应用效益

"班班通"工程的核心是应用,要加大对骨干教师培训力度,有计划、有步骤地对教师进行全员培训,使教师尽快适应信息技术环境下培养创新人才的要求。2012 年 8 月底,完成对所有学科教师的培训任务,3 年内使 80%的专任教师能熟练利用 "班班通" 设备进行教学,90%的专任教师掌握基本使用技能。

(四)加强班班通应用的研究和探索,提高工程质量和效益

"班班通"工程平台的建设及应用,涉及到教育思想和观念的转变、教学手段和方法的改革、学习方式的改革、评价机制的改革等问题,其中最大的冲突体现在思想观念、思维方式和习惯定势上。根据"班班通"工程的深入推进,结合我市教育改革与发展和当地教育发展的实际情况,整合课程改革、教学过程设计、学习方式改革、评价体系革新进行整体研究

和探索应作为教学研究工作的一个主要方向。信息中心、教研室、教科所等处室紧密配合，加强对班班通环境下的课堂教学工作进行深入研究与探索，结合我市教学现状，根据各个学段、各个学科的实际，指导学校和教师对班班通环境下的课堂教学进行宏观与微观、深度与广度、纵向与横向的研究，从而形成本区域、本校及本人的教学特色或教学模式。

（五）把“班班通”工程的应用与学校全面推进素质教育、推进课程改革紧密结合起来

一要充分利用好“班班通”教育资源，加强学生的思想道德教育，提高道德素质，通过海量的知识资源，拓展学生视野，培养学生学习与运用现代信息化的能力；二要把各学科课程的优质资源在课堂教学中普遍使用起来，解决学校教学中优质教育资源不足的问题；三要把“班班通”作为推进课程改革的重要培训形式，使广大教师迅速接受新的教育教学理念，学会先进的教学方法，提高自己的教学能力。

（六）引进、开发教育资源云服务平台，及时更新和完善扩充优质资源库，加强资源的共建共享

教育部工作要点中指出：“以视频公开课为突破口、探索教育资源建设与共享新模式和新机制。”“班班通”工程建设完成后，优质教育资源及录播系统在教育教学领域的应用模式探索成为核心焦点。因此，我们要结合我市教育信息化建设现状，引进、开发教育资源云存储服务平台，采用先进的技术架构，支持资源的校、区 / 县、市多级存储和灵活部署。郑州市教育云资源服务平台基于云计算架构，集基础平台、网站内容管理（CMS）、短信平台、在线学习、教学教务、学籍管理、教育博客、教育门户、视频会议、教育论坛等为一体的综合性应用产品。产品具有单点登录、标准化规范化编码、第三方集成应用、统一权限管理、在线应用等特点功能，应用于各级教育局、教育机构及学校的管理集成系统。根据国家标准，建立完整的资源建设及评估体系，以课程视频资源为核心，支持课程视频资源在线编辑、微视频制作、基于视频的打点、评估和视频分析、标准工具的使用，方便教学反思和教学研究。采用先进的网络模式，基于网络社区平台，支持教师对个人资源的管理、共享和使用。同时，支持资源的使用统计，尤其是按学校、教师为单位统计对其贡献资源的点播次数进行统计，并与资源建设的激励机制挂钩，让更多的人更乐于参与到资源库建设中，使资源库建设变为一种众人参与的，长期的，有效的工作。

（七）积极推进实施优质教育资源推进计划，进行跨区域应用综合试点工作

根据教育部《关于开展教育信息化试点工作的通知》精神，郑州市教育局与河南省电化教育馆、新疆维吾尔自治区哈密地区教育局、郑州大学等部门紧密结合，扎实开展“优质教育资源建设与共享推进行动”计划，强力打造均衡优质公平的教育，探索教育信息化环境建设、优质教育资源共建共享与应用、教育管理信息化等方面的发展路径和方法，建立符合我市实际的教育信息化标准体系，逐步实现“数字郑州教育”。同时，用 3 年时间，在现有基础教育资源网的基础上，建成、完善以省、市为节点的“基础教育资源云平台”；建立有效的优质资源共享机制和应用模式；完成郑州市优质教育资源推进计划；实现教科网到市级基础教育资源节点的全面联通；完善哈密地区的教育信息化基础设施；构建远程教学云服务平台，实现郑州市和哈密地区以及河南省内偏远地区之间的优质教育资源共享，探索信息化推动教育均衡发展的新模式。

驻马店市政府办公室信息化发展概况

多年来,驻马店市政府办公室的信息化建设工作得到了市政府领导的高度重视,在市信息化工作领导小组的指导下,驻马店市政府办公室采取一系列有力措施,健全了管理制度,加快了硬件建设,强化管理服务,取得了一定的成绩。根据信息化责任目标考核相关文件要求,现将2011年的市政府办公室信息化建设工作情况汇报如下:

一、基础设施建设情况

驻马店市政务信息化建设基础网络平台建设于2003年,当年建设当年运营,现已实现与四十多家政府部门和12个县区政府的互连互通。市政务专网由横向和纵向主干网络组成,横向基本联通全市各政务机关,纵向连接省政府和各县区,成为全市覆盖范围最广泛的政务系统专用互联网络。

二、系统应用情况

2004年,按照省政府办公厅《关于河南省政府系统办公业务资源网和省电子政务网络进行融合的通知》(豫政办 [2004]125号)、《河南省政府系统专网网站建设方案》(豫政办[2004]127号),我们与网络运营商合作对网络结构进行了升级改造,统一配置了国家安全和保密部门认证的物理隔离设备,实现了办公业务资源网与互联网的物理隔离。同时,依靠现有的技术力量,自主搭建了专网门户网站,网站内容也在逐步完善。同时,还依托政务专网开展已联网单位多种业务系统的运用,政府机关的公文传输、信息报送、会议通知等主要办公业务部分实现了网上安全传输,应用了手机短信提醒等技术,使行政成本得到降低,行政效率有明显提高。目前,省突发性事件视频会商系统、信访系统、审计管理系统等业务也基于该网络传输运行。

三、门户网站与政府信息公开工作情况

驻马店市政府门户网站(www.zhumadian.gov.cn)是市政府设在互联网上的正式站点,始建于1999年的政府上网年,由市政府办公室负责日常的维护更新工作。目前经过大大小小四次改版,现已成为市政府面向公众的网络门户,与各县区政府及建有网站的各政府部门实现了有效链接,并为部分政府部门提供了网络存储空间、二级域名等服务。

同时,以政府门户网站为载体建立了驻马店市政府集中式信息公开平台,发布政府公开信息,接受社会监督,较好地保障了公民、法人和其它社会团体依法获取政府信息,增强了行政权力运用的透明度,促进了政府工作作风的进一步改进。据不完全统计,全市依托政

府集中式信息公开平台，本年度累计公开政府信息数量 22000 余条，其中包括机构职能、政策、规范性文件、规划计划、行政许可和重要会议情况等政务信息。2011 年，市政府本级受理依申请公开 20 余件，大部分是通过网络受理。申请公开的信息主要是土地征收、拆迁牢 f、偿、三公经费等涉及群众切身利益的热点问题，我们都及时进行了答复，对部分不属于政府信息公开范畴的也以《非政府信息告知书》的形式予以回复，所有申请均按照申请人要求的方式及时回复申请人，答复率为 100%。

为更好地发挥政府门户网站做为政府信息公开第一平台的作用，驻马店市政府办公室拟于近期启动全市政府系统门户网站群建设项目，加快推进政务信息网络建设，进一步整合部门信息资源，优化全市政府集中式信息公开系统，加强信息共享，促进部门信息资源的交换。

四、外网建设情况

省政府于 2010 年 12 月和 2011 年 11 月两次召开了政府门户网站电子政务外网整合工作会议，部署政府网站、电子政务外网整合建设工作。

驻马店市政府办公室充分认识到整合并建设全市统一的电子政务网络，是驻马店市电子政务建设总体规划的关键和基础性工程，是减少资源浪费、实现资源共享、深化电子政务应用，并带动全市信息化建设的重要措施。针对驻马店市电子政务网络建设的实际情况，本着实用、价优、资源共享的原则，我市的电子政务外网整合技术方案正在初步规划之中，结合政府部门公共服务系统平台建设，着手规划、调研全市已有业务系统和新建业务系统的整合方案，依托政务网络，从公共服务入手，实现全市政务机关、事业单位互联互通，形成对公共服务的统一窗口、统一平台。最终实现各个部门之间网络互联、信息互通、业务互动。为公众和企业提供一个整体的协调的服务，真正实现政府业务的高效、协同发展。

在实际工作中，驻马店市政府办公室也深切感受到政务信息化建设也存在一些不容忽视的问题，如：很多部门的业务界定不清晰、业务流程不确定、面向公众的服务不规范，使得政务信息化应用推广较难：政务信息化人才不足，特别是既懂政务，又懂信息技术的人才严重匮乏：县区与部门间发展不平衡等问题。这些问题，驻马店市政府办公室将在以后的工作中努力改正，进一步提高政务信息化工作水平。

驻马店市行政服务中心信息化发展概况

在驻马店市信息化领导小组的指导下，驻马店市行政服务中心把信思亿建设作为建设阳光政务二程和推动公共资源阳光交易的重要措旋之一，按照年初制定的信息化建设目标任务要求、加大网络信息投资建设力度，加快中心业务网络化进程，推行电子政务，圆满完成信息化建设各项目标任务。现将驻马店市行政服务中心信息化建设工作汇报如下：

一、工作措施

(一)加强领导，明确重点。驻马店市行政服务中心党委高度重视信息化工作，每年年初都召开信息化工作办公会议，部署全年信息化工作，明确将利用网络信息技术建设阳光政务工程和推动公共资源阳光交易作为全年信息化工作重点，为进一步力口强对信息化建设工作，中心成立了以黄庆伟主任为组长、秦一松副主任为副组长、网络科、信息科、市长热线科为成员单位的的信息化工作领导小组，网络科具体负责该项工作，同时选派具有一定电脑操作基础和计算机专业技术水平的同志负责信息化工作的网络管理及日常维护运作。

(二)健全机构，完善制度。中心高度重视信息化工作建设，不断加强和完善信息化工作机构和相关制度建设，落实管理责任，确保信息化工作有力、体系健全、职责明确。系统实现了信息技术与监察业务的结合，推动了监察手段、监察方式、权力运行机制和审批绩效评估机制的“四个转变”，对于加快中心行政审批制度改革，规范行政行为，推进管理创新，提高行政效能，改善发展环境，方便公众办事，从源头上预防腐败，起到了积极作用。

3、进一步加强驻马店市行政服务中心网站建设，创新服务形式，增强网站功能。为推动政务公开和扩大招投标信息发布的广泛性，驻马店市行政服务中心建立了集行政审批、公共资源交易、市长热线三位一体的综合性政府门户网站，通过中心电子监察系统的内部网站和中心的外部门户网站的互联互通、数据的实时传输，实现网络资源的共享，打造了集招投标信息发布、政务公开、表格下载、办件状态实时公示、办件查询、网上投诉等功能于一体的公开、透明的网上服务平台，把网站建设成宣传中心业务、展示中心形象、服务人民群众的综合性网站，该网站具有较高的影响力和知名度，每年的浏览量达到3万多人次。

4、发挥互联网作用，拓宽市长热线服务。目前，互联网已成为群众参政议政的一种有效方式，而互联网的盛行将成为市长热线工作机制和制度完善的助手，也将成为市长热线的一种发展趋势。而市长热线成立以来，长期处于只能依靠一条电话线受理群众诉求的落后局面，已不能满足社会需求。基于这个认识，驻马店市行政服务中心建成了市长热线网站，开辟有网上受理、热线回音、热线简讯、经验交流、政策服务等多个栏和维护能力:同时也为即将实现的无纸化办公完成了一次技能储备:并促进了中心信息化应用水平的又一次大提升,为全面推行信息化建设迈出了坚实的一步。

二、存在的问题

驻马店市行政服务中心信息化建设虽然取得一定的进展,但只是处于起步阶段. 与上级要求鲍建设水平以及社会群众的需求和期待还有很大差距,还存在着不少的问题。

(一)专业人员不足,技术力量薄弱。目前,信息化建设的专业技术人员严重不足,还不能完全满足信息系统建设的需要。

(二)资金、设备不足。从目前情况看,资金不足已成为信息化快速发展的主要困难,直接影响信息化的顺利开展。

(三)由于中心网络技术力量的薄弱,安全防护措施投入不足,中心的网络安全有待进一步加强。

三、下一步工作打算

以邓小平理论和"三个代表"思想为指导,深入贯彻落实科学发展观,以现代化的网络信息技术推动中心的业务发展为重点, 大力建设电子信息化政务服务和公共资源交易平台。

驻马店市行政服务中心(公共资源交易中心)网络建设概况

电子监察情况：中心目前使用的是由上海卓凡软件公司开发的行政审批电子监察系统，该系统由内网和外网组成，内网具有行政审批和电子监察功能，外网具有政务公开、办件状态公示、办件查询功能，该系统运用信息技术手段，对进入中心的27个窗口单位的171项行政审批项目和108项收费项目进行全过程的实时监控，对违规行为进行预警纠错，对行政许可部门和行政许可工作人员进行绩效评估和排名，使行政过程“看得见，管得住”。该系统为推动行政审批阳光政务工程发挥了重大作用。

电子监察系统的几个主要功能：(一)、推行政务公开，使行政审批的权力运行由封闭转变为公开电子监察系统利用信息技术手段，把行政审批行政审批事项和行政事业性收费的法律依据、申报材料、承诺时限、办事人员的职责等资料。在中心的外网、内网、触摸屏上进行公开，形成有效的政务公开机制，使公开更加彻底、及时和真实准确。

(二)、固化行政审批流程，使监察手段做到有章可循、有据可查，并且可以责任到人该系统以行政审批法定化为基础，以信息技术为手段，把行政行政审批事项和行政事业性收费事项的法律依据、申报材料、承诺时限、和办事人员的岗位职责等结合起来，把行政审批通过流程的形式固定下来，使行政审批必须严格按照设定的规则和流程来实施，比如把每个审批事项分解为受理、承办、审核、批准、办结五个环节，每个环节都有对应工作人员的岗位职责和权限，通过不同的颜色显示办件状态，在行政审批过程中凡是出现违规和超时，系统自动发现、自动记录、自动警告，对即将达到审批时限的提前发出“预警"，发出相应“黄牌"，对于超时的行政审批发出“红牌"警告，并通过网络信息自动通知实施机关和责任人。同时如果有行政审批违规行为我们通过监督不但可以看到行政审批的违规环节而且可以精确定位到具体承办人，使行政审批真正做到有规可循，有据可查，有责可追。真正体现了有权必有责、用权受监督，违规受追究的监督问责理念。

(三)、实行全程实时监控，使监察方式由事后监察为主转变为事前、事中、事后全过程的监察该系统的应用，使行政审批每个环节都进入了监察的视线，为实施事前事中监督提供了一个途径，我们中心的业务科室的电脑都和监察系统的内网连接上来，上班了打开电脑可以对中心的所有的行政审批事项进行实施监督，系统不但可以对违规行为发出预警，我们通过实时监督发现情况可以通过短信形式进行督办导办。

(四)、开展绩效测评，使行政效能评价机制由主观评价转变为量化评估系统根据自动监控所获得的数据和中心机关日常监督检查所掌握的情况，根据绩效评估量化标准，每个月对各部门、各岗位的行政效能进行一次打分、考核和排名。测评的结果测评结果和评优评先结合起来，使效能评估和效能监察工作更加深入有效，行政效率明显提高。

（二）加强测评结果运用。根据绩效测评结果，对行政审批的程序、时限等规定的合理性进行分析，对不同部门之间或者同一部门不同时间段的行政效能进行横向、纵向比较，从中查找问题，研究改进措施。

三、在网站建设上，为推动政务公开、中心建立了集行政审批、公共资源交易、市长热线三位一体的综合性政府门户网站，通过中心内部网站和外部网站的互联互通，打造了集招投标信息发布，政务公开、表格下载、办件状态实时公示、办件查询、网上投诉等功能于一体的现代化信息服务平台，目前该网站具有较高的影响力和知名度，每月的浏览量2万多人次。

实践证明电子监察系统开通和运行，对于加快驻马店市行政审批制度改革，规范行政行为，推进政府管理创新，提高行政效能，改善发展环境，具有重要意义，受到办事群众和企业的广泛赞誉和好评。

驻马店市财政信息化发展概况

2011年，驻马店市财政信息化建设紧紧围绕财政中心工作和年初制定信息化建设责任目标，以科学发展观为指导，以技术服务为支撑，以平台建设为重点，以资金运行安全为核心，进一步完善了“金财工程”业务应用支撑平台建设和惠民补贴系统工程，打造完成了电子化政府采购系统，财政信息化建设迈上了一个新的台阶。现将驻马店市财政信息化建设责任目标考核情况汇报如下：

一、加强领导，完善机制

为加强财政信息化建设，2002年，驻马店市财政局成立了金财工程领导小组，并将信息化建设列入重要议事日程。2006年根据工作需要进行了调整，由一把手任组长，分管信息化建设的副局长任副组长，相关科室负责人为成员，领导小组办公室设在局信息中心。主要职责是参与制定、规划、实施全市财政系统信息化建设方案，负责财政专网数据信息安全，负责各业务应用系统的开发应用工作。2008年我们又成立了信息系统安全工作领导小组。具体负责信息系统安全相关事宜，对全局财政系统信息安全和保密工作进行统筹指导、监督和检查。

2011，信息化领导小组和办公室为充分发挥其职能，进一步加强信息化管理，落实年度责任目标，根据财政厅“五统一”建设原则，对各级财政部门信息化建设的职责提出明确要求。一是相关业务科室负责各财政业务应用系统的应用和改进工作。二是信息中心负责从设备、技术等方面进行论证和规划，提供技术方案和服务，抓好项目具体实施。局党组按照管理、业务、技术“三个一体化”的要求，对财政业务应用系统进行全面推广应用。现有财政业务管理系统已逐步整合到统一的大系统平台上。

另外，为保证全市信息化建设顺利实施，保障财政改革顺利进行，在信息化建设过程中，金财工程领导小组制定了一系列规章制度及操作规程等规范性文件，用于约束上网行为，倡导文明上网。如：《机房操作人员管理规定》、《计算机安全使用管理制度》、《互联网、财政专网安全使用制度》、《机房值班制度》、《数据安全保密制度》等有效文件。今年我们进一步完善了各项管理制度形成了有效地管理机制。同时，为推进驻马店金财工程应用支撑平台建设，结合信息化建设实际，制定了《驻马店市金财工程应用支撑平台建设工作方案》，使驻马店信息化建设再上了一个新的台阶。

二、做好金财工程建设，打造电子财政

（一）做好财政门户网站。2010年驻马店市财政局重新设计了互联网门户网站，开始在互联网上推行政务公开，宣传财政法规，解读最新财政政策，让公共及时了解财政动态。2011年,根据工作需要,对互联网网站进行了改版升级,增加了宣传范围,提供了互动窗口,新建政府采购子网站,实现资源共享,便于管理。根据工作需要,对互联网栏目进行添加、调整、修改,对网站宣传内容及时上传,对网上外界监督问题及时反馈并按要求给予答复。

(二)做好电子化政府采购系统。即政府采购网站建设完成后,我们积极推进电子化政府采购系统。电子化政府采购系统是基于省财政厅利用现代信息技术建立的集采购、监督、管理、评价于一身的统一网络平台,是实现政府采购科学化与精细化重要管理模式。电子化政府采购系统建立后,统一规范了的政府采购流程、操作规则和管理平台,通过技术的方式,以固定的模式标准化作业,规范了采购行为。系统通过网上公告、网上评标、网上采购,增强了采购的透明度,加大了社会监督力度,形成了覆盖政府采购各环节的科技防腐网络,构建反腐倡廉工作长效机制,推动了财政业务监督工作的开展。

(三)做好驻马店市财政"十二五"规划编制。为进一步推进财政科学化精细化管理,提升财政信息化水平,加强信息基础设施建设,促进财政信息化向经济和社会各个领域渗透,实现财政改革的跨越式发展. 根据市信息化工作领导小组工作安排,制订了驻马店市财政信息化"十二五''发展规划。根据"十一五"期间财政信息化发展情况,统筹编制了财政信息化发展"十二五"规划。对"十二五"期间信息化建设责任目标任务进行了明确安排。为驻马店市财政信息化发展提供有力保障。

(四)做好财政广域网网络改造。随着财政信息化建设的不断发展,我市财政信息化建设取得了一定的成效。截止2010年底,市、县两级金财工程应用支撑平台已搭建完毕,省、市、县三级网络已贯通。随着新业务的不断推进,对县、乡网络也提出了新的要求,而我市各县区乡镇网络结构是2005年在"乡财县管"业务开展的基础上建立完成的独立VPN局域网,至今没有纳入金财工程专网,与金财工程专网脱离,无法实现数据汇总及新财政业务系统的开展应用。为确保省、市、县、乡四级网络畅通,加强乡镇财政管理,根据省财政厅制定的河南省财政系统广域网改造方案,和关于转发《河南省财政厅关于印发(河南省财政系统广域网改造方案)的通知》的通知(驻财办[2011]29号)文件,结合我市实际情况,对各乡镇网络架构提出的要求和标准,目前,泌阳、遂平两县已经完成,其他县区正在紧张建设中。争取年底前全部完成。

(五)做好财政公务卡系统。公务卡是以国库单一账户体系为基础,以预算执行系统为支撑,实现使用公务卡办理公务支出,极大程度地减少单位现金支付结算,强化财政动态监控,健全财政国库管理制度。为做好此项工作,我们提前搭建环境,测试系统中的流程,保障公务卡系统在以后办理业务时畅通。

(六)做好惠民补贴"一卡通"系统建设。"一卡通''改革,是贯彻落实科学发展观,全面落实财政惠民政策,构建和完善惩防体系、加强廉政建设,加强和深化财政管理改革的一项重大举措。通过"一卡通"改革,统一、规范财政惠民补贴资金管理,实现资金发放的公开、透明、高效、快捷,切实保障广大人民群众的切身利益。为使"一卡通"业务系统顺利实施,我们于9月中旬在市局中心机房部署完成"一卡通"业务系统,并对各县区、各乡镇网络架构进行规范、统一,保障了"一卡通"业务数据及时传递与安全。12月驻马店市"一卡通"启动会召开后,为做好"一卡通"培训工作,驻马店市财政局积极组织,派出2队业务技术骨干,兵分两路,对驻马店市九县两区及市本级进行培训,驻马店市财政局明确要求在县里培训时,根据县里提供的培训场地，因地制宜，有针对性的进行培训，督促学员必须达到熟练掌握软件操作流程，目前，驻马店市“一卡通”培训工作已结束。

（七）完善综合查询分析系统。综合查询分析系统就是通过多种整合方式，财政主要业务系统的业务数据已经集中到平台中，为了充分发挥数据集中的优势，解决以往数据分散带来的数据统计和追踪上的问题，提供财政宏观预测分析，查询分析的每张表能够按照领导的要求把各种数据以图形和统计的形式展现出来，提供领导参考做出决策。今年为了确保查询分析系统的数据实效性、准确性，保证每张报表的数据和真实数据一致。驻马店市财政局根据各县区和市本级的预算执行系统业务数据实际情况，从平台的集成区传到平台总账表里。再从平台总账表里面提取到查询分析系统中，在这过程中发现有些数据不能成功上传到平台总账表里面，这样就导致预算执行系统和查询分析系统数据不一致，驻马店市财政局根据这些错误，找出原因大部分预算执行系统和平台系统的基础数据不一致。再是报表提取的数据错误，我们针对这些问题，修改报表，重新设定报表参数，提取出正确数据。截止10月底，我市平台中的业务数据比对准确率达80%以上，准确率位居全省各地市综合排名前列，受到省厅表彰。

三、加强网络安全管理，确保网络与信息安全

驻马店市财政信息化建设日渐成熟，财政业务系统建设逐步完善，对网络安全，网络畅通要求标准越来越高。为保障网络安全运行，确保网络畅通，在财政内网上安装部署入侵检测系统和漏洞扫描系统，加强网络安全监管。入侵检测系统通过对主机 IDS 和网络 IDS 信息源的跟踪分析，实时检测各类异常入侵，发现问题及时报警，主动提升安全防护技能。漏洞扫描设备定期对网络中各应用服务器和终端计算机进行数据库漏洞扫描，检查系统是否有漏洞，发现漏洞马上修复。

驻马店市财政局财政专网与互联网实行严格的物理隔离，在机房内部，设置两套路由器和交换机、防火墙设备提供服务，这两套设备分别放置在不同的机柜，之间不允许有任何线路进行互联，保证了财政专网数据库服务器数据在源头上的保密安全工作。在客户端，由办公室牵头，相关部门参加的检查小组，定期对各部门的计算机进行检查，一是查看是否有上外网的计算机与上内网的计算机进行互通互联；二是查看计算机密码设定是否科学；三是查看移动存储介质是否交差使用；四是对计算机的使用进行人员登记。同时对计算机的维修维护问题实行严格审查程序，以免计算机内的数据信息泄露出去。通过科学部署，严格管理，我局形成了良好的上网习惯，没有出现过信息泄露的情况，也没有因设备故障而出现数据无法恢复的现象。

四、加大投入，保障有力

信息化建设是财政改革进程的一项重要工作，局党组高度重视，信息化建设资金得到了一定的保障，日常运行维护资金纳入了财政预算。2010 年为做好驻马店市财政业务支撑平台建设，市本级投入进 200 多万元改善中心机房设备，为全市财政系统安装部署了应用支撑平台所需硬件环境，投入 136 万搭建了应用支撑平台，圆满完成了全市业务平台建设任务。

明年驻马店市财政局将进一步加强信息化建设，完善应用支撑平台建设内容，进一步完善工作机制，加强网络与信息安全保密工作，加强技术培训，打造电子财政，进一步提高管理水平，实现财政工作的全面信息化管理。

（驻马店财政局）

驻马店市公安信息化发展概况

2011 年,全市公安机关在市委市政府和市公安局党委的正确领导下,在省厅业务部门工作指导下,根据驻马店市信息化办公室有关考核指标要求,紧紧围绕市局党委确定的总体目标,深入实施《全国公安机关 2009—2014 年科技强警工作规划》,坚定不移地紧紧围绕科技强警这一主线,把公安科技信息化工作作为推进公安工作现代化,实现跨越式发展的先决条件,以公安"大情报''系统建设为龙头,以"全警信息化应用年"为载体,强化重点科技项目管理,强力推进信息中心建设、金盾工程二期重点项目建设、科技强警示范和城乡技防体系建设,使公安科技信息化建设为公安业务工作提供了强有力的支持,取得了明显成效。现将情况汇报如下:

一、领导重视、加大投入,科技信息化建设进一步加强

2011 年,驻马店市公安局多次召开党委会和专题会,过问、听取科技强警和信息化建设工作情况汇报,党委成员亲自参与、安排、部署科技信息化工作。按照省公安厅要求,成立了以驻马店市公安局党委书记、局长杨俊杰为组长,党委副书记、常务副局长高鹤和其它党委成员为副组长,相关支队、科、处、室主要领导为成员的科技强警与信息化建设领导小组,将科技强警和信息化建设项目落实到各单位。

全市公安机关不断加大科技信息化建设和维护资金的投入,同时把该项费用于每年年底纳入下一年度的财政预算。始终坚持以应用为核心,以需求为导向,坚持服务基层、服务一线、服务实战,进一步强化公安科技信息化工作建设,强力推进金盾工程二期重点项目建设,全面推动科技强警重点工作,为促进全市科技强警和信息化战略的有序推进和协调发展提供了强有力的支撑和保障。公安信息中心信息资源管理职能得到进一步强化,资源整合和信息共享工作力度进一步加大。投入 500 余万元建设完成驻马店公安情报信息综合应用平台,完善了以驻马店市警务信息综合应用平台、人口信息系统、旅店业管理系统、驻马店市公安系统警务车辆 GPS 卫星定位系统、交通管理信息系统等为基础的数字化警务应用体系,提高了基层所队的工作效率。建设完成了驻马店市公安信息网(内部网)和驻马店市公安局警务报道(外部网),更好地宣传公安工作。

全市四级网 100 兆升级全部完成,全市派出所和外驻单位联网接入率动态保持 100%。完成 350 兆集群系统的升级联网工作,特别是警务机制改革后,对手持机、车载台和基地台重新精心分组写频,大大缩短了接处警时间,提高了快速反应和处置突发事件的能力,完成程控交换机升级扩容改造任务。建成和完善了市级运行维护平台，强化了制度落实和运行管理日常化运作。

二、加强培训、完善制度，综合应用水平进一步提高

大力开展以全警信息化应用培训，采取选编典型案例，聘用信息化专家、公司技术人员、先进典型民警等多种形式，对民警骨干、中层领导、县区局领导进行针对性的集中授课，并积极开展“十佳网上作战典型案例”、“十佳网上作战民警”评选活动，认真总结和推广网上技战法和先进典型，强力推进信息化应用工作的全面开展。

建立了合理的培训体系，加大了科技信息化培训工作力度，积极提供和创造学习科学技术的机会和条件，提高了整个公安队伍的科技素质和实战能力，使科技真正成为第一警力。全市举行多次科技信息化业务知识培训，共培训民警200多人次；全市举行民警晋升晋衔培训班2期，培训民警400人次。积极为各有关警种和业务部门提供必要的技术支持，积极配合“清网行动”。已建成的各种应用系统在“清网行动，，中发挥着积极作用，通过旅馆业信息系统、在逃人员信息系统、网上比对信息系统、网吧管理系统、驻马店公安情报信息综合应用平台等系统已破获各类案件100余起，抓获逃犯100余名。通过培训，全市民警使用数字证书查询信息意识明显提高，全市民警科技强警意识和信息化应用水平明显提高。

三、精心组织、周密部署，确保网络和信息系统安全。

（一）公安信息安全工作得到完善。完成“一机两用”系统建设和升级改造工作，建设完成了防火墙、入侵检测和边界接入系统，同时完成了数据灾难备份建设系统。

（二）狠抓安全管理工作机制建设。制定下发《驻马店市公安信息网日常巡检工作制度》、《驻马店市公安信息网网站和应用系统备案登记制度、《2011年度驻马店市公安信息系统安全检查工作方案》，下发了《关于做好迎接公安部保密检查工作的通知》，联合市公安局督察支队对各县公安局、市区各派出所和局直各单位“一机两用”问题进行了暗访督察，加大了“一机两用”知识的宣传力度和违规事件的处置力度，截止目前我市共没有发生一起“一机两用”和信息安全案（事）件。公安信息通信网边界安全进一步加强，完成计算机防病毒系统扩容工作，全市公安网络运行情况整体平稳。实现了对本地所有联网设备、边界接入和应用系统的统一注册管理。

四、城乡技防体系建设工作成效显著

截止目前，市区共投入各类技防建设资金5500万余元。共安装各类技防1703套，其中入侵报警系统628套，报警探测器2328个，视频监控系统588套，摄像机4969个，出入口控制系统419套，电子巡查系统21套，停车场管理系统57套。其中市、区两级财政投资安装的摄像机358个。基本形成了覆盖市区公众聚集场所、交通要道、重点部位和易发案地段的视频监控网络。市区共安装电子警察43套。共在市区沿街门店安装固定报警系统2400余套，在车辆上安装GPS系统600余套。

驻马店市公安局党委把城乡技防体系建设工作纳入科技强警、平安城市建设和落实“三项”工程的重要内容，开展全市城乡技防体系大普查工作，同时将该项工作纳入年底绩效考评工作中，对城乡技防大普查工作开展情况进行通报。以驻马店市社会治安综合治理委员会名义制定下发了《2010年驻马店市技防体系建设实施意见》。在建设过程中，立足实战，科学布局，最大限度覆盖辖区交通要道、治安卡口、复杂场所和易发案区域。目前，全市九县三区城市报警与监控系统建设已投入 2000 余万元，在市政府统一领导下，按照“党政搭台、综治牵头、公安主导、部门联动、群众参与”的模式，本着“谁管辖、谁建设、谁投资、谁管理”的原则，全市在主要路口、要害部位、复杂场所等已安装了 1000 多个摄像头。

驻马店市区通过监控系统派警处理案事件 690 余起，其中交通事故 494 起，打架斗殴案件 104 起，盗窃案件 27 起，民事纠纷 19 起，盘查可疑人员 96 起，救助 38 起。通过监控系统直接破获治安案件 17 起，治安拘留 25 人，治安处罚 11 人，破获刑事案件 14 起，刑事拘留 12 人。

五、科学规划、加强督导，强力推进第二批科技强警的示范单位建设工作

自省厅启动第二批科技强警示范单位建设工作后，驻马店市立即展开第二批科技强警示范单位建设工作。市公安局通过深入调研、科学规划，制定了《驻马店市第二批科技强警示范所队和示范县建设工作意见》，成立了以市公安局常务副局长高鹤为组长的科技强警示范建设领导小组，加强对科技强警示范建设的组织领导。目前，驻马店市第二批一个科技强警示范县（西平县）和 74 各科技强警示范所队基本完成建设任务，科技强警示范县已经顺利通过省公安厅和省科技厅验收。同时要求各县区局要有专门科技管理人员，各基层所队也要有一名科技管理员，并上报市局备案，各项科技建设工作得到进一步的落实，科技管理员已经在科技强警和信息化建设中发挥他们示范带头作用，为贯彻落实省厅和市局的各项科技信息化建设提供切实的人员保障。

六、其他科技管理工作

一是开展科研工作。积极与驻马店市的科研院校联系，争取支持，组织相关技术人员开展项目研发、申报和立项工作；同时力口大科技投入，制定奖励机制，提高广大民警科技创新积极性，促进科技应用和研发能力，驻马店市共有两位基层民警取得国家实用性专利。

二是科技应用、普及和推广情况。制定下发了《驻马店市公安机关“科普活动周”活动实施方案》，在全市范围内举办“建设创新公安机关，推进社会管理创新”为主题的科技普及活动，市县两级分别举办科技成果展，发挥公安网络优势，开展网上宣传活动，充分展示驻马店市公安机关在公安信息化建设和应用、科技强警示范建设和城乡技防体系建设等方面所取得的成就。积极向基层民警宣传科技知识，帮助发现、解决科技建设、应用等方面存在的问题。积极组织开展成果应用和基层技术革新，不断提高全市广大民警的科技素质和科技信息化应用水平。目前，从领导到民警强警意识普遍提高。驻马店市公安局主要领导充分认识到科技强警带来的效益，加大了对科技强警的宣传，使其从思想上树立科技强警意识，并把科技强警建设作为公安工作的永恒主题，坚持向科技要警力、向科技要战斗力、向科技要效率，积极争取财政对科技强警工作的支持和投入，同时在各项经费紧张的情况下，努力改善全市各级各警种各部门的科技装备，使科技装备和成果及时应用于公安实战工作中，使其转化为战斗力。

七、正在开展的工作

驻马店市公安局召开专题党委会，对开展城市技防体系建设进行了专题研究。决定尽快在市区开展城市技防体系建设工作，切实加强市区治安防控能力。市公安局警令部、通信科、治安支队、交警支队和市联通公司有关人员，对市区开展城市技防体系建设工作前端布点情况进行了实地查看，并最终确定了具体安装位置。

主要内容如下:一是在市区十个主要进出城口安装10套高清卡口抓拍系统。该系统能够对所有经过卡口的机动车辆进行24小时监控抓拍和录像,能清楚地识别机动车型号、车牌号和驾驶员面貌特征。可以对抢劫、抢夺嫌疑人员及嫌疑车辆进行实时布控,与车辆被盗抢系统和机动车违法系统联网后,可以及时发现肇事逃逸车、盗抢车、黑名单车、假牌车和套牌车等问题车辆并自动报警,为治安防控、侦查破案和交通管理提供有效支撑。

二是在市区开展城市监控报警系统二期建设工作。根据市内三区实际情况,在市区内再安装413个前端摄像机,增加整个市区的防控密度,实现整个市区治安防控网络无缝对接,对新增的前端摄像机引入智能分析功能和模块,对可疑车辆和行人进行智能分析和跟踪,打造智能化城市监控报警系统。同时在市区京广铁路上下方的高架桥(3个)和地下道(共5个)的不同方向安装2到4个高清枪机,对过往车辆和行人进行24小时监控和录像,对市区治安监控网络实行网格化管理。为市区一期安装的摄像机中的133个前端摄像机增加辅助光源,确保前端摄像机在24小时内始终处于最佳监控状态。

三是改造和增加30套电子警察系统。鉴于目前整个治安防控体系建设的实际需求,本着信息高度共享、一机多用的原则,结合电子产品实际使用年限情况,拟将现有电子警察系统中的21套改造为高清电子警察系统,同时再新建9套高清电子警察系统。系统建成后可有效缓解警力不足问题,扩大非现场执法力度,还可以利用高清电子警察系统的高清晰度、秒录像及卡口功能,及时发现黑名单车、假牌车和套牌车等问题车辆,对行驶在市内的嫌疑车、肇事逃逸车和盗抢车进行布控并自动报警,使该系统同时发挥交通管理和打防犯罪两项功能。

该技防体系建设投资2000余万元,完成后市区前端治安监控探头可以达到1000个;同时通过隔离网闸和边界接入等设备,把整个社会面上重要的监控资源也整合到市区城市监控报警系统中,并联入整个公安专用网络,实现信息高度共享。最终数据同时与公安情报信息综合应用平台对接实时比对。

八、下一步工作打算

(一)开展网上督查系统建设。为进一步加强公安队伍管理,积极探索新形势下强化警务活动的新途径,经过对广州、深圳进行考察学习,在市区新成立的9个派出所、市局交警、高速交警违法处理中心、治安、刑侦和出入境等部门安装督察监控系统,对民警履行职责、在岗在位、警容风纪、内务管理、讯(询)问室的使用、值班接警、窗口单位工作态度及效率等方面进行24小时不间断巡查、督察,通过该系统的建立杜绝我市民警违法违纪情况的发生。

(二)开展警用地理信息综合应用平台建设和应用工作。开展共建共享平台建设。加大情报信息系统建设和应用工作。

(三)按照省厅对相关警种的具体建设要求,开展信息化建设和应用工作。

(四)加快推进城市技防体系项目建设(含城市报警监控系统二期建设、电子警察改造升级为具备卡口功能、卡口建设),6月底前全面完成建设任务并正式投入使用;定期召开视频监控系统警情研判工作联系会议,在实战中探索各种行之有效的技战法。

(五)进一步加大农村技防建设和宣传工作力度,让人民群众都参与和支持技防进农村、入农户。加大视频监控系统在农村的安装和推广力度,力争2011年底农村视频监控系统安装率达到50%,2012年底农村视频监控系统安装率达到100%,

(六)加强对科技强警建设检查督导。

驻马店市检察机关信息化发展概况

驻马店市检察机关信息化工作，坚持贯彻落实全国、全省检察机关信息化工作会议精神和市信息化工作领导小组的有关要求，贯彻执行高检院“统一规划、统一标准、统一设计、统一实施”四个统一的指导思想，以“建用并举、突出应用、强化培训、加强管理”为抓手，全面发挥检察信息化的作用，不断提高工作水平和工作质量，增强保障能力和服务效果，为全市检察工作科学发展提供了有力的技术支持。

一、工作开展情况

（一）领导重视，组织得力，全市检察信息化基础设施建设进一步加强和完善。驻马店市检察院党组多次听取了驻马店市检察院信息网络管理处的工作汇报，对信息化设备的投入给予大力的支持，并要求全市检察机关在争取的政法装备款中优先向侦查诉讼装备和信息化设备倾斜。一是全市检察机关分支网络建设取得成效。2011 年，驻马店市检察院加快了与派驻监管场所联接的分支网络建设，目前，全市六县一区完成了分支网络建设的招标工作及合同的签订，三个县院已经安装调试完毕，能够开展远程视频审讯、远程案件指挥和驻所检察远程视频监督。二是完成了我院驻豫南监狱检察室信息化监控系统建设的工作。在驻狱检察室争创规范化检察室的工作验收中，检察室与监狱的监控联网系统受到了领导的认可和好评。三是驻马店市检察院为检委会议室配置了高标准的全程同步录音录像及网络

（二）强化培训，深入推进检察信息化应用技能培训年活动驻马店市检察院根据省院的培训大纲制定了详细的培训计划，以及考试奖惩措施。培训内容涵盖计算机网络应用，计算机网络安全和办公、办案软件应用，日常办公设备的应用与简单保养维护等等，采取集中授课和网络培训相结合，把培训有关课程的视频放在网上供干警们学习，为全市检察干警购买了省院编写的培训教材，基本达到了人手一册。一是我们发挥信息技术人员的优势，为有疑难问题的干警作辅导，二是发挥当地大专院校的资源优势，邀请有关专家就计算机知识来我院进行授课，提高我市检察干警的信息化知识和技能。

（三）加强对基层院的工作指导。一是根据高检院《检察机关“十二五”（2 011-2 015 年）科技强检发展规划纲要》，结合驻马店市检察信息化工作实际和软硬件运行状况，在充分调查研究、反复征求意见的基础上，制定了驻马店市检察信息化工作“十二五”科技强检发展规划纲要，下发全市各县区院，并要求认真贯彻落实。二是认真开展全市检察机关信息化工作的绩效考核工作。根据省院信息化工作考核标准，结合我市实际，制定了《2 0 1 1 年全市

检察机关信息化工作考核标准》，并定期检查通报，促进全市检察信息化工作平衡健康发展。

（四）加强检察网络信息安全工作，确保计算机网络安全高效运行。我们成立了全市检察机关计算机网络与信息安全领导小组，负责全市检察机关计算机网络与信息安全工作的部署、检查以及有关网络信息安全事件的应对和处置，定期召开信息安全工管理办法》，促进了全市检察机关信息化工作更加科学化、规范化。

二、存在问题和不足之处

一是检察信息化队伍的人员数量和整体水平还不能完全适应形势和任务的需要；二是信息化应用水平有待加强；三是全员计算机网络应用的学习风气不够浓厚，干警的计算机操作水平仍有待提高。

三、今后主要工作任务

一是加快分支网络建设，开展远程视频审讯、远程案件指挥、驻所远程监控系统项目建设，加强对争取高标准地完成试点单位的分支网络建设。二是做好全国检察机关应用软件统一的准备工作。三是继续巩固和完善现有的信息化基础应用工作，搞好专线网站和电子邮件系统的应用，法律法规查询系统的运行维护和升级工作，做好视频会议系统的运行维护，搞好网络设备的运行维护，保障二、三级专线网的稳定运行。四是加强我市检察机关网络信息安全和网络舆情监控工作。五是继续抓好计算机网络应用知识的培训，提高全员的计算机应用水平。

驻马店市中级人民法院信息化发展概况

2011 年,在省法院及市委的正确领导及市政府的大力支持下,驻马店市中级人民法院信息化工作得到了深入开展。现将有关情况汇报如下:

一、目前我市法院系统信息化网络基本状况

省法院系统专网业务属独立网络,全市各级法院均建设有局域网、及法院审判业务管理等系统,省市两级法院的内部网站、专网邮件等、办公自动化等专网系统已经建成并逐渐投入使用,基层法院的相关业务也在筹建中。各系统平台由该专门网络保障运行,除纵向实现省高院、市中院、县(区)法院及派出法庭链接外,未接入其它任何网络,省高院、市中院、县(区)基层法院的三级专网数据传输线路已经全面建成,数据传输交换平台已经启用,省、市、县三级法院专网已已经实现互联互通,审判业务数据已经实现专网共享。三级法院的网络审判管理业务系统也均建成,系统平台运行正常,业务功能已经全部启用:三级专网语音与专网视频会议均已经投入使用,各系统功能运行正常;各基层院与派出法庭的网络建设正在筹划中,确山县法院已经开通至各派出法庭的光路链接。法院系统信息化工作资金,大部分由省院统筹分配至各级法院的政法专款保障。驻马店市两级法院专网管理由中院信息网络管理处统筹协调,运行、维护、保障及管理由各院自行负责,除部分建设由政法专款保障外,其它建设项目资金及维修维护经费由各院自行协调解决,尚无专项资金。驻马店市中级人民法院的安防监控、远程提审、庭审直播及庭审同步录音录像系统均已经建成并投入使用。

二、年度考核指标基本全面完成

一是环境建设全面落实。驻马店市中级人民法院于 2003 年成立了院信息化工作领导小组,并根据院领导变动作了及时调整;信息化工作列入领导班子重要议事日程。在驻马店市中级人民法院信息化系统建设前期,法院重大信息化建设工作及综合办公楼的信息化系统集成过程中,院党组多次研讨、部署信息化工作。成立了信息网络管理处. 负责全市法院信息化工作的指导、管理工作,明确了信息化工作机构工作职责,确立了统一领导、统一规划、统一政策、统一标准管理模式,根据我市法院信息化工作实际情况,借鉴省院及其它先进法院的信息化工作经验,多次开展了信息化发展规划的研究与探讨,并形成了规范性文件。出台了《驻马店市中级人民法院信息网络系统管理暂行规定》、《案件实行计算机录入管理的暂行规定》、《信息网络应用管理暂行办法》、《驻马店市中级人民法院终端设备责任制管理办法》等推进信息化系统应用与管理的相关政策与措施，并得到了较好的落实。信息化培训稳步进行，全院每名同志都能使用计算机进行案件流程网络管理，每年度均对全市法院信息化工作进行绩效考评，督促成效比较显著。

二是电子政务有续展开。基于最高人民法院系统平台的全市法院系统外部宣传网站全面开通，网站拥有率达100%，全市法院内网办公自动化系统的建设与应用正深入推进；案件综合信息网络化管理功能比较完善，两级法院的案件审判流程网络化管理得到了较好地应用；全面开通了省法院至中院至县（区）法院的三级专网数据交换平台，县（区）法院至派出法庭的四级网络数据的联通正在筹建中。

三是网络稳定、信息系统安全。成立了信息化安全领导小组，明确了领导和责任；完善了内外网安全相关软硬件设施；制定了网络运行维护和信息安全管理制度；依据国家和省网络与信息安全有关工作要，多次开展了年度信息安全检查活动，积极配合省院开展的全省法院网络系统与信息安全大检查活动，内外网系统全年无信息安全事件。

四是信息化项目建设管理有序。中院累计投入信息化建设资金五百多万元，每年建设资金均纳入财政预算，已建信息化项均由省院统一进行信息化审查和专家评审、由省院政法专款保障建设。

三、存在的问题

一是两级法院信息化系统的运维保障资金有时不能到位，除了政法专款用于信息化专项建设的项目资金外，没有专门的运行维护资金保障。

二是各单位负责信息化管理工作的专门管理机构设立不到位，专业技术人才较为缺乏。

驻马店市国资委信息化发展概况

2011 年，驻马店市国资委信息化建设工作在市信息化领导小组办公室的关心支持和委属二级机构及委机关各科室的共同努力下，信息化建设取得了一定成绩，现就驻马店市国资委信息化建设工作完成情况汇报如下：

一、领导高度重视，切实把信息化建设工作当成大事来抓

驻马店市国资委高度重视系统信息化建设，切实加强组织领导，建立健全信息化工作机制，积极营造有利于信息化工作发展环境，推进了信息化工作扎实开展。一是成立了驻马店市国资委信息化工作领导小组，由市国资委党委书记王建成担任组长，副主任范家舜任副组长，相关科室负责同志为领导小组成员。下设领导小组办公室，由委办公室主任王保山同志任主任，配备一名专业技术人员，专职负责信息安全管理工作，做到工作经常抓，事情有人办，时刻抓安全。驻马店市国资委党委坚持每季度听取一次信息安全工作汇报，针对存在的问题，分析原因，制定改进措施。同时要求，驻马店市国资委属二级机构成立相应的组织，实行责任制，信息工作有组织、有计划、有条不紊地开展，努力形成统一领导、协调配合、齐抓共管的管理格局。

二、完善制度规定，进一步规范信息化管理工作

制度具有长期性、根本性的特点。做好信息化安全管理工作，必须靠制度来管理，靠机制来运作。在具体实践中，驻马店市国资委逐步建立健全了一系列工作制度。一是安全培训制度。定期组织全体人员学习《计算机信息网络国际互联网安全保护管理办法》、《网络安全管理制度》等制度规定，增强安全意识，提高防范能力。二是网络安全管理制度。重视加强对信息发布和审核管理工作，坚决杜绝私自对计算机信息网络功能进行更改和对信息网络中存储、处理或者传输的数据和应用程序进行删除、修改和增加的行为。三是信息发布审核和登记制度。对需要发布的网络信息，需经机要员定级并进行登记，由委领导签字后方可上传或下达。对不按程序私自发布信息的，将给予组织处理。驻马店市国资委还要求，上机上网人员不得在电子公告系统、网络新闻上发布、谈论和传播国家秘密信息。在使用电子函件进行网上交流时，应严格遵守保密规定。四是病毒和安全检测制度。对接入本单位的计算机及时安装防病毒软件、防黑客件及垃圾邮件消除软件，采取每周一检测的办法，每周六由网络管理员对所有涉网计算机经过软件升级和集中杀毒，对必须使用的外来介质，必须先进行计算机病毒的查、杀处理，然后再使用。五是计算机保密信息制度。计算机信息保密管理，实行控制源头、归口管理、分级负责办法. 归口统一由办公室机要员管理,网络管理员配合机要员给予技术支持。驻马店市国资委规定,凡涉及国家秘密的计算机信息系统,不得直接或间接地与互联网相联接j不得在互联网信息系统中存储、处理和传递。六是责任追究制度。坚持“谁上网、谁负责”的原则,要求凡是秘密等级以上的文件,不得在网上发布,需计算机处理的密件须由专人在专室、专用单机上进行等。领导小组不定期地对计算机上网记录进行抽查,发现问题,除对当事人进行处理外,还要追究科室负责人的责任。行之有效的制度规定较好地规范了驻马店市国资委信息化管理工作,驻马店市国资委成立以来,没有出现一例失泄密事件,信息化建设工作取得了明显成效。

三、采取多项措施、重视教育和日常信息安全管控

信息技术日新月异,计算机技术手段更新换代非常频繁,必须紧跟时代步伐,才能与时代同步发展。一是驻马店市国资委结合实际在加强信息化安全教育上狠下功夫,认真搞好集中教育。利用重大集会、重大活动时机适时宣传信息安全的重要性和紧迫性,集中学习计算机信息管理有关制度规定,掌握基本的计算机操作管理技术。引导全体人员时刻绷紧信息安全弦,增强信息安全意识,防范于未然。二是加强了对办公室使用的计算机、笔记本电脑、移动硬盘、光盘、U盘等存储介质的登记和管理,建立详细准确的计算机台帐。对用于处理涉密资料的计算机安装防火墙和防病毒查杀软件,按规定设置BIOS、系统登录和屏幕保护三级密码。三是按照国家秘密载体保密管理规定,驻马店市国资委在规范网络信息安全管理的同时,重视加强了对纸质文件的管理,严格控制密级文件的传递范围,实行封闭式管理。四是按照《行政机关公文处理办法》,重视加强了对公文起草、打印、校对各个环节的保密工作,规范打印机、传真机的日常管理,从工作流程上杜绝约制文件泄密的发生。五是实施全方位信息管理,对计算机维修原则上由信息化领导小组组长同意,统一进行检查维修,确需外送维修的,在送修前清除计算机上存储的资料。对打字室处理公文的计算机进行断网处理,防止秘密信息向外泄露。六是信息中心加强对信息采集的定秘工作,严格控制涉密信息发送范围,坚持上传信息专网报送制度。

四、不断增加投入,努力适应信息化保障需要

驻马店市国资委监管工作部门和其他政府部门一样,随着计算机技术的普及,政府办公信息化程度不断提高,信息化基础建设必须紧跟时代。尽管办公经费紧张,我委仍挤出部分资金来进行更新换代,及时淘汰落后的机器和设备,先后为机关等科室配备了新计算机和办公设备。为相关科室配备了U盘、扫描仪、传真机及数码相机等设备,基本上满足了各部分和各单位的办公需要。2006年投资了3万多元安装了驻马店市政府电子政务网,实现了政府电子文随时收发。2008年,驻马店市政府建立政府管网后,驻马店市国资委按要求及时发布信息,并及时回复网民提出的问题,实现政务公开,和谐沟通。2009年驻马店市国资委在争创省级文明单位过程中新购置电脑8台。又一次更新了办公自动化设备。为进一步加强国有资产管理,实现网上办公,快捷服务企业打下良好基础。2010和2011年又添置监控电子系统一套、档案除湿、除磁器多台,达15万余元。

五、信息化建设与信息安全管理存在的主要问题

1、现有网络与信息系统的防护水平还不够高;2、信息化建设配套设施相对滞后;3、网上有害信息传播、病毒入侵和网络攻击容易发生。4、上机上网人员能力素质参差不齐,网络管理人员素质和技术亟待提高等。

六、下步工作打算

主要抓好以下三个方面：

一是强化责任，进一步加强对信息化建设工作的组织领导。持之以恒地把信息化建设和信息安全管理工作摆上党委重要议程日程，坚持常议常抓，抓出成效。注重狠抓信息安全责任制的落实，坚持原则一级抓一级，一级对一级负责，坚持经常性地监督检查，确保组织领导经常化、制度化。

二是加强教育，不断增强全体机关人员的信息安全防范意识和电子政务系统应用水平。采取多种形式加强对所属人员的信息宣传教育，树立信息工作经常抓，反复抓的观念，确保在思想上不松懈，行动上更自觉。采取请进来，走出去办法，加强对网管技术人员的业务培训，进一步提高管理人员技术水平和维护保障能力。

三是继续加大投入，努力实现"三网一库"建设目标。驻马店市国资委监管信息化建设步伐相对滞后，随着办公条件的进一步改善，驻马店市国资委将继续加大资金投入，并将在驻马店市委、市政府的统一领导下，结合全市国有资产管理的实际，按照驻马店市政府信息化建设发展规划，努力实现以"内网、外网、专网和信息资料库"为主要内容的"三网一库"建设目标任务，努力促进国资监管工作再上新台阶。

驻马店市工商局信息化发展概况

2011年以来，驻马店市工商局信息化工作围绕市信息办和省局信息中心的统一部署，在省局相关部门的有力指导下，把加强信息化建设作为提高工商行政管理水平的重要战略措施，以提高信息化应用水平为核心，以扎实开展数据质量核查为重点，采取有力措施，精心组织协调，创新工作方法，全力以赴，高标准、快节奏加快信息化建设步伐，较好地完成了各项任务，综合业务平台各模块运行稳定，移动办公与执法系统稳步推进，内资企业网上年检、数据质量核查及网络培训工作取得了明显成效。现将有关情况汇报如下。

一、信息化工作情况

（一）抓机构，做好组织保障。自2009年信息化试点工作开展以来，12315申诉举报、广告监测、行政效能电子监察系统等大量软件陆续上线使用，在应用过程中还要集中开展数据质量核查工作，信息化建设工作任务相当繁重。为此，驻马店市工商局党组高度重视信息化建设工作，坚持把该项工作摆上重要议事日程，及时调整信息化工作领导小组，一把手亲自抓，主管领导具体负责，各县（分）局成立了相应的机构，从组织领导、资金支持、信息化队伍建设上提供保障，夯实了基础，保障了各类应用的顺利推广。

（二）抓培训，提高队伍素质。培训是信息化建设工作的重要环节。驻马店市工商局对培训工作高度重视，制定切实可行的培训计划，组建了40个座席的电子教室，从师资和场地上予以保障，为集中培训创造良好的环境。据统计，驻马店市工商局先后举办了20期不同层次、不同业务的培训，市局相关科室及经济支队、各县（分）局网络管理员、信息员、注册登记、执法办案人员共300余人（次）参加了培训，建设了一支市局、县（分）局、工商所三级信息化应用人才队伍，为信息化建设提供有力的人才支持。为解决集中培训过程中存在的效率问题，2011年，驻马店市工商局又探索通过网络进行培训的新方式。全市工商系统通过网络教学平台举办各类培训班50期，培养信息化应用及其他各类人才3000人次，为工商事业发展提供有力的人才支持。同时，我们还独立组织编纂了《基层信息化骨干培训指南》一书，该书本着注重实用的原则，以工商行政管理业务的信息化应用为重点，采用图文并茂的形式，对工商行政管理信息化建设中相关知识进行系统普及和讲解，为信息化的发展起到了积极的促进作用。

（三）抓服务，确保主要应用，特别是新应用的广泛深入推广。1. 努力做好2010年度内资企业网上年检工作。

2、按照省局的有关要求，从3月1日起在全市范围内全面推行内资企业网上年检工作。

截至2011年6月30日，全市实际参检内资企业12449户，网上年检率100%。为做好此项工作，我局从三个方面确保该项工作的顺利开展。一是注重宣传发动，营造内资企业网上年检的良好氛围。市局组织召开全市工商系统内资企业网上年检工作会议，对具体工作进行部署。利用多种方式广泛宣传网上年检工作，并利用网络平台详细介绍网上年检流程及操作方法，引导企业积极开展网上申报。二是强化教育培训，确保网上年检质量。该局先后组织注册机构全体人员及内资企业相关人员参加网上年检培训，并解答大家提出问题，确保网上年检数据录入的准确性和完整性。三是增加硬件设备，方便企业进行网上年检申报。为了方便企业开展网上年检工作，全市各级工商机关均在各自行政服务大厅窗口增设电脑及打印机，帮助企业进行网上年检。

3. 做好政务公开工作。一是依托自身技术力量，按照《政府信息公开条例》的规定，制定《驻马店市工商局政府信息公开门户网站建设方案》，对原市局门户网站进行了升级改版，网站开辟政务公开、组织机构、工商动态、政策法规、业务办理、咨询服务、消费警示、办事指南、专题活动、工商文化等10个专栏性工作平台，十个专题栏目项下又分支为机构职能、领导信息、局长信箱、纪检信箱、监督检查、审批事项等70个子栏目。将工商部门的行政职能、机构设置、办事程序、法律法规、举报投诉等事项全面对外公开。实行网上公开、网上投诉、网上受理、网上发布、网上宣传，将工商工作各种信息公诸于众。为及时了解消费者对工商工作的意见、建议，及时化解消费纠纷，使市局政务公开门户网站真正发挥真实公正、有利监督的作用，驻马店市工商局积极拓宽局领导与消费者沟通渠道，创新开辟《市工商局政务信息公开门户网站局长信箱群众来信督办专报》，直接将群众网站留言呈报一把手审阅处理，并及时转交相关业务部门具体办理，有效维护了消费者合法权益，起到了较强的监督作用。截至目前，市局共通过外网发布各种政务公开信息957条，发布消费警示47条，网上回复群众来信40件，《市工商局政务信息公开门户网站局长信箱群众来信督办专报》处理群众来信25件，发布各类动态新闻393条、发布各类公告320条。二是开通手机短信公开平台。与移动公司合作创建工商业务手机短信公开系统，通过手机短信公开平台向企业、市民群发消费维权、打击传销、企业年检提醒等各种工商工作短信一万余条，让群众足不出户就可以了解工商部门的工作动态，享受到工商部门快速高效的公开服务。三是建立建成行政效能电子监察系统。2008年以来，市局投入资金100余万元建成行政效能电子监察系统，对全市工商系统13个注册大厅、127个中心工商所实施实时监控。电子监察系统安装运行以后，全系统工作作风明显改善，行政审批效率大幅提高，提前办结率由71.12%上升到98.74%，受到了办事群众和社会各界的广泛关注和充分好评。

(四)抓保障，维护各类业务系统的稳定运行。2011年以来，全市工商系统的硬件建设取得了质的飞跃，网络基础设施运行稳定，为综合业务系统各类模块的应用奠定了坚实的基础。为确保各软件系统正常运行，发挥效用：一是进一步强化网络维护和管理。切实加强病毒检测、入侵检测、漏洞扫描、系统备份等网络安全防范措施，二是搞好运行维护。做好现已上线运行的各类软件的运行维护工作，确保各类软件应用的正常运行。对各单位在日常工作中遇到问题及时予以解决。对存在的共性问题要总结经验，协调解决，并做好预防、告知，避免再次发生。三是做好技术指导。定期不定期对各县(分)局网络设备使用情况、软件应用情况和信息化培训情况进行检查，及时发现各单位在日常工作中遇到的实际问题，并采取措施协调解决。对检查中发现的好的经验、做法在全系统予以宣传推广，为提高全系统信息化应用水平奠定了基础。

（五）抓核查，确保数据质量。为切实做好2011年数据质量核查工作，落实省局《河南省工商局2011年数据质量检查实施方案》的有关要求，驻马店市工商局以“五加二”、“白加黑’’的工作方式，采取四项措施，确保数据质量核查工作取得实效。一是多部门联动，形成合力。数据质量建设是一项系统工程，仅仅依靠某个部门是无法很好地完成的，而需要相关各个部门的积极配合和协作。为此，市局召开了数据质量核查工作会议，就数据质量核查工作进行了安排部署’要求各相关单位和部门积极协作，形成合力，确保全市工商系统数据质量建设工作处于全省第一方阵。二是加强沟通和联系，实现信息共享。目前数据核查工作进展迅速，数据质量检查标准多且复杂，标准变动频繁。为及时将各种动态信息反馈给各县（分）局及相关部门和人员，市局创建了“驻马店工商局数据核查’’QQ群。该群主要用于全市数据质量核查相关人员之间的交流、联系及各类工作动态的信息发布等’QQ群的应用有效地发挥了即时通讯工具方便、快捷的优势，能在第一时间将数据质量核查的工作动态及时通告给大家，大大提高了工作效率。三是总结归纳常见错误，举一反三，提高数据质量。数据质量的核查标准基本稳定后，出现的常见问题也比较固定，为从源头提高数据质量，市局将全市范围内经常出现的各类问题及注意事项进行总结、归纳，并下发给各县（分）局及相关部门，要求其在日常工作中认真检查，仔细核对，从源头上解决数据质量问题。四是积极开展数据质量核查申诉系统及新版运行维护平台培训工作。8月1日全省工商系统数据质量申诉系统正式运行，为使系统人员及时掌握数据质量核查申诉系统及新版运行维护平台操作方法，7月28日上午，市局举办了由各县（分）局系统管理员及市局相关业务科室信息化直接责任人或业务骨干共30余人参加的培训班，进行相关系统的业务培训。新系统的正式上线应用从制度上确保了数据质量核查工作的顺利开展。

截至2011年12月31日，驻马店市工商局在市场主体年检情况、市场主体冗余情况等10项考核指标中均位居全省前列。在省局下发的2011年全年数据质量检查工作通报中，驻马店市工商局获得了全省工商系统第二名的好成绩。

二、存在的问题

（一）基层基础建设水平较差，不能有效适应新形势的发展要求。目前，各基层所电脑数量不足，各种现代办公设备较少，无法适应新形势下信息化建设的需要。部分偏远的工商所在用电高峰到来时，连基本的用电需求也无法满足，这在一定程度上制约了信息化建设的步伐。

（二）信息化人才队伍培养水平较低，专业技术人员严重短缺。目前全市工商系统的信息化建设速度较快，各类应用不断推出，急需大量专业人员负责系统的应用、运行维护等，以保证各类系统的正常、稳定运行，但目前系统中该类人员较少，仅有的一些专业人员在负责信息化建设工作的同时，还要抽出较多的精力承担其他大量繁重的工作，这在一定程度上影响了信息化建设的水平和质量。

（三）信息化建设资金投入不足。由于以往信息化建设资金投入不足，导致部分单位，尤其是基层工商所信息化建设水平较低。虽然近几年信息化建设的各项资金投入较以往有了大幅提高，但与实际需要还有较大差距，无法适应新时期工商职能转变的需要。

（四）移动办公与执法系统建设相对滞后。按照“向科技要能力，向装备要水平，向管理要效率”的原则，市局扎实推进现代工商建设，并探索通过 3G 移动平台推动移动办公与执法系统建设，但建设的水平相对落后，应用范围相对有限。

驻马店市国家税务局信息化发展概况

2011年以来，驻马店市国税局紧紧围绕省国税局、市政府确定的工作思路，按照信息化建设工作总体要求，重点做好"金税三期"广域网改造项目，合理配置信息资源、加强数据分析应用、着力加强信息安全体系建设、强化数据质量和系统运维，进一步推动了税收信息化建设工作稳定、有序、高效发展，不断助推天中崛起。

一、夯实信息建设基础，为提高信息运用水平打下基础

（一）领导重视，为信息化工作提供强力保障。驻马店市国家税务局党组高度重视信息化建设工作，始终把信息化建设作为促进税收中心工作的重要力量，作为推动整体工作上台阶、上水平的重要基础。为了切实加强对信息化工作的组织领导，驻马店市国家税务局成立了由市局党组书记、局长李长林任组长，其他党组成员任副组长，相关科室负责人为成员的信息化工作领导小组，负责全系统信息化工作的规划、实施、指导、协调和监督。并根据工作需要，成立了专门的信息化工作机构，负责具体工作的实施指导，形成了"统一领导、统一规划、统一制度、统一标准"的管理运行模式，为信息化工作的顺利开展提供了强有力的组织保证。

（二）完善制度，推进信息化工作的规范化。为进一步规范信息化管理工作，驻马店市国家税务局对总局、省局、市政府下发的有关信息安全政策、法规、规章制度进行整理汇编，并根据工作实际，制定了《信息化应用管理办法》、《网络管理办法》、《数据管理办法》、《计算机机房管理办法》等制度，对市局、县局、税务分局的信息化建设有了明确的规定，涵盖了软件管理、硬件管理、网络管理等信息化管理的主要工作，规范了各项工作流程。

（三）加强培训，提高信息技术队伍素质。驻马店市国家税务局认真组织人员参加省局、市政府组织的各种师资培训，并做好我市技术人员的培训工作；在全局范围内组织开展学习活动，结合税收工作特点，贴近税收工作实际，突出学习的实效性，使全体人员深入了解信息化工作内容，进一步规范操作程序，为做好信息化工作打下了良好的基础，保证了各项制度落到实处。

（四）加大投入，基础设施建设发展迅速。近年来，驻马店市国家税务局克服经费紧张的困难，不断加大投入，加强信息化基础设施建设。目前，驻马店市国家税务局系统在用的各类计算机有1237台，打印机837台，网络线路66条，运行的各类软件系统37套，网站2个。驻马店市国家税务局在充分发挥现有计算机设备资源效能的基础上，对超期设备进行报废处理，适当分批购买计算机设备，加强计算机整合与优化，充分发挥资源潜能。今年7月份在驿城局扩建大厅的过程中，市局投资20多万元为驿城局购买了14台计算机，20台打印机，2套10KVA UPS，一台扫描仪，对设备的采购不仅做到了精挑细选，而且做到迅速到位、及时调试安装，保障了扩建大厅的顺利完成;10月份根据驻马店市国家税务局机关计算机老化的情况，购置了38台计算机,20台网络打印机,做到每个办公室一台网络打印机,既节约了设备采购成本又便于日后的设备维护;根据计算机类设备管理办法,“12366纳税服务网”开通了“驻马店市国税局纳税服务网”,设置了“税收政策咨询、涉税投诉、政务公开、网上办税、征纳互动”等版块内容,搭建了税务机关与纳税人沟通交流的平台,丰富了纳税服务的手段,赢得了广大纳税人的好评。

(三)加强业务系统建设,提高信息工作水平。一是以运维建设为基础,提高运维工作的质量和效率。驻马店市国家税务局通过明确职责,进一步简化和规范运维流程,完善“集中加分布”的业务和技术运维体系,充分发挥网络协同办公技术的作用,增强系统运维的便捷性;建立了各应用系统的运维分析制度,及时发现和解决问题;加强对运维工作的考核监督,对运维中存在的问题,强化监督,做好落实,充分发挥上下联系的纽带作用,使问题及时得到解决;鼓励县(区)局技术人员走上征管第一线,掌握第一手资料,充分调动运维人员的工作积极性,使省、市、县三级联动的运维机制有效运行。截止目前,共解决运维问题194条,使各应用系统得到很好运行,系统运维质量有了很大提高。二是强化数据质量管理,数据质量有了明显提高。为进一步提升信息系统应用水平,保障数据分析工作有效开展,我们完善数据管理与维护机制,通过应用新的数据质量管理模块,做到了数据质量的规范操作、动态监控、及时核实、全面反馈、监督考核,从源头控制数据质量,已发数据质量报告三期,共发现数据质量问题231项,差错率低于全省平均值,使数据质量工作有序开展。

(四)利用信息化手段,提高为纳税人服务的质量和效率。一是积极推进财税银库横向联网工作。财税库银横向联网电子缴税系统暨网上申报纳税一体化工作,是国税部门利用信息化提升服务水平的重要举措。驻马店市国家税务局按照省局的统一部署,积极推行财税库银横向联网电子缴税系统,成功实现了网上申报纳税一体化工作的全市覆盖,纳税人可以足不出户缴纳税款;二是积极推广普通发票网上开具系统。为强化普通发票管理、提升纳税服务水平,国税部门在全市推行了普通发票网上开具系统。三是完善纳税服务流动车制度。我们把信息化和纳税服务有机结合起来,在全国首创推行“纳税服务流动车”制度,深入偏远山区和广大农村现场为纳税人办理税务咨询、销售发票等涉税事宜,有效解决因地域、人力、交通等种种原因给纳税人带来的办税难题,被社会各界和纳税人誉为“流动的办税厅”,成为驻马店市国税系统一道亮丽的风景线。

三、强化网络信息安全,确保网络设施正常运行

(一)加强安全组织领导。驻马店市国家税务局成立了计算机安全管理领导小组,由市局党组书记、局长李长林担任组长,负责全市网络与信息安全管理工作。并设定相应的安全岗位,实行“AB角”制度,岗责到人,分工协作,与工作人员签定保密承诺书。驻马店市国家税务局按照总局、省局要求,每年在全系统范围内进行了信息安全检查,修改完善了相应的安全管理制度和文件。

(二)加强核心部位管理。驻马店市国家税务局对主要的硬件、软件、信息资产进行登记,根据岗责确定权责;按照信息分类的原则,对需要加强保护或特别重要的资产,确定相应的保护级别和期限,并根据保密局的要求,对计算机设备的密级进行了统一标识;对于关键设备和服务采购严格按照政府采购程序执行。驻马店市国家税务局将关键和敏感的业务信息处理设施放置在中心机房内,除值班人员外,未经领导审批,任何人员不得进入中心机房。驻马店市国家税务局在中心机房安装了恒温恒湿空调(另外备有海尔柜式空调)、防盗装置、避雷设施、双回路供电、消防系统、漏水报警系统、双层玻璃等,坚持机房24小时值班,定期巡查;认真做好设备安全检查,定期对防雷、消防、空调等实施进行全面检查,安装了自动灭火装置等,对需要更换设备及时更换。

(三)加强网络安全管理。在网络管理方面。驻马店市国家税务局认真落实各项网络管理制度,确保网络畅通、信息系统安全稳定运行:一是加强安全组织建设,适时调整了信息化领导小组;二是继续推进国税系统网络与信息安全防护体系建设,抓好网络的运行监控和安全管理,确保网络系统运行的安全可靠。三是加强对计算机病毒的监控管理,及时升级病毒软件和操作系统补丁程序,切实把病毒的危害降到最低程度。四是严格内外网物理隔离制度,杜绝利用3G设备在工作用机。五是积极做好全市的网络与信息系统的安全检查工作。六是做好等级保护备案。我局根据业务工作的特点,及时与上级主管部门和市公安部门进行沟通,确定我局使用的税收征管软件和综合办公系统为2级,并向驻马店市公安局进行了等级保护定级备案。

四、精心组织,顺利完成金税三期网络改造工作。

今年七月份,金税三期网络改造工程正式启动,驻马店市金税三期网络改造工作在省局的指导和市局党组的关心支持下,经过三个月的紧张工6作于9月底顺利完成。改造过程中,全市信息中心积极准备,统筹规划,依次完成了成立领导小组、制定网络方案、线路申请、线路铺设及测试、县区局技术人员现场培训、机柜更换和新设备上架、网络迁移调试、业务测试、新旧线路迁移等工作,确保网络改造项目的顺利完成。本次网络改造更新了网络核心设备,提升了网络带宽,优化了网络结构,共完成县区局线路26条,税务分局线路38条,组网方式由帧中继线路改为MSTP线路,市局到各县区局、办税厅(车购税大厅)、市稽查局、省局驻马店培训中心线路带宽从2兆提升到10兆,实现了联通、移动两条光纤线路主备同时运行,市局到各税务分局(所)带宽为2M。目前,金税三期网络运行稳定,基层单位普遍反映网络速度有明显提升,业务办理更加顺畅。

五、突出国税工作特点,强化信息化项目建设管理

驻马店市国家税务局信息化建设资金属于非地方财政投资,由国家税务总局统一下拨信息化资金,实行预算管理,专款专用,主要用于金税工程网络与信息化维护费用,由于信息化建设的迅速发展,信息化的投入不断加大,信息化建设资金尚显不足。项目建设方面,今年除日常工作外,我局信息化项目管理为金税三期广域网改造,目前这项工作已经完成。

六、存在的问题及整改措施

总结驻马店市国家税务局的信息化建设工作,虽然取得了一些成绩,但工作中仍然存在一些问题:部分人员安全意识不足、存在不良的用机习惯,移动存储介质管理存在隐患等。针对这些薄弱环节,我们制定了具体措施在今后的工作中予以改进:一是加强教育,强化安全意识。在系统内大力开展安全教育活动,提高信息系统安全重要性的认识,加强防护意识,提高防护能力,自觉遵守各项安全制度。二是悉心指导,改变不良习惯。在加强安全教育的同时,通过制度的约束和引导,使同志们逐步养成良好的用机习惯,消除安全隐患。三是消除隐患,降低安全风险。针对移动存储介质管理隐患较大的问题,通过加强安全宣传和教育、制定管理办法,设置移动存储介质登记台帐,进一步规范管理;强化技术手段,采用U盘管理系统加强移动存储介质的管理,尽可能降低移动存储介质带来的安全风险。

随着税收工作要求的不断提高,管理手段的逐步现代化,驻马店市国家税务局信息化工作将面临更多的新课题,新挑战,驻马店市国家税务局将在市信息化工作领导小组和市工信局的指导下,进一步加大工作力度,规范管理,加强监管,深化应用,不断提高税收信息化工作水平,为天中发展作出更大贡献。

驻马店市地方税务局信息化发展概况

2011年是“十二五,,开局之年,更是河南省地方税务局成功运行新征管系统实现省级数据大集中的一年。一年来,驻马店市地方税务局在省局和市委、市政府的正确领导和大力支持下,按照“管理科学、作风优良、技术过硬、保障有力”的要求,积极推进信息化建设工作,较好地完成了各项工作任务。现总结如下:

一、高度重视,贯彻信息管税理念

驻马店市地方税务局成立了由局党组成员挂帅、电子税务管理中心为骨干的信息化建设领导小组,安排部署信息化建设各项重点工作,积极协调资金和技术力量为新征管系统上线运行以及各项信息化建设重点工作搞好服务。

二、科学规划,精心施工,高标准完成网络升级改造等基础性工作。

根据省局的总体规划,2011年全省将推广新整合的业务管理系统,并实现省级数据大集中。为确保省级大集中项目的顺利上线,省局对网络和安全系统的建设提出了明确的升级和建设要求,时间紧,任务重。为此,驻马店市地方税务局结合实际,认真研究,制订了驻马店市的网络升级改造方案,并积极与市财政进行协调,做好经费安排及设备的招标采购工作,加班加点精心组织施工,于2011年3月29日,按照省局确定的进度要求,顺利完成了全市网络升级改造工作。“省、市、县”三级骨干网络由单核心网络升级为双核心、双线热备网络体系结构,按照省局IP地址规划,全市已全部平稳切换至147段地址,驻马店市地方税务局核心网络实现了业务分流,新增的2条30M线路用于省级集中业务系统,原来的10M线路用于WEB.OA等办公业务。截止目前,全市的网络运行良好,为全市推广运行新业务系统奠定了坚实的基础。

三、加强网络基础设施建设和运行维护工作,确保网络不断,系统不停,数据不丢。

1、根据网络升级改造的需求,调整驻马店市地方税务局中心机房的电源和接地系统,确保整个中心机房的电力安全;2、做好省市县三级广域联网线路的运维工作,将线路由单条线路升级为双路热备网络结构,目前全市共租用广域网络线路112条,同时积极加强与县(区)局和线路运营商的沟通协调,简化运维流程,提高了运维效率,确保了全系统广域网络线路的安全正常运转;3、加强对基层网络设施的检查及时处理各类问题,针对各县(区)局网络中心机房等重点设施,我局定期不定期对9县2区2局进行了巡检。

四、认真做好新、旧业务系统的日常管理及业务运维工作,确保信息系统顺利交接。

随着新税收业务管理信息系统的全面实施,信息系统运维工作面临着前所未有的压力。驻马店市地方税务局密切关注各个业务系统的运行动态,对系统出现的各种问题积极做出应急处置,加班加点工作,确保各个系统平稳安全运转。一是切实加强对 TOPTAIS 老征管系统的日常管理和维护,对各县(区)局的问题及时进行处理,确保了新老系统正常业务的开展;二是及时调整 OA 办公自动化系统,确保了全系统网上办公的正常运转。三是继续做好货物运输业发票管理信息系统、发票管理系统、个人所得税管理信息系统的运行维护和两税信息比对、土地使用税清查等工作。四是做好新征管系统的技术及业务运维工作。新征管系统上线后,遇到的问题比较多,对基层提交的技术和数据方面的问题,能解决的该局及时解决,不能解决的,及时提交省局进行处理,确保驻马店市地方税务局新征管系统的平稳运行。

五、圆满完成 pos 机刷卡和财税库银横向联网工作

为进一步提高纳税服务水平,简化工作程序,方便纳税人,驻马店市地方税务局积极推进 POS 机刷卡缴税,受到纳税人好评。对于财税库银横向联网工作,我局成立了成立了由一把手为组长,各分管局长为副组长,相关业务科室为成员的财税库银横向联网工作领导小组。对外做好宣传,内部搞好培训。至目前,驻马店市正常纳税的企事业户共签订三方协议签约率、采用实时扣款和 POS 机刷卡等方式电子缴库率、正常纳税的个体工商户共签订三方协议签约率采用批量扣款和 POS 机刷卡等方式电子缴库率均超过 80%。

六、继续做好 12366 纳税服务热线建设

今年 10 月份驻马店市地方税务局根据省局统一部署, 对现有 12366 服务平台进行升级,增加了知识库,同时更换了新型 123661P 话机,为纳税人提供更加便捷的政策咨询、发票真伪查询等服务。

七、认真加强驻马店市地方税务局视频会议系统管理工作

认真做好视频会议和 IP 电话的技术支持工作。在做好省到市视频会议系统和 IP 电话系统的运维优化工作的同时,全面核查相关设备运行情况,及时优化改进视频会议系统,保证视频会议和 IP 电话的通讯质量。

八、顺利完成信息安全保障体系(一期)的建设工作,做好网络信息安全管理及培训工作

新征管系统顺利上线以后,安全工作尤为重要,按照省局的统一规划,认真组织实施信息安全保障体系一期安全工程。顺利完成了防火墙、漏洞扫描和入侵检测等安全产品安装调试,并部署了详细的安全策略,构筑了严密的安全防护体系。同时,为配合安全工程一期工程的顺利实施,认真做好信息安全工作的教育培训,增强信息安全意识,做到“人防、制防、技防和物防’’相结全,多管齐下,确保全市系统信息安全。

此外,驻马店市地方税务局积极做好门户网站的更新工作,全面应用了 OA 办公自动化系统。总的来说,2011 年驻马店市地方税务局信息化建设工作取得了一定的成绩,明年驻马店市地方税务局将再接再厉、再立新功!

驻马店市教育局教育信息化发展概况

2011年,驻马店市教育局在市委、市政府的正确领导下,以邓小平理论和"三个代表"重要思想为指导,认真贯彻落实国家和省、市关于推进教育信息化工作精神,以提高信息化效益为目标,以加强教育信息化建设和信息技术应用为重点,全面提升教育信息化工作水平,为推进素质教育和义务教育均衡发展服务,全市教育信息化工作保持了良好的发展势头,在全省教育系统处于领先水平。

一、领导重视,建立健全规章制度

驻马店市教育局成立了以局党委书记、局长李华为组长,副局长魏继河同志为副组长,办公室、人事科、信息中心等有关科室负责同志为成员的教育信息化工作领导小组,负责全市教育信息化领导工作。领导小组下设办公室,办公室设在驻马店市教育信息资料中心,李明合同志兼任办公室主任。具体统筹协调和管理全市教育信息化建设,组织制定教育信息化建设和发展总体规划,组织协调本市重大教育信息工程项目建设,组织教育信息化专家研究、起草、制订我市教育信息化的实施计划、技术方案、管理办法等。

二、教育信息化基础设施建设情况

驻马店市教育局按照教育信息化建设的总体部署和具体要求,进一步力口大了信息化建设的投入力度。一是对原有的网络体系和设施进行了重新布局和配置,对一些旧的信息技术设备进行了升级和改造;二是新建了计算机教室、多媒体教室和电子白板教室,增设了校园网络服务器和网络设备,部分学校还为教师购置了办公用机和笔记本电脑等。据不完全统计,2011年以来,全市共为教师配备电脑近10000台,装备多媒体教1500套,累计投资超过1500万元;三是构建了学校校园网络平台,开通了学校网站200个。安装了校园办公系统,建立了学校信息和教学资源库等。2011年全市共新建校园网130个并通过光纤接入教育城域网。全市中小学信息化基础设施条件有了很大改善。

三、电子政务与网站建设运行情况

2007年3月驻马店市教育局门户网站(驻马店教育网 http://www.zmdedu.net)建成,开设栏目有:教育动态、政策法规、通知公告、招生考试、学校网站等栏目。截止目前,全市11个县区教体局都建立了自己的网站,全市有340多所学校建立了学校网站,计划年底以前所有县城以上中小学都建立学校的门户网站。

2009年6月全市电子公文传送系统投入运行,实现了公文的网络流转、上传下发、电子归档等,基本实现了日常工作管理的网络化和办公自动化。

2009年10月各县区教体局视频会议系统开通。

四、教育信息化各项活动开展情况

1、为切实加强教育网站建设,促进教育信息资源共享,使学校网站真正建成为学生、教师、家长以及社会各界服务的窗口,成为充分展示学校风采的平台。2011年开展了驻马店市优秀教育网站评比活动,市教育局对评选出的汝南县教体局等44个单位和先进个人给予表彰。

2、2011年4月开展了全市第二"联通杯"中小学生网络作文大赛,这次大赛得到了广大师生的积极响应,大赛共收到参赛作品11400件。经过大赛组委会的精心组织和认真评选,共评选出获奖作品700件。驻马店市教育局将获奖的优秀作文印制成书,赠送给学校及作者。

3、2011年暑假举办的第三届中小学教师课件大赛,本次大赛全市共有3010个课件参加了评比,共评选出350个优秀作品。

4、博客大赛。

五、网络与信息安全管理情况

1、完善规章制度。为加强驻马店市教育城域网管理,提高网络服务质量,更好的为驻马店市教育、教学和管理提供高质量的网络传输服务,根据《中华人民共和国计算机信息系统安全保护条例》、《中华人民共和国计算机网络国际联网安全保护管理办法》、《教育部教育网站和网校暂行管理办法》及国家有关法规,结合驻马店市教育城域网运行实际,驻马店市教育局分别制订了《驻马店市教育城域网网络运行管理规茫》、《驻马店市教育城域网中心机房管理规范》、《驻马店市教育城域网设备管理规范》、《驻马店市教育城域网设备维护、维修规范》、《驻马店市教育城域网门户网站管理规定》、《驻马店市教育城域网信息管理办法》、《驻马店市教育城域网安全管理制度》等七项规范、规定、制度和办法。

2、安装杀毒软件。为保证网络安全,驻马店市教育网络中心专门配备了华为千兆防火墙,并和瑞星公司联合定制了驻马店市教育城域网专用杀毒软件,病毒库达到每日两次更新,加强了在防篡改、防病毒、防攻击、防瘫痪、防泄密等方面的有效性。

六、安全防范措施落实情况

1、驻马店市教育局政务信息公开系统使用的是驻马店市政府集中式信息公开平台(http://xxgk.zhumadian.gov.Cn),对社会公开和接收依申请公开信息。

2、驻马店教育网(http://www.zmdedu.net)2007年开通以来,功能逐渐完善,信息量不断增加,上传的信息由局办公室严格把关,批准登记后方可对外发布,确保了网站信息的安全。

3、涉密计算机都设有专用密码,经过了保密技术检查验收,由办公室专人保管负责,系统等皆为市政府统一专网指定产品系统。

4、办公区域未安装无线网络设备。

5、网站关闭了博客、论坛、BBS等,以后将使用实名制注册。

6、机房工作日明确有安全责任人,实行节假日值班制度。

七、存在的主要问题

一是基础设施建设还比较薄弱,网络覆盖面还比较低。单从硬件设施建设来看,我市建成的教育城域网,在网络联接、资源共享等方面只覆盖了 300 多所县区及部分乡镇中心以上学校,尚有 2500 多所学校未构建校园网络,还不能与我市的教育城域网互联、互通,致使全市近 70%的学生无法享受优质教育资源。

二是信息技术设备、网络资源的利用率不高。建而不用、用而不管、管而不实的问题还比较突出,致使现代化教学设备成为摆设。

三是队伍建设不全面。广大教师和教育行政管理人员的信息技术水平还比较低,运用信息技术进行教育教学和管理的能力比较差,整体素质还比较薄弱。

四是教育资源开发利用程度不高。网络资源不够丰富,数量还比较少,素材不够全面,本地资源建设相对薄弱。

五是工作开展不平衡。县区之间、学校之间工作开展差距较大。

驻马店市信息化发展概况

2011年,驻马店市信息化工作在市委、市政府的正确领导下,在省有关部门的大力支持和指导下,以科学发展观为指导,认真贯彻落实国家、省一系列信息化工作方针政策,坚持以统筹规划为主线,以信息资源整合为重点,以政务信息化为龙头,以两化融合为切入点,推动信息技术应用,开发信息资源,优化信息化发展环境,完善信息化基础设施,推进国民经济和社会信息化进程,信息化建设取得了显著成绩。

【信息网络基础设施建设】经过多年发展,全市信息网络基础设施进一步完善,规模容量进一步扩大,综合通信能力进一步增强,形成了以光缆为主,数字微波、卫星通信为辅的大容量、高速率的数字传输网络。截止到2011年底,全市光缆、电缆总长度为9.7万皮长公里,互联网出口带宽80G,移动通信基站4125个,共有2380个接入网点,服务网点5700多个,电话交换机总容量260多万门。移动无线网络(2G、3G)得到了较快发展,IP数据网、多种业务接口的MSTP传输城域网、小区光纤接入网遍布全市,有线宽带、WLAN网络覆盖城乡和重点风景区,全市固定电话用户36.8万户,手机用户380多万户,宽带用户31万多户。计算机普及率:城镇为57.54台/百户、乡村为56台/千户。上网户数:城镇为40.79户/百户,乡村14户/千户。全市广播电视"数字化、网络化"建设取得了明显成效。2011年末,共有广播电台1个,中、短波广播发射台和转播台10座,电视台1座,电视数字化进程明显加快,采编数字化率达到了80%以上,节目播出、传输质量明显提高。广播、电视人口覆盖率分别达到97.47%和95.52%。全市有线电视网络已联通9县2区及80%以上的乡、镇,全市有线电视网络干线长度约8500公里(其中市区约500公里),网络带宽达到750MHZ以上,入户带宽为10兆。市区光节点总数达到110多个。全市有线电视用户36.9815万户。完成了数字电视业务硬件平台建设,实现有线电视网"一线三机"的功能。全年完成信息传输、计算机服务和软件业固定资产投资2530万元。形成了有线、宽带、移动和卫星多种方式,数字化、智能化、网络化多种形态的综合通信体系。信息网络基础设施的不断完善,为全市信息化发展提供了有力地支撑。

【电子政务】2011年,驻马店市电子政务建设成效显著,党务内网、行政效能与电子监察、信息工程建设领域信息公开等一批信息系统建成应用。目前已建成了重点污染源自动监控、劳动保障信息管理、医保查询、公积金查询等信息系统近200个,建立宏观经济、已婚育龄妇女信息等数据库50多个,OA办公系统、视频会议系统、短信服务平台在政务管理中得到广泛应用，政府办事效率、管理水平和服务能力明显提升。

（一）各类政务信息系统不断开发应用

市政务专网现已实现政府机关的公文传输、信息报送、会议通知、手机短信提醒等主要办公业务，省突发性事件视频会商系统、信访系统、审计管理系统等政务也基于该网络传输运行。

市人社局启动了医疗保险市级统筹工作，积极开展对县区医保数据整理整合并逐步集中到市数据中心。开展了全省统一劳动就业软件实施工作，市直及各县区劳动就业服务机构已开始使用全省统一劳动就业软件办理就失业登记等相关业务。做好了新增试点县信息化应用接入准备工作，驿城区、新蔡、确山、平舆、泌阳五个试点县均已应用城乡居民养老保险业务系统。开通了社会保险个人帐户实时查询服务，完成了市社会保障卡“一卡通”建设的规划，并等待全省社会保障卡建设方案出台后，按省厅要求开始发放社会保障卡。完成了与省厅“两网化”网络联接及全省统一“两网化”软件市级布署。

金审工程网络建设实现了百兆核心、百兆机房、百兆桌面，并通过市政务专网形成了与省厅、县区审计机关三级互联的建设目标。截至 2011 年底，全市 11 个县区审计机关全部完成了办公局域网建设和市、县（区）两级互联互通工作，为 OA“1 拖 N" 系统推广应用创造了良好的网络环境。

市公安局强力推进金盾工程二期重点项目建设，投入 500 余万元建设完成驻马店公安情报信息综合应用平台，完善了以驻马店市警务信息综合应用平台、人口信息系统、旅店业管理系统、驻马店市公安系统警务车辆 GPS 卫星定位系统、交通管理信息系统等为基础的数字化警务应用体系。全市四级网 100 兆升级全部完成，全市派出所和外驻单位联网接入率动态保持 100%。完成 350 兆集群系统的升级联网工作。对手持机、车载台和基地台重新精心分组写频，大大缩短了接处警时间，提高了快速反应和处置突发事件的能力，完成程控交换机升级扩容改造任务。市、区两级共投入各类技防建设资金 5500 万余元，共安装各类技防 1703 套。市区共安装电子警察 43 套，在市区沿街门店安装固定报警系统 2400 余套，在车辆上安装 GPS 系统 600 余套。

市公安网监支队扎实推进信息安全等级保护工作。截止 2011 年底，对定级单位进行备案有 129 家。自 2011 年 11 月 1 日至 12 月 31 日在全市开展了为期两个月的信息安全等级保护专项检查工作，此次共检查 43 家，责令整改 5 家。进一步加强了全市互联网网站安全管理，市局网警部门共备案服务器在本地网站 82 家，且全部通过“警警察察”图标链接到报警网站。

市法院开通了省、市、县（区）法院的三级专网数据交换平台，三级法院专网已经实现互联互通，审判业务数据已经实现专网共享。三级法院的网络审判管理业务系统也均建成，业务功能已经全部启用：三级法院专网语音与专网视频会议均已经投入使用。市中院的安防监控、远程提审、庭审直播及庭审同步录音录像系统均已经建成并投入使用。

市检察院一是加快了与派驻监管场所联接的分支网络建设。二是完成了市院驻豫南监狱检察室信息化监控系统建设的工作。三是为市院检委会议室配置了高标准的全程同步录音录像及网络设备，可实现同省院检委会议室的互联互通，远程汇报案件及案件指挥。

市统计局 2011 年认真开展第六次全国人口普查数据处理工作，顺利完成全市 10 个县区(含2个开发区)、202个乡镇、31469个普查小区普查表的光电扫描、图象识别、数字校对、校验等任务。

市工商局一是建成行政效能电子监察系统。2008年以来,投入资金100余万元建成行政效能电子监察系统,对全市工商系统13个注册大厅、127个中心工商所实施实时监控。二是开通了手机短信公开平台。

市气象局经过多年开发和建设,基本上达到了所有业务都利用信息系统处理,天气预报、办公服务等业务全面实现了信息化、自动化,文档电子化归档达90%以上。与水利等部门实现了信息资源共享。

驻马店无线电管理局关于《应重视加强无线电应急通信指挥系统建设》的报告,提出了在自然灾害和突发事件条件下改进无线通信应急保障能力和手段建设的建议,受到上级、专家和业界的高度评价。

市财政局一是稳步推进惠民补贴"一卡通"系统建设。9月中旬,市局已部署完成"一卡通"业务系统,并对各县区、各乡镇网络架构进行规范、统一,保障了"一卡通"业务数据及时传递与安全。二是进一步完善了电子化政府采购系统。

市交通运输系统信息化建设成效明显。市公路局一是安装使用了省公路系统资金监管网络系统,便于省了解我市公路局资金状况及财务管理工作情况,及时对我市公路局财务管理工作进行监管与指导。二是安装使用了全省公路养护管理与督察网络系统,加强对全市公路养护生产调控、指导。三是发挥96055网络指挥系统功能,实行全省统一报警电话,在路政查询、路政救援、路政报案、路政投诉、路政问询、天气查询。同时,通过系统中心对全市公路超限超载检测站实施监24小时远程监控,有效地提升了路政的应急管理水平。市运管局建设了市级道路运输车辆动态监控平台。目前,执法车辆GPS已全部安装完毕,其他车辆在逐步推进。该系统实现与"96520"行业服务热线的信息共享,实现与八卦来网物联网的互联共通,实现与汽车场站、汽车维修厂家的监控扩张,实现网上稽查,完成对省局数据联网的全面对接。市汽车运输总公司一是建成了GPS客车监控系统。监控系统可实时查看车辆行驶轨迹,规范车辆的行驶路线,超速预警等,解决了一些车辆行驶的安全隐患,高速超速现象明显得到遏制。二是建成了汽车站微机售票系统,处理日常的售票事务。三是建成了场站监控系统。负责出站和入站的监测,危险物品的检测,视频监控等。市公交公司投资200万元建成了城市公交GPS智能化调度系统。市地方海事局与移动公司共建服务船员的信息平台。同时,船舶登记、船舶检验、船员管理也实现了网上发证办理。

市规划局对基础资料数据库进行了更新完善。一是完成中心城区地形图修测、补测。二是完成中心城区地下综合管网系统的更新。

市国税局一是积极推行财税银库横向联网电子缴税系统,成功实现了网上申报纳税一体化工作的全市覆盖,纳税人可以足不出户缴纳税款;二是积极推广普通发票网上开具系统。三是顺利完成了全市系统网络改造项目。本次网络改造更新了网络核心设备,提升了网络带宽,优化了网络结构,网络运行稳定,业务办理更加顺畅。

市地税局一是继续做好货物运输业发票管理信息系统、发票管理系统、个人所得税管理信息系统的运行维护和两税信息比对、土地使用税清查等工作。二是做好新征管系统的技术及业务运维工作。三是圆满完成pos机刷卡缴税和财税库银横向联网工作。

市国土资源局充分利用信息系统对国土资源进行管理。已建成的土地规划数据库和矿产数据库,第二次土地调查基础数据库,国土资源政务管理、建设用地动态监督管理、土地管理跟踪备案管理、采权与探矿权登记、建设用地供应管理等系统得到较好的应用。

市教育局一是新建了计算机教室、多媒体教室和电子白板教室,增设了校园网络服务器和网络设备,为教师购置了办公用机和笔记本电脑等,全市中小学信息化基础设施条件有了很大改善。截止 2011 年年底,全市共为教师配备电脑近 10000 台,装备多媒体教室 1500 套,累计投资超过 1500 万元;二是构建了学校校园网络平台,开通了学校网站 200 个。安装了校园办公系统,建立了学校信息和教学资源库等。2011 年全市共新建校园网 130 个,并通过光纤接入教育城域网。

市民政局 2011 年迁入新办公楼后,在局办公楼一楼设置了电子显示屏幕,在六楼建立了集会议、培训、视频于一体的多媒体会议室,开通了"驻马店市区划地名网"、"驻马店市福利爱心网"和"驻马店福彩网",通过提供大量的信息服务,方便群众办事。

市卫生局一是积极推进基于居民健康档案的区域医疗卫生信息平台建设。截止 2011 年年底,区域卫生信息化平台建设项目已经完成了电力、网络等配套设施的建设,硬件设备均已到货并安装调试完毕,各终端接入链路的接入调试工作也已完成。二是开展了居民健康档案规范化电子建档工作。三是完善了新型农村合作医疗信息系统平台。

市药监局完善了药品电子监管系统。目前,市区各主要药品生产、流通企业的生产经营活动都纳入该系统的监管。

市水利局建成了覆盖全市的水利防汛信息采集系统,实现了水情、雨情等信息的自动采集、传输、接收、处理。构建了多层次的防汛通讯系统。建成了市水利工程地理信息系统、市防汛抗旱指挥系统和 5 县山洪灾害监测系统。

市质监局利用金质工程专网实现了公文交换、行政服务、省市县三级视频会议、财务网上国库支付等业务。同时,特设人员资格查询、特设事故上报、在线填报查询等业务均在专网上开展。

市环保局利用企业重点污染源自动监控系统,分析企业在线数据超标异常原因,为企业排污监管提供有力支撑。截至年底,监控系统在线注册企业共 36 家,全年企业平均在线率达 99.37%。

市邮政局金融客户管理系统的成功上线,大大改善了邮政金融客户信息分析的手段和方法;邮政量收系统的投入使用,规范了业务系统的数据,使管理和生产部门均能够及时了解邮政生产经营状况,为管理决策提供了准确的生产数据。人力资源系统实现了企业人力资源信息的采集、稽核、汇总、分析与预警,财务管理信息系统的成功上线,使财务管理与业务管理一体化,真正实现财务监控业务和业务驱动财务的先进的管理模式。电子汇兑系统增强了汇兑业务的市场竞争力。网运系统的建设解决了困扰邮政多年的邮件运输计算机实时处理和网上查询这一难题,改变了邮区中心局传统生产作业手段和作业方法。

市住房中心完成了房产信息管理系统建设工作。目前各项建设已搭建完毕,内部管理、网上审批等已正式运行。

市行政服务中心不断完善行政审批电子监察系统功能,把行政审批事项和行政事业性收费的法律依据、申报材料、承诺时限、办事人员的职责等资料,在中心的外网、内网、触摸屏上进行公开，形成更加有效的政务公开机制。

市烟草公司（专卖局）目前在全市卷烟、烟叶、专卖管理、物流配送、财务管理等部门使用中的应用系统有：卷烟销售系统、烟叶信息领导综合查询系统、烟叶收购监控系统、烟叶在线支付系统、财务信息管理系统、专卖管理系统、数据统计管理系统、生产经营决策管理系统。目前卷烟和专卖管理以及物流配送应用系统基本实现了信息共享、互联互通，各个系统间通过统一的数据确保订单采集、卷烟配送以及商户管理等工作安全有效进行。全市烟草商业卷烟销售已经实现了电话订货和网上订货等现代比较先进的电子商务模式，生成的订单直接由物流配送部门提取并安排货源，配送卷烟直接到各个商户，实现了物流配送信息化。

市供电公司（电业局）现有计算机 800 多台，计算机普及率达到 80%，维护计算机信息系统有 50 多个，80%以上的业务利用信息系统处理，主要信息系统有：企业门户系统、办公自动化系统、协同办公系统、内外网桌面标准化监管系统、主网线损在线监测信息系统、生产管理信息系统等，各类信息系统的应用为驻马店电网的安全稳定和企业管理提供了可靠的信息技术支持。

（二）政府门户网站建设与政府信息公开工作稳步推进

驻马店市政府综合门户网站群基本形成，横向连通全市各政务机关，纵向连接省政府和各县区政府，成为对外宣传我市政治、经济、文化等建设成果的重要平台，展示政府良好形象的重要窗口。驻马店市政府门户网站已成为市政府面向公众的网络门户，与各县区政府及建有网站的各政府部门实现了有效链接，并为部分政府部门提供了网络存储空间、二级域名等服务。同时，以政府门户网站为载体建立了驻马店市政府集中式信息公开平台，发布政府公开信息，接受社会监督，较好地保障了公民、法人和其它社会团体依法获取政府信息，增强了行政权力运用的透明度，促进了政府工作作风的进一步改进。据不完全统计，全市依托政府集中式信息公开平台，本年度累计公开政府信息数量 22000 余条。2011 年，市政府本级受理依申请公开 20 余件，大部分是通过网络受理。申请公开的信息主要是土地征收、拆迁补偿、三公经费等涉及群众切身利益的热点问题，市政府信息公开办都及时进行了答复，对部分不属于政府信息公开范畴的也以《非政府信息告知书》的形式予以回复，所有申请均按照申请人要求的方式及时回复申请人，答复率为 100%。各级政府部门不断加强网站建设，网站功能不断完善，突出表现在：网上政府信息公开体系基本建立，线上咨询回复网络互动的格局基本形成，网上受理线上线下结合办公“一站式服务”功能基本实现，集中管理服务群众企业的医疗保健、户籍身份、社会保障、纳税服务等各类公共服务资源基本共享。网站已成为政府广纳民意，信息查询、行政管理、公共服务的重要阵地。

【企业信息化进程加快】驻马店市企业信息化建设坚持以信息技术创新为动力、传统产业改造为重点、大型企业信息化为带动、公共服务平台建设为载体，不断推进两化融合进程，提升企业信息化水平。目前，计算机辅助设计（CAD）、企业资源计划（ERP）、计算机集成制造系统（CIMS）和 FMS（柔性系统）、视频会议、IP 远程监控、OA 内部办公等信息系统逐步得到应用和推广，电子商务应用不断扩大，基本形成了重点企业带动，两化融合试验区示范，广大中小企业跟进，多种形式、各具特色的信息化建设模式共同发展的格局。

(一)重点企业信息化建设成效显著

通用天方药业集团有限公司、昊华骏化集团有限公司(化工)、中集华骏车辆有限公司等骨干企业信息化建设成效显著,成为两化融合的示范带动者。通用天方药业集团有限公司是国家信息化500强企业。经过多年建设,该公司成功运用ERP系统对企业的三大流(物流、资金流和信息流)、人力资源、客户和供应商进行一体化管理,目前,整个ERP系统基本运行稳定。它使公司的上下游之间的部门紧密地联系在一起,形成更加广泛的闭环系统,充分发挥系统的整体效能。目前在硬件基础、应用平台、应用系统三个方面建设都具备电子商务应用的基础。公司现已开发应用了协同商务应用平台、基本药物电子监管、抗生素发酵新智控等信息化系统,实现了精细化、智能化、高效化的现代管理,已成功入选省信息化与工业化融合示范企业。河南昊华骏化集团率先在省内化工企业中建立了产供销ERP系统,并积极建设生产自动化集中控制DCS系统及危化品化工安全自动化改造系统。先后完成了网络基础平台的搭建、ERP系统的应用、结算中心、视频会议的应用、IP远程监控系统的应用、OA内部办公等信息化建设内容。驻马店中集华骏车辆有限公司抓紧在整个组织范围内推广实施ERP系统, 目前将在基础数据及BOM的传递、MRP运算以及生产任务下达等方面实现与ERP的紧密集成;对外销售业务和技术服务,已通过集团车辆营销系统及CRM(客户关系管理系统)延伸至各地销售商和售后服务网点;公司先后实施了金蝶K3ERP、PDM系统、CRM、人力资源系统等基于网络的软件系统;2011年上线应用了套料切割系统,PLM正在加紧实施过程中,自主设计开发的公司业务流转系统及精益管理系统已进入实质性实施阶段。合作或自主开发了基于网络的OA信息管理系统及功能扩充和普及、公司工资管理系统、移动办公平台、集团物料编码系统,建设了基于CAD/PROE/PDM应用的产品开发平台。

(二)中小企业信息化步伐开始加快

近些年,政府组织实施的"百万中小企业信息化推进工程"、"数字企业"、两化融合大讲堂等一系列推进企业信息化进程的活动。在政府的大力扶持帮助,龙头企业的示范带动下,广大中小企业充分运用信息化手段提高管理水平,降低生产成本,加快转型升级,增强竞争能力,全市广大中小企业信息化水平有了明显提升。做的较好的企业如康博汇鑫油脂有限公司分别采用了东莞徐记、思念、双汇集团、驻马店爱家量贩订单管理系统、中维C801数字监控系统、出口退税电子化管理系统等系统软件,建立了企业网站。河南鼎力杆塔股份有限公司推广应用了设计软件、ERP财务管理、OA办公系统、开展了电子商务、建立了企业网站。至2011年底,全市中小企业发展到10687多家,其中,规模以上企业达到1382多家,80%以上的企业配备电脑并接入了互联网,建立门户网站的企业约有100多家。许多企业积极运用OA办公、企业资源管理系统(ERP)、信息管理系统(MIS)等软件提高管理水平,开通OA、使用ERP管理软件的有50多家。有的企业还运用CAD软件进行产品研发和辅助设计,电子商务在销售中占的份额也逐年增大。

(三)两化融合试验区创建活动扎实推进

为在信息化与工业化融合过程中探索成功经验,驻马店市以利用信息技术改造和提升传统优势产业作为"两化融合"的切入点,选定基础条件好、信息化发展潜力大的重点企业和产业集聚区作为两化融合试验区,通过规划引领、龙头示范、重点项目实施、信息平台建设,把其培育成省、市两级"两化融合"示范企业和产业集聚区。经过努力,驻马店市已申报通用天方药业集团有限公司、市产业集聚区和遂平县产业集聚区为省级“两化融合试验企业”、“两化融合试验区”，筛选部分县区产业集聚区为市级“两化融合试验区”工作也在稳步推进。

【农业农村信息化取得新成效】

(一)实施“农业信息入户工程”

着眼信息惠农、富农、强农，驻马店市积极推进涉农信息资源整合和应用，进一步提升农业农村信息服务水平。一是利用互联网、数字电视等先进网络和现代通讯技术手段，全面组织实施农业信息进村入户工程，推进信息技术在现代农业园区、农业龙头企业、农民专业合作社和农产品基地、种养大户等领域和新型农业经营主体中的应用，充分发挥全国联网的“12316”三农服务热线功能，促进农业信息化发展。二是建设开通了“白芝麻信息专网”，精心打造了 “农信通”、“农信通手机短信”、“驻市农业信息”、“驻马店市手机短信专家服务团”等涉农信息平台，及时提供本地的农业种植、病虫害防治、政策法规、水产养殖、沼气能源、最新粮种补贴政策等信息服务，免费为农民提供信息查询、采集、发布等服务。截至 2011 年底，已发布农业新闻、农业知识、农村政策、产品供求等方面信息 2 万多条。三是按照“五个一”的要求建立农业信息服务站，初步形成了“县有信息中心、乡有信息站、村有信息员”的农业信息服务体系，农村综合信息服务站点拥有率达 30%。驿城区 5 个乡镇 7 个涉农办事处全部建立了农业信息服务站，设立了信息服务大厅。平舆县在全县 19 个乡镇、街道建立了农业综合信息服务办公室。完成了 41 个村级远程教育站点建设任务。代表单位:东皇庙徐寨村委远程教育。西平县 18 个乡镇建设开通了农村信息服务站。四是积极组织开展农业生产经营信息化和农业信息化服务试点申报工作。我市宿鸭湖水库养殖基地(河南省宿鸭湖生态养殖股份有限公司)被列为全省首批农业生产经营信息化试点单位，上蔡县农业资源信息工作站被列为全省首批农业信息服务试点单位。

(二)现代远程教育效果明显

驻马店市已建成远程教育终端接收站点 3009 个，其中拓展型站点 1364 个，覆盖了全市所有乡镇和行政村。依托远程教育平台，整合商务、供销、文化、农业等部门信息资源，推动远程教育向供销商业网点、农村经济合作组织、专业协会等延伸，拓宽了远程教育的覆盖面和影响力。依托远程教育系统“新农村商网”发布购销信息，为农民获取和发布商务信息服务，切实解决农产品“买难”“卖难”问题。会同市文化局，对全市所有的远程教育文化信息资源共享工程站点进行升级，为实现文化信息资源共享工程站点全覆盖打下坚实基础。一年来，全市各地共依托远程教育站点，组织教学近 10 万个学时，组织教学辅导 10000 多次，农村党员干部参学 200 多万人次，群众参学 400 多万人次，目前，远教平台已经成为承载业务种类最多、内容最丰富、参与部门最广、系统容量最大、实用性最强的综合信息平台。

(三)文化信息资源共享建设取得新进展

为繁荣农村文化市场，满足农民文化生活的需要，我市各级部门加大投入力度，重点抓了文化信息资源共享工作，建成了一批集图书室(文化站)、广播影视、远程教育等为一体的文化资源共享站。据统计，截至 2011 年底，全市用于文化资源共享站的电脑 1299 台、电视机 2786 台、投影仪 107 台、机顶盒 951 台。充分运用网络信息技术，普及科学文化新知识，加快农民的思维、生活和生产方式改变，加快农村和农业现代化进程。做的较好的县有:西平县建有远程教育站点 237 个。泌阳县建有文化资源共享服务点和党员远程教育站点 359 个。通信部门结合驻马店市农业大市、人口大市的市情区情，在驻马店市农村广泛开展了欢乐新农村、信息新农村、手机惠农工程、信息富农工程等系列营销传播活动，不断加大购机优惠、话费补贴，提高农村地区移动电话的普及率，助力农民致富奔小康。自 2006 年以来，市移动公司面向农村市场投入手机、话费补贴累计达到 10 亿多元，越来越多的农民用得起、用得好手机，农村客户占新增客户比例达到 70%以上。通过搭建农机调度平台、语音门户、WAP 网站、彩信平台等形式为广大农民和农机手提供实时信息服务，方便农机手跨区作业，服务"三夏"麦收。加强农村治安防控体系建设，推出了"平安大喇叭"服务系统。利用该系统可远程召开广播会议，可以及时传达各项政策、方针，宣传农业科技知识，进行普法教育等。建设了农村平安互助工程。"平安互助"是通过建设分村虚拟网实现村民互助和村内治安的群防群治工程。截止目前，全市加入平安互助网的行政村达到 1500 多个，约占行政村总数的 60%，惠及农民 400 多万人。平安互助网在驻马店广大农村地区已经成为"政府放心、农民安心、小偷担心"的"三心"工程。

【信息服务业】2011 年，各类基于网络的应用增值服务、以及以信息技术为手段和以信息终端为对象的信息服务业稳步发展。截止年底，全市现有计算机信息系统集成资质企业 300 个（其中电信、移动、联通、铁通公司市、县区两级所有公司及营业部 277 个）；有线电视网络 1 个（驻马店广播电视网络公司）；本市现有手机增值服务企业 3 个。全市具有 IT(电子)属性的企业有 838 家（其中有关销售电脑、电脑配件、耗材（包括电子产品）以及电脑维修的公司共计 627 家），注册资金 122,150.81 万元。全市网吧数量达到 400 多家。国内许多知名 IT 企业也都在驻设有服务和办事机构，信息服务业已成为拉动当地经济增长的重要支撑。

【信息化发展环境】

（一）加强领导、强化措施。市委、市政府高度重视信息化建设和发展，成立了新一届市信息化工作领导小组，编制完成了《驻马店市国民经济和社会发展"十二五"信息化规划》（草稿），制订了《驻马店市人民政府关于加快政务信息化建设的意见》，加大了组织领导、行业管理和综合协调服务力度。同时，各专业部门结合本部门业务实际，建立和出台了专项管理制度及措施。如市财政局结合本部门业务实际，制定了《驻马店市金财工程应用支撑平台建设工作方案》。

（二）大力宣传，加强培训。今年以来，驻马店市充分利用报纸、电视、电台、网站等多种新闻媒体，积极开展形式多样的信息化宣传培训活动，并收到良好的效果。一是深入贯彻落实《河南省信息化条例》。在今年 8—10 月，采取听取汇报、专题座谈、随机抽查、实地察看等形式对县区和有关部门进行了《条例》执法大检查，切实把《条例》的学习贯彻落到实处，营造了促进信息化发展的良好氛围。二是开辟网络宣传专栏。市公安局在网站上开设了"驻马店市重要信息系统安全等级保护工作"专栏，及时发布信息安全等级保护相关文件，全面宣传等级保护有关规定和要求，同时为定级单位提供等级保护工作咨询指导服务。三是开展各类信息化专题培训班和讲座活动。市工商、税务、公安等部门多次举办信息技术应用、计算机软件和网络技术、网络安全等培训班，不断提高信息技术应用水平，增强政府系统网络与信息安全维护保障能力。据统计，市直 30 多个单位举办或参加过信息化知识培训班，2000 多人接受了信息化知识和网络信息安全培训，有力地提高了信息化工作队伍的整体素质。各地各部门还通过各类院校、职业学校、培训班等，为全市各行各业培养了各类信息技术人才，不断改善人才积聚的软硬件环境，建立调动信息化人才创新、创业的积极性。以岗位培训和继续教育为重点，对不同类型、不同层次的信息化工作人员进行专业培训，促进信息化基础人才队伍能力素质的全面提高。各级领导和公务员信息化培训普遍得到重视，并逐步形成制度化。基础教育阶段信息技术教育也稳步扎实推进。

【信息安全】为确保信息安全，实现信息化工作的规范化、制度化，2011 年，全市各级各部门一是制定了和完善了《机房操作人员管理规定》、《计算机安全使用管理制度》、《互联网、专网安全使用制度》、《机房值班制度》、《数据安全保密制度》、《文件保密管理办法》、《信息发布保密审查制度》等一系列规章制度及操作规程，规范信息化管理，约束上网行为。二是加强了对主要的硬件、软件、信息资产进行登记，根据岗责确定权责。三是做好信息系统的等级安全保护。确定相应的保护级别和期限，对计算机设备的密级进行了统一标识；对于各信息系统均做了安全等级保护测评，制定了符合要求的相应级别的信息安全等级保护规定。信息系统加装了防火墙、漏洞扫描和入侵检测等安全产品防护，并部署了详细的安全策略，构筑了严密的信息系统安全防护体系。四是加强机房设备安全维护。机房里安装了恒温恒湿空调、防盗装置、避雷设施、双回路供电、消防系统、漏水报警系统、双层玻璃等，坚持机房 24 小时值班，定期巡查，做好设备安全检查，定期对防雷、消防、空调等实施进行全面检查，对需要更换设备及时更换，确保各类信息网络设备的安全。

驻马店市安全生产监督管理局信息化发展概况

2011 年以来，驻马店市安全生产监督管理局安全生产信息化建设工作在市政府信息化建设领导小组办公室的具体业务指导下，得到局党组高度重视，采取健全完善规章制度，加快硬件设施建设，强化治理服务等一系列得力措施，切实加强了安全生产信息化建设工作，取得了较好的成绩。现将信息化建设工作情况汇报如下：

一、加强领导，组织保障有力

为更好地完成市委、市政府下达的电子政务建设目标任务，切实推进驻马店市安全生产监督管理局电子政务信息化建设工作进程，局党组高度重视，进行专题研究，把信息化建设纳入重点工作日程。成立了以党组书记、局长任组长，分管领导为副组长，各科（室）负责人为成员的信息化工作领导小组。并由综合协调科牵头，对信息化建设工作进行统筹规划，指派专人承担电子政务信息化建设日常工作，使我局信息化建设工作逐步形成了“主要领导亲自抓、分管领导具体管，专职人员负责承办”的三级信息化建设管理工作机制，为信息化建设提供强有力的组织保障。

二、加快硬件建设，强化网络建设

（一）加强硬件建设。一是加大投入，强化网络基础建设。今年，驻马店市安全生产监督管理局先后增添了台式计算机 2 台、笔记本 2 台、打印机 2 台、复印机 1 台、交换机 1 台，并将我局部分计算机进行了升级，大大改善了我局办公环境，强化了网络的基础建设。二是依托“金安’’工程，开展网络建设。根据国家安全生产信息系统建设（“金安’’工程建设）的要求，积极协调市财政、联通公司等部门，加快驻马店市安全生产监督管理安全生产信息系统建设。截止目前，全市安全生产信息系统一期工程已经建设完成，并顺利投入使用。

（二）应用系统建设。按照市政府信息化工作领导小组的工作要求，驻马店市安全生产监督管理依托全市安全生产信息系统建设，与市政府电子政务内网进行联通，及时在网上开展行政审批、公文公告、政策法规、安全文化等工作。

（三）门户网站建设。联合网络建设、维护运营商对驻马店市安全生产监督管理门户网站版面进行了重新设计，把栏目与安全生产业务相结合，把安全生产工作与群众需求相结合，为各科室开设了科室子页，合理化网站版面，美化了网站主页，丰富了网站信息内容，进一步突出政务信息公开，提升网站服务功能。

三、加强信息化管理，推进网上应用

（一）强化网站信息管理。一是网站信息来源管理。2008 年，驻马店安监局将信息稿件纳入各科（室）、县区安监局目标考核内容，将信息目标任务下达到各科（室）、县区安监局，保证网站信息来源，今年本地安全生产信息上载了 300 余条。二是网站更新维护管理。我局与专门网络建设、维护运营商签订网络安全运行管理合同，负责门户网站的安全管理和运行维护工作，实施对网站的日常监测管理，发现问题及时排除，全年故障率不超过 2%。并且，市局确定专门科室指定专人负责网站信息更新，及时丰富网站信息内容。三是抓栏目管理，突出政务公开。围绕群众关心的行政事业性收费、安全生产事故调查处理信息、安全生产动态等，专门开设了行政事业性收费、安全生产政策法规栏目，把行政事业性收费依据、标准等按照规范上网进行公开，安全生产事故相关信息等及时上网，增强公招透明度，对涉及人事的各项可以公开政策，及时上网，较好地落实了群众的知情权。

（二）加强网上服务事项的办理。一是认真做好网上留言咨询答复，继续坚持"一般问题 3 个工作日答复，特殊问题 7 个工作日答复"制度。二是认真办理"12350"。我局在办理过程中严格按政策办理，做到答复及时、准确，办结率 100%，群众满意度 100%。

（三）加强政务信息公开工作。《政府信息公开条例》颁布以来，我局高度重视信息公开工作，把贯彻落实纳入议事日程。今年，多次召开全局干部职工大会、各科室贞责人会议、各县区安监局办公室主任会议，学习传达《政府信息公开条例》和《政府信息公开条例实施办法》，完善《政府信息公开指南》和《政府信息公开目录》的编制。为确保《信息公开条例》落实，我局按照依法公开、真实公开、注重实效、有利监督的原则，严格工作制度、工作程序，加强制度建设，强化政务公开工作的监督制约机制，指定专人承办此项工作，及时清理非涉密信息，在 10 月份开展了一次已公开信息的清理工作，保证我局信息在形成或变更之日起 20 个工作日内向社会公布，今年 1—10 月份，我局公开信息 5 个大项 11 个小项近 300 条。

四、加强信息化队伍建设，提升自身素质

今年驻马店安监局进一步完善了培训制度，引入了创新机制，以坚持培养高素质信息化人才队伍为目的，10 月份，选派了由办公室负责人牵头的与负责网络的同志参加了"网络信息安全管理培训班"，同时还倡导全局干部加强自身学习，相互交流，在工作中探索创新，不断提高业务水平和管理水平，促进我局信息化队伍素质再上新台阶。

五、加强网络安全保密工作，确保网络安全

（一）完善制度，加强信息与网络安全建设。结合效能建设，我局进一步完善了《信息公开保密审查办法（试行）》、《计算机网络与信息安全保密管理办法》、《岗位责任制》、《责任追究制》等相关制度，规范上网信息审核，监督检查，确保全年无泄密事件发生。

（二）做好信息备份和病毒防护工作。为确保系统资源和重要信息资源不发生数据丢失，及时将重要数据进行分区备份、光盘备份，对全局计算机均安装了杀毒、防毒软件与防火墙，指派专人定期不定期对本局计算机和网络进行检查，及时把隐患消灭在萌芽状态，避免病毒发作影响网络正常运行。

（驻马店安监局）

驻马店供电公司信息化发展概况

根据国网公司建设“数字化电网、信息化企业”的目标，驻马店供电公司领导充分认识到信息化工作对企业现代化管理的重要性，成立了以余翔总经理为组长的信息化建设领导小组，明确了信息化管理机构和职能，并积极推进信息化建设。

驻马店供电公司设有专门的信息化管理机构——科技信息部，建立有信息安全应急保障预案和全面的信息安全保障机制，并对信息安全相关问题及时进行整改。有信息网络专责4人，负责公司信息化建设的各项具体工作目前，公司有员工近千人，计算机800多台，计算机普及率达到80%，维护计算机信息系统有50多个，80%以上的业务利用信息系统处理，主要有：企业门户系统、办公自动化系统、协同办公系统、内外网桌面标准化监管系统、主网线损在线监测信息系统、生产管理信息系统等，以上信息系统涉及到我公司管理的各个方面。日常设备维护、数据库优化、网络维护任务较重，我们在人员紧张的情况下，保证了各个系统的正常运行，为驻马店电网的安全稳定和企业管理提供了可靠的信息技术支持。

2011年驻马店供电公司信息化年度任务完成率达到100%，按期完成了省公司下达的各项信息化建设任务，全年信息系统可用率达到100%，全年未发生信息安全事故，信息网络及安全设备安全运行可用率、关键信息安全技术应用率均为100%，为公司各项工作提供了强有力的信息化支撑保障。

1、信息系统稳定运行。全年公司各个业务系统运行正常，网络及各类软硬件平台运行稳定，未发生一类信息系统障碍或三级及三级以上信息系统事故。公司有关公文、资产、档案等资料及时归档，文件归档率高达90%，并积极按照有关规定向政府网站报送政务信息。

2、逐步加强对各县公司信息化建设管理工作。开展了对各县公司信息化现状的整体调研工作，从人员配置、机房现状、应用系统、网络设备、安全措施、终端管理等方面，对各县局信息化建设现状进行了整体摸底，并对各县公司信息安全管理工作提出具体要求。

3、全员通过国家电网公司信息运维技术普考。根据《关于开展国家电网公司信息系统运维人员2011年技术资格普靠工作的通知》文件要求，公司组织4名信息运维人员参加普考工作，经过参考人员刻苦钻研，4名参考人员均通过普考，获得国网公司颁发的信息运维技术资格证书。

4、机房标识项目按期完成。按照《国家电网公司信息机房标识标准》、《国家电网公司信息设备命名规范（征求意见稿）》中的有关标准，对公司12楼信息化机房设备实施标识工程。

主要是对机房内所属的服务器、网络设备、数字 KVM、配线架、环境标识等，统一制作了标识：使用设备标签标识 40 个，双绞线信息内网线缆标识 1200 个，双绞线信息外网线缆标识 600 个，数字 KVM 线缆标识 90 个，进一步强化对机房设备的监控、监管。

5、持续开展信息安全自查整改工作。按照省公司信息安全专项督查要求，先后开展了迎春检办公区信息安全专项督查活动、迎国庆信息专项治理活动、信息安全“反习惯性违章”专项行动、信息系统弱口令专项治理、信息系统“安全运行月”活动等信息安全专项督察。从外网桌面终端涉秘信息检查、内网桌面终端弱口令检查两个方面，对我公司办公区开展信息安全专项督查工作，共整改信息系统漏洞 84 处、弱口令 112 个。

6、积极总结上报信息运维典型经验：在信息运维中，公司高度重视发现的问题和解决方法，将一些先进的做法总结，作为信息化典型经验向省公司和国网公司上报，2011 年我公司有 2 篇典型经验被国家电网公司采纳，5 篇被省公司录用。

7、信息安全等级保护建设工作扎实开展：按照国家电网公司“信息安全等级保护安全建设”工作要求，对我公司的信息系统进行等级保护备案工作，整理备案材料报省公司和市政府。

8、积极开展信息化培训并取得良好效果：公司每月组织人员开展信息业务系统培训，采用多媒体宣传、网站介绍、人员宣讲多种方式，陆续开展了 ERP 信息系统培训、IMs 系统、协同办公系统等。

驻马店计算机信息系统信息安全等级保护工作概况

为加强驻马店市重要信息系统安全等保护工作，今年以来，在上级等保部门的领导下，在市信息安全等级保护工作协调小组的指导下，驻马店市积极主动开展计算机信息系统信息安全等级保护工作，现将有关情况汇报如下：

一、积极推进机构建设工作

为推进驻马店市信息化建设工作，去年，驻马店市成立了驻马店市信息安全等级保护工作协调小组。今年以来，为推进驻马店市重要信息系统等级保护工作的开展，按照市上级部门及市信息安全等级保护工作协调小组的要求，驻马店市公安局正着手建立网警部门等级保护大队工作。

二、扎实开展日常定级备案工作

2011 年以来，为进一步推进全市各重要信息系统单位等级保护备案工作，驻马店市公安局指定专人负责此项工作，及时熟悉等级保护相关文件和上级最新工作精神，同时，在网站上开设了"驻马店市重要信息系统安全等级保护工作"专栏，提供信息安全等级保护相关文件，全面宣传等级保护有关要求和规定，为定级单位提供等级保护工作咨询指导，使广大重要计算机信息系统责任单位进一步明确了实行等级保护的原因，定级方法和测评标准，扎实推进定级备案工作，截止 2011 年底，共收到定级备案单位材料 129 份。

三、开展年终等保检查工作

为进一步推动信息系统备案单位落实信息安全等级保护各项工作要求，提高各单位信息网络安全防范能力，驻马店市公安局网警部门制定下发了《驻马店组织开展全市 2011 年度信息安全等级保护专项检查行动工作方案》，自 2011 年 11 月 1 日至 12 月 31 日在全市开展了为期两个月的信息安全等级保护专项检查工作，专门成立 2011 年度信息安全等级保护专项检查工作领导小组，检查共分为自查摸排、专项检查、分析总结等三个阶段，重点对各单位信息安全工作的基本情况、信息系统定级备案情况、信息系统等级测评和安全建设整改工作部署和经费保障情况，以及等级保护自查和整改情况进行检查。此次共检查 43 家，责令整改 5 家。

四、加强网站备案和安全培训工作

为进一步提高我市信息安全的保障能力，创造良好的信息网络环境，推进驻马店市信息安全等级保护工作的深入开展，深入贯彻落实全市互联网网站安全管理工作会议精神，提高网站从业人员整体素质，我局网警部门于10月第举办了2011年全市互联网网站安全管理人员培训班，全市共46名网站安全管理人员参加了培训。培训共分为互联网信息内容安全管理概述、互联网信息内容安全管理的基本原则、互联网有害信息的认定、互联网服务信息安全管理机构及其职责、互联网信息安全管理制度、互联网信息安全法律责任、互联网信息内容安全管理相关技术知识等七个方面，分别从法律法规、工作职责、安全技能等方面全面对各参训人员进行了培训。通过培训，使各参训人员进一步明确了工作职责及法律责任，增强了网络安全防范意识，强化了安全管理责任，提高了网络安全管理技能，保障了全市互联网网站网络及信息安全，促进了驻马店市互联网产业的健康、有序发展。目前，我局网警部门共备案服务器在本地网站82家，且全部通过"警警察察"图标链接到报警网站。

五、存在问题和下一步打算

在过去几年的工作基础上，驻马店市的信息化及信息安全等级保护工作取得了一定的成绩，但是仍存在一定的不足，具体如下：一是定级不够准确。等级保护是一个新概念，该项工作涉及内容较多，在较短时间内难以完全掌握，另外各单位负责该工作的人员素质参差不齐，单位领导重视程度不够等都会造成部分单位信息系统定级不准确；二是检查难度大。等级保护工作采取"自主定级、自主保护"原则，再加上公安机关对被检单位的信息系统不太了解，如果被检单位隐匿部分信息系统，公安机关根本不知道。对已知的系统若被检单位人员对遭到破坏后的影响面介绍不够客观，势必对定级和检查工作造成较大影响；三是测评难度大。等级保护工作是一个全新工作，目前，驻马店市没有一家测评机构，因此，各单位定级是否科学、客观、准确，仅靠公安机关进行人工检查，而没有专门的测评机构，专业的测评人员，专用的测评工具，很难实现科学、准确定级。

下一步，驻马店市公安局将积极推进机构建设，加强警力投入，针对前段工作中的问题和不足，明确工作重点和任务，创新工作措施，改进工作方法，稳步推进等级保护工作再上新台阶。

驻马店市规划局信息化发展概况

2011 年来驻马店市规划局信息化工作按照局的全年工作目标，紧扣其工作思路，结合工作实际、围绕部署展开工作，为了稳步有效推进每一项工作，驻马店市规划局信息中心在抓好日常工作的同时，把重点放到了抓好规划局信息化建设工作上来。现对 2011 年信息化工作进行总结及对 2011 年度信息化责任目标如下：

一、2011 年信息化工作进行总结

驻马店市规划局于 2008 年年初设置成立驻马店市规划局信息中心，信息工作人员 3 人，主要负责规划局信息化建设工作。完成了驻马店市规划局门户网站建设及网站的更新维护，网站开通以来，成为我局宣传、公示和对外联系的有效平台，得到了广大市民的认可，日浏览量达二百余人次。完成了中心城区地形图修测、补测任务，中心城区地下综合管网系统更新维护。

二、2012 年度信息化责任目标

（一）强化网络安全管理工作。对所有接入政府网络的计算机设备进行全面安全检查，对发现有操作系统存在漏洞、防毒软件配置不到位的计算机进行全面升级，确保网络安全。同时对本单位信息公开网系统的帐户、口令等进行了不间断的的清理检查，并及时将软件更新和升级，消除安全隐患。

（二）进一步完善信息公开报送审核机制。明确有关保密审核的职责分工、审查程序和责任追究办法，严格信息发布审核，确保不发生泄密问题，切实做到涉密资料不上网，上网资料不涉密。

（三）组织开展政府信息保密意识教育、加强网络安全技术防范措施。在全局范围内继续组织政府信息保密教育和相关计算机安全技术培训，切实提高信息发布人员的安全保密意识和保密技能，有力地保障市城乡规划信息发布保密管理工作安全有序运行。安装网络版防病毒软件，防止病毒、反动不良信息入侵网络，网络管理员坚持对杀毒软件的病毒库进行升级，及时进行杀毒软件的升级与杀毒，发现问题立即解决；做到设备防雷、防盗、防火，保证设备安全、完好；及时对服务器的系统和软件进行更新，对重要文件，信息资源做到及时备份创建系统恢复文件。

（四）更新完善基础资料数据库，为规划审批提供基本保障。完成中心城区地形图修测、补测，测量范围主要针对近年来市区范围内变化较大的地段、范围及在业务办理中尚无地形资料又急需的城镇区域；完成中心城区地下综合管网系统更新维护，与省测绘工程院进一步协调，使其尽快彻底解决地下管网系统维护模块问题。加强与各地下管线权属单位的联系，坚持地下综合管网系统及航测数字化地形图的更新维护工作，及时向社会各界提供最新、最准确的地理信息服务。

驻马店市国土资源局信息化发展概况

根据河南省国土资源厅豫国土资发 [2011]71 号文件和驻马店市工信局驻信办[2011]5 号文件的有关要求，在省国土资源厅信息中心和市工信局的帮助、指导下，驻马店市国土资源局 2011 年信息化建设工洚取得了突破性的进展，各项工作任务得到逐一的落实。现将 2011 年度的信息化责任目标工作汇报如下：

一、领导重视，完善组织机构

驻马店市国土资源局根据机关人员调整情况，健全信息化及电子政务建设组织机构，及时调整了信息化及电子政务建设领导小组，由局长梁再培任组长，副局长崔春常任副组长，成员为各科室负责人，将信息化及电子政务建设工作列入领导班子重要议事日程，每周的局长办公会听取进展汇报。

2011 年，多次召开信息化领导小组成员会议，积极推进信息化项目的建设。我局信息化机构建设取得了突破性的进展，驻马店市国土资源信息中心于近期将获驻马店市编委批准成立。

二、统一规划，健全工作机制

驻马店市国土资源局组织专业人员并邀请省、市有关专家积极编制《驻马店市国土资源信息化“十二五”规划》，现规划草案已完成，确定了远景目标和近期建设任务，明确指出要解决信息资源整合问题，打破行政信息壁垒，实现市、县两级国土资源管理部门之间、各业务子系统之间的信息互联互通、协同应用，把信息化及电子政务建设向纵深推进，全面提升全市国土资源行业的社会化服务能力。

驻马店市国土资源局信息化及电子政务建设领导小组下设办公室，办公室设在市局信息中心负责信息化及电子政务建设各项具体工作。办公室职能职责是：主要负责组织编制全市国土资源唐息化发展规划、年度计划以及分阶段实施方案；负责制定有关信息化建设的行政规章，制定和推广有关信息化技术及应用标准：负责收集全国国土资源研究的新理论、新方法、新发现、新技术、新进展，为领导的决策管理提供参考服务：负责国土资源系统网上政务信息公开的收集及发布：负责市级国土资源数据分中心建设，并对其网络运行环境进行组建及安全管护；负责信息保密技术的监督和检查；指导各县区国土资源系统信息化及电子政务建设的规划与实施，组织全市国土资源系统信息化及电子政务应用培训等。

三、制定政策措施，抓好落实

根据省国土资源厅豫国土资发[2011]71 号文件的要求，驻马店市国土资源局制定并下发了《驻马店市国土资源局关于印发 2011 年驻马店市国土资源信息化建设工作要点的通知》（驻国土【2011】317 号），把全年的信息化建设责任目标考核任务进行了分解，明确了各项任务的目标、责任单位、配合单位、技术支撑单位、完成时间，并要求各责任单位每周向市局信息化办公室汇报进展情况。

为保障信息化建设的资金投入和可持续性发展，驻马店市国土资源局制定了《关于印发〈驻马店市国土资源局机关财务管理若干规定〉的通知》（驻国土[2010]264 号）文件，把信息化项目建设资金和运行经费通过财务管理会审会逐项落实。

总结 2011 年驻马店市国土资源局信息化建设工作，驻马店市国土资源局取得了一些成绩，这些成绩是在省厅和市政府上级领导的大力支持帮助下取得的，驻马店市国土资源局将在今后的工作中克服困难、改进不足，势力推进信息化建设，大力提升国土资源信息化服务能力，为驻马店市的信息化全面发展作出应有的贡献。

驻马店市交通运输局信息化发展概况

2011年，驻马店市交通运输局信息化建设坚持以科学发展观为指导，以“三个服务”为宗旨，以又好又快发展为主题，以改革创新为动力，交通信息化建设步伐明显加快，呈现出良好的发展态势。交通信息化工作在提高行业管理效能、提升交通安全监管水平、服务社会公众等方面发挥了重要作用。

一、认真贯彻执行《河南省信息化条例》，全市交通运输信息化发展呈现良好态势

2011年，全市交通运输系统认真贯彻执行《河南省信息化条例》，加大了交通信息化建设的投入，加快了信息化项目的开发和应用，不断完善功能，使之在办公自动化、推行政务公开、实行网上办事、加强行业管理等方面逐步得到应用，交通信息化建设取得了一定的成效。

（一）领导高度重视

一是成立领导组织。驻马店市交通运输局党组高度重视《河南省信息化条例》的贯彻执行和信息化建设工作，成立了信息化建设工作领导小组、信息化建设项目实施工作领导小组、网络与信息安全工作领导小组，市局办公室具体负责信息化建设的日常工作，形成了一把手亲自抓、分管领导重点抓、部门负责人具体抓、信息网络管理员专职抓的管理格局，为交通运输信息化工作的正常开展奠定了组织基础。二是完善了信息化管理工作制度。印发了《信息化系统运行维护管理办法》、《信息化宣传培训方案》、《信息化建设制度》、《网络机房管理制度》、《网站信息发布管理办法》，年初制定印发了《进一步加强2011年全市交通运输系统信息化建设工作意见的通知》。三是编制信息化发展规划。我局出资20余万元委托河南省交通科学技术研究院有限公司编制了《驻马店市交通运输信息化“十二五”发展规划》，目前该规划已编制完成，最近将组织专家评审，待评审通过组织实施。

（二）加强信息化基础设施建设

驻马店市交通运输局开通了驻马害市交通运输蜀门户网站(www.zmdsjtj.gov.cn)，并与省交通运输厅和市人民政府网进行了链接。平时，对网站信息进行及时更新。驻马店市交通运输局机关电脑普及率已达100%。宽带网络已经覆盖全市交通运输系统。我局机关接入了市委、市政府内网，做到了专机、专网。驻马店市交通运输局与省厅视频会议系统实现了对接，建成并启用了视频会议系统。

（三）业务信息化及信息资源开发利用情况

1、加强信息化建设的投入。2011年年初，我局在信息化建设方面列入预算100万元，目前已经完成和正在积极落实的信息化建设任务：一是完成了《驻马店市交通运输信息化规划》；二是正在建设交通系统 OA 办公室自动化系统、全市交通运输系统视频会议系统、交通运输短信服务平台、公共信息服务平台；三是正在积极与电信运营商洽谈，研究确定交通信息服务器实施运营商托管的具体办法；四是上报交通信息化管理中心机构设置和人员编制文件，积极推动机构设置和人员编制落实。

2、加强信息公开制度落实。驻马店市交通运输局于 2007 年 12 月开通了驻马店市交通运输局门户网站，并在网站首页设立了政务信息公开栏目。在政务信息公开专栏中发布了我局政务信息公开工作指南、目录、实施细则、信息公开申请表、依法申请公开流程‘图等，明确了政务信息公开工作的指导思想、组织领导、工作职责、工作原则、公开程序、受理申请、保障措施等方面的要求。在主动公开信息工作中，我们还尽可能地将交通运输方面的政策法规、工作动态以及需要向社会公示的内容及时通过局门户网站等各种渠道对外公布。局网站开通以来，主动公开行业信息 657 条，全文电子化率达 100%。并在门户网站设立了局长信箱，主动接受群众诉求，信件回复率达 100%。驻马店市公路局、市运管局、市农村处、市海事局、市质监站等二级单位根据工作实际和自身需要，建立了自己的独立网站。增设政务信息公开专栏，把网站作为政务信息公开的主要载体，与政府信息公开工作进行有机结合，建立了政务信息公开的平台。

3、全面实现文档电子化归档。驻马店市交通运输局机关的公文、人事等档案资料全部实现文档电子化、数字化管理的程度，2011 年我局档案管理工作在规范化管理认证中达到省特级标准。

4、信息资源实现有效共享。单位内部的信息实现了有效共享，不存在重复采集数据情况。对共享外单位的信息时，我局严格在指定范围与用途内安全使用。外单位和部门需要共享我局的信息时，只要不是涉密信息，都积极配合尽力提供。

5、不断提升核心业务信息化支撑水平，信息化系统应用效果显著。市直交通运输系统各单位加强信息化建设，不断提升核心业务信息化支撑水平，有效精简了业务的处理流程，明显提高了行业管理水平和办事效率，节省了运转费用，方便了群众办事。

驻马店市公路局：一是安装使用了省公路系统资金监管网络系统，该系统能‘自动定时将市公路局财务数据上报省公路局，便于省公路局了解驻马店市公路局资金状况及财务管理工作情况，及时对我市公路局财务管理工作进行监管与指导，同时也大大提高了工作效率。二是市公路局养护科目前安装使用了全省公路养护管理与督察网络系统，建立了全省的数据连接链，实现了基础数据、历史数据、动态管理数据、日常管理数据和报表共享。目前，已在各县区养护公司推广，良好的运行对全市养护生产调控起到了重要的指导作用。三是充分发挥 96055 网络指挥系统功能，实行全省统一报警电话，在路政查询、路政救援、路政报案、路政投诉、路政问询、天气查询等发挥了积极的作用。同时，通过系统中心对全市公路超限超载检测站实施监 24 小时远程监控，有效地整合了现有的路政资源，提升了路政的应急管理水平。

驻马店市运管局设立了科技信息科，现有科长 1 名，工作人员 19 名。该局拥有 10 兆光纤三条，电脑 156 台，服务器、路由器各两台，信息化指挥中心一个，总价值四百多万元。2011 年完成信息化项目建设投资 300 余万元。建成了以信息化指挥为中心，以天中运政网为窗口，以道路运输管理系统为平台的信息化服务系统。一是对 2005 年开发建设的天中运政网进行了全面改版升级。二是完善了 96520 行业服务热线的建设与管理。“96520”行业服务热线将作为全市运管系统(包括各县区运管部门)统一对外的公众信息服务窗口，面向社会公众全面提供交通信息查询、行业管理咨询、投诉举报受理、汽车维修救援等服务。具有接听、转接、监听、统计、录音等功能,实行24小时全天候双人值班。目前,共接到群众来电1135个。其中各类服务咨询730个,投诉405起,打击黑出租营运16台。做到了“事事有着落,件件有回音”,案件回复率100%。受到人民群众地广泛欢迎,极大的提高了行业的知名度,收到良好的社会效益。三是建设了市级道路运输车辆动态监控平台。目前,执法车辆GPS已全部安装完毕,其他车辆在逐步推进,县级平台正在紧锣密鼓的建设,确保年底前实现对“两客一危”车辆的100%安装。该系统具有大屏幕显示,电子地图搜索,可以实现五大功能:道路运输车辆的动态监控功能,车辆信息的查询功能,车辆信息的统计功能,运输经营企业的定时报班和查岗功能,重大事件调度指挥功能,实现与“96520“行业服务热线的信息共享,实现与八卦来网物联网的互联共通,实现与汽车场站、汽车维修厂家的监控扩张,实现网上稽查的有效手段。对县运管所、运输企业的全面监控,完成对省局数据联网的全面对接。

驻马店市海事局:一是驻马店市水上交通应急救援指挥中心建成投入使用。目前,该项目经市财政部门组织有关专家进行了验收。该项,目的建成,将先期与驻马店市的薄山等四座大型水库的监控系统进行联网,实现船舶运营情况时时动态监控。下一步,将与各渡口的监控系统和市级的交通应急指挥中心联网。二是驻马店市船员计算机考试中心项目建设投入使用。该项目是全省仅有的两个船员计算机考场之一,主要是按照国家海事局有关船员计算机考试中心建设规范要求建设,并通过与国家海事局船员考试中心联网,方便驻马店市5000余名船员及省内其它地市船员网上考试需求。三是驻马店市地方海事局与移动公司共建服务船员信息平台。市地方海事局与移动公司签订服务协议,主要利用移动公司无线通讯网络为我市700余艘船舶、3000余名船员发送有关上级管理政策、法律知识宣传、安全生产要求、长江等主要航道航线变化、船舶货运信息、船舶年审、船员年审等有关服务信息。管理部门通过服务转变管理职能,变被动管理为服务管理,凝聚船员力量,树立驻马店航运品牌。四是驻马店船舶登记、船舶检验、船员管理实现网上发证。驻马店市海事局筹措资金,建立服务船员相关专门网络,为船员的船舶登记、船员检验和船员管理实现网上发证,通过网上发证,进一步规定了各类业务办理的程序,提高了工作效率,体现了海事执法部门公开、公正、公平依法行政的新形象。

驻马店市汽车运输总公司:一是建成了GPS客车监控系统。硬件方面,公司车辆已基本完成GPS车载终端安装,并在联通公司托管了服务器,拥有监控平台。监控系统可实时查看车辆行驶轨迹,规范车辆的行驶路线,超速预警等。使公司管理效果得到有效提升,并解决了一些车辆行驶的安全隐患。最为显著的是,高速超速现象明显得到遏制,系统效应明显。二是建成了汽车站微机售票系统,处理日常的售票事务。三是建成了场站监控系统。负责出站和入站的监测,危险物品的检测,视频监控等。

驻马店市公交公司:投资200万元建成了城市公交GPS智能化调度系统。

(四)加强信息安全防范,确保全年无信息安全事件发生

1、完善信息安全制度。研究制订了《网络与信息安全管理办法》、《网络与信息安全应急预案》、《计算机保密管理制度》等一系列规章制度,并指定安全员时刻注意市交通运输局门户网站运行情况,及时与运营商联络,加强系统内部的维护,并在系统内开展网络与信息安全检查,认真开展风险评估,加强安全应急管理,提升信息网络管理水平,完善安全防范措施。

2、加强涉密岗位人员管理。首先是加强对涉岗人员的资格审查,把好“进口”关,所有信息安全工作岗位在配备人员时,严格按照有关要求进行资格审查,采取“试用三个月,考察半年,岗前培训，正式录用"的办法严格程序，确保人员选聘不出差错；其次是加强对涉密人员的在岗监督，建立了岗位监督制度，采取随机抽检、定期考核、实时监控等办法，切实把涉密人员纳入有效的监督管理之下，确保不失密、不泄密；其三是严格涉岗人员离岗脱密期管理，严把"出口"关，涉密人员因工作调整脱离工作岗位的，暂不办理相关的调动手续或任命手续，同时，加强跟踪监管，严格实行责任追究，并及时调整涉密范围，在确认不失密、不泄密的前提下，对涉密人员严进严出。

3、落实信息安全防范措施。对所有涉密计算机配置安装了专业杀毒软件，安装防火墙，加强了在防篡改、防病毒、防攻击、防瘫痪、防泄密等方面有效性。同时，专人负责保密管理，对计算机享有独立使用权，计算机的用户名和开机密码为其专有，且规定严禁外泄。计算机在安装杀毒软件时采用国家主管部门批准的查毒杀毒软件适时查毒和杀毒，不使用来历不明、未经杀毒的软件、光盘、U 盘等载体，不妨问非法网站，自觉严格控制和阻断病毒来源；电脑设备外送修理时，有指定人员跟随联系；电脑报废处理时，及时将硬盘等存储载体拆除或销毁。

二、存在不足

总结驻马店市交通信息化工作，驻马店市交通运输局深切地感到，信息化建设之所以取得一些成效，领导高度重视是组织保障，理念更新是思想保障，机制创新是运行保障，资源开发是内容保障，平台建设是技术保障。在肯定成绩的同时，我们也感到，驻马店市交通信息化建设总体上滞后于交通又好又快发展的要求，信息化建设与交通设施建设不同步、不适应的问题仍然存在，信息化对交通现代化的引领推动作用还未充分发挥，建设进程中还存在着诸多矛盾和问题：一是部分单位对信息化促进交通现代化发展的重要意义认识不到位，对运用信息化手段规范业务流程，实施科学管理，服务社会公众等方面的重要作用认识不足；二是信息化管理、运行机构和机制不十分健全，业务管理与信息化管理部门间、各业务管理部门间缺乏统筹协调，信息化工作整体推进乏力；三是交通信息资源采集、共享、报送、发布等机制不够完善，存在信息更新不够及时等现象；四是没有形成业务信息系统的长效管理和维护机制，致使很好的业务信息系统没有发挥应有的作用。

三、下一步工作打算

（一）进一步提高对信息化建设工作的认识。驻马店市交通运输局将进一步提高对交通信息化工作的认识，充分认识到交通信息化对提高行业运行效率，提升交通运输服务水平，增强市场监管能力，应对重大突发事件，提供交通信息服务等方面的推动作用，把交通信息化建设作为提升整个交通行业运营管理和服务水平的重要任务，摆在交通工作的突出位置。（二）落实交通运输信息化规划。驻马店市交通运输局委托河南省交通科学技术研究院有限公司编制完成了《驻马店市交通运输信息化"十二五"规划》，待专家评审并经有关部门批复同意后组织实施。"十二五"期间规划建设的重点项目：一是交通数据中心。该系统主要通过数据整合交换平台，对各类交通信息资源进行交换及整合，并存储到数据资源库中。二是交通运输安全管理与应急指挥平台。交通运输安全管理与应急指挥平台实现信息采集、分析处理、控制执行、科学决策精细化管理，将有效防范风险，保障区域经济平稳运行、社会稳定。满足公路、水路、场站等运行状态的实时监控以及交通诱导和公众出行服务，以及对公路交通突发事件、工程建设突发事件、道路养护突发事件、场站突发事件的应急指挥和处置。同时，驻马店市拥有驻军单位多家，在新的交通信息规划下我市将按照军民融合式的发展方向，与部队沟通、合作，共同搭建应急平台，并积极在驻马店市交通建设中贯彻落实国防要求，努力构建军民一体的现代交通战备体系。三是治理车辆非法超限运输系统联网工程。对现有超限管理系统进行升级改造，实现所有干线公路及高速公路超限运输信息系统联网，并依托省部级数据交换平台实现与全国超限信息系统联网。四是电子政务系统建设（含 OA 办公系统）。电子政务系统将整合现有业务系统，汇总各个业务数据库数据，简化和理顺行政许可项目办理流程，加强网站交流互动功能，对投诉和建议的接收和处理，提高处理效率，及时反馈结果。整理、改造网络基础架构，建立一个高度连通、可信赖、易于使用和管理的内网和外网，构造一个安全、高效、稳定的电子政务网络基础平台。建设 OA 办公系统，大幅度提高易用性和稳定性，加强通信和协作功能。五是公交及出租车智能调度与管理系统建设。系统实现对出租车和公交车的调度和相互协调，保证车辆运行计划的有效实施。通过对车辆运营信息的及时反馈，对车辆合理调度，保证路线畅通、解决客流高峰，并提高乘车的舒适性及行车安全。确保车辆的合理运行，使公交、出租车运力与交通资源得到最大发挥。此外，本系统与指挥中心相连，时刻可以配合指挥中心进行紧急调度。在出租车和公交车的管理上，采用物联网技术，实现电子身份识别、不停车检查、运营车辆信息快速采集等功能。六是物流公共信息服务平台。物流平台充分利用已有系统，整合现有资源，以“八挂来网”等为基础，扩展现有物流信息平台的业务种类和范围。通过对管理部门、物流企业、工商企业等多个相关行业的协同，实现对物流公共信息的采集。物流公共信息服务平台应具有综合信息服务、数据交换、物流业务交易支持、信用管理、货物跟踪、行业应用托管服务、统计分析、行业监管等相关功能，通过对物流公共数据的采集、处理和交换为企业和行业的物流信息化提供支撑，同时为政府的管理和决策提供信息支持；能够为物流服务提供商、货主／制造商、交通、银行、保险、海关、税务等提供一个统一高效的沟通渠道，为客户提供完整、综合的供应链解决方案；充分利用互联网、手机、电话等多种手段提供服务。七是交通运输公共信息服务平台。充分整合和利用现有道路信息服务系统、服务热线，同时结合旅游信息资源。以网站、咨询热线形式为主，手机、平板电脑等移动终端为辅，结合交通广播、可变情报板、公共场所大屏幕等手段，逐步推进公众服务系统与交通行业业务系统的有效结合，打造面向社会公众的“一站式’’公众信息服务体系。

“十二五”期间系统各单位的建设任务：驻马店市交通运输局建设数据中心、交通应急指挥中心、电子政务系统、公共信息服务平台；驻马店市公路管理局和市农村公路管理处建设数据分中心、公路网监测与应急指挥信息系统、治理车辆非法超限运输系统联网工程、电子政务系统；市道路运输管理局建设数据分中心、道路运输应急指挥信息系统、公交车和出租车智能调度与管理系统建设、物流公共信息服务平台、电子政务系统；市交通路政管理处建设数据分中心、高速公路应急指挥信息系统、治理车辆非法超限运输系统联网工程、电子政务；市地方海事局建设数据分中心、水上应急搜救指挥信息系统、重点库区及农村渡口的水上安全动态监控系统、电子政务；市交通工程质量监督站建设数据分中心、电子政务系统；驻马店市交通科技教育中心建设交通科技信息资源共享平台、电子政务系统。

2012 年，全面落实交通信息化建设，计划建成全市交通运输数据中心、交通运输应急指挥平台、OA 办公与视频会议系统、交通运输公共信息服务平台、出租车 GPS 智能化调度系统。

四、建议

1、驻马店市政府要加大对行业信息化建设的资金投入。2、增加行业信息化机构设置和人员编制。3、力口大对各单位信息化技术人员的培训力度，促进信息化建设的应用及推广。

驻马店市人防办信息化发展概况

今年以来,驻马店市人防办信息化建设工作在市委、市政府的统一部署下,在市信息办等相关部门的有力指导下,把加强信息化建设作为提高人防行政管理水平的重要战略措施,以提高信息化应用水平为核心,采取有力措施,精心组织协调,创新工作方法,全力以赴,高标准、快节奏加快信息化建设步伐,较好地完成了各项任务。现将驻马店市人防办一年来有关情况汇报如下:

一、信息化工作情况

(一)抓机构、提高认识,把信息化作为科技强办的重要工作内容。信息化的快速发展是全球的共识。驻马店市人防办为正确履行人防职能,实现科技强办,多年来紧跟时代步伐,高度重视以计算机网络为载体的人防信息化工作,千方百计抓好信息化建设,以信息化建设和应用推动人防工作的发展。一是办党组把信息化建设工作摆到议事日程,并作为重点工作来抓。树立责任感、使命感和紧迫感,专题研究信息化建设与发展问题,明确信息化工作是系统工程,积极带头学习和贯彻落实驻马店市委、市政府信息化工作的文件精神。二是及时调整信息化工作领导小组,一把手亲自抓,主管领导具体负责,下属二级机构成立了相应的机构,同时进一步制定信息化各项制度,明确各自职责,用制度管事,用制度管人,增强工作人员的责任意识。从组织领导、资金支持、信息化队伍建设上提供保障,夯实了基础,保障了信息化建设各项工作的顺利进行。

(二)抓培训,提高队伍素质。信息化的建设与发展必须从长远目标出发,依靠专门的职能机构和各类技术人才,才能有所作为。因此,狠抓信息化人才队伍建设,为信息化的建设、发展、维护管理等提供智力支持和技术保障,是一项长期的基础性工作。培训是信息化建设工作的重要环节,我们对培训工作高度重视。据统计,驻马店市人防办先后举办了 3 期不同层次、不同业务的培训,驻马店市人防办市办相关科室及下属的二级机构、各县人防办网络管理员、信息员、执法办案人员共 40 余人(次)参加了培训,建设了一支信息化应用人才队伍,为信息化建设提供有力的人才支持。

(三)抓服务,做好政务公开工作。依托自身技术力量,按照《政府信息公开条例》的规定,对原市办门户网站进行了升级改版,网站开辟信息公开、组织机构、人防动态、政策法规、业务办理、咨询服务、专题活动、工程建设、防灾减灾、宣传教育等 10 个专栏性工作平台,将人防办各部门的行政职能、机构设置、办事程序、法律法规、举报投诉等事项全面对外公开。实行网上公开、网上投诉、网上受理、网上发布、网上宣传，将人防工作各种信息公诸于众。为及时了解人民群众对人防工作的意见、建议，使市办政务公开门户网站真正发挥真实、公正、有利监督的作用，我们积极拓宽办领导与人民群众沟通渠道，开辟《投诉中心》、《网上咨询》，直接将群众网上留言呈报一把手审阅处理，并及时转交相关业务部门具体办理，起到了较强的监督作用。

(四)抓保障，维护业务系统的稳定运行。2011 年以来，驻马店市人防办的硬件建设取得了质的飞跃，网络基础设施运行稳定，为综合业务系统各类模块的应用奠定了坚实的基础。为确保各软件系统正常运行，发挥效用：一是进一步强化网络维护和管理。切实加强病毒检测、入侵检测、漏洞扫描、系统备份等网络安全防范措施。二是搞好运行维护。做好现已上线运行的各类软件的运行维护工作，确保各类软件应用的正常运行。对各单位在日常工作中遇到问题及时予以解决。对存在的共性问题要总结经验，协调解决，并做好预防、告知，避免再次发生。三是做好技术指导。定期不定期对各县人防办网络设备使用情况、软件应用情况情况进行检查，及时发现各单位在日常工作中遇到的实际问题，并采取措施协调解决。对检查中发现的好的经验、做法在全系统予以宣传推广，为提高全系统信息化应用水平奠定了基础。

(五)抓宣传，营造信息化建设工作的顺畅环境。历年来，我办都坚持依托驻马店市电视台、驻马店日报等媒体大力宣传我市人防信息化建设成果。每次人防专业队伍训练、演练活动，我们都邀请市电视台录制播放专题新闻。几年来，我们已累计印制了 3 万份宣传单，编印了近万册防空防灾知识手册，制作了 40 多块宣传图板，印发了人防信息化知识教材千余册，试卷千余份，向国家、省、市报刊杂志等宣传单位投稿多篇。我们还开展了人防专题教育课堂、人防知识板报和应急演练及知识竞赛等系列活动。通过系列宣传活动，各级人防意识和观念得到了有效的增强，人防法律知识得到了有效的普及，为驻马店市人防信息化建设发展营造了顺畅环境。

(六)抓“准军事化”机关建设，推进人防信息化建设事业的协调发展。几年来，我办秉承“建一流队伍、创一流业绩、树一流形象 " 的理念，内强素质、外树形象，大力开展准军事化文明机关活动，促进了机关建设和人防建设事业的共同发展。驻马店市人防办制定了驻马店市人防办机关学习、工作、生活、管理等 30 余项制度和规定，有效的规范了机关秩序。

驻马店市人防办还通过坚持开展“五日兵”活动，将全办人员拉到古城人防疏散基地进行队列、体能等五天的封闭式训练，观摩军事化管理和训练演示，有效地提升了机关全体人员军事素质。通过驻马店市人防办坚持不懈地抓机关建设，人民防空窗口形象，服务作用明显提升，多次受到各级好评，推进了人防信息化建设事业协调发展。

二、存在的问题

(一)基础建设水平较差，不能有效适应新形势的发展要求。信息化建设是一项高技术、高投入的现代化基础建设，购置大量硬件设备、开发软件系统，必须要足额的经费加以保障，确保硬件建设投入充足，使工作人员人手一台配置较高的电脑，及时更新淘汰购买较早的系统配置低的部分电脑，让硬件跟上大型应用软件程序的更新升级，保障信息高速公路道路畅通。目前，人防办机关和办属的二级机构电脑数量不足，各种现代化办公设备较少，这在一定程度上制约了信息化建设的步伐。

（二）信息化人才队伍培养水平较低，专业技术人员严重短缺。目前信息化建设速度较快，各类应用不断推出，急需大量专业人员负责系统的应用、运行维护等，以保证各类系统的正常、稳定运行，目前，本单位中该类人员较少，仅有的一些专业人员在负责信息化建设工作的同时，还要抽出较多的精力承担其他大量繁重的工作，这在一定程度上影响了信息化建设的水平和质量。

（三）信息化建设资金投入不足。由于以往信息化建设资金投入不足，导致本单位信息化建设水平较低。虽然近几年信息化建设的各项资金投入较以往有了大幅提高，但与实际需要还有较大差距，无法适应新时期人防职能转变的需要。

三、今后工作打算

1、继续加强领导。

2、继续加大软硬件建设力度。

3、继续加大宣传力度。

4、继续狠抓信息化建设培训工作，多培养专业人员。

5、坚持两防一体化，利用我们的人民防空战备资源优势，为政府处置突发公共事业提供服务和保障，服务社会、造福于民。

“百尺竿头、更近一步”，驻马店市人防办一定要继续努力，开拓进取，用信息化建设带动和提升整个人防事业的发展。

驻马店市人社局信息化发展概况

在驻马店市委、市政府的正确领导和省人力资源和社会保障厅心指导下，驻马店市人社局积极巩固信息化建设成果，围绕《2011 年度信息化建设责任目标》各项任务，大力推进驻马店市人力资源和社会保障信息化建设。2011 年各项工作取得了较好的成效，现汇报如下：

一、社会保险与劳动就业应用系统建设情况

（一）应用系统建设背景

2007 年，驻马店市直五项保险数据集中到了市数据中心，并使用全省统一软件办理业务；2008 年，全市统一的城镇居民医疗保险信息系统投入使用；2009 年，九县一区企业养老保险全部应用全省统一业务软件，数据集中到市数据中心：2010 年，平舆和泌阳两个新农保试点县应用了全省统一的新农保业务系统，数据通过市数据中心集中到了省厅数据中心。安装布署了部、省、市联网交换区系统，五项社会保险联网数据纳入了市数据中心交换数据库，逐月按时更新和上报联网监测数据。

（二）2011 年应用系统建设情况

1、积极开展医疗保险市级统筹信息化工作

2011 年，按照“整体推进、分布实施”的方式，信息中心全面启动医疗保险市级统筹工作，积极开展对县区医保数据整理整合工作，将县区医保数据逐步集中到市数据中心。

2、完成了全省就失业登记软件实施工作

按照省厅统一安排，11 年，信息中心开展了全省统一劳动就业软件实施工作，对全市就失业登记操作灵进行培训，分配业务权限。目前，驻马店市直及各县区劳动就业服务机构已开始使用全省统一劳动就业软件办理就失业登记等相关业务，数据集中到市数据中心。

3、全面推进城乡居民养老保险试点县信息化工作

2011 年，信息中心积极做好新增试点县信息化准备工作。实现新增试点县与省厅联网，完成城乡居民养老保险全省统一软件操作员权限实名分配工作，并对县农保中心及乡镇劳动保障所人员进行应用培训，指导试点县及其乡镇劳动保障所应用全省统一的业务系统开展业务经办。目前，驿城区、新蔡、确山、平舆、泌阳五个试点县均已应用城乡居民养老保险业务系统。

4、做好全省统一软件应用日常维护工作

2011 年，信息中心认真收集各业务部门软件需求，及时纠正各项保险数据问题，不断完

善全省统一应用软件，增强软件对我市政策差异的适应性，做好统一软件运行维护工作，保证统一软件运行平稳，各项劳动保障业务办理正常。

（三）应用系统应用成效

全省统一应用软件上线后，驻马店市社会保障工作实现了全过程信息化管理，从参保登记到待遇发放，实行一站式服务。随着金保工程建设进程的不断加快，广大参保单位和职工群众享受到了金保工程带来的周到、高效、便捷的服务，政府“惠民、便民、亲民”的理念在劳动保障系统得到了贯彻落实。

目前驻马店市金保工程为全市 3862 个参保单位、40 余万参保人员提供着全面的劳动和社会保障信息化服务，每天交易业务近万笔，支撑着包括养老保险、工伤保险、医疗保险、失业保险、生育保险、就业、再就业在内的劳动和社会保障各项业务经办，为全市每年数十亿社保基金进出流动提供着技术安全保障。

二、业务专网与数据中心建设情况

（一）业务专网建设

可数据中心现采用中国联通和中国移动两家运营商专线组建业务专网，实现了部、省、市三级互联。业务专网覆盖到全市 50 多个人力资源社会保障部门、197 个乡镇劳动保障所、570 多家医疗保险定点医院、定点药店。2011 年，城乡居民养老、劳动保障监察“两网化”工作的开展进一步扩大了业务专网覆盖范围，今后，业务专网将覆盖到所有乡镇劳动保障所、街道、社区。

（二）加强对数据中心设备及信息系统日常管理维护

对机房设备及各信息系统合理高效的维护和管理，是实现劳动保障信息数据安全管理的重要保障。数据中心存储着全市人力资源和社会保障数据，除了机房设备保养、网络系统维护外，还有全省社会保险经办系统、城镇居民医保系统、交换区全国联网系统、全省统计报表系统、劳动保障监察“两网化”系统等软件系统需要维护。一年来，信息中心不断加强对数据中心设备及信息系统的日常管理维护工作。同时，及时对做好数据备份，并实现对备份数据非现场保存，以确保数据安全。

三、公共服务系统建设情况

（一）完成人力资源和社会保障网站建设

由于人事、劳动已完成机构合并，信息中心下半每开始建设新的驻马店市人力资源和社会保障网站，并于年底前投入使用。网站开设综合、人事、职称、医疗保险、工伤保险等 21 个业务专栏，设有新闻动态、公示公告、信息公开、政策法规、查询中心等十余个栏目。局长信箱、举报投诉及咨询专栏可实现网络互动、广纳民意，信息查询专栏可方面参保人员进行信息查询。

（二）开通 12333 电话人工咨询服务

2009 年驻马店市依托全省统一的 12333 系统，建立了驻马店市人力资源和社会保障电话咨询自动服务，向社会公众提供政策咨询，今年 10 月份又开通了 12333 人工座席服务，暂开通了 2 个人工座席，向社会公众提供政策咨询，办事指南。12333 还充分利用劳动保障信息系统的优势，开通社会保险个人帐户实时查询服务，提高职工参保情况的透明度和知晓度，高度关注和满芝了广大劳动者的需求。12333 在服务市民的同时，将市民的建议来电、投诉来电、举报来电及时传递给业务部门,为劳动保障部门提高服务水平、改善服务流程提供民意参考,成为行政部门和市民之间沟通的桥梁。

(三)完成社会保障卡"一卡通"建设规划

根据省厅统一规划,2011 年起,驻马店市社会保险参深人员分期分批发放使用人力资源和社会保障部统一规范的社会保障卡。本着"稳妥有序"的原则,按照省厅社会保障卡"一卡通''建设要求,完成我市社会保障卡"一卡通"建设规划,待全省社会保障卡建设方案出台后,按省厅要求开始发放社会保障卡。

(四)开展劳动保障监察"两网化"软件实施工作

根据省厅统一安排,信息中心积极开展全省统一劳动保障监察网络化和网格化管理软件实施工作,完成了与省厅"两网化"网络联接及全省统一"两网化"软件市级布署,并配合市劳动保障监察支队对市、县区经办人员进行培训。

三、网络与信息安全

(一)强化制度建设,严格落实信息安全责任制

驻马店市人社局高度重视信息安全管理工作,成立了信息安全工作领导小组,指定信息安全主管领导和管理人员,建立了相关制度,并按照"谁主管、谁负责"的原则,全面落实安全责任制度。

(二)积极采取各种网络与系统安全防范措施,以保证信息系统安全。

1、数据中心机房建设情况:数据中心机房设在局办公大楼内,主要设备统一有序地布置在机房内。机房所在建筑己设置避雷装置,机房内配备有高灵敏度的烟雾探测系统和消防系统,并定期进行电力、防火、防潮、防磁和防鼠检查,机房配备有精密空调,使机旁保持在适宜的温湿度环境范围内。数据中心安装有视频监控系统,监控系统每天 24 小时处于开启状态,可通过内、外网络实时监控机房实时现况。

2、网络防护与信息安全产品部署:本系统主干网络设备线路为千兆双通道冗余线路,保证接入网络和核心网络的带宽,足以满足业务高峰期需要。网络共分为三个核心区域,一是数据线路汇聚区(各业务节点服务器、交换机线路汇聚区);二是数据线路交换区:三是核心生产区。其中汇聚区网络线路采取千兆专有光纤做主线路,百兆专有光纤做备份线路,双线路自动切换,网络设备均为双机冗余配置,网络接入地址通过核心路由和核心交换,使用各自专有网段进行数据传输。数据线路交换区设备同时采取双线路冗余设备,使用双防火墙双机热备对数据源地址进行严格过滤,双机防火墙使用虚拟地址接入生产区,保证防火墙安全:生产区使用负载均衡器对外提供虚拟接入点,四台应用服务器并机通过数据均衡访问数据库,生产区所有设备对外均使用虚拟地址,以保证生产区数据安全。入侵检测防范措施应用在数据线路汇聚区,监视寒自内外网络的各种攻击行为。

中心根据各部门的工作职能、重要性和所涉及信息的重要程度等因素,划分不同的子网或网段,并按照方便管理和控制的原则为各子网、网段分配不同的地址段。所有内网业务节点设备均由信息中心网络管理员进行统一配置,中心所有网络设备均不能通过远程设备进行连接调试。

3、业务系统安全防范措施

对业务系统经办人员账号、口令及权限进行严格管理与控制,实行严格的审核制度,并

制定了人员离岗离职相关管理规定,业务需求与重要信息变更需审批备案。

信息中心指定专人(安全管理员)负责信息系统的数据安全运行管理和日常运行的维护,实行自动备份加手动备份相结合的方式。中心数据备份采取每天在线实时备份,安全管理员每天必须检查数据备份系统的运行情况,对备份日志中的警告、出错信息按照操作规范及时做好处理。生产区每台服务器都必须制佳 RAID,实现对备份主机、存储器的各相关设备的每日维护,中心还实施了每日离线数据异地备份。

4、终端计算机安全防范措施

不断加强对计算机使用者的安全培训工作,强化每一个使用者安全使用网络的能力,提高安全防范意识,对每台接入互联网的计算机采取实名制,对计算机 IP 和 MAC 地址进行绑定,分配固定上网 IP 地址。

终端计算机使用者要定期更新病毒防护软件,定期进行漏洞扫描、病毒木马检测,以保证终端计算机信息安全。

(三)认真开展信息安全隐患排查整治,强化操作人员信息安全管理。

为了确保信息网络安全,驻马店市人社局信息中心网络管理员对本单位信息系统的帐户、口令、软件补丁等进行了一次全面的清理检查,及时进行了更新和升级,杜绝了弱口令、弱密码现象的存在,消除了安全隐患。同时,驻马店市人社局还关闭了不必要的应用、服务、端口和链接,特别加强了业务专网的管理和维护,坚决杜绝其与党政网、互联网并网运行的情况发生。驻马店市人社局还对机房环境送行了多次彻底的安全检查,对机房供电系统、空调系统、防火系统、网络连接情况、服务器运行情况、网络设备运行等情况进行细致地检查,消除了安全隐患,确保了信息系统的安全运行。

信息化建设关系到人力资源和社会保障事业的各个方面,在今后的工作中,驻马店市人社局将本着"服务群众、方便群众"的原则做好人力资源和社会保障的信息化建设。为驻马店市经济社会的又好又快发展做出劳动保障人的应有贡献!

驻马店市审计局审计信息化发展概况

2011年，驻马店市审计信息化工作在省厅精心指导和市政府信息办的大力帮助下，在局党组的高度重视下，按照省厅提出的“一二三四五''整体工作思路，积极推进计算机审计和办公系统的应用，取得了明显成效。现将驻马店市2011年审计信息化建设工作总结如下：

一、驻马店市审计信息化工作的主要成效

（一）领导重视，措施有力。驻马店市始终把加强审计信息化工作作为审计工作转型的重要内容之一，采取多种措施，从制度上推进和规范信息化工作。驻马店市局坚持把完成的计算机审计项目数量、AO与OA交互的比重、获奖计算机审计项目数量等作为年度考核的重要指标，年初确定计算机审计重点项目并提供技术支持，要求各县区局和市局业务科室在计算机审计优秀项目评比中至少选送1个项目、在AO应用实例评比中也至少报送1项。

一是认真运用好AO系统。AO软件在审计中的运用越来越广泛'发挥的作用也越来越大。驻马店市审计局非常重视，今年上半年特邀请计算机专家对全市审计人员进行了为期三天的业务培训。市审计局从2008年下半年开始利用AO开展计算机辅助审计，今年运用AO开展审计的项目更多，范围更广，从开始尝试到现在AO推广应用覆盖率达60%以土。

（二）不断提升计算机审计成果。一是要求审计人员在完成计算机审计项目后，及时对该项目的主要做法、取得的成效以及存在的不足加以总结。二是对于在实际工作中计算机审计取得较好成效的项目，动员审计人员积极编写审计专家经验和审计案例。今年共上报1篇AO应用实例、4篇专家经验和审计方法。其中驻马店市局财税金融审计科报送的《某市级地税部门税收征收征管审计实例》，获得2011年AO应用实例省级优秀奖。

（三）继续加大对信息化建设的投入力度。驻马店市审计局金审工网络建全面实现了百兆核心、百兆机房、百兆桌面，并通过市级电子政务网络形成了与省厅、区县审计机关三级互联的建设目标。截至2011年底，我市11个区县审计机关全部完成了办公局域网建设和市、县（区）两级互联互通工作，为OA“1拖N”系统推广应用创造了良好的网络环境。同时区县审计机关着力解决了审计人员工作用电脑不足的问题，积极向有关单位申请落实建设资金，目前基本实现审计人员人均一台电脑的配置目标，使信息化建设工作再上新台阶。

二、审计信息化工作中存在的不足

（一）审计人员对审计信息化工作仍然存在畏难情绪。审计人员已经深刻认识到审计信息化是一场革命,必将带来人们思维方式、审计作业方式和作业流程的变革。但是,在信息化的具体工作中,畏难情绪依旧存在。

(二)信息化发展的不平衡性依然存在。各县(区)局之间、妥地开展联网审计建设,将确定一个县作为联网审计试点,逐步推进以在线审计、实时审计为特征的联网审计,探索建立数据式审计模式,努力发掘“免疫系统”预警、揭示、反馈功能的信息化实现方式。

(三)加强计算机审计成果的提炼。继续通过评优、考核、激励等措施,鼓励审计人员提升计算机审计成果,认真总结计算机审计案例,积极申报计算机优秀审计项目。

(四)进一步提升审计人员计算机水平。继续加强驻马店市审计人员计算机培训,不断提高计算机应用技能,培训出更多的计算机审计复合型人才。鼓励审计人员采取自学、网上培训等方式学习计算机审计技术,让更多的审计人员掌握计算机审计技术,加强审计队伍学习培训及信息资源融通。经常学习、交流、研究问题,充分发挥专业人才在计算机审计中的支持和信息系统建设中的作用,初步建成适应审计信息化的新型审计队伍。

(五)按照审计署和省厅要求与部署,在去年地税联网审计建设的基础上,争取在2012年底完成财政、社保联网审计建设任务。

驻马店市水利局信息化发展概况

水利防汛抗旱异地会商系统

防汛抗旱异地会商系统是一项重要的综合性非工程防洪抗旱减灾措施，是实现防汛抗旱指挥决策科学化和现代化的重要手段。防汛抗旱异地会商系统是“驻马店市水利防汛抗旱指指挥系统”的核心部分，其它业务系统的处理成果最终都要通过该系统与决策者进行交互，通过异地会商系统能够使防汛抗旱指挥中心能够随时了解最新的汛情和旱情，为决策提供强有力的支持，使防汛抗旱工作能够得到快速发展，减少汛情和旱情造成的经济损失。

目前防汛会商视频系统，已经初步建成，该业务平台向上可以连接到省水利厅、水利部，向下覆盖了驻马店市 9 县 1 区和 3 个大型水库。

驻马店市统计局信息化发展概况

2011 年驻马店市统计局信息化工作,在信息化工作领导小组的直接领导下’在省局数管中心的大力支持下,结合年初工作目标和信息化五年发展规划’通过中心全体技术人员的共同努力,较好地完成了全年各项工作任务,现将全年主要工作总结如下:

一、全市第六次全国人口普查数据处理工作

驻马店市第六次全国人口普查数据处理工作在市人口普查办公室的正确领导下,在省人口普查数据处理组的业务指导下,紧紧围绕全市人口普查工作中心,以科学发展观统领工作全局,数据处理组全体人员锐意进取,刻苦努力,圆满地完成了全市第六次人口普查数据处理工作。

(一)数据处理准备工作

1、按照省人普办要求,多方努力落实数据处理环境。全市共落实人口普查数据处理专项经费 200 多万元,市局投入近 60 万元对网络核心设备以及楼层交换机进行了升级改造,同时还采购服务器四台、微机十台;多次检查、督促县区数据处理设备落实情况,各县区合计落实数据处理办公用房 30 间,专用微机 80 台,服务器 18 台,有的县还更新了 UPS 电源、路由器、核心交换等数据处理设备配备,为迎接人口普查数据处理工作的到来从硬件上做好了准备。

2、各级分别成立了数据处理专门机构,并对人员进行了全面细致的培训。在普查工作开展之初,驻马店市人普办抽调业务骨干 8 人,成立了数据处理组,并按照数据处理工作的需要对数据处理组人员进行了详细职责分工,人普光电录入时,数据处理组又分为四个小组,包县指导;第六次人口普查县级光电录入人员全部为各县区普查办公室协调成员单位人员组成。

驻马店市局精心组织数据处理骨干和各县(区)业务骨干参加省局第六次全国人口普查数据处理培训会,认真学习人口普查光电录入数据处理程序,大家认真听讲,积极思考,每个参会人员都进行了实地操作和数据光电录入演练,做到现场理解,现场释疑,逐一解决人口普查光电录入程序操作上遇到的问题,并用长表短表为样板,全程练习一遍程序操作。通过授课人员的精心准备,认真讲授,参会人员认真听课,刻苦学习,基本熟练掌握了人口普查光电录入数据处理程序的操作技能。

3、认真研究制定了人口普查数据处理有关文件。驻马店市级制定了《驻马店市第六次人口普查数据处理工作方案》和《驻马店市第六次人口普查数据处理实施细则》,及时转发了省人口普查办公室《关于河南省第六次人口普查数据处理工作指导意见的通知》、《河南省第六次全国人口普查数据处理实施细则》和《河南省第六次人口普查数据处理流程》等相关文件,保证了全市人口普查数据处理工作正常有序地进行,各县区也都根据各自实际分别制定了《数据处理工作方案》、《数据处理实施细则》、《数据处理工作流程》、《数据处理工作制度》、《数据质量控制办法》等一系列工作规范。

同时,为了确保光电录入工作的规范有序进行,按照省普查办工作要求,驻马店市还制定了《驻马店市第六次人口普查光电录入实施细则》及全市工作计划。要求各县区制定具体工作计划和实施方案,按照职责分工细化到每一个人,包括职责分工、质量控制、纪律要求、注意事项等。

(二)组织实施情况

1、科学规划、统筹安排,踏实做好县级数据处理工作。按照省市人口普查数据处理方案要求,结合我市人口普查工作实际,各县区普查光电录入数据处理集中在县区进行,各县区光电录入基本实行三班轮流工作制或两班三运转工作制,每班不少于 8 人,确保光定录入人员岗位固定,其中光电扫描仪日常维护、系统管理人员及质量控制人员全天候值班。并且每天工作时间不得低于 15 个小时。

2、组织协调,质量控制

要求县区人普办实行领导带班制,县区人普办业务副主任为带班领导。带班领导负责对本班次日录入工作质量的检验及业务技术指导,数据处理组负责技术指导、光电机维护和数据备份。

为确保录入工作质量,要求各县区印制《普查表领取、回收登记表》、《光电录入扫描、校对、校验》等清单,每班由带班领导负责填写有关表格,做到录入扫描、校对、校验工作质量有据可查。

经过驻马店市、县、乡三级普查业务人员和市、县两级数据处理人员以及参与光电录入人员的共同努力下,顺利完成短表长表光电扫描、图象识别、数字校对、校验等任务,比省人普办规定的时间提前 3 天。

这次参加数据处理人数 366 人, 共完成全市 10 个县区(含 2 个开发区)、202 个乡镇、31469 个普查小区普查表的光电录入任务,可以说打了一个漂亮的攻坚战。

二、基础规范化建设

1、统计信息化工作规范化建设

统计信息化工作规范化建设,我们采取的是根据省里制定的评分标准,对指标进行了量化分解,责任到人,列入工作目标,对照评分标准进一步完善和提高。对县区我们按照《驻马店市统计信息化工作规范化建设实施方案》及评分标准,要求各县区完成自评及市级采取抽查的办法进行检查验收,对达不到合格的县区,将取消评先资格。十二月三十日前市级将组织人员到县区进行检查验收。

2、加强数据中心建设,全面推进全市标准化机房建设。

根据省局关于"标准化机房"建设的工作要求,今年以来,市局及时转发了河南省统计局《河南省统计系统机房系统标准化指导意见》豫统办文[2 011]105 号,安排布置全市标准化机房升级达标作为现阶段信息化基础建设工作目标。经过全市统计系统的积极努力，目前，驻马店市统计局在经费紧张的情况下，投入专项资金对市局中心机房电源线路、消防设备进行升级改造，汝南县、上蔡县、驿城区等县区，先后完成了各自标准化机房建设和升级改造工作，预期到明年年底，全市各县区除因新大楼建设工程延后实施外，全市统计系统中心机房将全面达标，为我市统计信息化建设奠定了良好的基础。

3、计算机应知应会培训工作

为切实提高全市计算中心系统技术人员的业务能力，促进自学和相互交流计算机知识应用技能，不断熟练掌握网络和计算机管理知识'先后组织召开了全市网络安全培训会议、计算中心系统全体技术人员计算机知识竞赛和岗位大练兵等活动。会议邀请了有关公司工程师对网络安全管理知识作了细致讲解，及时解答了与会人员提出的疑难问题；计算中心技术人员就网络安全管理知识进行了培训，并进行实地演练，取得了良好效果，为全市统计系统网络的安全运行提供了保证。

三、信息系统安全建设

根据省局有关信息系统建设的有关文件要求，驻马店市结合自身实际，对各项规章制度及技术设备进行多方位的整改，以满足统计工作需求。

一是完善和修订相关管理制度。针对我市目前信息系统及其设备，先后制定完善了、网络管理制度》、《统计信息网络安全运行应急预案》、《机房安全管理制度》等主要工作制度。

二是加强信息安全的管理。根据我市的实际情况和网络通讯设备的用途，我市对信息安全工作加强了管理，并制定了相应的管理策略。

一是加强组织领导，切实落实责任。二是深化信息安全管理，加强制度执行力度；建立科学的监督机制，保证及时发现问题并切实整改：三是完善信息安全技术防范措施。深化 IT 治理，改进 IT 架构，既要减少部件本身的隐患缺陷，也要注意减少部件间的隐患缺陷。四是全力做好突发事件的应急工作，坚决防止重要时期发生系统瘫痪、网络中断、关键信息泄漏等网络与信息安全事件。

三是加强安全技能培训工作。为了提高信息安全意识，4 月份，我市组织了全市网络安全技术培训会议，邀请网络专业工程师对全市计算中心从业人员进行了系统的培训，培养专业信息安全技术人员，以提高专业人员应对各种软硬件安全技能，对硬件产品的使用，要求县区掌握其配置策略及方法，在厂商配置完后，各县区要重新配置关键部位，并保存备份配置策略，遇见问题时要认真学习配置手册及产品手册或电话咨询相关技术人员，以保证更有效的管理安全设备后续服务。

四、统计信息化应用

为贯彻全国统计工作会议和国家统计局有关文件精神，按照省统计局关于开展"企业一套表"工作要求，驻马店市统计局根据省统计局的企业一套表制度方案，积极组织实施"企业一套表"工作。在省统计局数管中心的指导和县区统计局的密切配合下，我市"企业一套表"工作按照工作方案的总体要求逐步推进，取得了较好的效果。

1、领导高度重视，认真做好"一套表"各项准备

为保证"一套表"工作顺利进行，我局按照省统计局的安排，组织各专业人员参加了在郑州举行的"企业一套表"工作培训会议。会议结束后，参会人员迅速向分管领导进行汇报，

局党组召开专题会议进行研究，成立了领导小组和办公室，明确了工作目标和职责分工，各专业人员就“企业一套表”工作召开了讨论会，对“企业一套表”方案进行认真阅读，熟练掌握工作的相关流程，对工作中可能出现的问题进行了讨论，为工作顺利开展奠定了基础。

2、认真组织培训

“企业一套表”工作，对我市统计局各专业人员和“三上”企业来说是一个全新的挑战，为认真做好“企业一套表”培训，计算中心做了大量准备工作，反复安装调试虚拟服务器，加班加点搭建培训网络系统各专业人员结合自身专业情况，认真准备培训资料，对县区统计局和市直符合条件的50家企业进行了业务培训和企业联网直报数据处理程序培训。

3、精心组织实施

驻马店市统计局严格按照方案要求，建立用户，分配权限，及时解决专业使用中遇到的问题，确保两批数据保质保量地上报。

4、完成了宏观数据的升级改造工作

为推动宏观数据库建设，我们组织技术人员对宏观数据库系统进行了认真的学习和讨论，在总结原来系统搭建经验的基础上对老的宏观数据库系统进行升级改造。工作人员加班加点，认真调试，目前，新宏观数据库系统已初步安装调试成功。下一步同专业科室密切配合，尽快组织完善数据的加载工作。

五、创新及其它

1、在加强培训面，今年驻马店市统计局进行了部分尝试，就是在给县区进行业务培训时，我们邀请网络技术人员有针对性的进行授课，取得了良好的效果，以后驻马店市统计局将继续开展此项工作。

2、为了建立应急机制，驻马店市统计局现场进行网络中断故障模拟处理，让全体人员切身体会到出现网络问题时如何应对等。

驻马店市文化新闻出版局信息化发展概况

根据信息化工作领导小组信息化建设责任目标考核工作要求。结合驻马店市文化新闻出版局信息化发展“十二五”规划，认真对照信息责任目标考核细则，驻马店市文化新闻出版局逐条落实情况报告如下：

一、加强组织领导，进一步完善信息化建设平台。

为切实加强对信息化建设工作组织领导，驻马店市文化新闻出版局成立了由局分管领导为组长，办公室主任为副组长，各科室负责人为成员的信息化建设工作领导小组，有人员变动时及时调整，做到领导力量不减、班子不撤、工作不松，为信息化建设工作的顺利开展提供了强有力的组织保证。为了落实责任，驻马店市文化新闻出版局将信息化建设工作纳入中心工作的总体规划，制定信息化建设工作管理目标，明确信息化建设工作责任制，与其它工作一起部署、一起检查、一起考核、一起奖惩。驻马店市文化新闻出版局领导高度重视信息化建设工作，定期召开专题会议，听取信息化建设工作汇报，经常性地检查指导工作，切实解决工作中出现的具体困难和问题，给信息化建设工作以必要的人力、财力和物力保障，为做好信息化建设工作打下了坚实的基础。

二、加强文化信息化系统建设，提升我市文化的影响力

1、基本建成信息化系统。按照市信息化建设总体规划，加速建设和完善市文化系统的信息化基础设施，基本建成内部局域网、办公自动化、业务管理等信息化系统，实现政务办公的自动化流程。

2、基本实现管理网络化。市、区县的局域网建网率、内部信息系统覆盖业务的比率、内部信息资源数据库化都达到较高水平。系统内各单位基本实现网络互联及电子公文交换，实现高效率的政务运作，面向公众的服务网络化，全方位地向社会提供优质、规范、透明的服务。（执法支队建立了文化市场网络监管平台）

3、基本实现文化资源数字化。建成市文化新闻出版信息资源共享网络基础体系，整合文化信息资源，通过建立各业务数据库、文化产业名录基础数据库、人事财务等相关数据库，实现政务内网与政务外网的各类基础信息资源数据库的应用。

4、基本实现文化事业信息化。全方位地向社会提供优质、规范、透明的服务，促进体制创新和职能转变，基本实现以信息技术应用带动全市文化事业的创新发展。（我局已开通使用文化网站）

三、完善信息化工作机制、加强信息安全管理

在继续巩固和完善信息管理标准的基础上，驻马店市文化新闻出版局进一步提高信息管理工作标准，增大在信息管理方面的投入，解决信息管理工作中的实际困难，严格按照上级要求，加快信息化建设进程。

一是重视信息管理队伍建设。积极参加信息化管理部门的培训，注意对信息管理人员的教育，平时注重开展形势多样的业务学习，努力打造一支强干的信息管理队伍。我局现有兼职从事信息管理工作人员 1 名，信息管理同志文化素质高，业务能力强，工作认真负责。

二是加大投入，严肃纪律，确保信息安全。信息安全是信息工作的重中之重，驻马店市文化新闻出版局要求信息工作者要从对党、对国家、对人民负责的高度，深刻认识信息安全的重要性，自觉从思想上、行动上确保把信息安全放在首位，要求牢固树立“安全第一，预防为主”的思想，坚决防止和克服松懈、侥幸心理，确保信息安全万无一失。把安全工作重点从事后处理转到事前防范上来。今年以来驻马店市文化新闻出版局先后投入二万余元，购置电脑、打印机、办公桌椅等信息化设施，用于信息化办公提升了我局的信息化办公水平，我局已基本实现管理网络化。

三是加强信息化管理宣传工作。信息化工作是一项基础性工作，许多人对信息化工作比较陌生，不够了解，不够重视，为此，驻马店市文化新闻出版局在全局干部职工大会上多次强调对信息化建设、应用的必要性和重要性。提高了对信息化工作认知度。

驻马店市食品药品监督管理局信息化发展概况

2011 年,驻马店市食品药品监督管理局在市委、市政府的正确领导下,在全系统广大干部职工的共同努力下,驻马店市食品药品监督管理局的信息化建设按照市委、市政府和省局的规划部署,建立了驻马店市食品药品监督管理局门户网站,在原有稽查信息平台等网络的基础上,进一步完善了内、外网和党务内网建设,建成了药品电子监管系统,狠抓了信息化工作机制建设和培训应用工作,信息化建设逐步扩大,取得了较好的效果。现将具体情况汇报如下:

一、基本情况

(一)网络信息技术方面

驻马店市食品药品监督管理局建有驻马店市食品药品监督管理局门户网站和药品稽查信息系统,门户网站建设和稽查信息平台系统由省局统一建设和维护,门户网站中的政务信息、公告、文件由驻马店市食品药品监督管理局从后台管理进入进行内容编辑、更新,编辑后上报省局审核,然后在门户网站发布。驻马店市食品药品监督管理局门户网站可通过因特网随时访问。

(二)网络机房建设方面

硬件建设是信息化建设的基础。驻马店市食品药品监督管理局在局四楼建立了专门的机房,省局结合各市局情况,为驻马店市食品药品监督管理局配备了一台专业服务器,该服务器型号为浪潮英信 NF51.OD,由我国浪潮集团生产制造,使用英特尔奔腾处理器,连接 10 兆光纤。该服务器的性价比较高,其性能完全能够满足驻马店市食品药品监督管理局信息化建设的需要。这台服务器安装运行以来,一直使用正常、顺利。另外,驻马店市食品药品监督管理局还安装了专业的网威 NPFW—200—G 防火墙和信雅达 SJW56—008A 加密机,确保了网络安全。从运行情况看,这些设备在工作中发挥了重要作用。

(三)网络管理维护方面

驻马店市食品药品监督管理局门户网站指定办公室一名同志专门进行日常的信息发布、更新。同时,局办公室根据网络运行情况,随时对网络进行维护。对计算机设备出现问题的,也请专门的网络维护公司及时进行维护和维修,确保网络系统随时处于良好的运行状态。

(四)网络系统运用方面

2011 年,驻马店市食品药品监督管理局充分运用网络的便利条件开展工作。平均一周对门户网站进行一次内容更新,在驻马店市食品药品监督管理局门户网站上,共公开工作动态类信息142条,文件通知类信息48条,公告公示类信息67条;并且信息量逐年增加。在每次驻马店市政府组织的政务公开检查中,均得到了检查组的充分肯定。截止目前,驻马店市食品药品监督管理局的网站访问量达到27313人次,有效扩大了驻马店市食品药品监督管理局的影响面。

(五)信息系统安全保密方面

为了确保信息系统安全,驻马店市食品药品监督管理局相继出台了《计算机网络系统安全运行管理制度》、《计算机网络防病毒管理制度》、《计算机设备操作规程》、《计算机操作人员守则》、《文件保密管理办法》、《信息发布保密审查制度》等一系列制度,需要在门户网站上发布的文件、信息,在上挂网页之前,严格按照相关规定审查,严格做到"涉密信息不公开,公开信息不涉密”。近年来,驻马店市食品药品监督管理局还加强信息系统安全保密技术防护,认真做好网站安全防护工作,网站安全能力得到较大提高,未发生网页恶意篡改及失泄密等安全事件。

二、主要做法

(一)领导高度重视

驻马店市食品药品监督管理局党组高度重视信息化建设,成立了信息化工作领导小组,明确了工作职责和工作任务,与各科室签订了信息化工作责任书。局党组针对信息化建设情况,多次召开信息化工作会议,安排部署信息化工作,通过培训、教育、检查督导,促进了全局人员网络意识的提高,牢固树立了信息化工作为食品药品监管服务的思想。

(二)积极搞好经费保障

驻马店市食品药品监督管理局先后投入近100万元,用于驻马店市食品药品监督管理局的信息化建设。投资近60万元,为局机关及市药检所每人配备了一台计算机。投资近30万元,建立了门户网站和稽查信息平台、药品电子监管系统。投资10多万元,购置了防火墙和加密系统。目前,整个系统运行顺畅。

(三)全员参与,落实责任

为切实提高全局人员信息化建设意识和应用能力,驻马店市食品药品监督管理局采取多种措施加强培训,落实责任。积极开展信息化培训,提高全局干部职工的信息化意识和网络运用能力。2011年4月,驻马店市食品药品监督管理局举办了计算机应用能力和信息化建设培训班,全系统相关人员都参加了培训,培训内容从计算机基础知识、文档编辑、网络应用、信息化建设等不同方面有针对性地开展了培训。通过培训,全局干部职工均能独立操作计算机。同时,建立和完善了网络及系统的安全管理制度,定期开展计算机安全保密检查,实行“谁管理、谁负责”、“谁使用、谁负责”的安全责任制,全面提高信息网络和系统的安全保护能力,保障信息网络的正常运行。

三、存在问题

去年以来,驻马店市食品药品监督管理局信息化建设虽然取得一定的进展,但与上级要求的建设水平以及政务、社会需求还有很大的差距,还存在不少问题。

(一)专业人员不足,技术力量薄弱

目前,驻马店市食品药品监督管理局大部门工作人员电脑操作水平不高,专业技术人员不足，真正实现网络办公还有待时日；围绕门户网站栏目、内容合理设置还需要进一步努力。

（二）信息化工作水平较低

由于全局信息化专业人员的缺乏，使得驻马店市食品药品监督管理局的信息化应用工作也处于较低的水平，不仅大的信息系统没有专业人员开发，而且应用运行信息系统必要的维护和管理人员也明显不足，这也是应用水平低的主要原因。

（三）资金、设备不足

从目前情况看，资金不足已成为信息化快速发展的主要困难，直接影响信息化建设的顺利开展。

驻马店市邮政局信息化建设发展概况

一、驻马店邮政信息化发展历程

(一)信息化建设有力地推进了邮政发展方式的转变

1、支撑业务发展,促进了邮政经营方式的转变。分营之初,驻马店邮政的信息化基本上是空白,“一桌、一椅、一邮戳,就是一个邮政所”,仅有储蓄和报刊发行两个专业实现了部分业务的电子化,并且都是单机单点运行。随着业务的快速发展,省公司党组审时度势,提出“科技兴邮"战略,确定了加速推进我省信息化工程实施、以信息化带动邮政产业发展的指导思想. 加快了河南邮政信息化建设步伐。如邮政金融专业通过绿卡省中心、邮政储蓄统一版本工程等建设,使邮储余额快速增加,邮政绿卡发卡量和交易量成倍增长,到邮储统版的第二年(2005 年),实现邮储业务收入 15.88 亿元,较 1998 年分营时 2.94 亿元增长了 5.4 倍,账务差错率由原来的万分之四十八下降到万分之零点五,邮政储蓄的市场竞争能力迅速提高。

2、经营管理并重,促进了邮政管理方式的转变。在有效支撑业务发展的同时,如何有效经营管理与决策,提供市场开发分析数据是信息技术发展面临的新问题。邮政金融客户管理系统在河南的成功上线,大大改善了全省邮政金融客户信息分析的手段和方法;邮政量收系统的投入使用,规范了业务系统的数据,使管理和生产部门均能够及时了解邮政生产经营状况,为管理决策提供了准确的生产数据。人力资源系统实现了企业人力资源信息的采集、稽核、汇总、分析与预警,使各级人力资源管理者能够迅速、准确、真实地了解邮政企业的人力资源状况,为管理和决策提供支持信息,有效提高人力资源管理效率。财务管理信息系统的成功上线,使财务管理与业务管理一体化,真正实现财务监控业务和业务驱动财务的先进的管理模式。

3、流程优化和业务创新,促进了邮政服务方式的转变。电子汇兑系统是信息技术改变传统业务流程的一个起步,实行百年的传统纸质汇票被电子信息所代替,省市县三级汇兑管理人员的职责发生了根本改变,仅当时的省储汇局汇兑科就减少了将近 70 人,而对客户来说,可以选择 24 小时、2 小时以及实时汇款业务,极大地增强了汇兑业务的市场竞争力。在实物网方面,网运系统的建设解决了困扰邮政多年的邮件运输计算机实时处理和网上查询这一难题,改变了邮区中心局传统生产作业手段和作业方法,提高了邮区中心局劳动效率和单位劳动生产率,让邮政实物网信息化迈上了新的台阶。

（二）信息化建设中存在的不足

信息技术在驻马店邮政发展历程中起到了重要的支撑作用，随着邮政业务的快速发展，对信息技术也提出了更高的要求。比照河南邮政“十二五”战略规划对信息化建设提出的“信息技术先进’’目标，现阶段邮政信息化建设还存在以下不足：

1、业务信息化支撑不全面。对分销物流业务，缺少对供应链的全流程支持。目前只有物流商品信息管理系统，没有支撑连锁超市、直营店、仓储配送等业务运营的信息系统，不能完全适应分销物流业务未来快速发展。对电子商务业务，在电子商务平台上加载业务不够丰富，距离打造全功能的便民服务站还有很大差距，单一的支付功能也制约了业务的进一步发展。

2、渠道建设不完备。邮政具有营业网点、自助终端等受理客户用邮渠道，满足了客户在营业网点的用邮需求，但随着市场同质化程度提高、竞争对手的服务创新和客户个性化需求的增加，邮政传统渠道的局限性凸显出来。在互联网等新的接入渠道方面，驻马店邮政还没有自己的网站，在投递环节，缺少手持移动终端，无法做到投递信息的实时反馈等。

3、信息整合不充分。由于历史的原因，在开发业务信息系统时，缺乏统一规划，导致各个系统之间数据无法共享，资源整合能力差，形成“信息孤岛”，如在客户资源有效整合方面，各个保险公司既是代理保险专业的大客户，也是函件专业的大客户，但在信息系统层面，同样一个大客户的客户信息不能共享，更无法实现对用户信息分类分级的精细化管理。

4、管理决策系统不完善。驻马店邮政信息化建设到现在，已经积累了大量有效的生产数据，是企业的宝贵资源。目前建设的管理系统，没有充分整合利用各业务生产系统和管理系统的数据，没能充分发挥数据的整体效益。

5、技术引领作用不明显。集团公司统建了支撑大网运营的信息化项目，覆盖了生产管理的大部分环节，我市自主开发项目是集团公司统建项目的补充和延伸，满足我市业务发展的个性化需求。由于科技队伍结构不尽合理、自主创新能力不足、技术业务互动机制不健全等原因，目前我市自主研发能力尚不能满足业务快速发展的需要，科技对业务的引领作用体现不明显。

二、驻马店邮政信息化建设的定位

（一）以信息化建设加快推进社会综合服务平台的建设

邮政实施信息化的目的是为经营管理服务，信息化与企业的发展规划、业务流程、组织结构、管理制度等密不可分。在社会综合服务平台的体系中，信息化系统是社会综合服务平台的“神经中枢”。在社会综合服务平台建设过程中，通过信息化建设，实现社会综合服务平台各种信息的采集、传输、存储，经过数据分析，辅助经营决策，指挥协调全省邮政人、财、物等各种资源，更好地为社会提供邮政服务。

（二）以信息化建设提升服务水平

通过信息化建设，内部整合各业务处理环节，以提高效率和响应速度，提高客户满意度；外部整合供应链上的合作伙伴，实现信息的共享和物流过程的透明度及可控性。通过应用信息技术，提升整体营销和服务能力，为客户提供个性化的邮政和物流业务解决方案，满足社会发展的多样化需求。

(三)以信息化建设推进流程优化

通过信息系统的应用,实现邮政生产服务过程标准化和流程化,促进管理组织扁平化。通过信息系统的应用,各种经营信息直接从生产一线自动传递到生产和管理部门,与此紧密相联的生产和管理模式也将从尖顶的“金字塔型”转向“网络型”,提高组织决策的速度和对市场变化的反映能力,降低成本,实现信息交流的极大化。

(四)以信息化建设促进管理方式转变

信息系统可以为管理者提供更加丰富科学准确的数据,可以更好地体现管理机制的功能作用,也使得管理方法更加科学有效。同时,信息系统本身一般都固化了一定的管理流程和管理方法,各级邮政管理者也可以充分运用信息系统中蕴含的管理思想,结合自身的管理经验,完善管理方法。

(五)以信息化建设推动业务经营创新

随着信息技术的发展和知识经济时代的到来,邮政企业的运营由原来的以产品为中心转变为以客户为中心,通过邮政信息化建设,可以更好地整合内部资源,向邮政客户提供一站式服务。通过对经营生产数据的挖掘和整合分析,发现新的商机,如通过建设邮政供应链管理系统,实现从供应商到客户的全过程管理,提供包括外购、分销、库存、运输仓储、客户服务等管理。邮政信息化建设能为业务的经营创新提供有力武器。

三、驻马店邮政信息化建设思路和近期重点工作

(一)河南邮政“十二五”信息化建设思路

在河南邮政“十二五”战略指导思想的引领下,坚持“三个转变”的经营理念,以打造社会综合服务平台为中心,以“统筹规划、分步实施,突出重点、先易后难,注重实效、适度超前”为原则,队伍建设与系统建设同步,业务与技术互促互动,稳步提高邮政生产、经营和管理决策的信息化程度,努力向“数据集中化、应用统一化、决策科学化”的方向迈进,促进信息技术发展方式的转变,实现驻马店邮政“信息技术先进”的战略目标。

(二)驻马店邮政“十二五”信息化建设远景

驻马店邮政“十二五”信息化建设将提高业务处理效率,实现快速业务产品部署,完善服务渠道,提高服务水平,实现统一、丰富的客户体验。同时,加强系统间协作能力,消除信息孤岛,实现邮政信息资源共享,不断加强对各专业、各业务的支撑能力,满足未来业务快速发展的需求,不断提高邮政企业的竞争力,使邮政向现代服务企业迈进。

1、生产作业信息化。在生产作业层面,包括金融服务、业务受理、网运、速递物流、投递、客服等生产作业平台,以及金融、速递物流、函件、包裹、集邮、报刊、机要、分销、电子商务等专业系统。在邮政产品层面,主要由产品管理平台和各种邮务类、金融类及速递物流类产品构成,实现对产品的定义、配置及发布的统一管理,以支撑业务的快速发展。

2、接入渠道多元化。从邮政内部的营业、投递、管理、客服等人员,可以通过PC机、移动终端、电话等设备处理各种业务,从邮政外部,如客户、合作伙伴等,可以通过互联网、电话、POS机、自助终端、电话、短信等多种手段使用邮政业务,享受邮政服务。

3、经营管理和决策智能化。支持经营管理的系统包括人力资源管理、财务管理、协同办公、运营监控、经营分析、客户管理等系统,通过数据中心的数据挖掘与分析功能支持决策。

(三)近期重点推进建设的信息化项目

"十二五"期间,继续抓好运行维护和设备维护工作,加大科技创新力度,在做好集团公司统建信息化项目的同时,围绕社会综合服务平台的建设,通过自建、合作和引进等多样化方式,新建或改造一批具有我省特色的信息化项目,支撑企业的生产经营和管理决策。

1、在基础网络设施方面,不断完善网络平台建设。网络平台是信息化的基础,通过不断完善网络平台建设,为信息化建设提供平台保障。根据业务发展对网络的支撑需求,对现有省内骨干传输网络进行扩容改造,改造后,省到市旳网络带宽由 6M 扩容至 15　5M,市到县的网络带宽由 2M 扩至 10M。扩容后的网络,能有效承载各类新业务的开办,提升管理能力,如在安全监控方面,能实现在市局层面集中实时监控营业网点、自助银行(ATM)、金库、枪弹库和过夜现金保管点, 省公司安保部门和各级视检部门可以实时调取全省的监控画面,随时进行"暗访"检查,将对安全保卫和视检管理工作带来根本性的改变。同时,不断完善网络安全的管理制度、应急响应、风险评估等工作,通过构建安全的网络防护体系,为社会综合平台提供信息安全传输保障。

2、在支撑专业发展上,建立物流信息平台。随着分销物流业务的快速发展,村邮站、连锁超市等平台规模的迅速扩大,以及各级物流仓储中心的建立,如何对物流商品流通的各环节信息进行全过程的闭环管理,是当前河南邮政面临的重大挑战,迫切需要信息化的支撑。通过建立物流信息平台,实现对商品流通全流程的信息化管控,达到数据可视化、流程规范化、管理科学化的目的。将根据物流专业需要,分期完成供应链管理系统,建设内容包括供应商管理、仓储配送管理、终端销售管理和结算管理等,后期将结合电子商务发展需要,构建易货信息平台,实现"农产品进城、工业品下乡",打通物流双向流通,繁荣农村经济,提升邮政品牌形象。

3、在经营管理方面,建设客户管理系统。通过建设客户管理系统,解决目前客户信息分散管理中的诸多问题,提升邮政客户满意度和忠诚度,增强邮政的市场竞争力。建成后的驻马店邮政客户管理系统,将构建全业务、全流程、全支撑的客户服务体系,在客户营销方面,能提供市场调查、营销活动、客户关怀以及营销团队等方面的管理功能;在客户服务方面,能提供业务咨询、预约处理、业务查询、投诉建议等功能;在客户管理方面,能提供客户信息、客户积分和客户等级管理等功能。

4、在渠道建设上,以互联网和手持终端渠道建设为重心,实现传统渠道的升级。随着科技的发展,互联网、智能手机、手持终端等新兴渠道已经从根本改变了人们的生活方式,同时也孕育着新一轮的产业升级。从以客户为中心的服务理念出发,以互联网、智能手机、手持终端等新兴渠道的建设为重心,打造河南邮政服务的新渠道,建设网上营业厅,实现邮政传统业务的电子商务化,用户通过登陆网上营业厅可以自助办理订阅报刊、预订邮册、缴纳费用、网上购物等各种邮政业务,进行业务查询,获知最新动态,提交投诉和建议,真正实现"24小时邮政",满足用户的多元化需求。通过开发投递手持终端,能够实现投递信息的实时反馈,投递管理部门可以实现投递生产作业全过程监控,提高邮件投递质量监督检查效率。

5、在整合企业内外部资源上,推进数据标准化工作和电子商务平台的综合利用。积极推进基础信息标准化工作,实现基础信息(如机构代码、客户代码)编码统一化,以利于信息共享和系统整合。电子商务平台是村邮站、连锁超市和便民服务站的重要支撑平台,能充分发挥邮政“三流合一”优势，通过快速灵活地在邮政电子商务平台叠加更多的业务项目，加强与社会第三方合作，协同相关业务部门，加快实现代售汽车客票、代售火车票和代收农电费等业务在各市、县局的开办，实现邮政服务低成本扩张和发展方式转变。

6、在战略决策层，建设全省企业数据中心。数据是信息化的根本，建设企业数据中心对充分发挥信息整体效益具有重要作用。沃尔玛通过对店面销售数据的分析，发现了啤酒和尿布销售数据之间的互动关系，及时调整了啤酒和尿布摆放位置，使尿布和啤酒的销量大幅增加。

通过整合企业积累的生产数据，充分利用集团公司建立的金融类和邮务类数据下载平台，消除“信息孤岛”，形成企业数据中心，支持商务智能的分析，真正做到“以数据为基础”的决策，从而提高河南邮政的市场竞争力和服务水平。

今年是“十二五”开局之年，在“十二五”伟大实践中，驻马店邮政信息化工作必将发挥重要作用，我们要通过更新观念、建立健全运营机制、加强科技人才队伍建设等措施，打造综合服务信息平台，积极践行“三个转变”，为实现驻马店邮政“十二五”战略目标、发展中国特色邮政事业提供有力的支撑和保障。

驻马店市住房管理中心信息化发展概况

为贯彻落实《关于印发〈2011年县区信息化责任目标考核细则〉的通知》(驻信办[2011]6号)文件精神,按照驻马店市住房管理中心党组的统一安排,及时召集科室、单位进行了传达贯彻,就此项工作进行了安排部署,并根据本单位实际,逐条对照文件精神,就全系统信息化建设工作进行了自查。现将有关情况汇报如下:

一、贯彻落实信息化建设情况

(一)环境建设。一是加强保障机制建设。驻马店市住房管理中心党组高度重视信息化建设工作,把其列入年度重要工作任务。根据工作分工,成立了主要领导任组长,相关科室和二级机构主要负责人为成员的信息化建设工作领导小组,负责全系统信息化建设工作。建立了信息员队伍,实行了分级负责的信息维护机制,规范信息的采集、审核和发布工作。为推进此项工作的开展,中心信息化建设工作领导小组多次召开会议,对相关工作进行研究和部署,并抓好有关文件政策的学习培训,提高全系统干部职工对信息化建设工作的认识。目前,全系统已基本形成信息化建设工作领导小组组织协调、办公室牵头主抓、各职能部门各负其责的领导体制和工作机制。二是加强制度建设。结合房产行业实际,我们一方面力口强信息化发展规划的研究,制定了本部门信息化建设工作规划;另一方面专门建立了《房产管理信息网络安全、计算机操作规则》、《政府信息公开工作实施方案》、《政务公开制度》、《信息安全保障制度》、《信息安全保密管理》等一系列信息化建设工作制度'明确了信息化建设工作的指导思想、基本原则、工作目标、组织机构与工作分工、保障措施等,全系统信息化建设各项工作进入程序化、规范化、制度化运行轨道。三是加强宣传培训。为保证信息化建设工作的正常运转,我们除了利用集中学习、召开会议等形式对信息化建设工作进行学习宣传外,还通过报刊、网络等媒体进行相关内容的宣传。在人员兼职多、缺乏专业计算机人才的情况下,坚持培养、建设高素质信息化队伍,积极倡导机关工作人员加强自身学习,相互交流,在工作中探索创新,不断提高综合素质和业务技能。为提高机关工作人员电子政务应用水平,进行了操作OA办公自动化系统培训;为使信息员熟练使用后台管理系统,进行了信息发布培训,通过一系列的宣传培训,为全系统信息化建设打下了良好的基础。

二、电子政务。

(一)完成了与驻马店市政府政务信息网的连接。按照市政府要求,驻马店市住房管理中心统一购置更新了相关设备，办公室顺利与市政府政务信息网进行连接，实现了资源共享，目前运行正常。

（二）完成了房产信息管理系统建设工作。为适应形势发展，实现房地产市场科学化管理，我们把构建房产管理综合信息系统作为力口强房地产市场规范化建设的一项基础工作，按照建设部颁布的房地产信息技术规范标准，借鉴外地成功经验，积极筹备建设。

房产管理综合信息系统包括门户网站及内部管理程序两大部分。目前，各项建设已搭建完毕，内部管理、网上审批等已在市行政服务中心房产窗口正式运行。

（三）设立了信息化发展专项资金。为配套建设房产信息管理系统，前期由市财政投资160万元建设资金，本单位自筹60万元建设资金，前期配套20万元维护资金，确保房产信息系统的顺利建设。

三、网络与信息安全

一是成立了专门的信息安全管理工作领导小组，明确由驻马店市住房管理中心办公室具体负责计算机及系统的安全管理工作。驻马店市住房管理中心信息化领导小组办公室承担系统网络安全管理的技术支持、维护服务工作。二是依据国家和省网络与信息安全有关工作要求，每年初制定年度信息安全检查方案和计划，将网站信息公开及内容保障工作分解落实到各科室和各二级单位，纳入各部门目标考核；三是建立了系统检查和维护、安全应急、数据备份、机房管理、运行日志等管理制度和规范，保障网络系统的高效安全运行。四是加强日常维护工作。认真做好机房内设备、操作系统及全系统计算机的安全维护和管理工作，确保网络系统正常运行。五是严格执行信息审核制度，严格上网信息的审核把关，坚决做到“上网不涉密，涉密不上网”，确保信息上报工作保质完成。

四、下一步工作打算

（一）工作目标

认真贯彻落实科学发展观，紧紧围绕建设服务型机关对信息化的实际需要，积极推进电子政务向电子服务转变，把工作重点从信息系统建设应用转到信息资源开发利用上来，切实提高电子政务的建设成效，提高信息服务水平，促进全市住房保障和房地产业健康发展。

（二）重点工作

加强信息服务平台的推广应用，加强信息基础数据库建设，推进信息资源的开发利用，强化信息网站的服务功能，深化政府信息开工作，电子政务工作运行机制基本形成，信息化公共服务体系建设取得实效。

1、加强网络应用系统开发建设。

（1）完善业务管理信息系统。为了规范和简化工作流程，提高工作效率和质量，结合ISO质量管理标准，建立完善业务管理信息系统，实现业务活动的在线公示和业务流程的在线完成，将向企业提供的各项服务业务电子化和网络化。

（2）完善OA办公自动化系统。在开发使用文件处理管理系统基础上，继续开发完善车辆管理、会议管理等应用软件，提高办事效率，推进机关管理电子化。

（3）充实基础信息数据库。加强楼盘表的录入，建立基础数据库。同时，建设政策法规、统计数据等数据库，实现应用系统连接，提高信息共享程度，增强系统自动化程度，逐步建立和完善门类比较齐全的基础信息数据库。

2、加强信息资源开发利用。

(1)开展信息服务活动。加强调查研究,摸清企业与群众的信息需求,充分利用数据库信息资源,开发加工信息产品,为企业与群众提供个性化服务。

(2)做好门户网站维护工作。充实完善网站内容,对各栏目的内容及时进行充实完善更新,完善网站的公共服务、网上办事、机关办公等功能,尤其是着力加强"在线申报"和"在线审批,系统的功能开发,进一步拓展便民服务的广度和深度。

(3)改进房产信息系统运行中的问题。在做好基础信息数据录入的基础上,加强对房产信息系统试运行的管理,及时发现问题'及时进行纠正,力争明年所有业务全部在信息系统运行。

3、加快推进电子政务建设进程。一是按市信息化领导小组办公室的要求,与市政务中心等部门共建行政权力网上公开透明运行平台,加强联系,制定建设方案,确保按时、保质完成建设任务;二是做好并联审批、电子监察和行政审批系统的完善和管理工作,对现行并联审批系统进行调整,加载中介机构服务系统;三是加强电子政务建设现状的摸底调查工作,查找问题,寻求突破口,强化应用,形成调研报告。

4、做好房产信息系统的宣传推广工作。组织推广小组,深入企业,官传推广房产信息系统的服务功能和项目,做到企业上网、申报审批一条龙服务,充分发挥信息系统的作用。进一步加强领导干部信息化培训工作。举办信息化讲座,机关工作人员和信息员全部轮训一遍,进一步提高应用能力。

5、做好网络日常管理和维护。认真做好设备、操作系统及全系统计算机的安全维护和管理工作,确保网络正常运行。及时升级更新杀毒软件,确保系统安全稳定运行。定期对各科室的网络进行常规检查,发现问题及时处理,确保业务工作正常开展。

驻马店市住建局信息化建设发展概况

驻马店市住建局是全市城乡建设系统的主管部门，承担着全市工程建设、城市建设、建筑业、市政、公用事业等建设管理职责和任务，局属单位20个。2011年，驻马店市住建局信息化建设工作在市信息化领导小组的正确领导和局属各部门的共同努力下，认真贯彻落实《河南省信息化条例》，切实加强组织领导，健全工作机制，不断加大信息化建设的人力、财力、硬件方面的资金投入和工作协调力度，先后成立了城建信息服务中心，建立了驻马店城建信息网、党务内网平台、办公局域网、电子屏、政务公开栏等信息公开平台，充分利用各级报刊、广播、电视等新闻媒体发布信息，网络与信息安全和信息化项目建设等方面都取得了一定成绩，为开发利用建设信息资源，促进建设信息交流和知识共享作出了积极应有的贡献。现就驻马店市住建局信息化建设工作完成情况汇报如下：

一、领导重视，健全信息化建设组织

驻马店市住建局高度重视建设系统信息化建设，切实加强组织领导，建立健全信息化工作机构，积极营造有利于信息化发展的环境，大力推进信息化工作进程。一是成立了市住建局信息化工作领导小组。由张道军局长担任组长，刘浩副局长任副组长，相关科室和局属单位负责同志为领导小组成员．设立了领导小组办公室。驻马店市住建局把信息化建设工作纳入重要议事日程，多次召开专题会、班子会进行研究部署，指导建设系统信息化建设。二是成立了市城建信息服务中心。在上级领导的关心支持下，于2010年9月机构改革中，经市编委批准，正式成立了城建信息服务中心，局属正科级二级事业单位，财政全供，编制8人，主要职责为负责城市公用事业突发事件的投诉、咨询和应急协调，承担全市数字化城市建设和建设信息网的运行、维护工作。

二、强化管理，完善信息化工作机制

一是抓好建章立制。先后制定了驻马店市住建局系统信息管理、信息公开、信息发布、保密审查等多项信息化建设管理制度。建立了具体工作流程，逐步形成分工明细、责任明确的信息化建设工作机制，使各类信息平台真正成为反映和展示本单位工作情况的重要窗口，充分发挥信息化公开工作的服务效能。完善网络和信息安全管理制度，制定了《信息安全制度》、《计算机保密制度》、《网络和信息安全应急预案》等一系列规章制度，加强全局干部职工计算机保密安全意识教育，确保上网信息不涉密，涉密信息不上网，为实现网络信息安全奠定了基础。二是抓好学习培训。积极组织办公室和信息中心人员学习《条例》，进一步增强信息化建设工作人员对该项工作重要性和必要性的认识，提高工作的主动性和积极性，组织开展各种形式的信息化知识培训，提升信息系统使用能力和业务范围，充分发挥信息化在机关效能建设中的重要作用。三是抓好信息报送。围绕本系统贯彻落实上级重大决策部署和各项工作会议精神展开宣传；围绕全市城乡建设和管理的中心工作、重点工作、2业务工作展开宣传，特别是围绕重点市政项目建设、城乡基础设施配套、建筑业发展、城市精细化管理、城市创建活动、新型墙材革新和节能降耗、建筑市场监管、建筑工程质量安全、公用行业和建设系统自身建设等方面做好经验典型和成就成果类信息。做好社会舆情类信息。做好问题建议类信息的宣传。

2011 年，上报的各类信中，被驻马店市委、市政府信息刊物采用 44 条，河南省建设厅网站采用 156 篇，国家级刊物发稿 5 篇，省级新闻媒体采用 19 篇，大河驻马店网采用 62 篇；市级新闻媒体发稿 1360 篇；局机关橱窗版面 76 个，系列展板 19 个，更换电子屏信息 140 余次。

三、突出重点，加强电子政务建设

（一）加强门户网站建设，打造城建信息主流平台。2011 年，我局本着“突出特色性、体现行业性、注重实用性和发挥服务性”的原则，在原网站的基础上进一步优化程序，对建设信息网站进行合理布局、改版升级，新增“信息公开、工程建设领域信息公开平台、下载中心、公用事业服务、12319 热线、网上办事”等栏目。改版升级后驻马店建设信息网站固有栏目由 21 个，增加至 37 个。使网站功能分区更加合理，信息承载量大幅度得到提升。及时更新网站视频，不断充实和丰富网站内容，网站的点击率持续得到提高，成为外界了解城市建设和管理工作的一个非常重要的窗口和平台，为全面宣传报道我市城乡建设工作，发挥了积极作用。去年，仅驻马店建设信息网站就采编信息 1088 条。

（二）加强 12319 热线信息化建设，畅通民情民意沟通渠 3 道。充分发挥热线下辖 18 个二级联动单位的服务职能，使其全力配合，高效联动，切实为民办实事、办好事。结合“12319”热线、民意快线和市长热线三大热线的办理和反馈，围绕群众关注的城乡建设和管理中的热点、难点、焦点问题加大宣传力度，进一步提高群众对城乡建设和管理工作的知晓率、参与率和满意度；围绕各类突发事件的起因、进展和处置情况实时跟踪宣传，为各级领导提供高质量的信息参考和决策服务。加强热线管理，进一步提高热线效率。以“便民、高效、快捷”为目标，开展“四个无”活动，确保各联动单位热线办理“接件无推诿、办件无差错、办结无超期、过程无投诉’’。强化督察，完善运行机制。健全月督察通报制度，重点热线件督办制度，实行满意度反馈制。联合局监察室，加大对群众反馈办理不满意问题件的督办力度，定期通报，提高热线办理质量。去年以来，共办理民意快线 89 期，市长热线 48 期；办理“12319’’城建服务热线 701 件，热线转办率达 100%，反馈率达 100%，办结率达 97%。

（三）建设内网专网信息化平台。整合硬件设施，建成覆盖全局办公区的局域网络。我局现拥有网通光纤一条，路由器 1 台，交换机 4 台，信息点 49 个，形成覆盖我局办公区的局域网络。通过局域网，及时发布系统工作动态、领导工作安排等信息，丰富了内部信息交流手段，提高了信息共享能力。同时，建成党务、政务专网，通过专网，及时了解上级部门工作方向、重点，确保信息上报及时准确，方便信息交流。与网通公司合作，开展了集团短信业务和语音短信业务，通过信息化手段，提高办公效率，降低了办公消耗。

（四）探索数字化城市管理，筹划信息化建设新平台。建设和完善数字化城乡管理系统，是创新城市管理模式，提高城市管理和公共事业服务水平的必然要求。2011年，驻马店市住建局曾多次组织人员赴外地市进行参观学习，积极进行信息系统的基础准备，初步确定了驻马店市数字化城市发展方向并形成前期规划。

四、严格措施，加强网络和信息安全监管

驻马店市住建局始终重视网络和信息安全的监督管理，把网络和信息安全工作放在信息化建设首要位置。切实加强对信息安全工作的领导，提高信息系统的安全防御能力和处理信息安全突发事件能力，为全局网络与信息安全工作提供了坚实的保障。

一是加强安全硬件建设，建立计算机管理台账。驻马店市住建局门户网站"驻马店建设信息网"www.zmdjsw.gov.cn一个，现有计算机（含笔记本电脑）281台，移动存储介质10个，其中非涉密计算机277台，涉密计算机4台，非涉密移动存储介质10个。驻马店市住建局对本单位的计算机、移动存储介质进行编号登记管理，按照密级程度实行分级保护；加强防病毒软件重要性的认识，安装网络防火墙，安装正版国产杀毒软件，对全系统计算机上无身份验证的，限期进行设置更新，加大安全保密系数，确保网络安全运行，工作顺利开展。二是积极开展网络与信息安全检查。除省市每年的信息安全、计算机网络专项检查外，驻马店市住建局还每年组织一次系统计算机信息安全保密检查，发现问题立即解决；同时，还加强对网络管理员、安全技术员的培训，提高网络维护及安全防护技能和意识，有力地保障了城建系统的信息安全管理工作严密有序，扎实推进。近年来，全局没有发生一起信息不安全事件，网络信息安全管理进一步得到加强。三是加强安全知识教育。认真组织机关工作人员学习计算机和网络安全知识，开展安全警示教育，增强工作人员安全意识、安全责任。

五、存在问题及下步工作计划

近年来，驻马店市住建局的信息化建设取得了一些成绩，但由于受资金和经费制约，工作中还存在许多不足和问题，距离上级领导的要求还有差距。如12319城建热线的硬件设施从一级指挥中心到三级服务队还处于一部电话、一台电脑、几个接线员的低级、粗放型管理阶段，远远跟不上数字城市和城镇化发展的需要等。今年，驻马店市住建局将严格按照《河南省信息化条例》要求，切实加大信息化建设和工作力度，着重做好以下两个方面的工作。一是做好数字化城市建设的规划研究，尽快形成符合我市经济和社会发展的数字化城市管理体系；二是加大对12319服务热线的投入，建立健全适应现代管理和服务的软硬件系统，努力把12319服务热线建设成优质服务品牌。三是进一步加强网站的建设和管理，丰富网站内容。加强项目信息公开、举报投诉等栏目的应用，推进政务公开工作深入开展，提供各类便民服务。

驻马店市产业集聚区信息化发展概况

2011 年以来,驻马店市产业集聚区管委会在驻马店市委、市政府的正确领导下,在驻马店市工信局的大力支持下,管委会以促进信息化与工业化深度融合为目标,以河南省信息化促进条例等文件为依据,全面深入推进信息化发展,各项信息化建设工作得到了扎实有效的开展,现将一年来的工作开展情况自查如下:

一、工作措施及成效

(一)成立机构,加大对信息化建设的领导力度信息化建设与发展是一个系统庞大的工程,必须建立相互协调、紧密配合的组织领导和强有力的综合管理,才能确保完成。为此,管委会重新成立了由分管信息化和工业的主要领导任组长的信息化工作领导小组,并建立了信息化工作例会制度,领导小组定期组织召开专题会议,研究推进加快两化融合发展的方针政策,及时解决加快两化融合工作中出现的具体问题,确保了项工作顺利推进。在年初,召开了信息化建设专题会议,对集聚区全年的信息化建设工作进行了排部署。要求全区信息化工作一定要遵循“四统一”的模式进行建设,各相关部门做好相互协作配合,强化宏观指导、市场监管、政策扶持、项目实施与管理、考核督查等工作。同时充分发挥中介机构的作用,加强网络化、系统化、社会化的服务体系建设。

(二)把握重点,加快骨干企业“两化融合”产业集聚区一直注重把传统产业和信息化的紧密融合,做为信息化建设工作的重点,为此成立了两化融合领导小组,专门引导主导产业骨干企业加大资金投入,建设完备的信息基础设施,推进化工、制药等重点传统优势行业的两化融合进程;实现信息技术在传统行业的全面渗透、综合集成和深度融合;促进工业创新发展、绿色发展和智能发展;普及推广信息智能工具,实现生产管理的精细化和柔J陛化;加快重大装备、关键生产设备的数字化和网络化;利用信息技术改造传统工艺和生产流程,实现生产流程的自动化和智能化。河南昊华骏化集团率先在省内化工企业中建立了产供销ERP 系统、OA 办公系统,并积极建设生产自动化集中控制 DCS 系统及危化品化工安全自动化改造系统;河南天方药业股份有限公司建立了协同商务应用平台项目;河南蓝天集团建成了财务 ERP、公司自动办公 OA 等系统。在龙头企业的带动下,使集聚区 35%以上的规模企业实现了信息化应用覆盖。

(三)加大投入,确保各项活动措施落实到位

为支持好本区的信息化建设,管委会多渠道争取和筹集建设资金,一方面积极向上级

部门申报项目，争取上级补助，同时引入市场运作为主体的投入机制，实现投资主体多元化和融资方式市场化；另一方面，管委会要求每年必须投入信息化建设资金，以引导鼓励企业进行信息化建设，并根据财力逐年加大信息化投入力度。今年集聚区管委会共投入专项资金 300 多万元，为新建成的管委会综合服务中心通上了 10 兆流量的光纤，实现了人手一台电脑，办公全部实现办公自动化，在提高了行政相关部门办公信息化水平的同时，带动企业投入信息化建设资金 1300 多万。在加大投入的同时，积极开展了信息化建设的宣传，培训，开展专项活动。一年来共开展专项活动次，主要领导深入企业指导检查信息化建设工作 3 次，集中宣传日 1 次，考核检查 1 次，通过一系列活动的开展，取得了明显成效。

（四）完善机制，加强信息化人才培养和队伍建设

依托区内现有基础和优势产业，鼓励区内大企业、大集团和科研机构建立创业中心、研发中心、重点实验室、科技孵化中心，鼓励科研人员投资兴办科技型企业，创办教学研究基地，科技成果转化基地和教育培训基地。切实尊重和保护信息化人才合法权益，完善激励机制，着力创造良好的创业、工作和生活环境，建立人才更新知识、培训交流的机会、平台和载体，加强人才的培养、储备，流动和配置，完善高级人才选拔任用、户籍管理和社会保障等政策，不断改善人才积聚的软硬件环境，建立调动信息化人才创新、创业的积极性。以岗位培训和继续教育为重点，对不同类型、不同层次的信息化工作人员进行专业培训，促进信息化基础人才队伍能力素质的全面提高，一年来开展企业主管人员培训 1 次，专业技术人员培训 1 次。

（五）立足平台，加大信息化的整合共享力度

以项目为主抓手，推进整合，实现资源共享，智能互动，制止分散建设，重复投资、浪费资源现象。一年来集聚区管委会一直积极实施公共平台整合优化计划，整合形成统一的政务信息资源共享及交换平台(www://zmdgyjjq.com)，整合各部门业务系统，不断提升行政职能部门管理服务水平，并在此基础上努力建立了党务内网和纪检监察内网。同时不断整合提升农村党员干部远程教育系统，并在此基础上初步建立了农村、社区综合信息服务平台和专业性服务平台，截止到今年 10 月份农村党员远程教育行政村覆盖率已达到 92%。在做好信息共享的同时管委会还要求区直各单位，相关企业成立自己的信息安全领导机构，配备至少信息安全员 1 名，实现了全年无信息安全事件的目标。

二、存在问题

当前驻马店市产业集聚区在信息化建设中存在的主要问题：一是信息设备制造行业缺乏，信息化进程发展相对缓慢。二是信息资源还没有得到有效开放，上网信息产品少，高质量和能带来高效益的信息更少，信息共享程度低。三是信息市场发育还不健全，有待进一步加强政策引导和监督管理。四是现有的人才结构和发展的需要很不适应。信息化专业人才的培养亟待加强。

三、下步工作思路和打算

立足现有特色产业和生产力布局，坚持信息化和工业化相互促进、有机融合，进一步加快工业结构调整、转变工业经济增长方式，以信息技术创新为动力、传统产业改造为重点、大型企业信息化为带动、公共服务平台建设为载体、走出“科技含量高、经济效益好、资源消耗低、环境污染少”的新型工业化道路，实现市产业集聚区跨越式发展。

(一)加强对信息化规划工作的管理。一是要进一步发挥信息化工作领导小组的职能作用,组织实施规划,协调各方面关系,抓好信息化企业的招商引资和项目建设工作。二是加强政府对信息化市场管理,加快信息服务业的产业化发展进程。三是进一步健全目标考核管理机制,制定企业和相关各部门信息化建设考核指标,制定落实好奖惩措施。

(二)构建高效开放的公共平台。加强政务网络和各类公共服务平台建设。除现有的市产业集聚区网站以外,逐步建立完善集土地、规划、环保、安全生产、工商税务等"一站式"网上政务平台。

(三)发展生产性信息服务企业。鼓励区内昊华骏化、天方药业等大型企业自主发展或是培育、引进部分生产性信息服务企业,从而进一步加强为传统企业产业进行改造升级提供解决方案和信息技术支持,增强信息服务的专业化水平。

(四)提高科技研发创新能力。依托区内现有基础和优势产业,鼓励区内大企业、大公司、大集团和科研机构、高等院校建立创业中心、研发中心、重点实验室、科技孵化中心,鼓励科研人员投资兴办科技型企业,创办教学研究基地,科技成果转化基地和教育培训基地。

(五)做好辖区企业政策引导。充分发挥财税等政策杠杆的导向任用,引导企业加大科技信息产业投入,突出解决区内主导产业发展的共性和关键技术,促进产业升级和产业链条延伸。鼓励企业自主创新,培植具有自主知识产权的技术品牌,增强产品核心竞争力。

驻马店经开区信息化发展概况

2011年以来,驻马店市开发区信息化工作在驻马店市信息化工作领导小组和开发区党委、管委会的关心支持下,结合我区实际,积极主动开展信息化建设,取得了初步成效。现将开发区2011年信息化建设工作有关情况汇报如下:

一、切实加强信息化环境建设

(一)加强领导,健全机构。为进一步理顺工作程序,加强对信息化工作的监管、指导及建设,7月份,开发区根据实际情况,及时调整了区信息化工作领导小组及机构设置,新的领导小组组长由党委书记、管委会主任王秋霞担任组长,副组长由党委副书记、管委会常务副主任李永春、党委委员、调研员晁纯禄担任,办公室设在发展改革局,经济发展处副处长、发展改革局局长李治学任办公室主任,具体负责全区信息化工作的统筹组织与建设管理。领导小组定期召开会议,研究信息化建设工作面临的形势,分析问题,查找不足,制定对策,力求信息化建设与经济建设和社会发展同步协调推进。

同时,区信息化工作领导小组下设3个工作股室,分别是:办公室、信息化推进股和网络信息安全股,充实了工作人员,明确了各股室的责任,拨付了工作经费,配置了办公用品,充分保障了信息化工作的顺利开展。

(二)统一规划,明确目标。为规范有效推进信息化建设,按照统一领导、统一规划、统一政策、统一标准管理模式的要求(四个统一),开展了信息化建设的前期调研工作,明确提出开发区信息化建设要坚持统一规划、复合应用、统筹联动、保密运行原则,尽快科学制定信息化建设规划。同时,采取多种形式,大力宣传信息化建设工作的重要意义,营造了良好的工作氛围。

(三)健全制度,落实经费。一是成立各类工作小组,全面开展各项工作。根据工作需要,7月份信息化工作领导小组调整以后,新工作小组根据我区情况,成立了区两化融合领导小组、信息安全领导小组、企业信息综合服务领导小组、农业农村综合信息服务领导小组等,保证了我区信息化工作有人负责、有人落实。二是建立完善工作制度,建立了内网和外网运行保障制度、使用管理制度、网站建设管理制度、网站信息审查发布制度、巡查制度和信息安全保密制度。三是加大资金投入,将信息化建设专项资金列入财政年度预算,实行专款专用,专户管理。今年财政预算投入资金400多万元,专项用于信息化软硬件建设。

(四)重视宣传,加强引导。加大宣传力度,引导全区各行业重视信息化建设,把信息化建设作为抢抓经济建设机遇的重要举措。开发区于10月份在开发区管委会大门西侧集中举办了信息化宣传活动，以悬挂宣传条幅、散发宣传资料、现场回答讲解当方式为主，活动当天共悬挂宣传条幅28副，发放宣传资料80余份，现场回答问题6次，参观群众300余人，为我区进一步普及信息化知识打造了平台，提升了群众信息化意识。

二、稳步推进电子政务建设

在工作中，开发区把电子政务工作作为整个信息化工作的突破口，带动信息化的全面发展。建立监管体系，明确规定由党政办负责党委、管委会电子政务系统的建设和全区机关电子政务的管理、统筹、协调、推进和技术支持。

（一）进一步优化政府门户网站建设。始终把政府门户网站建设作为电子政务工作的重要抓手，对公众信息网站进行改版，注重开辟领导关心、公众关注的栏目，从网站构架、栏目内容、信息发布、界面风格等方面进行了整合和优化。督促各单位将各自工作动态、机构职责、领导班子、便民服务，人事信息、计划总结、信息公开目录、信息公开指南等通过网站发布，方便群众办事和公众监督，及时更新信息，使政府门户网站做到静态内容权威准确，动态内容及时更新，内容丰富多彩，贴近群众，服务发展。

（二）认真做好政府信息公开工作。一是充分利用开发区门户网站，围绕党委、管委会中心工作，及时将全区新闻动态、政策、文件、会议精神、人事任免、公开招考、重大项目完成情况等信息第一时间在区公众信息网站上发布，有效推进党务政务公开。

（三）扎实开展“12金”工程信息化建设与业务应用。驻马店经开区结合实际，对职能部门的“12金”工程运用情况进行了认真自查，促时各行业信息化建设。1、金税工程：地税局积极开展了《河南省地方税收业务管理信息系统》的普及应用，国税局积极实施金税工程防伪税控系统的应用，在税收管理、税收会计的核算、稽查、发票管理、与银行进行数据交换等方面实现了计算机管理，有效提高了征管的质量和效率，为今年完成税收任务奠定了良好的基础。

2、金财工程：区财政局于2005年4月成立了信息中心，目前金财工程应用支持平台所需硬件设施全部配套完成。由机房网络延伸至机关各个股室。目前金财工程支持的工作主要有部门预算、粮食直补、家电下乡、汽车摩托车下乡。初步建成了业务标准统一、操作功能完善、网络安全可靠、覆盖所有财政资金、辐射各级财政部门和预算单位的政府财政管理信息系统。在此基础上，争取再补充完善，使政府财政管理信息系统更加现代化。由于信息化的推行，极大地方便了聚财理财工作。

3、金盾工程：公安、综治部门从加强信息化建设组织领导、完善信息基础建设、强化信息化队伍建设、加大技防设施和城市报警监控系统建设等方面着手，进一步拓宽和夯实了公安信息化基础设施，推进了信息资源的应用，为全区平安建设提供了有力的技术支撑。

4、金审工程：开发区审计局于2006年成立，金审工程建设工作起步晚。2009年，区审计局正式接通了金审工程专线，专用笔记本电脑和台式机已经配备到位。在加强硬件建设的同时，着重提高软件建设水平。今年以来，先后组织全体审计工作人员参加不同层次的信息技术知识培训。所有人员均参加了AO和OA审计及其交互系统的使用培训。但是由于起步晚，参加培训日寸『司短，目前还没有熟练掌握AO和OA及其交互使用。

5、金保工程：养老保险于2009年12月并入河南省企业养老保险财务软件信息管理系统,目前运行顺利。养老保险业务软件网络线路已铺设完毕,待软件到位后即可开通运行。职工医疗保险于2006年7月份建立了职工医保信息管理系统,有效提高了工作效率,各项业务数据核算更为精确快捷。居民医疗保险由于我区居民医保工作负责配合市医保承担本区城镇居民基本医疗保险的申报登记、材料审核、信息录入和医保证(卡)的发放等内容,其他信息管理及财务工作均由市医保处进行管理。

6、金质工程:质监信息服务系统以网站为界面,以数据库为依托,以应用系统产生的信息和多重渠道采集的信息为源泉,发布产品质量信息、产品抽检结果信息、防伪打假信息、企业资格认证信息,疫情通告、WTO TBT/SPS相关信息、国内外检验检疫动态和进出口管制措施、办事指南、质检公告、认证认可信息、标准和计量信息、法律法规等信息,受理质量投诉,接受网上申报及"12365质监热线系统"努力打造开发区质量监督信息化服务平台。一是完成了内部业务信息交换平台和外部公共信息服务平台建设,实现了内部信息的交流共享以及外部信息与质监系统的互联互通. 目前,驻马店市质监局门户网站的日均访问量已超过1000次:12365质监热线共受理有效的质量申诉和打假举报案件2000多件,涉及产品货值70万余元,共为单位和消费者挽回经济损失26万余元。二是完成了行政审批办公系统建设,规范了工作流程,实现了行政审批业务和公文的网上流转,实现了无纸化办公和政务处理的流程再造,对各项业务工作的审批提供了支撑。仅特种设备监管就完成审批和办事事项2000余件,办事效率提高了40%以上。三是建设完成了特种设备信息化管理系统。已采集特种设备716余台,使用单位118余家,通过网上报名参加培训的作业人员70余人,买现了管理创新,大大提升了监管水平。四是建立健全获证食品企业电子档案,买施动态分类监管。详细记录了全区39家获证食品生产加工企业基本情况,产品、标准信息和证照情况,建立和完善食品企业数据库,把食品企业违法、违规情况一一建档记录在案,做到适时更新,对重点区域、重点企业加大监督和回访力度,实现了对食品生产领域区域性、苗头性问题的及时监控。

同时,教育、医疗、人事、计生等部门的信息化建设也取得了明显进展,有效服务了社会各项事业的快速发展。

三、积极推进信息化与产业化融合,助推企业快速发展

推进信息化工作的重大意义就是进一步促进经济建设。经开区结合实际情况,一是成立了区企业信息化综合服务领导小组,指导企业信息化建设,加快了推进企业信息化建设步伐,促进产业结构优化升级和经济发展方式转变。二是加大企业信息化宣传力度,引导辖区内企业在提高管理水平的同时,切实加强信息化建设,引导企业利用现代信息技术,积极推广企业产品,提高品牌知名度和市场占有率。乐山电缆、查岈山门业和宏阳新能源有限公司等企业取得了明显的经济效益。三是认定区内三超实业为区两化融合龙头企业、认定乐山电缆为区两化融合试点企业、认定恒兴运输为区物流信息化试点企业、认定悦达农产品全国采购交易中心项目为区电子商务试点企业。区信息化工作领导小组办公室加强了对区级信息化试点企业的指导及监管,引导企业更好的利用信息化创造好的效益,在全区各类企业中起到了很好的示范带头作用。四是设置企业信息化建设奖励资金,今年我区设置了100万元的企业信息化建设奖励资金,出台了奖励办法,用于鼓励引导企业信息化建设,同时规定每年信息化企业奖励资金逐年增加。企业信息化奖励资金的设置,进一步推动了企业信息化建设。

四、新农村建设与信息化充分结合

经开区进一步深入贯彻落实工业和信息化部、农业部、科技部、商务部、文化部制定的《农业农村信息化行动计划(2010—2012年)》,根据我区实际情况,制定下发了《驻马店经济开发区信息化工作领导小组办公室关于印发《开发区农业农村信息化行动计划(2010—2012)》的通知》(驻开信办[2010]5号),把新农村建设与信息化建设充分结合。一是加强农村通讯基础设施建设。止2011年11月份,经开区所有农村实现手机讯号全覆盖,所有村委会实现党员远程教育全覆盖,95%自然村已实现宽带村村通、95%的自然村实现数字电视村村通。二是加强引导,设置农村信息化建设试点鼓励专项资金,鼓励有条件的农村建设更高层次的信息化。我区已初步选定2个自然村为农村信息化建设示范村,计划明年将进一步出台措施,拨付专项资金用于信息化建设。三是农民工培训工程与农村信息化建设充分结合,今年以来,我区利用农民工培训合作学校,加强对实用信息化技术农民工人才的培养,收到了很好的效果。

五、切实抓好党员远程教育

充分发挥远程教育的作用,最大限度的发挥站点实效,同时各站点安排专职人员进行维护,加强社区远程教育管理员的业务培训,制定远程教育管理条例,把党员远程教育纳入各级党组织绩效考核,定期检查,积极开展规范站点创建工作,取得了良好的效果。目前,开发区有市级五星级站点1个,四星级站点1个,三星级站点5个。

六、认真抓好信息化安全工作

随着信息网络技术的广泛运用和深入发展,信息安全越来越成为一个战略性的课题。开发区严格按照信息安全的管理规定,把这项工作摆在突出的位置来抓。一是在全区各级党政机关,行政、企事业单位安装信息安全管理系统,建设统一的安全防范体系,降低成本,提高效果;二是建立健全网络信息发布管理制度,层层审核,严格把关,防止失泄密事件的发生;三是制订和完善信息安全应急预案,及时、有效处置信息安全事故;四是加强经常性的检查、督查工作,及时发现安全管理上的漏洞,切实加以解决。今年5月和10月份,区信息化工作领导小组办公室在全区各单位组织开展了2次信息化安全检查,重点对涉密电脑及上网工作电脑进行检查,规定涉密电脑不得上网,对检查出有违规行为的单位下发了整改通知,并进行了复查,提升了机关信息化安全防范意识。

七、存在不足

一年来'开发区信息化工作虽然取得了一些成绩,但也存在一些差距和不足:一是少数单位对信息化工作重视程度不够,信息化意识和信息化水平与时代发展的要求有相当大的差距。二是信息产业发展相对滞后。三是投入机制还有待完善。信息化建设资金投入跟不上发展的需要,政府引导、市场运作、多元化投资机制尚未形成。四是信息化基础工作相对薄弱。开发区与县区不同,由于机构设置不完善,没有工业和信息化局,其职能由发改局代管,信息化建设工作开展的管理体制和运行机制不规范、不健全。

在明年的工作中,驻马店经开区要按照科学发展观的要求,顺应社会发展的历史潮流,按照全市信息化建设规划,进一步理顺信息化工作管理体制,进一步完善基础设施建设,全面推进电子政务建设工作,切实抓好信息安全工作,把信息化建设各项工作任务落到实处。

驻马店市驿城区信息化发展概况

近年来，驻马店市驿城区在区委、区政府的正确领导下，在上级信息化主管部门的大力支持下，全区坚持以科学发展观推进信息化建设，重点抓机制体制创新，坚持服务管理并重，实现了我区信息化建设的较快发展，信息网络基础设施得到进一步完善，电子政务建设、企业信息化和农村信息化稳步推进，信息技术得到广泛开发应用，国民经济和社会信息化水平不断提升，开创了全区信息化新局面。现将驻马店市驿城区信息化工作基本情况总结如下：

一、环境建设情况

一是加强领导建立信息化领导机构，成立了以原区委副书记、区长郑玉林为组长，区委常委常务副区长高明、副区长张二林为副组长，区政府有关部门为成员的驿城区信息化领导小组，领导小组下设办公室，作为全区信息化工作常设办事机构，负责全区信息化工作的日常管理、协调，制定了信息化办公室工作职责，做到职责明确，任务落实。二是把全区信息化工作摆上重要议事日程，列入区政府2011年重点工作，并将该项工作纳入目标考核体系，制定了奖惩工作制度。三是确立统一领导、统一规划、统一政策、统一标准的信息化管理模式。四是开展信息发展规划的研究，制定了全区“十二五”信息化发展规划。五是为加大对全区信息化工作在推进过程中的资金支持，在全区确定的五项基金的基础上，设立信息化专项基金，将信息化工作经费纳入区财政预算每年不少于200万元。六是在全区范围内大力开展信息宣传、培训工作。提高信息化从业人员整体素质，推进全区信息化进程。七是在全区开展的信息化绩效考核工作。

二、电子政务开展情况

2008年建立并开通了政府门户网站，并实现了双向互动，在线政务处理、信息公开、一站式服务功能基本完善，2009年10月党政电子政务网络平台正式投入使用，全区大部分单位建立并开通了自己的门户网站，全区各乡镇办、各部门都明确了一名信息联络员，专门负责收集整理信息。电子政务网站已成为指导全区政府工作、经济发展和开展各项公共服务的综合数字平台，成为对外宣传我区政治、经济、文化各方面建设成果，展示政府良好形象的重要窗口。以国家“十二金”工程为骨干和区政府电子政务内网，远程教育入户工程等一大批信息化项目相继建成，实现了区域信息系统业务的协同推进，信息技术在电子政务中得到开发应用，政务信息化快速推进，大大地促进了政府职能的转变，提高政府的监管水平和服务水平,政府办事效率有了明显提高。

三、两化融合情况

本年度,驻马店市驿城区依据全市统一部署,开展了本地企业信息化等级评测工作,建立了本地企业信息综合服务平台,在中集华骏、王守义十三香、大程集团等企业开展了两化融合、物流信息、电子商务等试点工作,形成了以中集华骏、王守义十三香等重点企业带动,装备产业集聚区两化融合试验区为示范,广大中小企业跟进,多种形式、各具特色的信息化建设模式共同发展的格局。

驻马店市发改委信息化发展概况

根据相关文件精神，驻马店市发改委对2011年信息化建设责任目标完成情况进行了认真自查，现将自查结果和有关情况报告如下：

一、积极完善信息化管理体制和工作机制

1、加强领导，健全机制。驻马店市发改委充分认识到信息化建设对发改工作的重要意义，为此，驻马店市发改委成立了以主任刘明放同志为组长，党组副书记郭海燕同志和纪检组长田云华同志为副组长，各科室负责人为成员的委信息化工作领导小组。刘明放主任在2011年全市发展和改革工作会议及其它场合多次对信息化工作进行安排部署。

2、明确信息化工作机构的工作职责。负责全市发改委系统信息化建设的规划、组织和协调工作；推动办公自动化系统建设；全市发改委系统信息平台的规划、建设和正常运转；收集、整理、传递系统信息资源，维护"市发改委门户网站"正常运转，发布动态信息以及系统信息报送工作。

3、完善制度、加强管理。根据信息化建设要求，制定信息化工作领导小组办公室工作制度和网络信息安全管理制度，对各种电子文档、做到及时处理，确保电子信息的安全，建立了各科室相互配合、相互合作的工作机制，实现了非涉密性信息的共享，进一步提高了工作效率。对公网电子信息的处理，制定了相应的电子信息收发流程和规则，各科室将需公开的信息报送信息化领导小组办公室，经办公室审核并报送主管领导审批后方可上网发布，确保信息的准确性、真实性和时效性。

二、基础建设情况及信息资源开发利用情况

1、完善信息化建设配套设施。驻马店市发改委在办公经费十分紧张的情况下，逐步完善了信息化配套设施。目前，全委计算机普及率达到85%以上，正版软件占上网电脑达到50%以上，为驻马店市发改委推进信息化建设奠定了坚实基础。

2、市发改委门户网站得到较好应用。驻马店市发改委投入了大量人力物力，改造、完善发改委网站建设，对门户网站进行了改版升级，不断提高门户网站的建设水平，着力将门户网站打造成对外开放、宣传推介及便民利民服务平台。完善了门户网站首页和各自栏目，重点对发展规划、项目建设、经济运行、价格公示、价格检查等12个重点公开方面进行了充实。在门户网站开设了公共信箱、公告、网上办事等栏目，通过开展政务监督、信息互动. 有效接受群众意见和建议，门户网站的应用效力得到提升。

3、通过政府专网加强与市委市政府互联互通。通过政府专网实现了与驻马店市委市政府互联互通，做到政令上通下达，及时准确。建立健全部门公众服务网络体系，努力拓宽网上服务项目和内容，积极推行项目审批工作业务的网上办理、查询和公共服务，及时、准确地做好信息维护工作。信息化建设的稳步推进，为提高驻马店经济发展工作服务水平打下坚实的基础，为驻马店经济建设作出应有的贡献。

4、加强宣传培训，切实推进工作。广泛开展宣传，认真组织人员参加省和市的各种信息化工作培训，增强相关工作人员做好信息化工作的责任感，提高推进信息化建设的能力。通过宣传培训，使大家了解了计算机应用基本知识，熟练掌握了办公软件等的使用，基本掌握了保护网络安全的技巧。

三、网络与信息安全工作情况

1、建立健全信息安全保障工作的责任制。驻马店市发改委领导高度重视网络建设和信息安全工作，多次强调在当前网络快速发展和信息日益发达的今天，抓好网络和信息安全尤为重要，各科室负责人是信息安全工作的第一负责人，并要求各科室相关人员要切实负起责任，抓好落实工作。

2、建立和完善信息安全保障工作的规章制度。为了正确处理信息安全、网络安全和信息系统安全的关系，我们高度重视网络建设和信息系统的安全保障工作，在加强组织领导的同时．进一步完善我委网络信息安全管理办法。进一步完善了《市发改委计算机信息系统及网络保密守则》《保密工作制度》等保密工作规章制度，进一步加强了保密工作制度建设，使保密工作有据可依、有章可循，严格按制度规范办事程序。

3、不断加强日常信息安全管理。专门成立市发改委政府信息安全管理办公室，由分管信息安全工作的领导主抓，并制定一名信息安全员专门负责信息安全工作。由信息安全员定时对驻马店市发改委涉密计算机进行检查，严格在驻马店市政府信息公开网站和市改委门户网站对发布的信息开展认真的检查。对涉及到我委涉密信息进行严格控制，确保“涉密信息不上网”。严格文件的收发，完善了清点、整理、编号、签收制度。对所有业务系统都要求进行备份。涉密计算机经过了保密技术检查，并安装了防火墙。同时配置安装了专业杀毒软件，加强了在防篡改、防病毒、防攻击、防瘫痪、防泄密等方面的有效性。涉密计算机都设有开机密码，由专人保管负责。同时，涉密计算机不和其他计算机之间相互共享。网络终端没有违规上国际互联网及其他的信息网的现象，没有安装无线网络等。安装了针对移动存储设备的专业杀毒软件。

四、存在的问题及建议

通过此次自查，发现以下方面还存在不足和问题。1、由于人员调整，对信息化建设中信息公开的准确性把握还不到位；2、信息化建设的途径还不够广泛；3，与相关部门结合的还不够紧密。

建议：1、加大对信息化建设工作的理论学习，不断提高信息化建设工作人员的理论和实践水平；2、积极开拓信息化建设的多样性，争取建立多样化信息公开平台；3、加强与相关部门的协调，把工作做的更细、更实。

驻马店市环保局信息化发展概况

2011年,在驻马店市信息化部门的指导和帮助下,驻马店市环保局以科学发展观为统领,以环境保护业务信息化为重点,以网络建设管理、标准规范建设、网站建设为基础,以队伍建设为保障,努力发挥环境信息化对推进环境保护工作的促进作用。通过一系列扎扎实实的工作,狠抓了工作落实,着力提升了工作能力和水平,强化了环境信息化管理,信息化建设工作成果明显,现将具体情况汇报如下:

一、做好信息化服务,巩固环境信息标准化验收成果

多项举措做好网络服务管理。为合理应用信息化网络资源,提供优良的环境信息服务,保障办公大楼、污染源在线监控中心网络和环保业务专网良好运行,去年采取了多项措施加以保证:一是加强局域网安全管理。对机房的服务器进行了清理和重新部署,借助上网行为管理设备建立了局域网终端上网行为跟踪表,从限时上网、防木马、Arp病毒攻击入手对网络进行了更加规范的管理。对定密计算机实行物理断网,多重密码防护,严防泄密。每周定期检查网络设备运行状况,设置管理台帐,网络稳定性明显提高。二是做好局域网软硬件维护工作。及时排查网内计算机故障,实行新机入网注册制度,指定专业人员对网内计算机和辅助设备进行维护,保证了全局系统网络的正常运转。三是严格执行各项网络和信息制度。2011年局办公室重新修订了网络、政务公开、政府信息公开等制度汇编成册发至科室及二级机构参照执行。信息工作采取按月报送总结和计划的方式进行监督,保障任务按时完成。四是对信息化机房进行增容改造。2011年根据新上项目要求对机房电路、电源、服务器控制设施、光纤等进行了安装和升级维护,保证新项目能够正常实施。

二、加大信息化投入,注重信息化应用人员培训

1、加大经费投入。市环保局领导一贯重视信息化工作,为提升信息化软硬件水平,在资金困难的情况下,2011年共投入信息化工作经费7万元,保证了各项业务的顺利开展。

2、注重人才培养。2011年,信息中心专业技术人员积极参加省厅及市政府组织的环境统计项目组网、网站建设、污染普查软件、公文传输系统等业务培训。继续开展了全系统信息员的交流与培训,聘请省厅信息中心专家讲授信息写作课程。通过一系列培训,建立了一支信息化专业技术和应用人才队伍。

3、开展信息化相关考核。为提升信息化应用水平,督促各区县做此项工作,市局将信息化内容纳入市环保局对区县环保局目标考核内容,且占有相当比重的分值。在网站信息报送方面制定报送考核办法和奖励机制，根据为网站提供信息的质量、数量及采用情况，对局机关各科室、下属各单位和各区县环保部门进行年度工作考核，对信息工作先进单位和优秀信息员兑现物质奖励，通过考核提高了网站信息质量。

三、拓展应用渠道，发挥各信息系统重要作用

1、国控、省控企业重点污染源自动监控系统正常运转。重点污染源在线监控系统是在线自动监控企业排污状况，实行信息化监管的重要业务系统，于去年全面完成建设。去年来由我局专业人员严格按照《驻马店市重点污染源在线监控系统运行管理办法》、《重点污染源基本信息管理办法》、《节假日值班制度》等相关制度来保证专网设备及监控系统正常运转。截至年底，监控系统在线注册企业共 36 家，去年企业平均在线率达 99.37%。并协助区县环保局及企业维护人员定期登录系统查看数据传输情况，做到多家联查。配合监察支队分析企业在线数据超标异常原因，通知企业排除终端设备故障，为企业排污监管提供有力支撑。

2、视频会议系统运行良好。2011 年建立视频会议室使用登记制度来加强维护管理。接到视频会议通知后均及时配合省环保厅测试通讯状况，进行信号和会场效果调试，在去年召开的全省环境信息工作视频会议等 7 次视频会议中顺利完成任务。

3、各电子政务应用系统运转正常。一是"12369"环境投诉系统保持每日 24 小时正常运转。二是公文平台运转管理更加规范，每天按时登录平台 2 次以上，文件收发实行签收制度，基本做到无漏收迟收现象，收文率 100%。三是去年启用了环保系统专用邮箱，并发布信息交流单至局各科室和部门推广使用环保内部办公系统和环保系统专用邮箱，通过拓展一系列信息化应用做好电子政务服务工作。

四、充分利用网站等信息化载体做好政府信息公开工作

1、政府信息公开平台建设规范化。一是及时修订政府信息公开目录。去年新一轮机构改革后，驻马店市环保局根据新的单位职能重新修定了政府信息公开目录上报市政务公开办公室。二是全面补充平台内容。去年根据新的信息公开和网站考核指标，疏理了网站目录框架，补充了信息公开制度、行政职权目录、行政职权流程图、政府文件、人事任免、财政公开等几乎所有栏目内容。三是努力保证信息质量。随着信息数量的大幅度增加，信息采编人员采用信息的标准更加严格，2011 年通过多次信息写作培训及采编人员的严格审核和对信息员的培训，信息质量有了较大提高。

2、环保门户网站改进常态化。一是不断改进网站功能及体验效果。去年对网站进行了多次改版，并且将改进融入到日常维护之中。把去年考核中存在的不足和今年新的考核指标作为改版重点，新版环境信息网吸收了去年在驻马店市召开的全省环保网站经验交流会和各兄弟市优秀网站的建站经验。将环境信息网分设成环保之窗、政务公开、在线服务、互动平台四大版块，着重加强在线服务和互动平台的体验效果，大量充实网站内容，做到每日更新，使目前的环境信息网站更加完善。二是完善在线服务功能。新网站开始的在线服务栏目以方便申请人办事为宗旨，综合了办事指南、行政许可、环评审批在线申报等一系列功能，将办事的方便性最大化。共受理各类在线申报 49 项（其中建设工地夜间施工审批 43 项、建设项目环境影响评价文件审批 5 项、转移固体废物（危险废物）许可 2 项），较之去年有大幅度提高。三是丰富专题专栏内容。环保网专题栏目建设紧扣当前环保工作实际。目前开设的专题栏目有环境保护创建、学习沈浩事迹、六五环境日、专项行动、政行风建设、生态市建设、污染源普查、能力建设等。

3、政府信息发布管理统一化。由信息中心制作启用了政务信息发布管理平台，平台内设图文编辑、审核、查询、采用率统计、多级用户管理、信息发布排行版等功能。信息员统一通过平台报送信息。实现了政务信息统一管理，提高了信息审核及发布速度。

过去一年的信息工作，我局做了新的探索，也取得了新的成效。同时，驻马店市环保局也注意到，全局信息化意识还有待提高；信息资源缺乏；资金投入不足；基层信息技术人才短缺，信息化交流与培训不够；各个网络之间的互联互通、信息资源共享工作仍需加强、环境管理软件应用有待加强等问题，这些问题，都需要早谋划、早动手、早准备，还有许多工作要做。随着环保信息化的新发展，新动向，驻马店市环保局的信息化建设工作也将迎来新的契机。驻马店市环保局相信，面对良好的发展机遇，在上级信息化部门和局党组的领导和支持下，进一步改进和加强信息化建设工作，一定可以开创驻马店市环保信息化新的局面。

驻马店市气象局信息化发展概况

驻马店市气象局对照2011年度市直单位信息化责任目标考核指标，以及市信息化办和工信局的要求，从组织机构到责任目标和考核具体内容进行了细节检查和全面的落实，2011年信息化责任目标完成情况如下：

一、工作机制

1、领导重视：驻马店市气象局成立有信息化工作领导小组。领导小组由局长担任组长，专管局长任副组长，党组成员、部门领导组成。并将信息化工作列入重要的议事议程，研究部署每年的信息化工作。并定期召开会议研究信息化工作中的问题和解决的措施。

2、组织机构：在成立了信息化工作领导小组基础上，驻马店市气象局和九县气象局都成立了信息化工作小组，具体指导落实全市气象系统的信息化工作。

3、规章制度：气象局应用计算机多年，制定落实了计算机和信息的各项工作、管理、运维、安全、传递、共享、保密等规章制度。各县气象局相应参照制定了完善的规章制度。每年年初年底、汛期的全市检查工作中，信息化制度检查都是最重要的检查项目和内容之一，有效地促进了落实，效果显著。

4、信息化规划：每年局党组、信息化领导小组和工作人员结合驻马店市气象信息化建设的需要和中国局、省局的要求，规划我市的信息化和气象现代化工作的方案。

二、基础建设

5、政务网建设：严格按照市政务网的管理规定，建设和应用市电子政务网，做到了专人、专机、专线使用政务网。

6、网站建设：驻马店市气象局拥有自己的门户网站，除宣传气象部门、科技和文化外，还有政务信息公开，网上服务等的功能。天气预报等信息每天及时更新，气象动态、农业气象、气象知识等栏目经主管领导审核后也不定期发布。

7、计算机普及程度：基本达到了每人都有计算机使用，全局计算机数量超过在职职工数。

8、信息化培训：基本的培训驻马店市气象局全局人员已经完成，每年根据国家、省及市气象局业务培训计划和需要，通过三级办班，系统内外结合，有专门业务亦有综合素质培训，方式分集中培训和网络远程教育，定期不定期的培训人员超过60%以上，人均远程培训时间超过25小时。

三、业务信息化及信息资源开发利用情况

8、核心业务化支撑水平：驻马店市气象局基本上达到了所有业务都利用信息系统处理,有各自的应用系统平台。

9、应用效果:气象局的业务气象观测、天气预报、卫星雷达资料应用传输、农业气象、人工影响天气、办公自动化、人事、财务、对外服务等各方面都由国家、省气象局统一布暑下发软件,结合自己研制的各种天气预报系统,专业应用系统,使得天气预报等业务办公服务全面实现了信息化自动化,极大的优化简化了原有的业务处理流程,大大提高了预报时效、准确率和服务的及时性、方便性,以及办事的效率。

10、文档电子化归档:公文处理、资产管理,行政、人事、财务、气象的档案资料都按照国家、省气象局的规定要求,除原始纸质档案管理外,都进行了数字化管理。达 90%以上。

11、信息公开:及时的按照规定向政府网站报送各种信息,并按照规定在气象部门的各级门户网上公开有关气象的政务信息。

12、部门内部资源的共享:气象系统建内部专用网,各县气象局都有带备份的专线与省、市气象局相连,实现了省、市、县气象资料共享。

13、跨部门信息资源共享:气象局与水利局设立专线,建立了资料共享系统,业务协同平台,做到了防汛抗旱的气象、水利资料的及时共享,对指导气象业务、水利业务,以及有效的提高了防汛抗旱指挥决策的科学性、及时性,发挥了主要作用。共享网络双方进行了安全设计,安装了安全设备和设置,制定了共享范围和用途。

四、信息安全

14、信息安全制度:针对信息安全形势的变化,对已有的信息安全制度进行了完善,制定了信息安全监督检查机制、计划和方案,并定期检查落实,各部门执行情况较好。新建信息化项目同时建立健全管理规章制度,做到了安全同步规划建设和验收。各部门都建有安全应急保障预案和安全保障机制,能够有效的处理各种安全突发问题。积极配合市政府相关部门和省局开展的各种网络信息安全检查工作,并能及时整改落实。

15、数据的存储与传输:气象数据传输使用气象专线,气象数据的存储都由国家、省的资料中心完成,根据安全防护的要求采取相应的安全技术措施,传输方式及安全措施由国家、省气象局统一制定。我局涉密档案设备采取专人、专机、专室管理使用,设立机器密码,按照涉密档案的管理要求实施各项工作。

16、信息系统等级保护:2007 年 7 月按照市公安局、市保密局和国家省气象局的要求,全市气象局,包括九县的信息系统均做了安全等级保护测评,制定了符合要求的相应级别的信息安全等级保护,并在市公安局进行了备案。2009 年后,每年又对新建信息系统和旧系统的新的工作内容进行了安全等级保护测评和定级,全市气象系统的安全等级保护工作已经完全纳入正常的程序中。

我局在内部局域网上,目前有 6 台服务器。

1、全市气象数据服务器:市气象局内部及与县气象局的数据共享交换。

2、卫星接收接收服务器器:接收中国气象局发送的卫星气象数据。

3、卫星数据服务器:存储卫星接收的气象数据。

4、Notes 邮件服务器:全市内部邮件管理、存储、转发服务。

5、micps 服务器:气象信息信息处理应用服务。

6、与水利局互联服务器:为市水利局提供气象资料。

驻马店市卫生局信息化发展概况

为深入贯彻落实科学发展观，服务和助推中原经济区建设，促进驻马店平安崛起，进一步优化信息化发展环境，推进信息化和工业化的深入融合，深化电子政务和社会信息化应用，根据市信息化建设领导小组和省卫生厅的总体要求，按照《河南省信息化条例》工作部署，市卫生局高度重视卫生信息化建设工作。在年初召开的全市卫生工作会议上，市卫生局局长吕广宇同志在工作报告中要求将卫生信息化建设作为卫生工作的一项重要工作抓好、抓实、抓出成效，努力推动驻马店市信息化事业健康、协调发展。2011 年，在市卫生局党委的正确领导下，围绕全市卫生工作目标任务，充分发挥信息、咨询、监督等功能，突出重点，应用为先，全力推动并实施基于居民健康档案的区域医疗卫生信息平台建设，进一步加快卫生信息网络化建设步伐，现就 2011 年驻马店市卫生信息化建设工作情况自查总结下：

一、领导重视，全面实施信息化工作统一管理

信息化工作是新医改的重要技术支撑，也是一项系统工程，驻马店市卫生局党委高度重视，成立了由一把手局长为组长、相关主管局长为副组长的驻马店市卫生局信息化工作领导小组，各职能科室负责人作为成员协调工作，领导小组下设办公室，明确专人负责信息化办公室工作，建立工作机制、强化工作责任、加强协调配合，把卫生系统信息化建设工作列入重要议事日程，形成主要领导亲自抓，分管领导具体抓，具体工作专人抓的工作机制。从组织领导、资金投入、人才配备等多方面着手，对全市信息化建设工作本着“顶层设计、有序推进”的原则，努力实现信息系统技术的衔接和资源的共享，提升行业管理水平和效率，使驻马店市医疗卫生信息化建设步入科学、规范的快速发展道路。

二、科学规划，稳步推进市级数据中心建设

为贯彻落实《河南省 2009 年医药卫生体制改革实施方案》、《河南省市级卫生区域平台数据中心建设指导意见》、《河南省基于健康档案的卫生信息平台标准规范体系》等指导性意见和规范性文件，驻马店市启动了基于健康档案的区域卫生信息化平台建设。以基于健康档案的卫生信息化平台和网络平台为基础，统一数据标准和规范，选择应用软件集成商，共同建设先进、成熟、稳定、可扩展、适合我市情况的基于健康档案的区域卫生信息系统。

根据我市情况，驻马店市卫生局党委研究决定由驻马店市联通公司承建市级区域卫生信息平台数据中心，中心机房托管到联通公司。按照省卫生厅对市级区域卫生信息平台的要求，我市采用了平台建设的高级方案，市卫生局组织了相关专家（包括软件厂商）对建设方案进行了论证。经协商，驻马店市联通公司同意出资购买数据中心硬件设备及区域卫生信息平台软件。2011年9月市卫生局与联通公司签订了合同。

目前，区域卫生信息化平台建设项目已经完成了电力、网络等配套设施的建设，硬件设备均已到货并安装调试完毕，各终端接入链路的接入调试工作也已完成，下一步准备对平台软件进行部署，确保全市医疗卫生单位互联互通。

三、认真部署，加快推进居民健康档案电子建档

开展居民健康档案规范化电子建档工作，是实施国家基本公共卫生服务项目和重大公共卫生服务项目，促进基本公共卫生服务项目均等化的重要内容，是惠及千家万户的民生工程。居民健康档案数据库承担全市所有卫生数据的采集、存储、管理等工作，是进一步提升群众健康保障的重要前提。近年来，驻马店市各地普遍建立了居民健康档案，纸质居民健康档案进展很快，但由于信息化水平较低，致使有些地方健康档案合格率低，资料不规范，信息不能共享，实际利用率低。加快推进居民健康档案电子化、信息管理标准化、信息服务网络化，将居民健康档案“活档化”显的尤为重要和迫切。对此，省政府办公厅印发了《河南省医药卫生体制五项重点改革2011年度实施方案的通知》，明确要求全省各地要在年底实现城乡居民健康档案规范化电子建档率达到50%左右的医改目标。为实现这一目标，驻马店市卫生局采取多项有力措施，认真部署实施，明确建档责任、分解建档任务，发动各县相关工作人员，全力以赴录入居民电子健康档，提高建档效率和质量。

四、统筹安排，强化基层卫生信息化培训

根据省卫生信息化建设总体规划和卫生厅确定的2011年卫生信息化建设工作重点，为切实提高乡村医生信息化水平，促进基层医疗卫生服务体系不断完善，今年，我市全面开展了乡村医生信息化水平培训工作。此项工作按照统筹安排、分级实施、坚持实用、确保实效的原则，针对全市村卫生室注册乡村医生，进行计算机知识、操作技能等方面培训，以提高乡村医生信息化水平为重点，普及基层医护人员的计算机知识，提高各类卫生相关业务系统操作使用技能，整体推进农村卫生、疾病预防控制、妇幼保健、医疗服务、卫生监督和卫生管理等各类信息化业务的顺利实施。

2012年1月13日、14日，按照省卫生厅的安排，驻马店市组织开展了基层卫生信息培训，此次培训人员402人，培训以提高基层卫生信息化水平为重点，以村卫生室信息管理系统为主线，加强基本公共卫生服务、基本诊疗、新农合门诊统筹、药品（基本药物）管理的综合认识和操作使用，有效推进了农村卫生室信息化建设步伐。

五、改善就医环境，加快县级医院建立完善PACS系统

PACS系统是应用在医院影像科室的系统，旨在改善县医院就医环境，提高医疗质量和服务管理水平。根据《卫生部办公厅关于做好2010年县医院能力建设项目的通知》和《卫生部办公厅关于印发2010年县医院能力建设项目信息化建设技术方案的通知》的要求，我市有10家县级医院被指定为项目试点医院。驻马店市各项目医院高度重视此项工作，落实项目负责人，全力配合实施商开展调研、项目协调等相关工作，并定期汇总情况上报省卫生厅信息化主管部门。

六、合理规划、科学运作，打造优质卫生决策信息平台

为了更好的为群众服务，为领导决策提供参考，构建符合长远发展、科学高效的卫生系统信息化平台势在必行,做好相关平台的软件、硬件的配备则成为了打造平台的基础。市卫生局通过政府招标、申请上级项目等渠道积极打造信息化建设硬件平台,做到规范使用信息化硬件设施,坚持每一台硬件配备做到来有正规渠道、去有规范流向的原则,严格执行相关保密规定,确保任何环节不出现纰漏。在软件的使用上,坚决贯彻党政机关严格使用正版软件的规定,任何设备的软硬件更新、升级均交由正规有资质的设备供货商操作,确保卫生系统信息化安全。

七、联系实际,充分发挥卫生系统信息化建设重要作用

驻马店市卫生局要求,加强信息化建设要与日常工作紧密结合,并将信息工作纳入本单位年度目标责任制考核。要求在在完成各种业务报表的布置、汇总、审核、上报及分析工作同时,对各种报表也要进行对比分析,及时掌握各项卫生信息动态,为领导决策提供参考。

一是加强卫生系统门户网站建设。根据局党委研究决定,今年着力加强了驻马店市卫生工作门户网站建设。通过前期与具有专业资质的网络公司沟通对接,就网站页面风格,功能板块、网络更新、网站对接等方面进行深入研究论证后,结合本系统工作职能拟设立综合管理、党务人事、财务规划、农村卫生、行风建设、健康教育、社区卫生等栏目,加强了后台管理系统建设,同时拟增加网上查询功能。确保网站建立后,领导分工、科室职能和实时信息的发布满足不同人群的各种需求,力争让社会对各级医疗卫生机构有更多的了解和监督,努力提升卫生系统整体形象,展示了卫生系统的精神风貌,目前,驻马店市卫生局门户网站运行顺利,效果正在逐步显现。在此基础上,继续完善驻马店市中心医院、市中医院、市疾病控制中心、市妇幼保健院、市中心血站等单位的门户网站建设,争取实现全系统网站实时跨部门网站链接。

二是做好传染病和突发共公卫生事件网络直报工作。驻马店市卫生局对建立健全突发公共卫生事件应急机制、疾病预防控制体系、医疗救治体系和卫生执法监督体系等公共卫生信息系统建设提出了具体要求,重点突出疫情与突发公共卫生事件网络直报系统建设,提高疫情报告的及时性、敏感性和准确性,实现传染病和突发公共卫生事件监测网络化、信息化和现代化。经过努力,全市传染病与突发公共卫生事件网络直报系统基本建成,全市启动了艾滋病、结核病市级网络直报工作。结合乡镇卫生配备传染病和突发公共卫生事件网络直报计算机,健全疫情网上直报,督促各县(区)完成乡镇卫生院计算机的网络宽带接入,去年实现了乡镇卫生院网络直报,使疫情上报更加快捷、迅速、准确,在全市处于先进行列。

三是完善新型农村合作医疗管理平台和大力推进居民健康档案建设。完善了新型农村合作医疗信息系统平台。各县区均采用了新农合管理系统平台,利用现代化手段,对新农合工作中的有关信息进行采集、存储、处理、提取、传输、汇总加工,实现定点医疗机构、县区新农办、乡(镇)新农办三级联网和"参合"农民档案的录入及网上审核报销。目前各地的管理平台平台正在逐步完善。

四是加强卫生系统项目网络化推进工作。作为新时期项目建设推进工作的又一新形式,市卫生局要求,对所有卫生项目实行网络化动态管理,以卫生项目数据网络直报为突破口,着力加强卫生系统项目网络化建设,对项目落户、开工建设、推进进程、开展情况进行全程监控,确保项目有序稳步推进。

八、规范管理，建立完善的信息工作制度

工作制度是一个单位在管理中的硬件，科学规范的管理为促进卫生信息化建设提供强力保障，市卫生局首先以建立单位各项制度入手，包括制定学习制度、工作制度、机房管理制度等，明确了工作职责、工作流程和各项工作任务，使信息化工作有章可循，领导带头以身作责. 用好的制度去约束人，用好的制度去管理人，用好的制度带出好的风气。增强组织纪律观念，规范工作人员行为，使信息化工作的管理水平、服务水平和工作水平不断提高，信息化工作的提高，促进了卫生事业的进一步发展。

九、明确目标任务，构建完善的卫生信息化建设平台

一是切实做好卫生信息化建设规划。随着全市信息化进度的加快，对卫生系统信息化要求也越来越高，现有的信息化发展水平已不能较好的满足于社会对卫生事业发展的要求。随着全市“三区两县一体化”发展规划的稳步推进，构建可持续发展的全区域的卫生信息化网络平台成为全局的基础，根据“三区两县一体化”建设纲要部署，驻马店市卫生局着力解决全系统中长期信息化发展规划，本着快捷便民、务实高效、提供参考的原则制定卫生信息化建设指导意见和实施方案。

二是构建全区域连接的公共卫生信息服务网络。按照部署，以构建驻马店市全区域卫生门户网站为基础，着力加强公共卫生信息化平台建设，形成特点鲜明、功能完善、便捷有效的信息网络平台。以扎实推进政务公开为突破口，充分利用公共卫生信息服务平台，紧密结合工作实际，积极推进电子政务的快速发展。

全市卫生系统信息化建设是推动全市卫生事业快速发展的重要推进器，驻马店市卫生局将着力加强公共卫生服务、医疗救治、卫生监督等方面卫生信息化建设进程，实现数据交换和信息共享，有效地动员和调度各种资源，科学决策，提高对卫生服务能力和水平，充分发挥卫生信息的整体功能，使我市的卫生信息化建设再上一个新的台阶。

驻马店市烟草专卖局信息化发展概况

2011 年是实施国民经济和社会发展第十二个五年规划的开局之年，为认真贯彻落实驻信办[2011]4 号《关于印发 2011 年驻马店市信息化工作要点的通知》和驻信办[2011]5 号《关于转发〈2011 年省辖市信息化责任目标考核细则〉的通知》文件精神，确保 2011 年全市烟草商业信息化工作紧紧围绕促进经济发展方式转变、实现跨越发展、促进驻马店市平安崛起，驻马店市烟草专卖局(公司)信息化部门严格按照文件工作要点指导要求，结合本单位实际，认真组织开展 2011 年信息化工作，并达到了预期的目标。现将对过去一年来的全市烟草信息化工作进行全面认真自查情况汇报如下：

一、环境建设

信息化工作一直是烟草行业的重点工作之一，2011 年 6 月 14 日，由驻马店市烟草专卖局(公司)分管信息化领导和个县区(局)分公司分管信息化领导以及信息化管理人员共同参与的全市烟草商业信息化工作会议隆重召开。会上对过去一年的工作进行了回顾和剖析，并对 2011 年的信息化工作进行了明确部署，确保 2011 年信息化工作按照预定的目标稳步进行。

驻马店市烟草专卖局信息化工作管理部门职能明确，人员到位，分市县两级机构，实现了“垂直管理，分级负责”的工作机制。市级信息化管理部门由科室负责人、网络管理员和系统管理员等相关信息化工作人员组成，县区级信息化管理部门根据各单位具体情况，或有独立部门具体负责，或由办公室分管负责，不论采取何种组织机构，信息化工作始终明确到人，确保信息化工作井然有序进行。

去年一年驻马店市烟草专卖局信息化工作部门对所实施的信息化项目的使用人员进行了相关培训，确保信息的信息化项目能够得尽快得到应用部门和应用人员使用，使信息化项目的成果能尽快应用到实际工作当中。

驻马店市烟草专卖局县两级局(公司)每年的信息化项目都在去年年底做好了资金预算，确保每年的信息化项目资金到位，市县两级单位的主要负责人对信息化项目都非常重视，对信息化建设给予了极大支持，只要是对行业发展有推动作用的项目，坚决支持，确保资金到位。

每年都由市县两级局(公司)对本单位本部门的信息化工作进行考核，并对垂直管理的直属部门进行考核，确保每年的信息化工作按照目标开展。

二、电子政务

驻马店市烟草行业已经形成了省、市、县三级互联的网络，甚至有些县级单位网络已经覆盖到乡级烟叶收购站和专卖管理所，网络覆盖率确保了电子政务网络整合资源，实行统一管理。

驻马店市烟草专卖局(公司)早在2005年就已经开办了全市的烟草行业内部网站,网站由行业通知、行业新闻、领导讲话等多个栏目组成,形成了全市烟草行业信息上传下达,互联互通的局面。

全市烟草行业的信息化工作一直得到上级和本级领导的重视和支持,信息系统应用已经覆盖了全市烟草行业各个部门,现在驻马店市烟草行业的卷烟、烟叶、专卖管理、物流配送、财务管理等均由各自专门的信息系统管理维护,信息化已经成为我市烟草行业各项工作的强力支撑。目前卷烟和专卖管理以及物流配送应用系统基本实现了信息共享、互联互通,各个系统间通过统一的数据确保订单采集、卷烟配送以及商户管理等工作安全有效进行。

驻马店市烟草专卖局目前正在使用中的应用系统有:卷烟销售系统、烟叶信息领导综合查询系统、烟叶收购监控系统、烟叶在线支付系统、财务信息管理系统、专卖管理系统、数据统计管理系统、生产经营决策管理系统。

三、两化融合

驻马店市的信息综合服务平台已经眼神到所属各县区局(分公司),现在只要有网络覆盖的地方都可以访问我市烟草商业的内部网站以及和应用系统等,使信息化的成果实现市县分享。

驻马店市烟草商业卷烟销售已经实现了电话订货和网上订货等现代比较先进的电子商务模式,生成的订单直接由物流配送部门提取并安排货源,配送卷烟直接到各个商户,已经实现了物流配送信息化。

四、网络与信息安全

随着信息化的发展,以前的安全观念和管理手段已经融入到当今的信息化管理当中。

驻马店市烟草专卖局(公司)成立了计算机信息系统安全领导小组,由单位主要负责人担任组长,各分管领导担任副组长,领导小组下设办公室,办公室设在信息中心,办公室主任由信息中心主要负责人担任,办公室成员由各科室主要负责人组成。形成了网络与信息安全齐抓共管的良好局面。实行"谁使用、谁负责"责任明确的管理模式。

在安全领导小组的正确领导下,在信息化相关应用和管理部门的共同努力下,全市烟草商业全年无信息安全责任事故。

为进一步明确责任,提高信息安全防范意识,由市局(公司)信息化管理部门制定出台了多个网络与信息安全管理和硬性维护制度。这包括:驻烟办[2011]120号《关于印发〈驻马店市烟草商业计算机信息系统安全保护规定〉的通知》和驻烟办[2011]121号《关于印发〈驻马店市烟草商业计算机信息系统安全保密管理规定〉的通知》。这些制度有效确保了网络和信息安全。

驻马店市烟草专卖局(公司)信息化管理部门积极参与信息系统登记备案及登记保护定级工作,完成了等级测评,并完成整改工作。

五、信息化建设项目管理

全市烟草商业去年全年,信息化项目全面按照上级主管部门和本级部门的计划和目标稳步推进,所有信息化项目的资金都在前一年年底做好预算,确保项目实施过程当中资金到位。所有信息化项目都经过上级信息化主管部门的审批和相关专家评审后着手实施,确保信息化项目正确实施,不出现责任事故。全年计划完成信息化建设项目5个,截止去年年底,所有项目全面完成,并且项目建设达到预定的目标和标准。

驻马店市农业局农业农村信息化发展概况

驻马店市农业局根据国家和河南省关于加强农业信息化建设的有关文件精神，紧紧围绕全市经济社会发展目标，全面落实科学发展观，因地制宜，以信息服务为核心，以强化信息资源建设为重点，提高认识，加强领导，统一规划、合理安排，突出重点、分步实施，提高软硬件支持力度，推进农业信息网络延伸，开发、整合、完善信息应用系统，积极开展信息技术在农业上的实际应用，着力提升农业信息的有效利用率，形成共建共享、开放式的农业信息化体系。

一、根据国家要求，出台了与省[农业农村信息化行动计划（2010—2012 年）]相配套的相关政策、措施，成立了全市农业农村信息化领导小组，制定了驻马店市（农业和农村信息化建设“十二五”工作规划），各项工作得到了较好落实。

二、1.驻马店市农业市场信息工作站负责全市农业信息工作，各县（区）农业局均有分管业务的副局长主管该项工作，并配备有农业信息工作负责人、工作人员和联系人。

2.驻马店农业信息网与各县（区）农业信息网站建立链接且运行良好；市农业局与驻马店电视台合作密切，根据不同农时季节每年制作农业专题节目 24 期。

3.驻马店市农业信息站切实做好 12316“三农''热线服务工作，分管信息工作的副局长亲自主抓，在全市范围内筛选 44 位优秀专家组成市级专家团，由市信息站具体负责该项工作，制定严格的管理制度，提供办公场所，保证专家座席正常工作。各县（区）农业局筛选 122 位专家，由分管局长任团长，成立县级专家团，具备办公场所，制定管理制度，根据不同农时安排相关专家值班。

4.驻马店市信息站紧紧围绕农业农村综合信息服务这一中心工作，积极拓展信息化服务领域，不断探索农业信息服务新模式，努力提高农业信息化服务能力和水平，通过驻马店农业信息网、12316“三农”服务热线、农信通手机短信等服务方式为农业信息落地入户作了大量富有成效的工作。为快速提升服务能力和水平，拓宽服务渠道，今年 6 月，驻马店市信息站成功开通了“短信信箱''手机信息服务“绿色通道''。该服务平台直接由市信息站负责信息的采集、分析和发布，可以实现政务信息、农业信息等快速传递，将会有效提高我市农业系统的工作效率、应急管理能力、信息服务能力，塑造农业部门良好的公众现象。

手机“短信信箱”的主要服务功能如下：

（1）针对不同类型的用户，分别设有群发、组发和个人发等几种信息发送方式。

(2)根据需要,随时实现单位内部办公信息、会议通知、会议服务等事项的有效传递。降低通讯成本,提高工作效率。

(3)能够快速预警,应对突发事件。通过编缉成手机短信,及时向特定人群发布热点专题、政策法规解读、权威政府信息等。

5.为拓宽服务渠道,增加信息服务量,我局与驻马店市移动公司合作,开通了"驻市农业信息"手机短信,为广大农民和农村专业合作组织提供农业技术、政策法规、良种推广、水产养殖、沼气能源、质量安全和动物防疫等方面的信息服务。为做好手机短信的编制工作,我局成立了"驻马店市手机短信专家服务团",由局长李俊岭担任团长。专家成员除了本系统专家参加以外,还邀请农科所、农校、畜牧局有关专家加盟。为便于农民朋友了解手机短信的定阅方法,在全市印发了30万份"明白纸"和5000份宣传海报。目前,我市"驻市农业信息,,手机短信定制用户已达40000余户。同时针对群众咨询的共性问题、突发事件等编缉成公益手机短信,及时向全市140多万农村用户发布,指导和帮助群众及时解决农业技术难题、防灾减灾等。

三、农业农村信息化试点示范工作。驻马店市农业局信息站、市移动公司、汝南县绿苑蔬菜公司联合信息化大棚建设项目已启动,规划用地300亩,主要种植作物为番茄。

四、1.全市每个行政村都有信息服务点。2.有25%信息服务点符合"五个一"要求。

驻马店市粮食局信息化发展概况

2011 年,驻马店市粮食局在市委、市政府的正确领导下,在市信息化工作领导小组的指导下,高度重视信息化工作,把这项工作当作一件大事摆上重要议事日程,做到统一领导,统一规划,统一政策,统一标准管理模式,并采取了得力的措施加以落实。现将工作开展情况汇报如下:

一、加强领导,为信息化建设提供有效的组织保障

驻马店市粮食局高度重视信息化工作,年初召开了信息化工作办公会议,部署全年信息化工作。为进一步加强领导,成立了由纪检组长杨平世任组长,各业务科室负责人为成员的信息化工作领导小组,纪检组长杨平世负责全面工作,加强对信息化各项工作的审核和把关。同时,指定一名具有一定电脑操作基础的同志负责信息化工作的网络管理及日常维护运作。并完善信息网络,落实管理责任,确保信息化工作组织有力、体系健全、职责明确。

二、强化措施,认真开展信息化工作

(一)信息化工作硬件设施配备情况

在驻马店市粮食局领导的重视下,驻马店市粮食局信息化建设资金投入明显加大,信息化装备也有所增强。机房配有复印机、打印机、扫描仪、UPS 等设施,电脑、打印机基本达到每个科室一台,并安装了相应的办公软件和杀毒软件,由专人负责管理,为单位办公业务的电脑化、信息化奠定了良好的基础。

(二)局域网建设情况

开通了光纤专网,局机关所有计算机可高速联接互联网,同时建立了 20 兆宽带局域网,开发了公文传输系统等办公软件,现在不仅实现了局机关各科室之间、局机关与县区粮食单位的信息传输,而且远程公文服务器还可以访问市政府网和省粮食局局域网等网站,形成了“上通下达,左右联线,资源共享,方便快捷’’的电子政务网络,大大提高了机关的工作效率,节约了办公开支,也有效地推动了我局信息化工作的开展。

(三)门户网站建设情况

根据电子政务和信息化建设的总体要求,大力加强门户网站建设,多年来,我局门户网站紧紧围绕驻马店市委、市政府中心工作,认真贯彻党的粮食工作方针政策,不断充实政务公开内容。目前我局已经建成全市粮食系统政务公开、信息发布、法规宣传、为民办事、监督约束、公众互动的信息化平台,开设和提升了“政府信息公开”专栏,依据《政府信息公开条例》和粮食工作职能，完善了“机构职能、政策法规、市场行情、决策参考、工作动态’’等栏目，主动、及时、准确、详实的发布各类政府信息，并配备兼职管理员负责网站部门信息更新及网页维护，及时更新信息内容，确保信息的实效性，便于群众及时了解最新的粮食信息和动态。

（四）信息安全和网络管理工作情况

驻马店市粮食局在信息化建设中更加注重网络安全工作，为加强信息安全和网络管理，我局先后建立健全了《驻马店市粮食局政府信息公开保密审查制度》、《驻马店市粮食局依申请公开政府信息工作制度》、《驻马店市粮食局政府信息公开新闻发布会管理制度》、《驻马店市粮食局政府信息公开责任追究制度》、《计算机网络安全管理制度》、《局域网保密管理制度》等一系列规章制度，局域网和门户网站各栏目的文件、信息在上挂网页之前，按照保密审查制度严格审查，做到“涉密信息不公开，公开信息不涉密”。电子政务内网与互联网通过安装隔离卡实现有效逻辑隔离。对内外网的硬件防火墙、网络版杀毒软件、网络架构进行了全面升级改造，形成了较为完善的网络和信息防护体系。驻马店市粮食局每半年开展一次网络与信息安全大检查，加强信息系统安全保密技术防护，认真做好网站的安全防护工作。发现问题及时处理，保证了网络安全、稳定、有序的运行，截止目前未发生网络安全事故。

（五）信息化队伍建设及人员培训情况

信息化是社会发展的大趋势，因此必须建立一支信息化专业队伍。驻马店市粮食局建立了信息化工作的组织机构，由专人专管此项工作，基本形成了驻马店市粮食局信息化队伍。并不定期的，以普及信息技术知识为目标，积极开展信息化培训，提高全局干部职工的信息化意识和网络运用能力，并积极组织人员参加市政府组织的电子政务工作培训。

三、当前存在的问题和下一步工作思路

（一）存在的问题：一是信息量和信息公开覆盖面有待于进一步扩大；二是信息公开时效性有待于进一步提高；三是政府信息公开内容审查和更新维护、审查保密、考核评估、督促检查和宣传培训等工作制度有待进一步细化，确保政府信息公开工作制度化、规范化推进。

（二）下一步工作思路：驻马店市粮食局信息化建设工作思路是：认真贯彻落实驻马店市委、市政府关于信息化建设工作的部署和要求，以提升信息化建设质量和水平为突破口，突出粮食信息，不断创新工作机制，优化工作思路，狠抓措施落实，确保全面完成信息化建设工作各项目标任务。围绕上述工作思路，应着力抓好以下重点工作：

一是着力抓好政务信息报送工作。深入开展调查研究，积极拓宽信息渠道，提炼一批具有较高参考价值的政务信息，使信息报送质量和总量较往年有较大提高。

二是着力抓好门户网站建设工作。及时更新维护好门户网站，上传各类信息，重点加大对政务公开、政策法规、市场行情等信息板块的信息上传力度，主动接受群众监督，服务广大群众。

三是抓好分析研究。努力分析研究并切实解决好政务信息工作中存在的突出困难和问题，适时调整工作思路，不断改进方式。

通过驻马店市粮食局不懈的努力，驻马店市粮食局信息化建设工作虽然取得了一些成绩，但与市委市政府的要求，与人民群众的期盼还有一定的差距，驻马店市粮食局将进一步加强领导，健全机制，强化措施，务求实效，深入推进信息化建设工作，不断增强责任意识、服务意识，努力做好党的方针政策和国家粮食政策的宣传工作，为推进驻马店市粮食经济建设工作更上一个新台阶。

驻马店市林业局信息化发展概况

2011 年，在驻马店市委、市政府的正确领导下，在驻马店市工信局的具体指导下，驻马店市林业局坚持以科学发展观为统领，紧紧围绕驻马店市的林业改革发展，认真贯彻落实市委、市政府关于电子政务建设、政府信息公开及信息安全等工作的各项规定，保质保量完成了各项工作。现 2011 年驻马店市林业局信息化建设工作情况报告如下。

一、加强组织领导，切实抓好林业信息化建设工作

一是健全组织领导，完善工作制度。成立了由局党组副书记、副局长宋国恩为组长调研员孙保平为副组长，相关科室人员为成员的林业信息化建设工作领导小组，明确局办公室具体负责网上行政工作，设专人负责日常工作，做到了机构健全、队伍稳定。建立了《市林业局涉密计算机管理制度》、《市林业局非涉密计算机管理制度》、《市林业局涉密移动存储介质管理制度》及《市林业局非涉密移动存储介质管理制度》等多项工作制度，进一步完善了《市林业局公文运转制度》、《市林业局机要文件管理制度》等规章制度，建立了政务信息公开制度，编制了政务公开目录，对政务公开的原则、内容、程序等进行了规范。二是做好政务信息公开工作。以贯彻落实《中华人民共和国政府信息公开条例》为主线，努力畅通公开渠道，加强信息公开载体建设。以政务公开专栏、政府门户网站为主渠道，依据《驻马店市政府政务公开信息指南》，对局机构职能、单位职责、领导讲话、规章制度和规范性文件、及工作计划等其他应该公开的信息等方面情况进行了公开，并对新情况、新变化时时更新、及时报送，确保信息动态公开，在一定范围内对我局的林业重点工作进行了公开。全年共公开政务信息 78 条。其中局重大决议、重要制度信息 9 条，法规公文和政策信息 31 条，计划规划信息 1 条，安全生产信息 2 条，廉政建设信息 4 条，日常工作信息 25 条等。三是做好网上行政工作。充分利用内网收发文件，提高工作效率，节约办公成本。明确专人负责内网文件收发工作。今年共查收文件 160 份，均做到了按时查收、及时处理，没有出现漏收误事现象。四是门户网站开通运行。作为驻马店市林业局的信息门户，“驻马店市林业局网站”于 2011 年 4 月正式开通运行。网站设置了政务信息公开、林业资信、公共服务、领导讲话、机构设置、政策法规、生态建设、林业科技等栏目，公布了《政务信息公开指南》，进一步强化了信息发布机制和政府服务功能，同时也为今后的信息公开服务打下良好的基础。

二、加快信息资源共享和信息化基础建设

一是驻马店市林业局自网站建成以来，不断更新、完善和规划了信息栏目发布的合理性，通过网络平台发布相关政务信息、工作安排、传送文件等，已基本实现了日常办公网络化和自动化，同时能满足社会各层次对驻马店市林业信息的查阅和浏览，确保了资源共享、互通互联，驻马店市林业局在工作中不断总结经验，继续积极完善好驻马店市林业局已有应用系统，从而为社会、群众提供一个更方便、更快捷的林业公众信息平台。二是坚持跟踪督办和回访，提高职工和社会群众满意率。各承办科室或承办人出具相关答复意见后，驻马店市林业局安排专人负责与诉求人联系，向其说明我们的意见。正在推进过程中的事项，局办公室负责对相关进展情况进行跟踪督查，确保群众诉求事项有回音、有落实、有效果。三是将群众诉求事项作为指导改进我局工作的重要内容。今年以来，驻马店市林业局密切关注经济和社会发展中出现的新情况、新问题，及时掌握社会、群众关心的热点问题，并把解决林业生态建设中存在的问题及群众亟待解决的问题作为工作的重点取得了突出成绩，圆满完成了驻马店市委、市政府下达了各项目标任务。

三、加强安全管理，确保信息系统高效运行

驻马店市林业局机关共有计算机共计 41 台，其中涉密机算机 2 台，非涉密机算机 39 台；移动存储介质共计 7 个，无涉密移动存储介质；互联网接口 48 个，全部安装了防火墙和入侵检测设备。建立了网络安全管理制度，网络内所有计算机安装了防火墙、查杀病毒工具我们对计算机日常使用和维护、信息管理等多项工作进行了严格规定，特别是对涉密计算机坚持“专人负责、专机专用”的原则，对涉密移动存储介质的使用坚持“谁使用、谁负责”的原则。

四、存在问题及下一步工作打算

2011 年我们的工作虽然取得了一定的成绩，但仍然存在一定的问题和不足。一是由于我局人员少，技术人员缺乏并没有专门负责林业信息化建设的科室编制，信息公开、网站建设等工作有待进一步完善。二是缺乏专门的林业信息化建设资金，有些信息化设备陈旧需要更新。三是随着我国社会政治、经济的全面发展，信息系统安全保障工作的要求也越来越高，安全保障能力尚需进一步提高。

2012 年工作打算：一是严格落实各项工作制度。进一步明确工作责任，进一步加大保障工作力度，健全工作机制，做好网站信息发布、监控和运行维护工作，切实树立“高效、为民、务实、清廉”的良好形象，确保把驻马店市委、市政府赋予驻马店市林业局的各项工作任务抓好，抓出成效。二是加强信息化培训。加强队伍建设，进一步提高领导干部和广大干部对电子政务和信息化建设的认识水平和工作水平，推动电子政务顺利有序发展。三是进一步建设好门户网站。进一步提高技术支持与服务能力，强化保障机制，不断充实网站内容，不断提高门户网站层次，实现政务信息及时更新、及时公开。四是建立健全安全管理体制。力口强软硬件建设和网络信息的安全防范，对干部进行网络安全防范意识的培训，进一步提高员工的整体网络安全防范意识。

驻马店市民政局信息化发展概况

2011 年，驻马店市民政局认真贯彻省市信息化工作要求，紧贝占民政信息化工作实际，坚持规范管理、安全保密、工作高效为原则，采取多项措施，狠抓信息化工作责任落实，不断强化所属人员的信息化工作意识，不断夯实信息基础设施建设’各项责任目标完成圆满，服务社会、服务民政、服务群众的能力进一步提高，为开展金市民政工作做出了重要贡献。下面’根据市信息化办有关通知要求，现就驻马店市民政局 2011 年信息化建设工作开畏情况总结汇报如下：

一、2011 年所做的主要工作

（一）领导高度重视，切实把信息安全管理工作当大事来抓。随着信息时代的到来，计算机信息领域窃密和反窃密斗争日趋尖锐。民政工作千头万绪，涉及工作领域广，涉密信息较多，规范管理、安全保密显得尤为重要。为此，驻马店市民政局党组非常重视信息安全管理工作，始终把加强信息安全工作作为一项政治任务来对待，为加强对信息安全工作的组织领导，坚持“一把手”负总责，成立了由局党组书记、局长李国民任组长，副局长王彦林为副组长，办公室及有关同志参加的信息安全管理工作领导小组，负责民政系统信息建设和安全管理工作。下设办公室，由局办公室主任郑留安兼任主任，配备一名专业技术人员，专职负责信息安全管理工作，做到工作经常抓、事情有人办、时刻抓安全。尤其是新任局长 2011 年 6 月到任以后’高度重视民政信息化工作，专题听取民政系统信息化工作开展情况，多次做出批示下大力认真抓好信息化工作，及时研究和解决信息化工作中遇到的困难和问题。为确保这项工作落到实处，市民政局专门下发通知，要求各县区民政局成立相应的组织，实行责任制，确保信息工作有组织、有计划、有条不紊地开展，努力形成统一领导、协调配合、齐抓共管的管理格局。

（二）完善制度规定，进一步规范信息化工作。制度具有长期性、根本性的特点。做好信息化工作，必须靠制度来管理，靠机制来运作。在具体实践中，驻马店市民政局逐步建立健全了一系列工作制度。一是安全教育培训制度。定期组织全体人员学习《计算机信息网络国际互联网安全保护管理办法》、《网络安全管理制度》等制度规定，以增强安全意识，提高防范能力。二是网络安全管理制度。重视加强对信息发布和审核管理工作’坚决杜绝私自对计算机信息网络功能进行更改和对信息网络中存储、处理或者传输的数据和应用程序进行删除、修改和增加的行为。三是信息发布审核和登记制度。对需要发布的网络信息，需经机要员定级并进行登记，由局领导签字后方可上传或下达。对不按程序私自发布信息的，将给予组织处理。驻马店市民政局还要求，上机上网人员不得在电子公告系统、网络新闻上发布、谈论和传播国家秘密信息。在使用电子函件进行网上交流时’应严格遵守保密规定。四是病毒和安全检测制度。对接入本单位的计算机及时安装防病毒软件、防黑客件及垃圾邮件消除软件，采取每周一检测的办法，每周六由网络管理员对所有涉网计算机经过软件升级和集中杀毒。对必须使用的外来介质，必须先进行计算机病毒的查、杀处理，然后再使用。五是计算机保密信息制度。计算机信息保密管理，实行控制源头、归口管理、分级负责的办法，归口统一由办公室机要员管理，网络管理员配合机要员给予技术支持。驻马店市民政局规定，凡涉及国家秘密的计算机信息系统，不得直接或间接地与互联网相联接，不得在互联网信息系统中存储、处理和传递。六是责任追究制度。坚持“谁上网、谁负责”的原则，要求凡是秘密等级以上的文件，不得在网上发布；不能对外公开的资料不得在网上发布，需计算机处理的密件须由专人在专室、专用单机上进行等。领导小组不定期地对计算机上网记录进行抽查，发现问题，除对当事人进行处理外，还要追究科室负责人的责任。行之有效的制度规定较好地规范了驻马店市民政局信息安全管理工作，近年来，驻马店市民政局没有出现一例失泄密事件，信息安全工作取得了明显成效。

（三）抓好教育教训，不断强化全体人员的信息安全意识。思想是行动的先导，针对在推行信息化建设的进程中，部分同志思想认识不到位，行动有偏差等问题，我局结合实际在力口强信息安全教育上狠下功夫。一是认真搞好集中教育。利用重大集会、重大活动时机大讲信息安全的重要性和紧迫性，集中学习计算机信息管理有关制度规定，掌握基本的计算机操作管理技术。引导全体人员时刻绷紧信息安全弦，增强信息安全意识、防范意识，提高上网人员的保密观念，自觉执行保密规定。2011 年利用召开年中分析会、办公室主任会议时机，及时安排了信息化相关内容的培训，提升了民政信息化工作能力。二是积极开展随机教育。利用周末组织生活时间和平常大的活动来临之前，领导小组组织力量对所属计算机逐台进行检查、检测，不仅考问上机上网人员的信息安全保密常识，还检查计算机使用情况，对检查出来的问题，及时指出，限期改正’把失泄密事件消灭在萌芽状态。三是注重抓好典型教育。对在实际工作中发现有违规的问题，在大会上进行点名批评，用负面典型教育其他同志。通过坚持不懈地抓好三个方面的教育’较好地营造了信息安全大家来做的局面，全局上下讲安全、抓安全、安全使用计算机的氛围已经形成。

（四）采取多项措施，重视加强日常信息安全管控。当今时代，信息技术日新月异，计算机技术手段更新换代非常频繁，必须紧跟时代有步伐，才能与时代同频共振。一是力口强了对办公使用的计算机、笔记本电脑、移动硬盘、光盘、u 盘等存储介质的登记和管理，建立详细准确的计算机台账。在实践中，驻马店市民政局采取措施，不断加强对密码技术、安全隔离、病毒防范、网络监管、检测与应急处理技术的引进和利用。对用于处理涉密资料的计算机安装防火墙和防病毒查杀软件，按规定设置 BIOS、系统登录和屏幕保护三级密码。二是按照《国家秘密载体保密管理规定》，我们在规范网络信息安全管理的同时重视加强了对纸制涉密文件的管理，严格控制密级文件的传递范围，实行封闭式管理。按照《行政机关公文处理办法》，重视加强了对公文起草、打印、校对各个环节的保密工作，规范打印机、传真机的日常管理，从工作流程上杜绝纸制文件泄密的发生。三是实施全方位信息安全管理，对涉密计算机维修原则上由信息中心统一进行检查维修，确需外送维修的，必须由网管人员在送修之前清除计算机上存储的资料。对打字室处理公文的计算机进行断网处理，防止秘密信息向外泄露。四是信息中心加强对信息采集的定秘工作，严格控制涉密信息发送范围，坚持上传信息专网报送制度。

（五）不断增加投入，努力适应信息化保障需要。民政工作和其他政府部门一样，随着计算机技术的普及，政府办公信息化程度不断提高，信息化基础设施建设必须紧跟时代。尽管民政经费很紧张，驻马店市民政局仍挤出部分资金来更新换代，及时淘汰落后的、机器和设备，先后为机关等科室配备了新计算机和办公设备。对各二级单位实现联网，为相关部室和单位也配备了 u 盘、扫描仪、传真机以及数码相机等设备，基本满足了各部门、各单位的办公需要。2008 年，又投资 60000 元为各县区民政局统一安装了民政卫星网络系统，信息传递更为快捷、安全和高效。2009 年 8 月建立了民政优抚救助同步结算服务系统，使城乡困难群众在看病就医时将享受“随来随看，随走随结”的“一站式”服务，实现医疗保险报销补偿与医疗救助同步结算。2010 年 4 月，我局的门户网站改版，新设计了页面并增加了新的功能，使网页的内容修改、更新更方便，看起来更醒目直接。为适应新形势下人民群众的新需求，2011 年，驻马店市民政局搬入新办公楼后，投入 40 万元为添置了一批计算机、打印机等自动化办公设备，淘汰了落后微机，提高了工作运行质量。在局办公楼一楼设置了电子显示屏幕，方便了群众需求。在六楼建立了集会议、培训、视频于一体的多媒体会议室，提升了民政信息化程度。围绕实现为社会大众提供更加便捷的服务，开通了“驻马店市区划地名网”、“驻马店市福利爱心网”和“驻马店福彩网，，，极大地方便了人民群众的信息需求。2011 年 5 月，根据驻马店市委和市政府的部署，驻马店市民政局接通了全市电子政务内网（党务内网），确保了政务信息安全、畅通，方便了工作，提高了工作效率。在办公经费比较紧张的情况下，我们立足现有条件，几年来共投资近百万元用于信息化基础设施建设，也充分体现了民政系统各级组织对信息化建设的重视程度。

二、工作中存在的主要问题

一是现有网络与信息系统的防护水平还不够高；二是信息化建设配套设施相对滞后；三是网上有害信息传播、病毒入侵和网络攻击很容易发生。四是上机上网人员能力素质参差不齐，网络管理人员素质和技术水平亟待提高等。

三、下一步打算

2012 年，是中原经济区建设第一年，驻马店市民政局将以此为契机，认真贯彻市信息化工作要求，落实责任，狠抓落实，进一步做好信息化工作，为开展全市民政工作提供高质量的服务。主要抓好以下三个方面：

一是强化责任，进一步加强对信息安全工作的组织领导。持之以恒地把信息化建设和信息安全工作摆上党组重要议程日程，坚持常议常抓，抓出成效。注重狠抓信息安全责任制的落实，坚持一级抓一级，一级对一级负责，坚持经常性地监督检查，确保组织领导经常化、制度化。

二是加强教育，不断增强全体人员的信息安全防范意识和电子政务系统应用水平。采取多种形式加强对所属人员的信息宣传教育，树立信息工作经常抓、抓经常，反复抓、抓反复的观念，确保在思想上不松懈，行动上更自觉。采取请进来、走出去办法，加强对网管技术人员的业务培训，进一步提高管理人员技术水平和保障能力。

三是继续加大投入，努力实现“三网一库”建设目标任务。驻马店市民政信息化建设步伐相对滞后，下一步驻马店市民政局将继续力口大资金投入，并将在市委、市政府的统一领导下，结合全市民政工作的实际，按照市政府信息化建设发展规划，努力实现以“内网、外网、专网和信息资料库’’为主要内容的“三网一库”建设目标任务，努力促进全市民政工作再上新的台阶。

驻马店市农机局信息化发展概况

按照驻信办[2011]5 号文件精神，驻马店市农机局高度重视，加强组织领导，周密部署安排，组织技术力量，对驻马店市农机局信息化建设责任目标完成情况认真进行了自查，现将自查情况报告如下：

一、环境建设落实情况

（一）领导重视

近年来，驻马店市农机局深入贯彻落实科学发展观，进一步优化信息化发展环境，积极推进信息化建设步伐，2011 年度，我局将信息化建设纳入到重要议事日程，召开了两次专题会议研究部署信息化工作，制订了信息化“十二五＂规划，并于 2011 年 9 月 27 日召开了全市农机发展规划与信息工作会议，研究分析了全市农机系统信息化工作中存在的问题，对下步信息化工作发展明确了步骤和方向。

（二）组织机构

为更好的开展信息化工作，驻马店市农机局办公室负责本委信息化工作，各县区农机局都成立了信息中心，配备专业技术人员，加强了信息化队伍建设，提高了信息化应用水平。

（三）工作开展

为进一步规范驻马店市农机信息化建设工作，提高信息化应用水平，我局下发了关于印发《驻马店市农机系统信息化建设规范及标准》的通知（驻农机[2010]18 号）和关于印发《驻马店市农机信息化建设评估验收方案》的通知（驻农机【2010]19 号）。

为了解基层信息化建设进展情况，驻马店市农机局对全市 11 个县区信息化建设及应用情况进行了评估验收，并将 11 个县区按甲、乙、丙三个标准进行了分类通报。通过信息化评估验收，加快了信息化建设和应用的步伐，有力地推动了全市农机信息化工作的进展。

二、电子政务建设情况

近年来，驻马店市农机局门户网站《驻马店市农机化网》得到较好的应用，门户网站的建设水平不断提高。为有效推进电子政务建设，我局着力将驻马店农机化网打造成对外开放、宣传推介及便民利民的服务平台。

农机化网开设了办事指南、在线咨询、表格下载、信访举报、交流信箱等 16 个栏目。定期对农机化网上的留言信息进行分类归口，及时给予答复，确保提问和答复的时间间隔不超过 24 小时，2011 年共答复群众留言 28 件；及时完成了网站内容的更新和各科室信息的发布；定期对网站进行备份，找出漏洞及不足，及时进行修改与完善。通过开展在线咨询，及时有效的为群众解答了疑惑，树立了农机部门的良好形象。

农机化网及时公开了领导介绍、组织机构，阳光工程等政务信息，规范了行政执法行为，提高了机关工作效能。

三、网络与信息安全工作情况

力口强制度建设，是做好计算机保密管理的保障。为了构筑科学严密的制度防范体系，不断完善各项规章制度，规范计算机及其网络的保密管理，我局主要采取了以下几项措施：一是成立了驻马店市农机化信息安全领导小组，明确了工作责任；二是制定了《信息公开保密审查制度》、《涉密计算机操作安全规定》、《计算机网络信息保密管理制度》等相关制度规定；三是针对信息发布中存在的不规范等问题，及时制定涉密信息发布审查制度，要求对上网信息严格审查、严格控制、层层把关，从源头上杜绝泄密隐患，做到“上网信息不涉密、涉密信息不上网”。

根据国家和省市网络与信息安全有关工作要求，每半年开展一次网络与信息安全自查，并配合省积极开展全省网络与信息安全大检查。对全局工作人员进行了计算机应用技术、计算机网络技术培训，并通过强化应用培训，使大家了解了计算机应用基本知识，熟练掌握了办公软件的使用，基本掌握了保护网络安全的技巧。通过自查，本年度驻马店市农机局无任何信息安全事件。

四、存在的主要问题

在自查过程中驻马店市农机局也发现了一些不足，主要表现在：专业技术人员较少，工作经费投入少。在以后的工作中，我们将继续按照市信息化领导小组的要求，加强信息化建设，规范信息化管理，切实做好我局信息化工作。

确山县度信息化发展概况

根据《驻马店市人民政府办公室关于开展全市2010年信息化建设责任目标考核工作的通知》(郑政办明电[2 010]207号)文件精神,确山县对信息化建设责任目标完成情况进行了认真自查,现将自查结果和有关情况报告如下:

确山县信息化工作在县委、县政府的正确领导下,在上级主管部门的指导下,紧紧围绕县信息化工作考核要求,全力推进县信息化与电子政务的发展,在加强电子政务建设、推行政府信息公开、提高信息化队伍素质等方面取得了一些成绩。

一、组织机构健全

1、成立组织机构。确山县2010年成立了以县长栗明伦为组长、副县长张新运、刘志为副组长的的信息化工作领导小组。工作中采取信息专办,逐级上报,领导决策的工作机制,将信息化建设纳入到领导班子重要议事日程,对其中出现的问题,及时跟踪,及时处理。

2、制度建设。在实施中认真贯彻落实国家和省市信息化政策、意见和《确山县信息化建设管理办法》,坚持依托县人民政府门户网站,以资源共享、实用高效、安全可靠为原则,由专办信息人员管理,监督制度落实情况。

二、县政府门户网站彰显特色

确山县人民政府门户网站是世界了解确山的"窗"、确山走向世界的"桥"和为民服务的门,自2002年10月开通以来,经过近几年的建设,信息公开、网上办事、政民互动等功能逐渐完善,由单一的政府门户网站进一步延伸、拓展成为县域门户网站。

确山县人民政府门户网站,由确山县人民政府主办,县信息中心承办。经过改版升级后,我们逐步探索出一条服从全县发展,领军县域发展,突破自身发展的门户网站建设创新之路,今天的确山县人民政门户网站已经成为确山县的网上名片,是宣传确山、展示确山的主阵地;是政府信息公开、信息发布的第一平台;是政府提供政务服务、开展网上办事、听取公众意见、接受公共监督的主要途径;是宣传贯彻党的方针政策、构建和谐社会、连接公众的桥梁。截止目前共更新新闻网页12000多页,群众足不出户就可以了解到政府工作的最新动态,掌握政府最新政策,熟悉有关办事程序,增进了对政府工作的了解,树立了"阳光政府、透明政府"的形象。同时,完成了县公共资源交易中心,县人大、县司法局、县文化局、县质监局、普会寺乡、石滚河镇等单位和乡镇网站的设计和制作,通过政府门户网站这一平台,利用互联技术,延伸到世界各地。

在政务信息资源开发利用与共享方面，确山县认真贯彻落实《中华人民共和国政府信息公开条例》，对网站首页“政府信息”“政务公开”两大版块进行及时更新，对《条例》规定的需要公开的内容进行公开，提高了政府为社会及公众服务水平，方便公民、法人和其他组织共享政府信息资源。据统计，一年来，公开确政、确政文、确政办等各种文号政府文件 69 篇；受理依申请公开信息 11 条。高效快捷办理“民意快线”，一年来共接收群众通过发送手机短信和电子邮件反映的问题和建议共 60 条，其中有效信息 54 条，目前已办结 52 条，正在办理的 2 条。“民意快线”以其“为民、快捷、高效”的运行机制，已成为党委政府了解社会民意的新渠道、人民群众表达利益诉求的新途径、促进民生问题解决的新载体、推进和谐社会建设的新阵地，受到党政府领导、人民群众和社会各界的好评。

三、网络与信息安全。

成立了确山县信息安全等级保护工作协调小组，领导小组下设办公室在公安局，由一名分管领导带领内设兼职信息安全员 1 名，明确职责。确山县制定了《保密制度》、《信息工作制度》、《计算机信息系统使用管理保密制度》等信息安全和保密责任制。

坚持积极防御、综合防范的方针，坚持管理与技术并重，坚持一手抓信息化建设，一手抓信息安全保障工作，加快 7 信息安全保障体系建设，切实保障了网络与信息安全。制定完成了全县政府网络与信息安全应急预案，目前正在积极建设网络与信息安全日常动态监控系统和配套措施。不断加强信息安全基础设施建设，统筹规划基础信息网络和重要信息系统灾难备份建设。加快了信息安全等级保护工作的落实进度，推进网络信任体系建设，组织开展信息安全风险评估和基础信息网络、重要信息系统的信息安全检查。进一步健全了政府信息公开保密审查和依申请公开机制，保障政府信息公开和政务信息查询工作的持续健康发展。

依据市和县网络与信息安全有关工作要求，积极开展网络与信息安全自查，每半年一次，县信息安全工作领导小组定期召开全办宣传教育会议，认真配合全县网络与安全大检查。通过检查，全年无信息安全事故。

四、电子政务内网全面实施。

通过提升基础教育和职业教育信息化水平，推动优质教育资源共享，提高教育与科研设备网络化应用水平；加快了医疗、医药和医保机构的信息共享和业务协同，推进了医疗服务信息化；加快人力资源和社会保障信息系统建设，完善了人力资源和社会保障信息服务体系；整合公共服务信息资源，构建了综合便民服务信息平台；建立健全各类危机管理信息系统，提高了对突发公共事件的预警和处置能力。重视涉及国家安全和社会政治稳定的信息化建设。年初出台了《关于加快信息化建设的若干意见》文件，把具体的任务细化分解到各单位，有力地促进我县信息化建设的步伐。依托市政府门户网站，推进我县工程建设领域项目公开和诚信体系建设，达到两公开一共享。为确山县十个单位的工程项目信息通过市政府门户网站进行公开。

从 2011 年 7 月份，我们按照“统一规划、统一标准、互连互通、资源共享”的模式创建了高效便捷的一体化办公信息平台一电子政务内网。该平台充分考虑县内部办公实际，其功能设计、操作细节均实现“本地化’’。通过该平台可实现领导之间、领导与各部门之间、各单位办公人员之间的协同工作，实现多渠道、全方位的管理和信息交流，满足了全县各单位实现网上协同办公的工作需要。同时，确山县对各单位电子政务建设提出了明确进度要求，并积极组织单位办公人员参加培训，现在全县大部分单位及乡镇都接通了电子政务内网，全方面开展了网上协同办公，使政府下发文件、单位上传文件均在政务内网上操作，简化了办事步骤，提高了工作效率，节约了人力、财力。确山县对电子政务内网认识不重视的单位将通报批评，限期进行整改，使其不影响全县信息化工作的顺利进行。

五、大力推进“两化融合”

充分利用信息技术改造提升传统产业。促进信息技术在现代装备制造业的充分运用信息技术推动高能耗、高物耗和高污染行业的改造，促进节能减排，发展循环经济。大力扶持中小企业信息化。着力推动大企业、大项目建设，强化自主创新，引导集聚发展，逐步形成技术领先、基础雄厚、自主创新能力强的主导产业，为“两化融合”提供技术支撑。

确山县惠洁管业有限公司为两化整合试点，两化融合不仅为员公提供了一个方便快捷的工作平台，还节省了办公费用，更是大大提高了办公效率与办公质量。ERP 管理自动化系统的应用，实现了供、销、存、财的一休化，提高了工作效率，提高了各业务环节之间紧凑型，提高了数据的准确真实性，避免了公司的一些不必要的损失等。

六、扎实进农业和农村信息化

近年来，通过采取多种接入手段，农村移动通信覆盖率已达 100%，宽带村村通已完成 85%，大大提高了农村电话和宽带普及率。通过整合涉农信息资源，完善公益性信息中介服务，建设城乡统筹的信息服务体系，为“三农”发展提供了适用的市场、科技、教育、卫生等信息服务。并结合家电下乡深入推进信息下乡工作，实现信息内容、信息服务和信息终端进乡入村。充分发挥农业龙头企业和专家协会的带动作用，加快信息技术在农业生产经营中的应用。

确山县现代远程教育，共设站点 222 个，创建“五星”级站点 12 个，创建“四星”站点 13 个，创建“三星”站点 73 个。其中以三里河乡莲花村重点，近年来，该村注重发挥远程站点作用，提高党员干部群众综合素质。目前，该村已形成规模养殖、劳务经济、文化建设三大支柱产业。2005 年，村党支部被市委评为“市级先进基层党组织”、2006 年，该村被省委宣传部评为“省级先进基层党校”、被省文化厅评为“省级文化示范村’’；2007 年被省政府评为“省级文明村”。

七、明年工作打算

（一）继续加强领导，进一步规范工作制度，落实责任，提高每位机关工作人员对信息化工作的认识，把信息化工作融入到每个人的业务工作中。

（二）进一步加强政务信息报送工作，提高报送信息的质量，按照上级要求高标准完成信息上报任务。

（三）完善培训机制，加快培养高素质信息化技术人才。继续加强信息化队伍建设，不断提高信息工作水平。加强与市委、市政府信息部门合作，做好信息化建设工作。

（四）认真维护管理本办网站，及时更新、充实网上信息，保证网络正常运行。

（五）完善推进工程领域建设和诚信体系建设工作，实现现和发布。

信息化建设是一项长期而又坚巨的工作，确山县将在今后的工作中认真总结经验，积极探索信息化工作的新方法、新途径，努力提高该局信息化建设水平，更好的完成信息工作任务。

汝南县信息化发展概况

2011年,汝南县信息化工作在县委、县政府和市工信局的正确领导和具体指导支持下,深入贯彻落实科学发展观和《河南省信息化条例》,优化信息化发展环境和完善信息化网络基础设备建设,推进工业化和信息化深度融合,各项工作稳步开展,现将一年来的重点工作自查如下:

一、加快信息化网络基础设施建设

2011年底,全县通信光缆总长度达8632皮长公里,通信电缆达到21776皮长公里,各类通讯基站达243个,联通宽带城乡覆盖率达95%;电信固网管线城区覆盖率100%;移动网络覆盖率达到100%;全县互联网宽带用户数11345户,百户电脑量为48台,固定电话用户134522户,移动电话用户数达到310000户,城乡居民百户家庭电话固有量为65部。

二、推进信息产业发展和信息技术应用

1、明确信息化工作机构的工作职责。汝南县信息化工作职责是:负责全县信息化建设的规划、组织和协调工作;推动办公自动化系统建设;全县信息平台的规划、建设及正常运转;收集、整理、传递县内信息资源,维护"汝南县门户网站"正常运转,宣传推介汝南县,树立形象;发布"汝南县门户网站"动态信息;全县计算机网络应用、计算机管理系统、网站信息报送培训工作。

2、加强宣传培训,切实推进工作。广泛开展宣传,认真组织培训,增强机关和县内企业工作人员做好信息化工作的责任感,提高推进信息化建设的能力。一是加大宣传力度,发放信息化宣传手册300余册,制作宣传版面、条幅22幅,通过网站发布宣传信息90余条,并将宣传范围从党政机关扩大到县内企业和农业农村,为加快信息化建设营造了浓厚氛围,提升了大家参与信息化建设的积极性。二是强化应用培训,组织计算机信息培训5期,发放培训手册500余本,对全县工作人员进行计算机应用技术、计算机网络技术培训,并通过强化应用培训,使大家了解了计算机应用基本知识,熟练掌握了办公软件等软件的使用,基本掌握了保护网络安全的技巧。

三、电子政务建设及政务信息公开共享情况

1、门户网站得到较好应用。我县不断提高汝南县门户网站的建设水平,着力将门户网站打造成对外开放、宣传推介及便民利民服务平台。集中力量对门户网站进行了改版升级,完善了门户网站首页和各子栏目,重点对县情简介、政策咨询、招商引资、企业动态、三农服务等方面内容进行了充实。在门户网站开设了:书记信箱、网上调查、网上咨询、表格下载等栏目,通过开展政务监督、信息互动,有效接受群众意见和建议,门户网站的应用效力得到提升。今年门户网站的登录人次累计达到17636人次,答复群众留言68件。

2、形成了综合门户网站群。结合汝南县实际情况,先后与河南省政府,驻马店市政府,省市发改委、市产业集聚区、县内各专业协会进行链接,有机结合,优势互补,信息互通,资源共享,网络资源得到了优化整合。

3、业务系统得到较好应用。汝南县及时完成了项目备案管理系统的建设,开通了政策项目的网上申报、审批、咨询业务,为企业实现快速发展提供了极大便利,企业的办公效率得到大幅度提升。

4、"两化"融合取得阶段性成果。汝南县以加大基础设施建设为重点,实现信息网络的全覆盖,引导移动、联通、电信等通信运营商加大对工业企业和产业集聚区的电信基础设施建设力度,提高宽带覆盖率。目前,产业集聚区内全部实现了宽带覆盖和3G网络覆盖,为"两化融合"提供了强有力的基础支撑。企业信息技术应用不断深入,县产业集聚区内规模以上企业70%以上接入了互联网并建立了各自的门户网站,40%以上的企业建立了OA办公系统并开展了电子商务,部分企业实现了ERP,信息技术的广泛应用为企业带来了明显的社会效益和经济效益,提高了工作效率和资金周围率,有效地促进了降耗减排,节约了成本,拓展了市场,提升了企业的核心竞争力。

5、搭建了跨部门协同办公平台。为切实推进电子政务建设,加大服务企业力度,我们建立了"项目备案管理系统",县内各企业通过项目备案管理系统进行网上申报、审批、咨询等操作,极大地方便了县内企业与主管部门之间的联系、沟通,同时探索实践无纸化办公,为营造低碳环境贡献一份力量,也给主管各部门与企业间的工作交流搭建了快捷便利的平台。

四、网络与信息安全运营

1、成立了汝南县网络与信息安全领导小组。领导小组的成立,确立了"一把手''负总责,分管领导具体抓,相关部门积极落实的工作机制,为全县网络与信息安全的部署、检查和保障工作提供了坚实的组织保障。

2、制订了网络运行和信息安全制度。按照《河南省信息化条例》的要求,我县高标准制定了《机房管理制度》、《机房值班制度》、《机房消防应急预案》、《机房电力中断应急预案》、《网络系统管理员岗位职责》等相关规章制度及应急预案。要求工作人员遵章守纪,严格执行,为确保网络安全奠定了基础。

3、制订了年度信息安全检查方案和计划。根据国家和省市网络和信息安全有关要求,坚持加强管理与技术保障并重,以基础信息网络、重要信息系统为重点,安排人员定期对网络线路、设备进行巡检,防患于未然,为确保网络稳定运行提供了保障,我县实现了全年无信息安全事件发生。

4、积极开展网络与信息安全自查。坚持中心机房日常监测、定期巡检、轮流值班工作制度。每个月底对机房各种设备当月运行监测数据进行汇总,根据数据变化,分析成因,适时调整。坚持做到每半年全面开展一次自查活动,查找工作漏洞,及时改进工作措施。

五、信息化管理体制和工作机制情况

1、领导高度重视,健全组织机构。汝南县成立了信息化工作领导小组,由县长任组长,常务副县长和主管副县长任副组长,有关单位负责人任成员。县信息化工作办公室设在县工业和信息化局,专门负责全县信息化建设规划、管理和组织协调工作,并由县政府主管副县长亲自主抓日常工作。各有关部门成立组织,明确专人负责信息化建设工作,形成了自上而下、运作协调的组织领导和工作体系。

2、建立工作机制，明确工作职责。以建立健全工作机制为抓手，强化对信息化工作的管理。制定全县计算机、网络、信息处理和企业信息化、农业农村信息化管理等相关管理制度，确立"统一领导、统一规划、统一政策、统一标准"的管理模式，并做到"制度上墙"，对信息管理和网络管理进行了全面规范。

3、理清工作思路，明确发展目标。按照《驻马店市 2011 年信息化工作要点》和有关要求，积极学习借鉴外地信息化建设先进经验和信息专业团队好的意见，结合汝南县发展实际，科学制定信息化建设发展规划，合理制定了工作目标和总体工作思路，为信息化建设各项工作的推进奠定了基础。

4、出台相关措施，保障信息化发展。以制度建设为出发点和落脚点，强化信息化建设工作举措，重点做好了网络安全工作。先后制定了《县网络安全管理办法》、《机房管理制度》、《机房值班制度》、《机房消防应急预案》、《机房电力中断应急预案》等制度，严格各项管理程序，增强对突发事件的应对能力，确保了网络系统安全、稳定、长期运行。

六、信息化项目和资金管理情况

1、信息化建设资金列入年度财政预算。2011 年汝南县政府为全县信息化建设与运营维护，投入资金 220 万元，有力地保障了信息化建设的顺利推进。

2、信息化项目实行主管部门审查、专家评审。按照信息化规划建设方案，今年以来，我县着力建设"信息化平台项目"。10 月份，县工信局会同相关部门，按照《招投标法》有关规定和程序，对县"信息化平台建设项目"发布了招标公告和技术参数公示。由招标公司通过市专家库，随机抽取 5 名专家，对投标单位进行公开招标，经评标委员会专家审核、评标，确定了信息化平台建设项目建设单位设备供应商。

3、年度信息化项目完成情况。目前，县中心机房设备的安装已经完成，核心交换机、接入路由器、防火墙、服务器、UPS、存储等设备已安装调试完毕，运行情况良好。

七、存在的主要问题

尽管汝南县在信息化建设中取得了一些成绩，但是依然存在一是当前的电子政务工作，组织机构的设置有待于进一步优化；二是信息化专业人才缺乏；三是信息化运营机还不够完善；四是当前在电子政务上的利用率还是很低很不够，仍然需要不断地创新和尝试完善。

八、2012 年工作打算

1、提高认识，加强对信息化工作的组织领导和《河南省信息化条例》的贯彻执行力度，增强做好信息化工作的责任感和使命感。

2、增加信息化建设资金的投入。要搞好信息化建设，要有一定的物质基础，除了积极争取地方财政的支持外，还要制订出台相关政策，鼓励企事业位和个人资金投入信息化建设，切实改善现有网络和设备条件。同时加大对县级信息化部门业务经费的投入，增添信息化设备，改善办公条件。

3、加强信息化队伍建设，开展经常性业务培训，不断提高基层信息化工作人员素质。重视人才，关心和培养人才，给人才提供深造机遇。要充分发挥教育和培训的作用，努力打造一支高素质信息化队伍。

4、积极争取国家、省、市关于企业信息化发展的政策项目资金，为推进"两化融合"打下坚实基础。

西平县信息化发展概况

西平县按照市政府关于2011年县、区信息化责任考核目标的要求，对今年信息化建设工作进行了总结。现将有关情况汇报如下：

一、主要工作

1. 环境建设。西平县成立了以县长王新强同志为组长，副县长邢光辉、宋华民二位同志为副组长，有关单位为成员的信息化建设领导小组。并在工业和信息化局设立了信息化建设领导小组办公室，按照统一领导. 统一规划、统一政策、统一标准的原则，进行归口管理，并指定了推动信息化建设的政策和措施，县财政已拟定筹划成立信息化发展专项基金，县信息化建设领导小组定期研究安排信息化工作。

2、县门户网站建设与应用今年先后实施了县政府电子政务工程，税务系统金税工程，公安系统金盾工程，政府电子办公平台，政府、企事业单位的联网工程等。全县局委乡镇网络建设普及率达到80%。

3、两化融合情况。根据各行业的特点不同，我县在深入企业了解实际情况后，对企业信息化建设制定了不同的应用方案。相继制定了电力、中小企业等信息化发展方案。在电力行业实行了“电力抄表”，通过GPRS无线传输，将各个电表所记录的用电量等数据传送到电力营业部门。代替了人工抄表，完全摆脱了人工抄表数据不准，抄表难以控制等缺点，大大提高了抄表速度，保证收费管理的合理性、科学性、严谨性。目前，规模以上工业企业上网率达到了80%。

4、农业农村信息化建设。在农业农村信息化建设方面，我县在政策规划制定、项目建设与推进、农村农业信息化示范工程建设、涉农信息网络与信息资源整合与应用方面做了大量工作。先后完成了全县农村党员干部现代远程教育站点的建设、在全县乡镇建设开通了新农村信息服务站，积极打造具有西平特色的“三农”信息服务链. 有力的促进了农民增收，农村建设和农业发展。西平县新推出的“农信通”通过短信、彩信、语音、手机上网、互联网等形式为广大农民提供政策法规、新闻快讯、农业科技、市场供求、价格行情、农事气象等信息，满足了农产品的产供销，农村政务的管理及农民关注的民生问题等信息化需求，让农民足不出户就能知晓丰富的农业信息. “农信通”成了手机里的农业专家、致富路上的好帮手。

5、网络与信息安全。政府信息安全检查实行“谁主管谁负责、谁运行谁负责、谁专用谁负责”的原则，在信息安全领导协调枧构的统一领导下，有关部门有各自的责任和分工、并建立了网络与信息安全工作制度，每半年进行一次全面的安全检查，对年度出现的网络与信息安全事故及隐患情况、信息安全等级保护制度及密码应用情况等都进行了严格的检查。发现问题及时纠正，确保了政府信息系统持续、安全、稳定运行。

6、项目建设与管理。在信息化项目建设方面，县政府系统今年主要是县财政下拨资金对县政府主要门户网站进行改造，各局委、乡镇也都筹借资金对本单位的信息化建设进行完善，企事业单位也投入了大量资金，建立改造了各自的信息化设置。县政府开展了“民意快线”、“政府电子办公平台”等售息化应用项目，来提高政尉约工作效率、决策质量、调控能力等。

二、信息化建设存在的主要问题

1、资金投入不足。主要表现在信息化建设资金缺乏，来源渠道单一，需求与资金矛盾突出。

2、信息资源共享程度还不够高，缺乏各部门、各单位共享的基础。一些拥有独立业务专网和业务系统部门，尽管自身比较完善，但与外部还处于隔绝的状态，不能满足相关单位和广大人民群众对信息公开的渴求。

3、信息应用和开发不够深入。部分部门和单位只实现了一些初级应用，还停留在公文管理、信息报送阶段，与本单位、本部门职能相关的业务还未开展，相关部门的业务协同与基层群众的互动应用还不够深入。

4、信息网络安全还不够完善。随着网络边界的越来越宽，规膜越来越大，层次越来越多，覆盖面越来越广，内网与外网之间的网络和信息关系变化更加复杂：对整个网络的信息安全也提出了严峻地挑战。

三、今后信息化建设的初步打算

西平县已制定了“十二五”信息化建设规划，主要目标是，未来五年网络基础设施供应能力显著增强，建成完善多种传输方式相结合、覆盖全县城乡的高速宽带信息网络。电信网、广电网、互联网三网融合，取得实质惶进展，完全满足信息化发展的需要。广播电视综合覆盖率基本达到100%，全社会计算机拥有量达到10万台，互联网用户数达到9万户。政务工作网络化水平大幅提高。继续完善和提升信息中心平台，建成全县统一的电子政务网络和政务信息资源交换与共享体系，50%以上的跨部门业务能够通过网络完成，重点应用系统建设取得突破性进展，门户网站成为政务信息公开和对社会公众服务的重要渠道，机关基本实现办公网络化. 50%以上公共服务业务在网上进行，基本形成满足市场监管、社会管理、公共服务的全县电子政务体系。实行工业和信息化融合到2015年，传统产业信息技术改造的深度和广度有较大提高，区域内中小企业互联网应用普及率达到850以上，流通业电子商务应用广泛开展。教育信怎化实现大的突破，互联网到每个班级，远程教育覆盖全县，社会保障、科技卫生、交通旅游等社会事业信息化水平明显提高。信息技术在城市规划、建设、管理、服务等方面普遍应用，“数字西平”初具规模，社区信息化的覆盖面和普及程度不断提高。

根据“十二五”规划，我县拟制定2012年具体发展目标和主要任务，力争使西平县信息化建设工作走在全市前列。

五、企业与事业单位篇

推进两化深度融合　提升集团综合实力 加快实现企业信息化向信息化企业的战略转变

中国平煤神马集团

中国平煤神马集团是一家以能源化工为主导的国有特大型企业集团，产业遍布河南、湖北、江苏、上海、陕西等9个省区，产品远销30多个国家和地区，与40多家世界500强企业及跨国集团建立了战略合作关系。旗下拥有平煤股份和神马股份两家上市公司，居2011中国企业500强第74位。

中国平煤神马集团是我国品种最全的炼焦煤、动力煤生产基地和亚洲最大的尼龙化工产品生产基地。近年来，集团坚持“以煤为主、相关多元”发展战略，构建了煤炭采选、尼龙化工、煤焦化工、煤盐化工4大核心产业和煤电、现代物流、高新技术、建工建材、装备制造5个辅助产业的“4+5”产业体系。煤炭产能7000万吨，产销量居全国前列，糖精钠、超高功率石墨电极、碳化硅精细微粉产能全国第一，尼龙66盐、工程塑料产能亚洲第一，工业丝、帘子布产能世界第一。

一、2011年的信息化主要工作

2011年，中国平煤神马集团围绕集团“十二五规划”和年度工作目标，继续发挥信息化在企业管控和企业发展方面的支撑作用，继续推进集团信息系统升级整合、财务资金升级扩容、总调安全生产管控等集团级项目，装备制造ERP、化工行业ERP、建工项目管理等板块级项目，物资供应、煤炭销售等关键业务领域项目，协同安全保障六大系统建设和矿井综合自动化建设，在信息化与工业化融合方面取得了显著成效。

一、结合实际，编制集团信息化“十二五”指导意见

集团“十二五”发展规划明确提出信息化要为集团发展规划服务，要制定与之相适应的

信息化“十二五”发展规划。根据国家《2006-2020 年国家信息化发展战略》、《关于加快推进信息化与工业化深度融合的若干意见》和《煤炭工业发展“十二五”规划》，编写了中国平煤神马集团《信息化“十二五”发展指导意见》和《综合自动化建设指导意见》。这两个《指导意见》从政策环境、行业发展、技术进步三个方面分析了当前的形势和要求，结合集团信息化“十一五”期间发展状况，提出了集团信息化“十二五”期间的指导思想、基本原则和总体目标，部署了主要任务和工作重点，并制定了有效的保障措施。

二、强化管理，确保集团信息化有序推进

一是分解落实全年信息化任务。将全年信息化工作分解量化为 30 个子项，每个子项都确定了责任单位、责任人、工作目标和进度要求，并按要求建立了信息化工作例会制度、项目周(月)报制度和跟踪考核制度，确保全年任务有效完成；二是加强了信息化管理制度建设。结合集团实际，制定了集团信息化 8 个内控管理流程，制定了“集团工业视频监控联网技术规范”和“集团人员定位系统联网技术规范”。各板块各企业在信息化管理方面也有很多创新做法，如建工集团对信息化项目实行风险抵押管理，八矿制定信息化考核评价管理办法，平宝公司落实安全生产管理信息系统考核制度等；三是重视信息化调研交流工作。先后对六十多个厂矿进行信息化调研，协调集团审计系统、物资管理与电子商务系统、运销及电子商务系统、规划统计系统、合同管理系统、机械制造公司 ERP 系统、建工集团综合项目管理系统、尼龙化工供应链系统等重点信息化项目；四是加强网络质量管理。通过有效的技术手段和管理考核，集团通信网络、信息网络、电视网络运行可靠性均达 99.5%以上；五是密切与政府及有关部门的联系。做好与工信部、工信厅、省通信管理局、市工信局、市公安局等政府部门和中国煤炭协会、省煤炭学会、省信息协会等部门的对口业务，参加工作会议，及时报送信息，征得各方支持、完成交办工作；六是落实信息化“登高计划”。历时一个多月，对 57 家申报的基层单位进行年度信息化水平测评，编制集团《2011 年度信息化测评报告》，组织信息化设备集中招标采购三次，涉及资金总额 3000 余万元。

三、抓住重点，服务集团安全生产管理

贯彻信息化和工业化两化融合方针，要求同时做好安全信息化、生产自动化和管理信息化这几篇文章。我们积极关注信息技术新趋势，注重新技术在企业安全生产中的应用，提高安全生产信息的集成管控能力。信息化服务集团主业主要体现在：一是配合煤矿安全保障六大系统建设。重点抓好信息技术相关工程，通风监测系统优化升级已经完成，系统持续可靠运行；和安监局共同制定《集团矿井人员管理系统联网技术规范》，除禹州地区矿井因传输通道未解决外，基本实现了集团各矿井人员管理系统的 WEB 连接和数据集成；在矿井无线通讯产品众多，技术特点不明朗的情况下，审慎推进井下无线通讯系统建设。二是推进兼并整合煤矿的联网和应用。平顶山地区吕庄矿等已实现联网，针对许平公司所属兼并整合煤矿规模小、地域分散、生命周期短的特点，制订利用原电信运营商建设的市县矿三级联网资源为主，重要业务无线通道备份的切合实际的低成本联网方案；三是积极推进矿井综合自动化建设。研究制定集团《矿井综合自动化建设指导意见》，强化矿井综合自动化建设的管理、监理与服务、落实数据集成的技术要求和相关规范，一矿、二矿、六矿、八矿、十一矿、平宝公司的综合自动化建设成效显著，生产安全信息的采集和处理相对集中，主要生产系统基本能够实现远程监测和远程控制，平宝公司的综合自动化系统初步达到数据级的集成，为安全生产联动管理、智能控制、决策支持奠定了基础条件。

四、持续改进，扩展深化信息化应用

一是财务、资金系统完成相应软硬件扩容。集团财务业务并发处理能力和业务处理效率提高，支撑了审计、物资、设备等与财务相关业务的集成扩展应用需求，NC5.5资金管理系统上线准备基本完成；二是物供、运销与电子商务项目有效推进。物资管理系统上线后，能够适应集团物供体系和经营管理要求，解决了长期存在的物资数据与财务数据不同步，集团与股份关联交易难处理，以及供应商协同供应物资信息资源共享问题，运销与电子商务系统部分功能模块已投入使用，全程煤质管理特点突出，后续建设稳步推进；三是板块信息化建设推进较快。煤炭板块主力矿井综合自动化调度指挥管控试点建设基本完成，十二矿精细化管理系统部分上线，天力公司多矿井综合自动化和供应链系统上线；化工板块尼龙化工、朝川焦化、开封碳素在供应链建设方面已见成效；建工板块综合项目管理系统主要功能上线，施工现场远程视频监控部分实现；装备板块机械制造公司ERP系统在技术、生产和供应链管理方面发挥作用；四是集团审计系统、设备管理系统、租赁设备现场管理系统等陆续实施；五是安全防范和信息安全体系建设，节点机房和传输线路标准化改造，信通公司通过ISO20000 （IT服务）、27001(IT安全)国际标准认证，集团信息化服务和信息安全达到了新的水准。

五、整合归集，建立多层次多业务信息系统

一是阶段完成集团多层次多业务架构下，信息平台的研发与应用，在统计数据、分析归集、合同管理、信息化考评管理、数据仓库建立等方面开始研究和实施。二是完成了集团调度指挥中心升级改造。在完善的硬件设施基础上，实现了生产计划、调度报表、瓦斯监控、人员定位、工业视频、供电运输、日、周、月数据报送归集等为一体的信息化工作模式，加强了集团的监督管控能力，提高了沟通协调效率。

六、提升理念，建设高素质信息化团队

集团提出了从企业信息化向信息化企业转变的战略理念后，各级领导把信息化建设作为系统工程予以关注和主导，管理、技术人员分工明确、密切协作。不少企业都提出并实践特色鲜明的信息化理念。如开封炭素提出的的“七化一网”数字化工厂(生产管理数字化、技术服务数字化、知识管理数字化、经营管理数字化、行政办公数字化、安全环保数字化、安防数字化和物联网)；天力公司的“四化”目标(采购集中化、仓储标准化、结算信息化、管理精细化)；平宝公司的“三个层面规划”(综合自动化控制、安全生产管理一体化集成管控、企业经营管理)、“四个同步建设”(矿井综合自动化与矿井基建同步、集成平台与子系统同步、综合自动化与运行管理制度同步、综合自动化与管理信息化同步)；尼龙化工的“三到位”(领导重视到位、基础设施建设到位、信息化管理制度落实到位)；田庄选煤厂的“四化”目标(系统更优化、设备一流化、控制自动化、管理信息化)等，有力的推动了信息化工作。我们重视不断提高信息化从业人员素质，全年组织信息化培训、研讨、交流、考察学习等多项活动，协办省煤炭协会计算机通讯专委会换届及技术交流会议。集团信息化的成效得到行业和社会认可，集团是工信部信息化指数监测企业和煤炭行业信息化示范企业。信通公司为山西临汾煤运公司和普大集团提供了信息系统设计业务并承接了部分系统集成和软件工程项目，研发的KJJ188矿用网络设备已销至宁夏、贵州等省区的煤矿。

在此，向多年来，发挥了聪明才智、克服了各种困难、为集团信息化做出了大量卓有成效的工作的各级领导、管理和技术人员表示崇高的敬意和衷心的感谢。

二、存在的主要问题

一是信息化内控体系执行不够严格，部分单位上信息化项目缺乏与集团信息化管理部门的沟通，导致所上项目或部分项目与集团公司统一部署应用的系统功能重叠，多企业同时上类同项目，造成重复投入、项目水准低、技术落后和资源浪费。

二是应用系统间信息共享度低，冗余度高，造成数据重复处理、归集范围受限，处理深度不够，深层次挖掘和决策支持力度不够。

三是信息化发展不平衡，信息化建设滞后，水平较低的板块和企业制约了集团的总体发展水平。

尽管目前集团信息化在行业内水准相对较高，但从行业信息化现状看，优势企业已经率先进入信息集成阶段，神华、中煤、晋煤等集团企业原有的信息化、自动化系统已经比较完善，现在都在聘请国际知名咨询公司（毕马威、IBM 等）作管理咨询和 IT 系统设计，部署应用国际级的企业管理软件（SAP、ORICAL 等），信息系统建设向国际先进水平看齐，已在成为行业信息化新的发展趋势。

三、2012 年信息化工作思路及工作安排

2012 年集团信息化工作的指导思想是：以科学发展观为指导，以推进“两化深度融合”为核心，重点解决企业积极应对挑战，推进三个转变的信息化需求。以集团安全稳定持续发展为主线，全面落实信息化“登高计划”，深化信息系统研发与应用，走新型工业化道路，不断提升集团综合实力。

2012 年信息化工作的主要任务是：三个强化（强化信息化管理、强化信息安全防控体系建设、强化企业信息化标准体系建设），三个推进（推进集团“两化”深度融合、推进信息化项目建设、推进信息集成和决策支持），三个培育（培育信息化示范单位、培育“两化融合”示范单位、培育信息化示范项目），三个关注（关注物联网技术、关注云计算技术、关注移动互联网技术）。

一、强化信息化管理、强化信息安全防控体系建设、强化企业信息化标准体系建设

强化信息化管理。一是积极落实集团信息化“十二五”发展指导意见。督导各部门、各企业结合自身实际制定信息化发展规划；二是执行集团信息化内控管理制度。从提高集团公司信息系统的可靠性、安全性、经济性及数据的完整性、及时性、准确性出发，确保各类各级信息化项目上前有论证、过程有监督、实施有协同、竣工有验收、绩效有评估，治理冗余、杂乱、互相冲突干扰的信息化项目，有效防范信息系统工程风险；三是发布《集团应用信息系统绩效考核标准及评价办法》。定期对集团及各企业在用信息系统作评测，与《集团年度企业信息化水平考核评价办法》相结合，形成覆盖点线面的全方位信息化考核体系；做好板块级、企业级成熟应用软件的调研分析、培养推广工作；四是强化集团技术规范管理。逐步完善集团信息技术规范体系。

强化信息安全防控体系建设。一是不断完善和严格执行信息安全体系（ISO27000）。最近工信部发文，正在通过调查问卷了解我国工业企业自动控制系统的安全保护状况。我们要引导和要求各业务部门和各基层单位，在建设、管理和使用信息系统的时候，高度重视信息

安全工作，保护信息资源或信息系统免受各种类型的威胁、干扰、窃取和破坏，对于条件成熟的企业要推广 ISO27000 体系，确保各级信息安全；二是全面实行集团上网行为管理。集团企业网现有用户数近 2 万，业务种类多，网络压力大，要通过上网行为管理控制网络流量，保障重要业务，防范信息系统风险。在保护基层单位现有上网行为管理设备的前提下，逐步推进集团集中部署，分级管理的上网行为管理控制模式，并强化网站备案管理和上网日志管理；三是完成集团数据持续保护和异地容灾体系建设，提高信息系统数据保障的品质。

强化信息化标准体系建设。按照中国煤炭协会"两化融合"评价体系的要求，参照国际、国家、行业标准，继续完善企业信息系统的数据标准和技术标准，在细化、深化、优化、扩展方面下功夫，在推广普及和规范使用方面下功夫，在历年已发布的技术规范基础上，着手制定"集团数据接口管理规范"，逐步形成能够支撑信息化需求，实现信息化目标的标准和规范体系。

二、推进集团"两化"深度融合、推进信息化建设项目、推进信息集成

推进集团"两化"深度融合。两化深度融合是"十二五"国家对工业行业信息化发展的战略方针和基本要求，也是行业改革发展的基本要求。煤炭行业生产作业过程复杂，集团多产业、跨地域特征明显，产业链联系密切，信息化与两化融合难度大，任务重，我们要抓住集团是中国煤炭工业"两化融合"评估工作发起单位之一的契机，找准两化融合的切入点和发展方向，开展生产设备故障预报、重大危险源监测、矿井灾害预警预报、无人少人工作面遥控、节能减排环境保护系统的开发和应用，利用信息化梳理业务流程，优化资源配置，提高生产和管理效率提高企业决策水平和风险防控能力，促进信息化在企业应用的深度和广度，积极推进集团"两化"深度融合。

推进信息化建设项目。一是全面完成集团信息化基建项目。围绕"信息系统升级整合工程"，分析应用系统上线滞后原因，加快规划发展系统、数据挖掘系统实施进度，做好资金系统上线工作；二是更新集团 OA 系统。OA 系统是集团用户量最大的系统，现用系统于 2002 年上线，功能老化，集中分布式架构易导致同步障碍，根据基础设施条件和新的技术进展，新上的 OA 系统拟采用统一部署、分级管理模式，除标准化的功能外，要集即时通讯、企业邮箱、移动办公、信息门户等功能于一体，提高办公效率；三是集团审计系统上线，构建审计所涉及范围信息资源的数据仓库，保证审计所需数据的完整性和实时性，利用信息化把现场静态审计模式转变为经常性动态监督、远程审计和现场审计相结合的信息化审计模式。四是完善集团物资管理系统。要求物资管理向上下游延伸，加强和供应商的协同，细化矿和区队的材料成本管理，完善应急物资储备供应、短信业务流、网络超市与决策分析功能；五是全面完成集团矿井人员定位系统联网，选择推进矿井无线通讯系统，根据兼并整合进度完成小煤矿的联网和应用；六是提高集团网络运行效率，通过流控管理、缓存共享和出口整合，降低网络运营成本，提高网络服务质量；七是继续推进板块信息化和基层单位个性应用系统建设。完成十二矿精细化管理系统，深化建工集团综合项目管理系统、东联 ERP 系统应用，推进完善一、六、八、十、十一、平宝、梨园等矿的综合自动化工程。

推进信息集成和决策支持。开发实施集团数据挖掘系统，整理管理信息系统积累的业务数据，监测控制系统的实时传感数据和各类报表提供的管理数据，整合提供计划、财务、

供应、销售、生产、安全、技术、设备、质量、环保、法务等供统计分析的数据，并建立管理数据模型用以形成多维度决策支持信息。

三、培育信息化示范单位、培育“两化融合”示范单位、培育信息化示范项目

培育信息化示范企业。“十二五”期间，要培育 3 个集团级信息化示范企业，6 个板块级信息化示范企业，2 个多矿井煤矿信息化示范企业。

培育两化融合示范单位。培育 2 个两化融合示范煤矿，2 个两化融合示范工厂。

培育信息化示范项目。培育需求明确、规划科学、流程优化、技术合理、建设规范、管理严谨、绩效显著，具有行业特色的信息化示范项目。

四、关注物联网技术、关注云计算技术、关注移动互联网技术

关注物联网络技术。通过射频识别、红外感应器、全球定位系统、激光扫描器等信息传感设备和技术，重点在井下人员精确定位、设备实时监控、物资动态监控、物流管理等领域，研究开展生产、运输、销售、使用全程管控研究，在勘探、设计、建井、装备制造等各领域开展研究。

关注云计算技术。继续完善和发展适合集团企业的云计算发展与应用模式，提高集团云计算服务能力，利用云计算技术为集团各部门、各企业及兼并重组小煤矿提供低成本的基础设施、平台架构和应用软件服务。积极参与河南省中小企业信息化服务中心的云计算平台项目建设，在提交的方案已获工信厅初步认可后，继续做好下一步立项申报工作，将集团信息化的成功经验和技术积累推向社会，服务于中小企业信息化建设。

关注移动互联网技术。利用移动互联网技术为企业提供话音、传真、数据、图像、多媒体等高品质服务，研究移动办公、井上井下通信、定位服务等在行业中的应用。重点利用移动通讯手段推进高效管理和及时管理，在集团和信息化程度较高的企业推进 E 矿山、E 工厂项目。

信息化建设是一项长期的、复杂的系统工程，平煤神马集团要认清形势，进一步统一思想、提高认识，增强责任感和紧迫感，尤其是在国际金融危机仍在持续，我国宏观经济形势趋缓，集团经营发展遇到暂时困难的情况下，更要发挥信息化在提高管理效率、强化管控能力、规范管理行为方面的作用，为加快推进集团由企业信息化向信息化企业的战略转变，实现两化深度融合而努力奋斗！

发挥优势 升级服务
河南移动助推河南省信息化发展

中国移动通信集团河南有限公司(以下简称:河南移动)成立于1999年8月16日,同年10月28日在香港、纽约成功上市,成为中国移动(香港)有限公司的全资子公司。

河南移动作为全省规模最大、客户最多、业务产品最先进、服务体系最完善的电信全业务运营企业,主要经营移动话音、数据、IP电话、多媒体和互联网等业务,拥有"全球通"、"神州行"、"动感地带"等知名品牌,用户号码段包括"139"、"138"、"137"、"136"、"135"、"134(0至8号段)"、"159"、"158"、"157"、"152"、"151"、"150"、"188"、"187"号段。

作为"中国移动通信"网络的有机组成部分,河南移动经过多年的建设和发展,建立了一个覆盖全面、质量可靠、功能完善、业务丰富、管理先进、世界一流的综合通信网络。目前,河南移动网络已覆盖了全省所有乡镇和行政村,话音核心网容量达到7500万户以上,公司已与237个国家和地区的404个运营公司开通了GSM国际及台港澳地区漫游业务,与186个国家和地区的285个运营商开通了GPRS国际及台港澳地区漫游业务。具有自主知识产权的国产3G技术——TD-SCDMA在我省取得长足发展,TD网络覆盖范围已经扩大到县级地区,数据热点地区的WLAN网络建设速度不断加快,TD-LET下一代网络技术正在得到持续跟进和推动。"无线城市"建设卓有成效,无线城市综合信息服务平台已建成并初步投入使用。

2011年,中国移动通信集团河南有限公司在省委、省政府的正确领导下,在社会各界的支持帮助下,以党的十七届六中全会为指导,按照集团公司"实现'一个愿景'、扩大'两个份额'、推动'五个转变'"的发展思路,以知己、知彼、知市场、知现在、知未来为前提,研究确立了推动传统业务和新兴业务的"双引擎成长"战略,深入实施了"一三五五"工作思路,着力加快发展,努力改善服务,积极推进改革,圆满完成了全年目标和任务,各项工作呈现新的面貌、迈出新的步伐、取得新的成效。

【深入开拓市场,提升客户服务水平】2011年,河南公司以"固移协同、发挥优势、缩小差距"为原则,深入实施"用户深耕、服务提升、渠道转型"三大工程,坚持智慧经营,加强存量保有和增量拓展,圆满完成了各项生产经营任务。深入落实"客户为根、服务为本"理念和"两个豪不犹豫"的工作要求,全力推进服务提升工程,窗口服务满意度达到99%以上,营业厅客户满意度全国排名第 4,全年月均百万客户投诉率同比下降 15%以上。10086 服务热线 30 秒接通率、满意度和一次性解决问题比率均达到 85%以上,河南移动客户服务中心荣获"亚太地区最佳呼叫中心"称号。大力推进渠道转型,完善营业厅效益评估监控体系,建立营业厅"虚拟利润中心"运营模式,自有渠道销售比重达到 17%,电子渠道业务办理占比超过 70%。

【加大资源投入,质量比较优势得以保持】着力推进四网协同发展,2011 年累计完成总投资 98 亿元,新建 2G 基站 1 万个,新建 TD 基站 6699 个;新建光缆 2.4 万公里,新增驻地网 59 万线;新增 WLAN AP 10 万个,网络初步覆盖全省高等院校、宾馆酒店等热点区域。河南移动 3G(TD—SCDMA)网络已实现对全省所有地市和县城城区的覆盖,并完成了党政军机关、高档宾馆、写字楼、机场、火车站等重点场所的室内良好覆盖。深入开展网络质量提升活动,各地市第三方测试网络质量均居领先地位,用户网络投诉总量同比下降 30.76%,每万名用户投诉比同比下降 36.36%。技术创新成果显著,97 项科技成果达到集团二类标准,获得 12 项发明专利。共建共享节约投资 2.96 亿元。单位业务量能耗同比下降 8%,获通信产业报"2011 年度通信产业绿色节能先进单位"、中国通信企业协会"2011 年度节能减排先进单位"等多项荣誉称号。

【打造无线城市,引领 3G 智能生活】随着移动通信网络的不断演进升级,从 2009 年 12 月开始,我省启动了无线城市项目。2011 年 6 月 3 日,中国移动通信集团与河南省政府签署了《无线城市群战略合作协议》,并于当年底实现了全省 18 个地市"无线城市"业务的全部上线,开通业务服务 800 多项,发展"无线城市"客户 100 多万户。通过无线城市,中国移动河南公司可以向市民客户提供 2G/3G/WLAN 网络服务,并成为了连接政府及各社会领域服务间的桥梁和纽带。一方面,无线城市通过"市民网页"栏目帮助政府改善基础民生,社会群众可以查询出行公交、交通信息、旅游、公共事业等信息,方便群众生活;另一方面,无线城市通过"乐活中国"栏目来促成各类商业生活服务与客户之间发生交易,成为社会群众生活服务的平台。

【发挥自身优势,助力"电子政务"建设】河南移动以确保安全、统一标准、集中管理、整合应用、资源共享为基本思路,围绕河南省电子政务的规划和工作重点,发挥自身优势,积极推动电子政务的发展与延伸,助力信息化系统在各级政府单位的应用,先后与党务、政府、民政、公安、工商、教育、交通运输、质监等系统的诸多单位签署了信息化应用合作项目,充分发挥信息化对提升社会管理、公共服务、综合监管等方面管理效率和水平的作用。2011 年,河南移动积极协助各级政府部门推进了行政管理及监管执法的电子化、移动化应用,提供了无线应急指挥、公共交通远程监控、环保远程监控、移动多媒体教育、空中党校等多种应用服务,开发了城管通、警务通、工商执法等应用系统。

【履行社会职能,关注民生信息化应用】河南移动通过短信、彩信报、手机网站、语音呼叫等新型政民互动沟通平台,为市民与政府职能部门的沟通提供便捷渠道。诸如:2011 年,河南移动与省民政厅合作建设并启动"河南省 12349 居家养老呼叫服务网络体系",通过 12349 居家养老呼叫平台,整合社会服务资源,为我省老年人提供"紧急救援、生活照料、家政服务、精神关怀"等基本服务。2011 年 3 月 14 日,12315 短信平台正式开通,实现全省任何一个地方的消费者都可通过手机编发短信至"12315"进行咨询、申诉、举报、建议,具备了方便快捷、功能多样的应用特点，拓宽了消费者维权的渠道。2011 年 11 月 24 日，省广播电影电视局与河南移动签署战略合作框架协议，加强移动多媒体广播电视（CMMB）、河南手机电视（流媒体）、《手机今报》以及手机 WAP 网站等手机业务的合作，并共同开展视频付费点播业务、网络技术平台互联互通及业务融合、网络电视台等互联网业务的深度合作，打造融网络特色与电视特色于一体的多终端公共服务平台。此外，在濮阳、漯河、洛阳等地试点推广食品安全诚信通系统，将商品的身份信息从“后台”搬到了“前台”，有效保障了消费者权益，助推了“数字工商”的深度应用；在 2011 年的我省两会期间，河南移动推出河南手机报“两会”特刊为手机报用户提供“我为‘两会’建言献策”的免费互动平台，并通过手机视频看“两会”，实现两会盛况的在线直播。

【升级农信服务，推进移动特色“三农”信息化建设】2011 年，河南移动在实现农业农村信息化的过程中，持续加大工作力度，探索多方合作新机制，充分利用现代信息技术改造传统农业，加快信息技术在农村的普及应用，提高农业电子政务服务的广度和深度，使农业、农村、农民的多样化需求都能从移动服务体系中得到满足，尝试具特色的移动信息化服务“三农”之路。2011 年 8 月 8 日，河南“农信通”信息服务平台启动升级，依托河南省政府的大力支持，联合新华社河南分社，吸引从省到乡镇各级政府涉农部门全面深度参与“农信通”内容建设，形成覆盖全省四级政府的“三农”信息采集和发布体系，增加分区域和个性化的服务特色，进一步丰富产品内容，提升服务能力，构建服务全省的农政、农技、农价、农时等信息共享机制。此外，在驻马店，河南移动开发的农机调度生产系统，实现了对农机的准确定位，农机管理部门通过平台可掌握农业机械动态分布情况，在网络上便捷实现指挥、调度机车，根据农业机械所在位置，有针对性地发布作业信息，引导农业机械有序流动；在鹤壁，河南移动开发“星陆双基遥感农田信息协同反演技术”，建立了全国首家试验基地，安装了集数字与视频数据采集、传输一体化的农情地面检测网络设备，形成粮食主产区农情信息实时智能监控网络。

【动力 5000 万，有您更精彩，中小企业信息化助飞工程】2011 年 11 月 28 日，河南省工信厅和河南移动联手打造的“信息化助推中小企业发展活动”正式启动，以提升中小企业核心竞争能力为重点，紧紧围绕生产过程数字化，经营管理信息化，集散控制高效化等实际需求，为我省中小企业提供基于移动通信网络平台的信息化服务。信息化服务包含了融合通信、物联网、商户管家等 10 余种新技术、新应用，融合管理元素，定制化、针对性地推出通信动力、办公动力、营销动力等核心信息化解决方案。整个活动在 18 个地市组织开展了百余场信息化应用推介会，共覆盖了全省 1 万多家中小企业和 8 万多从业人员，为各行各业的中小企业提供移动信息服务产品和信息化解决方案，帮助企业实现高效率信息化。

总之，面对新的形势、新的挑战、新的任务，河南移动将在集团公司和河南省委、省政府的正确领导下，坚定信心，振奋精神，凝心聚力，深化创新拓展，实现价值增长，全面增强企业可持续发展能力，努力打造“持续发展、效益显著、自主创新、廉洁健康”的河南移动，为中原经济区建设作出新的更大的贡献！

坚持“四化”协调 推动科学发展
——荥阳市金寨回族乡嬗变的调查与建议

赵硕 陈洪奎 夏征瑞

荥阳市金寨回族乡是全省最小的一个少数民族乡，2000年建乡时属典型的贫困乡，经济底子薄弱，社会秩序混乱，人民群众生活困难。

近年来，乡党委、政府以“四化协调、科学发展”为工作思路，加快工业化、城镇化、农业现代化和信息化建设，经济社会实现跨越式发展。2011年，全乡生产总值完成1.84亿元，较2005年增长243%；固定资产投资额1.8亿元，较2005年增长580%；规模以上工业增加值0.82亿元，是2005年的10.5倍；完成财政收入846万元，是2005年的65倍；村民年人均收入11600元，较2005年增长了3倍多。当地回族群众反映说：“这几年是金寨发展最快、变化最大、老百姓得到实惠最多的几年。”主要经验和成效是：

一、发展新兴产业 ，推进工业化和信息化的深度融合

建乡之初，金寨乡基本上没有工业。乡党委、政府结合区位特点，提出了“招商引资，工业强乡，发展新兴产业，实现工业化和信息化的深度融合”的理念，以新型工业化引领全乡经济社会的发展。

通过招商引资，引进国内建材机械行业知名企业郑州鼎盛工程技术有限公司的洪威高新能源公司入驻金寨。投资6000万元建项目，生产的大型粉碎机械、合金锤头、大转子等产品，不仅畅销国内各省区，还远销国外30多个国家和地区，销售收入连续3年以50%以上的速度环比递增。目前，该公司投资1亿元兴建的洪威二期工程已正式动工，今年6月可部分试生产，全部投产后，产值将再翻一番。引进雅利安公司，投资5000万元，建成高精度烧结碳化硅项目。两年全面投产后，年产值可达5亿元，成为亚洲一流的常压烧结硅化硅生产制造企业。引进郑州市天威新能源公司，投资5000万元，生产晶体硅太阳能光伏组件。

通过几年的不懈地努力，该乡工业经济的规模和数量迅速增长，从5年前只有10余家个体经济，目前发展到大小企业（公司）100多个，逐步形成了以机械制造、光伏组件、特种陶瓷等高新技术产品为主的新兴产业。其中信息化和电子商务形成的新开发市场，所创产值占生产总值的50%以上。

二、打造优良环境，筑巢引凤，跟踪服务，推动重组整合

几年来，金寨乡党委、政府确立了“搭建平台、招商引资、跟踪服务”的指导思想，按照“产业集中、要素集聚、发展集约”的原则，对工业集中区域做了详细规划，提出了“一园多区”的思路及土地收储工作。投资226万元完善美化了园区环境，吸引力、项目承载力和产业集聚力显著增强。同时，对引进的项目，及时跟进，协助办理前期各类手续，帮助解决项目建设中遇到的问题。

金寨乡紧邻荥阳市的城关乡和郑州市的上街区。城关乡是全国知名的建筑机械制造之乡，上街区是全国传统的铝冶炼和铝产品制造基地，发展与之配套的相关产业具有得天独厚的条件。乡党委、政府鼓励有能力、有资金的本乡人士发展建筑机械制造和与铝行业配套的碳素冶炼工业，给以政策、资金、土地等各方面的帮助。2005年以来，先后累计为企业减免各种税收1600万元，减免土地相关费税980万元，联系银企结合25家，为企业发放贷款9800万元。目前建筑机械制造企业达72家，碳素冶炼企业达11家。同时，带动了与之配套的其它行业和第三产业的发展。

乡党委、政府还注重利用行业的关联作用，引导、鼓励企业整合，做好推动产业升级。发挥工业协会的作用，指导同类产品的企业进行整合，扩大企业规模，提高资源利用和信息共享。如郑州孔氏建筑机械公司、郑州市创新机械制造公司等多家企业，都是几家小企业重组后发展壮大起来的。

三、突出特色，打造品牌，促进农业现代化

金寨乡坚持突出民族乡的特色优势，转型升级，打造品牌，促进农业现代化。

一是大力推进结构调整，发展新型农业。引导群众发展林木产业。目前，已建成绿茵苗圃基地2个，占地近400亩，珍贵树种苗木品类众多。不仅提高了土地收益，也增加了农民收入。

二是确立“生态立乡”的理念，改善环境，增加土地收益。2011年，两个自然村栽植苗木7000余株，完成生态廊道建设100亩、村镇绿化200亩、中幼林抚育100亩，植树成活率达到87%。获得“郑州市林业生态乡”称号。北楚楼村创建成“郑州市新农村建设示范村”、“林业生态村”和“省级卫生村”。金寨村创建成“郑州市林业生态村”。

三是突出传统特色，打造民族品牌。成立了养殖业协会，提供技术服务和市场信息，激发群众积极性。现已有126家养殖户加入了养殖协会，牛、羊年存栏分别达2000头、4000只，仅此一项，养殖户每年人均增收500元。同时，肉制品加工产业也逐步发展起来，成了周边县乡知名的牛羊肉生产基地，品牌影响力进一步扩大。

四、着力推进新农村建设和各项社会事业的发展

2005年前，全乡没有一条水泥路，晴天一身土，雨天难出行。乡党委、政府克服资金困难，通过自身筹措、向上争取等办法，全力推进基础设施建设。近5年来，累计投入约2000万元，用于文化、教育、医疗、卫生、道路建设，解决了群众关注的热点、难点问题。

一是投资226万元对荥油路、同心路等乡主干道和村组道路进行了修铺，实现了村村通、组组通。

二是投资200多万元实施了供排水工程，工农业生产、群众生活用水有了保证。

三是投资400多万元，实施绿化、亮化工程。乡村主干道安装了400余盏路灯，有10处游园供群众休闲、健身和娱乐。

四是投资近300万元,建成了汽车站、文化站、派出所、敬老院、卫生院、畜牧站等服务设施。

五是投资近200万元完善了市场、垃圾中转站,推动了新农村建设,缩小了城乡差别。2007年、2008年先后荣获省级、国家级卫生乡镇荣誉称号。

五、用好民族政策,加强民族团结,建设和谐金寨

金寨建乡之前,与周边村组矛盾重重,关系复杂,大小摩擦事件时有发生。村内管理混乱,村民法制意识淡漠,打架斗殴、盗窃时有发生,外部形象很差。乡党委、政府深刻认识到:金寨要发展,首要问题是稳定,在稳定的基础上才能谋发展。于是,在全乡范围内开展了促进民族团结的"三比三争"(比和谐稳定,争做民族团结进步乡镇;比发展合作,争做民族团结进步村;比文明守法,争做民族团结进步家庭)活动。通过深入广泛的宣传,面对面的说服教育,回汉群众及周边村组之间关系逐步融洽,交往越来越密切,打架斗殴和盗窃现象基本绝迹。2005年至今,该乡连续被省民委评为"民族团结先进乡镇"、"三比三争先进单位",并被郑州市委、市政府授予"民族团结先进单位"荣誉称号。

在社会管理和服务上,实现了政府信息化办公,形成了下情上达、上情下传四通八达的信息共享网络,提高了政府信息化水平;发挥远程教育网络快速、便捷、高效的优势,对广大党员、村组干部、致富能手等不同对象,开展党性教育、政策法规、科技知识培训;引导、支持上规模的企业建立电子商务系统,宣传自身形象,介绍公司产品和服务项目,寻找合作伙伴,开展网络销售,签订网上订单,企业销售收入年增长60%以上;建立治安防范信息监控系统。在全乡安装监控平台9处、监控探头32个,提高了社会治安防范管理水平;整合行政资源,建立便民服务大厅,为群众提供"一站式"服务。

六、加强党的建设,廉政勤政,提升基层组织的执政能力

金寨乡党委通过深入开展学习实践科学发展观、创先争优和"基层组织建设年"等活动,工作作风大变,民主集中制有效落实,领导水平和执政能力进一步提升。谋大事、管小事、掌全局、协调各方的领导核心作用充分发挥,班子成员科学判断形势的能力、驾驭市场经济的能力、应对复杂局面的能力、依法执政的能力和总揽全局的能力不断提高。

积极推行村务监督委员会制度,切实规范农村"三资"管理委托代理制度,实现村财乡管。积极构筑"三星评估、四级防范"廉政建设预防体系,廉政文化建设不断加强,领导干部廉洁自律工作成效显著,村务、政务公开不断深化,党风、政风明显好转,干群关系和谐融洽。

乡党委书记李向亭深有体会的说:改变金寨回族乡的贫穷落后面貌,关键是把党的方针政策特别是党的民族政策与当地实际相结合,创造性的落到实处,才能找准发展的切入点,干出上下满意的实效;要处理好稳定与发展的关系,否则,发展就难以持续;学习弘扬焦裕禄精神有很强的针对性、感染力,但不能只挂在口头上,一定要落实到行动上,领导干部带头实干,抓住群众最关心的发展问题不放,干出实效,干出成果,使群众得到实惠,逐步富起来;办好乡里事情,关键在党。下大力气抓好党的建设,抓班子,带队伍,机制必须完善,作风必须转变,深入群众,密切联系群众,倾听群众意见,关心群众疾苦,维护群众利益,严格做到廉政勤政,才能不脱离群众,才能让群众满意。

七、几点建议

（一）金寨回族乡地势低凹，一到雨季，不但本乡向外排水受阻，而且周边雨水也都流向金寨地域，积水成洼现象严重，对企业生产和广大回族群众生活造成很大的影响。金寨乡无力解决这一民生问题。建议省水利厅、郑州市水利局高度关注，并在政策、规划、设计和资金方面给以扶持和帮助，彻底解决该乡积水排放问题。

（二）金寨回族乡是郑州市唯一的民族乡，建乡晚、基础差，对企业发展中的困难无力解决。如郑州天威新能源公司单晶硅、多晶硅电池组件产品，试制成功后，一经投放市场很受欢迎，订单不断。但受资金不足的困扰，不少合同难以履约。建议郑州市政府、荥阳市政府及相关部门根据《河南省民族工作条例》及《河南省少数民族权益保障条例》相关规定，在税收、财政上给予优惠和政策扶持。银行在贷款上给以倾斜。

（三）国电荥阳煤电一体化有限公司建成投产后，废气排放落下的粉尘严重污染了金寨回族乡的空气和环境，危害着当地群众的身体健康。同时来往电厂的大型运煤车，给该乡道路造成了很大破坏，回汉两族群众意见很大。但因对方是国家大型企业，金寨乡与其沟通协调很困难。建议省发改委、环保厅、交通厅等有关部门予以协调。责成电厂加强环境治理，在限期整改达标的同时，帮助金寨乡修复公路，给当地乡村相应补偿，以免问题久拖不解，激化矛盾。同时，希望金寨乡党委、政府做好群众工作，顾全大局，支持国有企业搞好生产经营及环保事业。

（参加调研人员还有：王守安　卫乃良　代凝冰）

持续信息化与产业深度融合 着力提升核心竞争力
——对中牟县汽车及零部件产业集聚区的调查

赵 硕 陈洪奎 李天申

汽车产业是中牟县的支柱产业，加快汽车产业的发展，对于推动郑州市经济社会又好又快发展，提升整体发展实力有着重要的战略意义。为深入全面了解中牟汽车及零部件产业集聚区发展情况，近期，我们与相关单位对此进行了专题调研。

一、成效明显

2011年，集聚区汽车产量14.7万台，完成规模以上主营业务收入167亿元。目前，集聚区已初步形成了从汽车研发、生产到销售及服务为一体的配套体系和从整车生产到零部件配套及汽车后市场产品生产、展示、销售、服务等比较完整的产业链条，已成为河南省最大的汽车及零部件生产基地。同时，集聚区内企业品牌产品质量、知名度不断提高，市场范围不断扩大。"凯雪"冷柜系列产品荣获"中国著名品牌"，红宇牌爆破器材运输车和海马福仕达荣获"河南省名牌产品"，郑州日产有限公司先后荣获"郑州市市长质量奖"、"河南省省长质量奖"等称号，旗下帕拉丁、NV200、帅克、御轩等品牌享誉国内外。中牟汽车产业集聚区发展的势头迅猛，前景广阔，正如县委书记杨福平所说:经过多年的发展，中牟汽车产业集聚区现已具备年整车产能15万台，成为河南省重要的汽车及零部件生产制造基地，随着郑州日产扩大产能、郑州东工扩大产能等重大项目的实施，未来5年内汽车产量将突破60万规模。到"十二五"末，确保开发面积达10平方公里，入驻企业达100家，汽车产量突破60万辆，全年总收入500亿元。把中牟汽车产业集聚区打造成为河南最大、全国知名的汽车及零部件产业基地和全国最大的汽车后市场商贸和信息服务中心。

（一）规划编制基本完成。按照河南省关于产业集聚区建设的要求，集聚区启动了规划编制工作，高标准编制集聚区总体发展规划、控制性详细规划、产业发展规划、空间发展规划和环境影响评价报告等规划。其中，总体发展规划、控制性详细规划已基本编制完成。

（二）基础设施日臻完善。集聚区路、水、电、气、排污、通讯等各项基础设施基本完善，部分路网已建成，标准化厂房等一批基础设施正在建设当中。

（三）项目建设日新月异。建设至今，集聚区已投产项目50个，完成投资约100亿元；在建项目 13 个,完成投资约 42 亿元;签约即将落地项目 47 个,协议资金约 78 亿元。

(四)两化融合取得进展。2011 年郑州日产全面的信息化建设在设计、采购、生产,到销售、售后的各个链条中展开,完成了包含研发设计、生产管理、采购管理、质量管理、备件管理、财务管理、人力资源等各个领域的信息系统规划,目前正在按计划分步骤实施。2011 年郑州日产分别获得由郑州市信息化和工业化融合领导小组颁发的"郑州市信息化和工业融合示范企业"和河南省工业和信息化厅认定的河南省第一批"两化融合"示范企业。

(五)服务意识不断增强。集聚区坚持"全程代办制"、"限时办结制"、"项目跟踪制"等制度。明确专人,负责为入驻项目办理立项、规划、建设、国土、环保、工商、税务、公安、消防等方面的手续,服务质量和水平不断提高。

二、存在问题

(一)基础设施投入不足。近年来,中牟县不断加大汽车产业集聚区基础设施投入力度,但由于财力所限,远远不能满足项目入驻的需要。部分汽车零部件项目虽已开工建设,但周边道路、水电、管网等建设速度滞后于项目建设速度,污水处理厂、职工生活区、信息化服务中心等基础配套设施建设资金尚未落实到位。

(二)征地拆迁难度较大。伴随着集聚区开发面积的不断扩大,征地难问题日益凸显,规划区内的乡(镇、街道)在征地拆迁过程中缺乏切实可行的实施方案,入驻项目普遍征地拆迁时间周期过长,多个签约项目因坟地搬迁问题迟迟不能开工建设。

(三)运作机制不健全。目前,集聚区管委会虽设有办公室、财务人事科、发展招商科、规划科、工程科、社会保障科、监察室 7 个内设机构,但县直相关职能部门在集聚区未设办事机构,造成集聚区管委会很难为企业入驻、项目建设提供及时有效地服务。集聚区管委会承担协调事务的职责,在审批、征地、规划、建设等关键环节没有职权。集聚区管委会为县财政全供事业单位,办公经费由县财政拨款,没有隶属于集聚区管委会的独立实物和独立支配的运行资金。

(四)两化融合需加强。郑州日产等龙头企业的两化融合取得了可喜进展,但与国内外先进同行相比,还存在较大的差距,尤其是在信息化和工业化深度融合方面还有很长的路要走。集聚区要在建区的同时,就要把两化融合的问题提到议事日程,并将其放到重要位置。要坚持推进信息技术和网络技术在传统产业、支柱产业和新兴产业的普及应用,提升改造传统工业生产方式、管理方式和经营交易方式,推动经济发展方式转变,不断提高经济运行质量和效益,走出一条以工业化带动信息化,以信息化促进工业化,科技含量高、经济效益好、资源消耗低、环境污染少、人力资源优势得到充分发挥的新型工业化路子。

三、几点建议

要实现集聚区跨越式发展,必须按照科学发展观的要求,加快推进集聚区建设。针对存在问题,提出以下几点建议。

(一)强抓机遇,持续推进。省政府关于汽车产业调整振兴规划明确提出"加快推进郑州百万辆汽车基地和汽车服务贸易中心建设",而郑州市集中在中牟建设汽车及零部件积聚区,中牟县委、县政府应抓住这一重大机遇:一要很抓规划的落实,进一步完善积聚区的具体规划,搞好基础设施建设,为进一步招商引资、迎接产业转移创造良好环境。对基础设施建设的资金缺口,县里有困难,建议省、市财政给以大力支持。二要推进信息化与汽车及零部件产业深度融合，着力提升产业核心竞争力。总结“日产”、“海马”龙头企业信息化建设的经验，发挥他们的标杆示范作用，推进企业信息化建设，提高企业对技术、资本、市场、人力资源等要素的管理及控制能力，提高企业运营效率，增强企业市场竞争力；广泛推动电子商务应用，鼓励企业运用电子商务延伸市场，不断提高企业产品、技术、服务的市场占有率，促进企业做大做强；应用信息技术完善集聚区内产业链管理，在产品设计、物资管理、物流服务等外购、外协业务中协同合作，促进产业联盟的建立，构建现代产业体系。三要加快研发新能源汽车。着力做强电池、电机等关键零部件，提升新能源整车水平，形成新能源汽车产业链。在电动汽车动力系统、控制系统、管理系统、专用底盘技术等方面实现突破，“日产”、“海马”整车企业应具备新能源汽车制造能力。

（二）创新管理，完善市场体系。郑州市为了加快推进“汽车服务贸易中心的建设”，打造国际上有影响力、在国内有辐射力、对国内外资源有整合力的现代化市场体系，以缓解城区交通压力，拓展城市发展空间，改善市场经营环境，采取推进中心城区市场外迁，把市区汽车零部件市场搬迁至中牟汽车及零部件积聚区。中牟县委、县政府应抓住这一机遇，建设现代化汽车及零部件贸易市场，高标准规划、建设环境优美、生活设施完善、物流设施便捷的汽车及汽车后市场；制定市场建设入围门槛，给予优惠的财税政策，积极吸纳行业名牌、名优、行业百强进入市场；强化工业和商业融合，以工引商，以商促工，促进汽车工业做大做强；成立行业中介组织，发挥桥梁纽带作用。

（三）实行土地储备开发。对集聚区规划区内的土地，由中牟汽车工业园开发建设投资公司实行统一储备，根据发展需要，统一征收，统一报批，按照“六通一平”（路、水、电、气、排污、通讯、土地平整）要求对储备的土地进行开发。但在统一征地中必须把失地群众的补偿、生产和生活安排好。

（四）积极筹集建设资金。按照“谁投资、谁受益”的原则，拓宽融资渠道，促进集聚区投资主体多元化。鼓励采用市场化运作方式，通过建立健全中牟汽车工业园开发建设投资公司为主体的开发机制或采用BT、BOT等运作模式，积极吸纳社会资本投资集聚区基础设施建设。

（五）稳妥开展征地拆迁。出台切实可行的征地拆迁方案，强化中牟汽车产业集聚区工程建设指挥部和相关乡（镇、街道）的联合征地拆迁机制，实现平安拆迁、和谐拆迁。

（六）加强管理机构建设。赋予集聚区一定的经济管理权限和部分社会管理权限，提高招商、审批、规划、建设等方面工作效率。

（参加调研的还有卫乃良　刘显明同志）

河南省科学技术信息研究院简介

河南省科学技术信息研究院是全省最大的综合性科技信息服务机构。郑州市文明单位。主要从事科技文献信息资源的收集、加工、存贮、阅览、查新检索、情报研究、信息编辑、翻译等业务,为省委、省政府宏观决策提供战略信息,为我省"科教兴豫"、科技发展规划和综合性科技管理提供专题研究报告和指导性参考资料,面向企业和社会开展竞争情报研究、科技评估咨询和课题跟踪等形式的科技信息服务。

河南省科学技术信息研究院现有在职人员87人,其中专业技术人员77人。下设科技文献信息资源中心、网络技术中心、科技查新中心、科技评估统计中心、科技档案信息中心、科技影视中心、科技发展研究所、科技管理研究所、农村科技信息研究所、企业创新促进中心、《创新科技》编辑部、《创新科技》经营部12个业务部门和办公室、人力资源部(离退休服务中心)、财务部、后勤物业中心4个综合部门,成立有河南省汇智科技发展有限公司,挂牌有河南省科技图书文献中心、河南省科技宣传信息中心等,代管处级建制的自收自支事业单位——创新科技杂志社,挂靠有河南省科技情报学会、河南省翻译协会、河南省创新科技促进会和河南省咨询业协会4个省级社团组织,主办有《河南科技》、《创新科技》、《乡村科技》三种杂志。收藏中文现刊6000余种,国外期刊包括《SCI》、《EI》、《CA》三大世界著名检索刊物等100种,报纸69种,影碟2600种,图书2.6万册,1977年至今的中文期刊合订本13万册,中外文检索工具书1万余册及全套国家标准汇编;主办的"河南省科技信息网"现网上运行数据库已达100余个; 拥有DIALOG系统、重庆维普、万方数据、CNKI中国知网、NSTL郑州镜像站、河南省科技文献信息共享服务平台系统等国内外大型信息资源系统和七个国家及国际、欧洲两个专利组织的专利说明书1876万件。

年编辑出版《河南科技》24期,《创新科技》12期,《乡村科技》12期,《决策信息》内刊52期,《产业情报快递》内刊12期;年翻译服务量约50万字。年拍摄制作科技电视片10余部,新闻素材100余条,网络视频播出100余条;年接待到馆读者近4万余人次、信息咨询服务近1万人次;成功开发出"河南科技报道视频网站",目前,该网站已上传我省有关科技视频报道200余条, 科技网和信息网年访问点击量近350万人次,NSTL检索访问量近11万人次。

近年来,在省科技厅党组的正确领导下,在全院职工的共同努力下,我院围绕实施科教兴豫战略、加强科技创新、促进中原崛起的总体要求，坚持研究与服务并重、项目带动和主体业务带动的发展思路，坚持以改革为抓手，以打造文献信息资源和网络服务平台为基础，以强化研究咨询、信息服务和科技宣传功能为重点，以实现服务社会化、结构网络化、手段现代化、管理规范化为目标，加速观念创新和工作思路创新，积极面向市场和社会需求，不断优化资源配置，拓宽业务领域，提升服务水平，各项工作全面推进，为全省科技进步与创新作出了积极的贡献。该院现已成为全省同行业领先、全国同行业综合实力较强的科技情报信息机构。

附件 1：

河南省科技咨询创新奖评奖办法

（试　行）

第一章　总　则

第一条　为提高我省咨询服务水平，调动科技咨询从业人员的工作积极性和创造性，进一步推动我省科技咨询业的发展，依照《中国科技咨询协会咨询创新奖评奖办法》，结合实际，制定本办法。

第二条　河南省科技咨询创新奖是科技咨询领域的全省性奖项，河南省科技咨询业协会对各奖项的主要完成人给予荣誉奖励，并选择优秀项目作为中国科技咨询协会咨询创新奖候选项目向中国科技咨询协会咨询创新奖评审委员会推荐。

第三条　河南省科技咨询业协会设立河南省科技咨询创新奖评审委员会，依照本办法的规定负责咨询创新奖的受理、评审、批准和颁发工作。协会有关部门负责奖励的日常工作。

第四条　河南省科技咨询创新奖，下设咨询项目创新奖、咨询机构管理创新奖、咨询方法创新奖共三个奖励类别。

第五条　河南省科技咨询创新奖每两年评审、授奖一次。河南省科技咨询业协会为获奖者颁发荣誉奖励证书。

第二章　奖励范围和对象

第六条　河南省科技咨询创新奖的奖励范围为在我省境内正式注册的咨询机构完成的具有创新性的咨询项目、咨询机构管理模式、咨询方法和工具等。

第七条　河南省科技咨询创新奖的奖励对象是在我省境内正式注册的提供咨询服务的法人机构或分支机构或独立咨询专家所完成的或参与完成的具有创新性的成果。

第三章　申报条件

第八条　申报奖项必须是已经完成的咨询项目，或在管理实践中取得成效的管理模式，或在咨询实践中成功应用并经受检验的咨询方法。

第九条　对已获得过国家和省级政府科技奖励或其他社会机构设奖的奖项不能重复

申报，凡在奖项申报前有争议的项目，在争议未解决前不得申报。

第十条　咨询创新奖中的咨询项目创新奖，须客户提供咨询效果效益证明，鼓励与客户共同申报。报奖的项目必须具有创新性的成果，为客户带来显著的经济效益、社会效益或环境效益，并具有可操作性和借鉴性。每项主要完成人一般不超过4名。

第十一条　咨询创新奖中的咨询机构管理创新奖，奖励在机构商业模式、营销管理、知识管理、客户关系管理、组织管理、人力资源管理、质量管理等管理层面创新卓越的咨询机构。项目申报要体现申报机构管理体系的形成、发展、创新的特点，以及在实际运用中所产生的经济效益和社会效益。申报单位原则上须创建3年以上，管理体系运行2年以上，须提供由此带来业绩提升的相关证明材料（例如营业收入、回款率、续单率、延期率等）。每家咨询机构最多可申报两项。

第十二条　咨询创新奖中的咨询方法创新奖，主要奖励在咨询过程中，帮助咨询顾问迅速发现和解决问题，以及向客户有效传递咨询建议的方法和工具。包括创新概念、方法、模型、数据库和软件等成果。每家咨询机构最多可申报两项，每项主要完成人一般不超过3名。

第四章　奖励评审

第十三条　河南省科技咨询创新奖评审委员会由9-13人（奇数）组成，协会秘书长担任评审委员会执行秘书。评审委员会组成以咨询顾问为主，聘请咨询行业专家、学术领域知名学者。河南省科技咨询创新奖评审委员会实行聘任制，每届任期2年。

第十四条　河南省科技咨询创新奖评审实行回避制度，当年有申报奖项的评审委员和评审专家，不参加本届所申报奖项的评审工作。

第十五条　评奖工作实行分类初审和综合复审结合的原则。初选获奖名单确认后，河南省科技咨询业协会将在河南省科技信息网站上进行10天的公示。公示结束后，评审委员会确定最终获奖名单。本协会并适时进行表彰和相应的宣传推广活动。

第十六条　对参与河南省科技咨询创新奖评审活动的有关工作人员，在评审活动中弄虚作假、徇私舞弊的，将取消其评奖工作资格，并通报批评。

第十七条　以剽窃或其他不正当手段骗取河南省科技咨询创新奖的单位或个人，一经查实，经河南省科技咨询业协会批准后，撤消奖励，追回荣誉证书，并在相关网站上予以通报。

第五章　其　他

第十八条　本办法解释权属河南省科技咨询业协会。

第十九条　本办法自发布之日起施行。

二〇一二年五月二十六日

河南恒通化工集团信息化发展概况

河南恒通化工集团(简称集团)是中国化工 500 强企业、河南省优秀民营企业、济源市十强企业,前身是 1958 年建设的中国第六家、河南省首家聚氯乙烯树脂生产企业,经过 50 年的不断发展,集团形成了以离子膜烧碱、聚氯乙烯树脂为主业,与相配套的塑料深加工、编织袋、纸塑袋生产,控股、参股的化工厂、盐厂为一体的综合性企业集团。

河南恒通化工集团占地面积 78 万平方米,总资产 25 亿元,员工 1800 余人,专业技术人员 600 余人。下设联创化工、恒通化工、海通化工、恒通置业、恒通威龙、益丰化工 6 个子公司。

一、2011 年基本情况

2011 年,河南恒通化工集团把信息化建设作为改造提升传统产业,不断提高企业开发创造能力、经营管理能力和竞争力的重要手段,加大投入力度,扩大信息技术在企业生产经营中的应用和服务,极大提高了信息资源的共享程度。目前,已初步建立起了一个覆盖全集团公司的计算机网络,计算机 OA 系统、ERP 系统、DCS 控制系统已初具规模,计算机作为辅助生产带来的效益越来越明显。

二、2011 年主要项目

1、ERP 系统。ERP 系统集中信息技术与先进的管理思想于一身,是对企业物流、资金流、信息流进行一体化管理的软件系统。集团投资 50 多万元上马了这套高度集成的 ERP 系统。集团各类数据不仅在各业务单位之间高度共享,而且对公司内部的业务流程和管理过程进行了优化,主要的业务流程实现了自动化。ERP 的应用成功也意味着集团的业务处理流程趋于合理化,企业竞争力得到大幅度提升,企业面对市场的响应速度大大加快,客户满意度显著改善。

2、厂区监控系统。河南恒通化工集团目前投入资金 200 余万元,在恒通化工建立了一套全方位的监控系统,在联创化工重要设备、重点部位设置监控点 96 个,对易燃易爆易泄漏界段、一期、二期、三期重要部位等实行全天 24 小时监控,有效确保了生产经营安全有序运行。

3、视频会议系统。根据公司发展需求,为了进一步减少企业开支,从而提高企业工作效率,更好的服务客户,河南恒通化工集团投资 30 余万元实施了视频会议系统。视频会议系统主要应用于企业内部沟通、各种会议,企业和客户以及合作伙伴的交流,客户服务系统,河南恒通化工集团企业员工远程培训。

4、人像考勤系统。投资5万元引入人像考勤系统。该系统记录职工签到(退)时间精确到分钟,能智能生成月(年)考勤报表,杜绝了签名考勤代签和指纹考勤识别不灵敏、易损坏等弊端的同时,实现了考勤智能化、科学化管理,保证了考勤工作的客观公正。

三、2012年在建拟建项目

1、在建项目:磅房无人值守系统。集团投资37万元建设磅房无人值守系统。主要用于企业中对本公司车辆或固定、非固定运输车辆进行管理,本系统通过IC卡及相应的管理设备和软件对车辆的派遣、货物运输、车辆过磅、车辆进出厂等方面进行全面管理,提高员工的工作效率,杜绝舞弊行为,降低企业的生产成本。目前,该系统已试运行1个月。

2、拟建项目:人力资源管理系统。集团拟投资50余万元,实施部署人力资源管理系统。随着企业不断的壮大,人力资源管理系统是一个必不少的企业管理平台。项目实施后将具备整合、集中人力信息源;易访问、易查询;体现公平等特点。

四、企业信息化给企业带来的经济和社会效益

目前,公司已建成集生产自动控制系统、分析及生产过程监控系统、ESA集团管理系统、OA行政管理系统、视频会议系统等为一体的网络体系,实现企业数字化信息管理平台,它为企业提供了决策、计划、控制和经营业绩评估全方位的管理平台,通过对企业拥有的资源(如生产、人、财、物、信息、时间、空间等)进行综合平衡和优化管理,并协调企业生产经营各个环节,以市场为导向开展企业的各项业务活动,全方位地提高企业在激烈的市场竞争能力,从而取得较好的经济效益和社会效益。

企业信息化平台使公司生产成本降低约4%—8%,产能提升20%—25%,办公费用降低35%—40%,库存降低10%~40%,库存盘点误差<5%,减少加班工时5%~50%,交货期准确率达到100%,采购计划有序性达98%以上,保证了全年安全生产稳定,优级品率达99.5%以上。

公司以信息化改造提升传统产业,使企业近年来的发展得到了很大提升,先后被授予“中国化工500强企业”、“中国氯碱骨干企业100强”、“河南企业100强”、“河南省优秀民营企业”、“济源市市长质量奖”等荣誉称号。

五、存在主要问题及下一步工作打算

公司的信息化建设主要是逐步一一实现的,存在的主要问题是分个信息化单元单独运行。下一步打算把公司的生产、财务、经营、行政等系统进行整合,互通互联,进一步提升信息应用。

工欲善其事必先利其器。“十二五”期间,河南恒通化工集团公司将进一步扩大信息化在企业生产经营中应用的广度和深度,用信息技术改造我们的产品和服务,努力提升企业的市场竞争能力,从而为企业获取更大的效益!

以“两化”融合为抓手 促进铅锌冶炼行业新型工业化转变

河南豫光金铅集团有限责任公司

河南豫光金铅集团有限责任公司是中国有色金属行业铅锌领域大型骨干企业，是世界最大的铅冶炼企业，中国最大的白银生产企业，连续4年跻身中国企业500强、中国制造业500强。河南豫光金铅集团有限责任公司先后被评为河南省制造业信息化示范企业、河南省制造业重点示范企业，河南省制造业信息化重大科技攻关项目承担单位，连续6年获得中国信息化500强企业称号，河南省正版软件化工作示范企业。河南豫光金铅集团有限责任公司8万t/a熔池熔炼直接炼铅自动化控制工程获得2010年河南省信息化发展专项资金130万元。

一、2011年企业经济运行情况

（一）主要经济指标和产品产量同比大幅增长

2011年是河南豫光金铅集团有限责任公司“十二五”规划的开局之年。面对复杂多变的经济形势和剧烈震荡的市场环境，公司在市委、市政府的正确领导下，坚持积极转变发展方式，以发展为主线，以效益为中心，外抓市场，内抓管理，在较为困难的局面下，较好完成了各项生产经营目标。2011年，公司完成现价工业总产值176亿元，同比增长29.8%；实现销售收入175亿元，同比增长29.7%；实现利润5亿元，同比增长0.9%；实现利税10亿元，同比增长39.7%；进出口总额7.2亿美元。

（二）重点项目建设有序推进

今年受环评、土地等多项客观因素制约，重点项目建设进展速度受到影响，进入四季度，公司加快了项目进展步伐。

冶炼废渣料多金属综合回收工程于2011年3月份奠基，计划总投资20亿元，2011年完成投资5亿元，三通一平工作基本完工。预计将于2013年5月竣工，投产后年处理冶炼渣13.5万吨。

铅冶炼渣综合回收有价金属及环保治理工程2011年完成总投资2.3亿元，除粗铜生产线外，其他的四个子项：金银、碲铋、锑生产线都进入设备调试、试生产阶段。投产后，我公司的综合回收产能将明显增强。

30万吨电锌三期工程于2011年11月份奠基，计划总投资14亿元，预采用采用高温高酸浸出—针铁矿法湿法炼锌工艺。项目建成投产后,河南豫光金铅集团有限责任公司的电锌产能将跃居行业第二位。

余热发电项目于 2011 年 10 月份开工建设,计划总投资 3533 万元,目前进口设备已经签订合同,2011 年完成投资 1000 万元。

二、加强信息化建设,全面提升企业管理水平

目前,河南豫光金铅集团有限责任公司在管理信息化方面已形成了涵盖主要业务流程的信息管理系统,实施了财务管理一体化、设备管理、人力资源、客户关系管理、计量管理、办公自动化(OA)、能源管理、产品条码出入库、视频会议、化验数据等信息管理系统,通过二次开发,实施了大宗原燃料结算系统、超市管理系统、产成品出入库管理等系统,通过 VPN 和远程终端实施了子公司和二级核算单位的财务核算,初步实现了以 ERP 为主线的业务管理信息平台,以 OA 为主线的协同沟通平台,以内部网为依托的公共信息平台,以综合查询为依托的管理信息平台,这些平台的建设,极大地提高了公司的管理水平,为公司的规模扩张和精细化管理作出了积极的贡献。

1.建立起了覆盖全公司的局域网系统。建立了以 1000M 光纤为骨干网的企业局域网系统,解决集团、股份、锌业三个厂区分散网络管理的问题,实现三个公司的跨区域联网。通过 VPN(虚拟专用网络),实现驻外子公司与集团的连接。通过视频会议系统,实现各公司跨区域在同一平台下召开会议。

2.建立了以物流、财务为主线的 ERP 系统。在此基础上,根据公司生产实际需要,自主进行了二次开发,编制了超市管理系统、出入库管理系统、大宗原燃料结算系统、综合数据查询等系统。实现了企业信息系统的资源整合和信息高度共享,规范了企业业务流程、堵塞管理漏洞、有效的降低库存占用、降低进销成本及加强费用控制。

3.实现办公自动化(OA)。实施了“OA 办公自动化”企业应用软件;通过培训,并下发公司文件规范操作流程,量化考核细则。各单位人员已正常运用到日常工作中,使公司基本实现了无纸办公。各部门之间的协同、各部门呈报,以及相关的公司公告都通过“OA 办公自动化”来实现,加快了公司信息的传递和反馈,提高了办公效率。

三、推进“两化”融合,工艺装备水平明显提升

在河南豫光金铅集团有限责任公司的技术改造过程中和扩建项目建设中,都进行了大量 DCS、PLC 等控制系统及生产自动化设备的应用,极大提高了企业生产过程中的自动化控制与监测应用水平,提升了产成品的质量,提升了生产效率。目前公司在电力供应自动化、配料称重自动化、生产过程自动化、计量管理自动化、在线环境监测、生产安全监控等方面都得到了普遍的工业化应用,取得了很好的应用效果。

河南豫光金铅集团有限责任公司在三期扩建时,通过引进 DCS 等先进适用技术,首次实现生产全程自动化控制,研制成功非定态 SO2 尾气制酸生产技术,年产硫酸 3 万吨;在四期扩改中应用了氧气底吹炉 DCS 控制系统、硫酸 DCS 控制系统、氧气厂 DCS 控制系统、变电站用于冶炼 110KV 变电站,氧气站 10KV 开关站,硫酸 10KV 开关站、整流器自动化控制系统、核子称配料称重系统等大量自动化配套设备,这些先进设备及技术的引进极大地提高了工作效率,产生了明显的效益,使铅冶炼能耗降低至 426 kg/t 标煤,优于国家二级标准 650kg/t 标煤。

豫光集团 4.5MW 余热发电项目是国内首台利用饱和蒸汽发电的抽凝式机组，通过与公司电解锌生产系统整合，充分利用焙烧余热锅炉饱和蒸汽，既能发电，又能供工业用汽，而且还回收了除盐水，更降低了公司的网用电量。该机组于 2007 年 11 月 28 日并网发电，2008 年 6 月 24 日被省市发改委认定为资源综合利用机组，至今已累计完成发电量 1225 万 kwh，回收凝结水 8.5 万吨，综合经济效益达 560 万元。余热发电项目的上马，是公司深入贯彻落实科学发展观，积极发展循环经济，实现节能减排，降本增效的重要项目，它的成功并网发电，不仅有利于提高资源综合利用率，变废为宝，大大节省企业运营成本，而且对保护生态环境，提升经济运行质量和效益都将起到重要作用。

河南豫光金铅集团有限责任公司于 2007 年、2010 年首家从国外引进、建成两套 CX 自动化蓄电池破碎和回收系统。通过对该系统的消化吸收，结合自身生产实际，豫光集团开发了“废旧铅酸蓄电池自动分离—底吹熔炼再生铅”先进工艺，开创了再生铅和原生铅相结合的新模式，实现了资源循环高效利用，使铅工业步入“生产—消费—再生”的循环发展之路。工艺应用成熟，环保先进，被中国有色金属工业协会组织的专家组分别鉴定为“国内领先、国际先进”技术，列入“十二五”废旧有色金属领域重点研发及推广技术装备目录。实现了资源的综合回收利用、清洁生产和环境友好材料开发的多重目的，是一种符合循环经济、生态经济理念的清洁生产技术。同时，该技术实现了再生铅产业的自动化、规模化、集约化生产，给我国再生铅产业发展注入了全新的生产技术和管理理念，总体技术达到了国际先进水平。2012 年，工业和信息化部组织召开的“再生资源综合利用先进适用技术”推介会上，该技术入选国家《再生资源综合利用先进适用技术目录(第一批)》。

2008 年，豫光集团陆续投资 5700 万元，开工建设了自动化水平高的污水综合治理系统。在豫光金铅污水综合治理系统低质水项目中，经多级净化工艺处理后的污水，清澈见底，循环回用。在它的旁边，是高质水处理项目，经此工艺处理后的清水，水质可达到除生活饮用水外的一切生产用水标准。在这清洁的回用水的背后，是豫光人在历次规模扩张时不惜重金对膜过滤器、生物处理技术等一项项国内乃至国际一流水处理工艺的引进消化应用。让无数业界单位焦头烂额的污水危险废弃物，在豫光却可以变废为宝，重新纳入公司生产线，创造效益。

先进的工艺，高端的设备，优异的指标，外排水在线监测豫光污水站已成为展示公司环保治理工作的靓丽名片。

目前，自动化生产系统已经渗透到了公司的各个生产环节，从生产过程控制的大型 DCS 控制系统，再到各个单机设备应用的 PLC 控制器，再到公司综合管控体系中的生产调度，无不应用到自动化系统。到目前为止，豫光集团共有德国西门子、美国 GE 新华控制工程有限公司等国际知名厂家的 49 套 DCS 系统和其他各类监控系统 24 套，还有西门子、LG、三菱等各类 PLC 控制系统 105 套。各类 DCS 及其他自动化控制系统共投资约 1500 余万元，各类自动化仪器、仪表、控制装置共投资约 6400 余万元。“十一五”期间，豫光集团重点建设项目投资 233058 万元，信息化建设重点项目投资 8000 万元，其中软硬件费用分别占总投入的 7%和 93%，实施成效显著，实施前后企业年销售收入增加了 137401 万元，设备利用率提高了 11%，库存下降了 30%，资金使用率提高了 10%。公司通过工业自动化的大力建设和应用，在节能减排、清洁生产、减员增效方面成绩显著，改变了目前自动化程度低，完全的手工作业，职工劳动强度大的现状，极大提高了公司的行业竞争力。

四、在直接炼铅新工艺中实现“两化”最大融合，全面提升铅冶炼节能减排水平

有色金属行业工艺流程比较长，采矿、选矿、冶炼以及加工过程中都需要消耗能源，是节能减排所要加强的重点目标之一。为实现快速健康书展，豫光集团坚持“三策并举”：一是不断提升工艺水平；二是不断提升装备水平；三是不断提升信息化水平。“三策并举”的思路集中体现在公司自主研发的“豫光炼铅”法新工艺及其工业化实践中。

2010 年 10 月 15 日，中国有色工业协会组织了豫光“液态高铅渣直接还原技术研究及产业化应用”成果鉴定。鉴定委员会专家一致认为，豫光集团历时八年自主研发的液态高铅渣直接还原炼铅新工艺，(豫光炼铅法)总体技术达到了国际领先水平。这项成果被列为行业“十二五”重点推广的十项低碳工艺技术之一，并于 2012 年荣获“国家科学技术进步二等奖”。随着该项技术的推广，我国铅冶炼行业必将掀起节能风暴，这对“十二五”期间中国铅工业的转型升级，具有十分重大的意义。

08 年 7 月开工建设的 8 万吨熔池熔炼直接炼铅环保治理工程，是豫光集团自主研发新工艺的大规模工业化应用。在这一项目中，突出了积极推进自动化和信息化的“两化”融合，收到了理想的效果。

一是流程短。铅冶炼之前国内最先进工艺为富氧底吹氧化—鼓风炉还原熔炼技术，冶炼后需要冷却铸锭才能进入电解工序，属于一冷一热工艺；现在的短流程，少了自然冷却重新熔铸工艺，节约了大量的能源，实现了短流程直接炼铅，这一技术的实现，很大程度上得益于信息技术的大量应用。

节能减排效果明显，达到国内领先水平。豫光炼铅法采用天然气替代焦炭，达到清洁生产和低碳排放目标，实现了绿色冶炼；SO2 排放浓度约 135mg/m3，低于国家排放标准 400mg/m3；CO2 排放减少了 80%；环保设施齐全，烟尘达标排放；运用生物污酸处理技术，中水及有价金属回用；吨粗铅能耗 280Kg 标煤，低于国家铅锌准入条件 450Kg 标准煤要求。

二是自动化、信息化融合程度高。在 8 万吨高铅渣直接练铅项目建设中，豫光集团坚持信息化和自动化的最大融合，全面实施了 8 万 t/a 熔池熔炼直接炼铅自动化控制工程。主要包括：努力做到原料进仓到出电解铅实现自动控制，减少人为干预；在生产工艺结点用仪表进行检测，保证准、稳、快；计算机控制系统连续地，及时地采集和处理不同工况下的各种运行参数和设备运行状态，并有良好的中断响应；通过监控器和功能键盘，为运行人员提供工艺过程在正常和异常工况下的各种有用信息；在调度室里利用视频成像技术，把现场比较关键位置以图像形式传到调度室，进行集中监控，有效解决了现场工人的劳动强度，实现了不间断监控，为生产提供更安全的保障。

三是工艺设计达到世界最先进水平。经测算，该工艺能耗指标只有鼓风炉的 60%，SO2 排放量只有鼓风炉的 10%，对工业废水进行深度处理，循环使用，实现废水零排放的目标，污染物排放水平得到进一步优化。新工艺流程操作简单易控，工艺路线合理，有价金属回收利用率高，还原后终渣含铅进一步降低；烟气实现达标排放，可实现清洁生产，使生产环境得到进一步改善。

四是节能减排效果明显。该项目充分利用了液态高铅渣中的潜热能、余热锅炉对高温烟气回收的余热，以及用废旧蓄电池处理后的铅泥作为工程所需原料的主要来源，实现了资源的综合利用等。该项目实施后可以实现资源的综合利用，节省大量的能源，最大限度回收、利用热能。

五、企业信息化存在的问题：

①因为企业信息化是个比较新的事务，尤其对于很传统企业，缺乏信息化的实际经验。②软件产品固化，灵活度不够，不能随着企业发展变化与调整变化，造成信息化不能长期支撑企业运营。

企业信息化的经验和体会：企业信息化要想成功，需具备以下几个条件①公司领导对信息化高度重视，把信息化工作做为企业战略层面的工作来长期抓；②对信息化有正确的认识，既要认识到信息化的价值，又不能过多地把企业管理问题寄希望信息化完全解决；③公司具备明确的信息化思路及规划，有步骤地展开实施；④选择合适的软件厂商与软件产品，与企业自身的管理要求相吻合；⑤建立信息化管理与实施团队，包括领导层、管理层、业务部门、技术人员等；⑥不断对信息化工作进行总结与讨论，不断提升信息化管理水平。

六、企业信息化建设后期规划

紧紧围绕公司生产经营的实际情况，开拓创新，科学发展，重点体现以下几个方面：

1、紧跟公司发展战略，朝着集团管控方面发展，在满足各单位业务处理的同时，向集团统一管理的方向发展，统一采购、统一销售，在满足核算需要的前提下，加强过程控制，将预算管理、绩效管理、招标比价管理等纳入到信息系统中去。

2、全面实施 MES，积极探索 MES 系统与 ERP 的有机接合，提高公司核心竞争力；积极实施 MES，并探索 MES 与 ERP 系统的集成，公司尝试将全公司的 DCS 及自动化设备联接起来，建立中心调度控制室，实时监控公司的各个系统的运行情况及设备状况，完成生产、调度的自动化。

实时采集物料数据，将各个环节的物料数据采集到信息化系统中来，使物料从投入生产线开始到产成品销售到终端客户的每一项信息都能自动采集并与 ERP 无缝集成，完成包括物料、设备、人员、流程指令等在内的所有资源的整合。

3、以生产过程中的计划统计管理、设备管理、过程监控平台为突破口，推动公司生产自动化的不断完善，逐步实现管控一体化。

4、加强决策支持系统（BI）的建设，为公司领导决策提供依据。

5、在完善公司内部信息化管理的同时，使信息系统朝上下游发展，加强客户供应商管理，积极稳妥地开展电子商务。

6、加快发展现代物流，建立现代物流服务体系，以物流服务促进其他产业发展；加强物流基础设施建设，利用无线射频（RFID）识别技术，将公司物流数据纳入到 ERP 中来，提高物流标准化程度和信息化水平；

7、大力提升公司信息化管理水平和工业自动化应用水平，加大企业信息化数字化力度，以调整产业结构、转变发展方式为目标，加大投入，重点推进信息化项目建设，为争取圆满实现公司"十二五规划"提供有力支持。

综上所述，通过积极实施"两化"融合项目，使豫光集团铅冶炼的资源利用率大大提高，大幅度降低生产成本，收到了理想的效果。"两化"融合最大程度的运用铅冶炼工业，必然会对铅冶炼行业的节能降耗状况带来巨大的空间，有力推动我国铅冶炼行业的健康发展。

河南有线数字化整体转换工程项目概况

河南有线电视数字化整体转换是在国家信息化战略及大力发展文化产业背景下开展的一项重要工作，是河南广播电视传输企业积极贯彻国家和行业政策，认真落实省委、省政府工作要求，全面推进三网融合的重要任务，从2008年启动以来，逐步形成了功能全面、内容丰富、操作简便、独具特色的有线电视整体转换“河南模式”，探索并努力实现经由广播电视网络联通世界的信息化之路。

根据广电总局发布的《我国有线电视向数字化过渡时间表》，2010年中部地区包括河南省在内的县以上城市基本完成有线电视数字化工作，2015年全国停止模拟广播电视的播出。2005年，河南省委、省政府办公厅下发文件《关于印发(河南有线电视网络整合方案)的通知》(豫办发〔2005〕17号)，要求河南有线电视网络集团承担起全省有线电视广播网络数字化整体转换职责。2010年，河南省人民政府下发文件《关于批转省广电局(全省有线电视数字化整体转换实施方案)的通知》(豫政〔2010〕2号)，要求尽快完成全省整转工作。2012年，随着河南省发展改革委《关于全省数字电视基本收视维护费标准及有关问题的通知》(豫发改收费〔2012〕85号)正式印发，河南省有线电视数字化工程全面铺开。

我省有线电视数字化整体转换工作主要包括用电视平台建设、用电视业务体系构建、网络双向改造、完善云服务机制、机顶盒开发集成、实施整体转换等六项任务。

一、高标准完成用电视平台建设

按照三网融合的要求，河南有线投资近13亿元，建设了全省统一技术规范的数字电视节目平台、传输平台、运营支撑平台、新媒体集成播控平台。用电视平台具备播出256套广播电视节目系统能力，包括100套公共服务类节目，80套付费节目，13套高清数字电视节目，具备频道回放、节目回看功能，提供阳光政务、生活资讯等信息服务和家居银行、游戏娱乐、实时股市等20多项应用服务。系统平台开放包容，具备数字电视、互联网、IPTV、手机电视等新媒体支撑传输、集成播控能力。

二、高层次完成用电视业务体系构建

河南有线整合上下游产业链技术研发能力，依托开放的用电视平台，实现网页浏览、短信、微博、资讯搜索、生活工具、QQ等近20项互联网应用服务；推出近百种电视报刊、电视杂志业务；实现总容量4万小时，日均节目更新能力60小时的网络电视运营；基于现有网络平台，引进安卓操作系统，努力实现三网融合、四屏合一，信息化、智能化发展。

三、高速度完成有线电视网络双向改造

有线电视网络双向改造从郑州市开始，目前已经改造完成近150万户，双向用户覆盖率达到80%以上。其他省辖市的有线电视网络双向改造预计2012年年底完成，双向用户覆盖率将达到95%以上。

四、高水平用电视服务机制基本形成

全省逐步建立实体营业厅、网上营业厅、客户服务中心、社区服务队等四级服务方式有机结合的多渠道、多层次、全方位服务体系。一是启用统一的客户服务热线电话96266，建设全省客户服务中心，最终实现600个坐席，150路自动语音通道，向用户提供业务咨询、节目定购、资费查询、报修等全方位服务。二是按照5万用户1座营业厅的规划，在18个省辖市建设完成60座营业大厅，向用户提供综合营业服务。三是按照3万用户配备1台维护车辆、1名销售人员、3名维修员的标准，在全省成立200多个社区服务队，向用户提供便捷、高效、优质的贴近式服务。四是网上营业厅正在建设和完善中，建成后将实现全功能、多业务、24小时服务的目标。

五、高要求完成机顶盒开发、集成和应用

河南省以双向标清机顶盒为整体转换基本配发机型，同时还规划了高清等10类以上机顶盒供个性化用户选择使用。目前已经完成32家厂商机顶盒样机测试工作，机顶盒涵盖了国内机顶盒的主流生产厂商。中标的机顶盒正陆续到达全省各个省辖市的整转现场，部分用户开始享受到了数字电视的转换成果。

六、高质量推进整体转换工作

河南省数字电视整体转换按照“政府领导、广电实施、社会参与、群众认可、整体转换、市场运作”的原则，紧紧围绕有线电视网络“小网变大网、模拟变数字、单向变双向、看电视变用电视”的工作要求，牢固树立以人为本、用户至上的理念，坚持把社会效益放在首位，切实使有线电视数字化整体转换成为党和政府的惠民工程，成为我省发展文化事业和文化产业、推进信息化建设的重要支撑。

整体转换自2012年3月份在郑州试点启动，随后在全省全面展开，同步推进，争取2012年底前完成省辖市有线电视数字化整体转换，2015年全省实现有线电视数字化整体转换，停止播出模拟电视信号。

数字电视整体转换项目在促进河南信息化方面的业务功能

数字电视整体转换后提供的业务主要包括电视节目、电视上网、电视阅读、电视娱乐、电视应用五大门类，凸显内容丰富、多媒体融合、功能齐全、绿色安全的特点。

通过电视节目超市的构建，打造视听文化盛宴。我们在已建成的数字电视节目平台近200套电视频道和两万小时节目存储的基础上，重点引进并载入了中国网络电视节目，打开了有线电视和网络视频的连接通道，创造了海量的可扩展的、巨大的内容空间；同时，也为观众提供内容更新、画面更清晰、声音更优美的视听享受，打开了一扇超级窗口。

通过电视上网打造绿色网络空间，就是将互联网业务接入电视屏幕，以广电主导，推进三网融合的创新性尝试，在坚持健康上网、绿色上网的前提下，最大限度地提供丰富的网站浏览链接和业务应用，国家级新闻网站直接进入，热门网站过滤优化，业务应用安全可控，突出云电视绿色健康的鲜明特点。

通过电视阅读打造电视报刊图书城。就是将平面媒体电视化，实现电视机多媒体综合信息服务功能，重点报刊完整呈现，大量报刊浏览链接，电子图书声画一体，在线订阅。以此引导用电视进行阅读的方式，培育跨媒体文化消费。

通过电视娱乐打造电视休闲娱乐家园。立足开放的客厅文化空间，充分开发电视机家庭娱乐功能，搭建云电视休闲娱乐健身平台，建立游戏、娱乐服务商和用户之间的电视互联通道，实现电视机、电脑和移动终端之间游戏娱乐、互动健身。

通过电视应用内容的不断引进和丰富，打造百姓生活服务平台。这是用电视的主要载体，也是云电视市场运营与公共服务相结合的具体体现。用电视服务群众衣食住行，提供生活服务、教育医疗、支付交易便捷方式，用电视缴费，用电视炒股，用电视买票，用电视购物，培育用电视生活时尚，创造用电视广阔空间。

河南有线电视网络集团有限公司概况

（网站版）

河南有线电视网络集团有限公司(下称“河南有线”)是以传输有线电视信号为主业的网络多业务运营企业,是河南省委、省政府确定的全省有线电视网络整合和数字化整体转换的实施主体,是河南省重点扶持的文化企业集团。河南有线电视网络覆盖河南省 18 个省辖市和 108 个县(市),现有省级干线网 4000 公里,省辖市到县干线网络 6500 公里,省辖市城域干线网络 20000 公里,具有高承载、高质量、高安全的特点,在国内处于领先水平。公司总部设在郑州,在全省 18 个省辖市设有分支机构,下辖 1 个控股公司,18 个分公司,现有员工 3600 人,服务省辖市 380 万有线电视用户。河南有线 2009 年完成了省辖市有线电视网络整合,2011 年启动了对全省县级有线电视网络整合,2012 年全面实施全省省辖市有线电视数字化整体转换。

2005 年以来,河南有线坚持以人为本,惠民利民便民,以市场运行方式实施网络整合,加快改造有线电视网络,积极推进三网融合,实现小网到大网、模拟变数字、单向变双向、看电视变用电视的转变。河南有线通过资本运作,引入战略伙伴中信集团,筹集整合资金,坚持以现金收购方式整合全省网络;坚持边整合、边改制,面向市场,转换机制,推进劳动人事、分配和社会保障三项制度改革,按照现代企业制度,打造合格市场主体;坚持集中控制、垂直管理,实行收支两条线和全面预算管理,对有线电视网络进行统一规划、统一建设、统一管理、统一运营,实现真整实合,建设完成技术先进、功能完善、业务开放的用电视平台,建立完善云电视服务体系,积极培育云电视市场品牌。

河南有线紧紧把握时代发展机遇,在确保广电网络传输安全和实现社会效益最大化的前提下,充分发挥广电网络自身优势,实现了主营业务规模化、数字业务多样化、经营管理现代化,收入和利润不断增长,盈利能力居国内同行业前例,充分体现了市场化运作、产业化发展的强大生命力。2008 年,河南有线作为文化体制改革先进试点单位,受到省委省政府表彰,并列入全省文化产业百强企业和重点扶持的五大文化产业企业集团。2009 年 11 月,中共中央政治局常委李长春同志视察河南有线,肯定了河南整合模式,对河南数字化整体转换,推进三网融合提出了殷切希望。2010 年 7 月 21 日,河南省委书记、省人大常委会主任卢展工视察集团公司,对河南有线的发展给予高度评价。2011 年 6 月 22 日,国家广电总局局长蔡赴朝、副局长田进到河南有线电视网络集团视察工作,对河南有线规模化管理运营模式和业务规划理念充分肯定。2011 年 12 月 8 日，国家广电总局《广播影视简报》(2011 年第 1 期)以《河南有线电视网络集团有限公司积极推进三网融合发展》为题，专文刊发了河南有线的典型经验材料，充分肯定了河南有线坚持市场运作，实施网络整合，积极推进三网融合的做法和经验。2012 年 6 月 16 日，在河南调研的中共中央政治局常委李长春来到中原福塔新闻发布厅，观看河南有线电视网络集团有限公司工作汇报专题片和数字电视汇报演示。这是时隔两年半之后，李长春再次听取集团公司情况汇报，对河南有线全面建设、发展和数字电视技术、内容、服务进展情况给予极大关怀和充分肯定。

河南有线不断创新运营机制，推进三网融合，培育云电视品牌，着力建设成为用电视、信息安全、最具活力的网络运营企业，努力发展成为河南省传播先进文化的主渠道。

河南有线 2011—2012 年度大事记

2011 年

2011 年 6 月 9 日，河南省发改委组织召开“河南省有线数字电视基本收视维护费标准制定听证会”。

2011 年 6 月 22 日，国家广电总局局长蔡赴朝、副局长田进一行，到河南有线电视网络集团视察工作。

2011 年 9 月，集团公司在郑州市推出“高清云 2011”产品，大力开展云电视市场化营销活动。

2011 年 12 月 31 日，集团公司与新乡县等 32 个县级有线电视网络机构共同发起设立河南广播电视网络股份有限公司（以下简称股份公司）正式注册成立，标志着县级有线电视网络整合工作取得了阶段性进展。

2012 年

2012 年 2 月 1 日，省发展改革委下发《河南省发展和改革委员会关于全省有线数字电视基本收视维护费标准及有关问题的通知》（豫发改收费〔2012〕85 号），公布了我省有线数字电视基本收视维护费标准。

2012 年 3 月，集团公司设计推出全新的数字电视云电视高清 UI 界面，包括电视节目、电视上网、电视阅读、电视娱乐、电视应用五大门类，凸显全媒体展示，多业务运营、三网融合、绿色安全的特点。

2012 年 3 月 29 日，全省有线电视数字化整体转换动员大会在郑州召开。

2012 年 5 月 24 日，由国家广电总局党组成员、副局长李伟、科技司司长王效杰、中广传播集团总经理孙朝晖等 7 人组成的国家总局安全播出大检查河南检查组到集团公司进行安全播出工作检查。

2012 年 5 月 25 日，国家广电总局科技司司长王效杰、广播科学院院长邹峰、科技司有线处处长韩鹏、科技司标准处处长盛志凡一行在河南有线电视网络集团调研省数字电视平台建设工作。

2012 年 6 月 16 日，中共中央政治局常委李长春在中原福塔新闻发布厅，观看集团公司工作汇报片和数字电视业务演示，详细了解广电传输网络整合和数字化改造情况。李长春对我集团实施有线电视网络数字化改造,在小网变大网、单向变双向、模拟变数字、看电视变用电视等方面取得的进展给予充分肯定,强调要在确保公共文化服务的质量和水平、不断提高广大人民群众的满意程度的前提下,满足人民群众对个性化服务、增值服务的需求,处理好社会效益和经济效益的关系,坚持把社会效益放在首位,充分体现社会主义制度优越性。

六、基础数据篇

河南省信息化发展基础数据

通信业

2007-2011 年河南省通信业务主要经济指标完成情况

单位:亿元

指　标	2007	2008	2009	2010	2011
电信业务总量 *	819.80	1077.10	1242.77	1437.59	532.99
其中:固定通信业务总量	162.20	148.70			
移动通信业务总量	729.60	928.40			
电信业务收入 *	311.70	337.70	350.46	381.91	426.30
电信业增加值	215.90	192.20	184.11	206.43	
电信固定资产投资额	38.72	40.17	168.17	123.10	163.23

注:* 不含邮政业。数据来源:河南省通信管理局

2007-2011 年河南省通信网络基础设施发展情况

指　标	单　位	2007	2008	2009	2010	2011
光缆总长度	公里	28.86	32.51	35.21	39.48	51.71
长途光缆总长度	公里	3.49	3.57	3.64	3.67	3.83
局用交换机容量	万门	1350.20	1204.70	1194.38	991.82	888.33
移动通信交换机容量	万户	4092.90	6300.30	8827.33	7948.01	8428.40

数据来源:河南省通信管理局

广播电视

2007-2011年河南省广播电视发展情况

指　标	单　位	2007	2008	2009	20010	2011
广播节目综合人口覆盖率	%	96.94	97.06	97.21	97.30	97.70
广播电台	座	18	18	18	18	18
广播节目套数	套	147	147	150	150	151
电视节目综合人口覆盖率	%	96.87	97.10	97.28	97.39	97.80
电视台	座	18	18	18	18	18
电视节目套数	套	165	165	166	166	166
有线电视用户	万户	544.76	583.76	640.21	725.14	787.23
数字电视用户	万户	43.78	48.63	61.28	87.66	100.80
有线电视普及率(有线电视入户率)	%	19.53	20.47	21.99	24.28	25.80
有线电视传输网	万公里	10.64	12.79	12.90	13.98	14.66

数据来源:河南省广播电影电视局

计算机与网络

2007-2011 年河南省计算机与网络发展情况

指　标	单　位	2007	2008	2009	2010	2011
互联网普及率	%					
上网用户总数	万户	403.30	494.40	625.99	2015.83	3879.84
其中:宽带上网用户数	万户	288.90	384.20	517.11	644.91	807.12
手机上网用户数	万户				1267.43	2969.33
专线上网用户数	万户	0.24	0.31	0.48		
拨号上网用户数	万户	114.10	109.90	108.40	103.49	103.38

注:通过多种方式上网的用户被重复计入各种上网方式中,因此各种方式上网用户数之和可能大于上网用户总数;专线上网用户指通过以太网方式接入局域网,然后再通过专线的方式接入互联网的用户;宽带上网用户指使用 xDSL、CABLE MODEM 等方式上网的用户。

数据来源:河南省通信管理局

科研与人才

2007-2011 年河南省科研与人才基本情况

指　标	单　位	2007	2008	2009	2010	2011
专利授权数	件	6998	9133	11428	16539	19259
科研与开发(R&D)经费支出额	亿元	101.13	111.70	149	200	253
R&D 经费支出占 GDP 比重	%	0.67	0.61	0.77	0.87	0.93
教育经费占 GDP 比重	%	2.71	2.73	3.04	2.95	3.40
从事科技活动人员总数	万人	19.22	19.60	22.65	14.5	15.16
普通高等学校在校学生数 *	万人	195.42	215.44	227.96	232.35	175.66

注:* 指本科和专科学生,包括成人高校的普通本专科学生数,不包括硕士和博士研究生数。

数据来源:河南省教育厅、河南省统计局

（河南省信息协会提供）